복음과 함께
문화 속으로

효과적인 기독교 증언을 위한
문화인류학의 지혜

복음과 함께 문화 속으로

효과적인 기독교 증언을 위한 문화인류학의 지혜

2025년 8월 20일 초판 1쇄

지은이 대럴 화이트먼
옮긴이 최형근
펴낸이 서진한
펴낸곳 대한기독교서회

등록 1967년 8월 26일 제1967-000002호
주소 서울특별시 강남구 테헤란로103길 14(삼성동)
전화 출판국 (02) 553-0873~4, 영업국 (02) 553-3343
팩스 출판국 (02) 3453-1639, 영업국 (02) 555-7721
e-mail editor@clsk.org
https://www.clsk.org
facebook.com/clskbooks
instagram.com/clsk1890

책번호 2402
ISBN 978-89-511-2182-1 93230

© 2024 by Darrell Whiteman
Originally published in English under the title
Crossing Cultures with the Gospel by Baker Academic,
A division of Baker Publishing Group
P.O. Box 6287, Grand Rapids, MI 49516, U.S.A.
All rights reserved.

Used and translated by the permission of Baker Publishing Group
through rMaeng2, Seoul, Republic of Korea.
This Korean edition © 2025 by Christian Literature Society of Korea, Seoul, Republic of Korea

이 한국어판의 저작권은 알맹2를 통하여 Baker Publishing Group과 독점 계약한 대한기독교서회에 있습니다. 저작권법에 의하여 한국 내에서 보호받는 저작물이므로 무단 전재와 무단 복제를 금합니다.

· 책값은 뒤표지에 있습니다.

복음과 함께 문화 속으로

대럴 화이트먼 지음
최형근 옮김
미리엄 애드니 추천

효과적인 기독교 증언을 위한
문화인류학의 지혜

대한기독교서회

일러두기

1. 이 번역서는 2025년 서울신학대학교 교내 연구비 지원에 의한 연구입니다.
2. 본문과 각주에 병기된 영문 이름과 숫자는 인용 출처가 되는 책의 저자와 출간 연도, 해당 쪽수를 표시한 것입니다.
3. 국내에 출간된 도서의 경우 출판사명을 병기했습니다.

추천의 글 1

화이트먼은 "문화, 성육신적 사역, 세계관, 문화충격, 효과적인 소통" 등의 핵심 주제를 매우 능숙하게 탐색한다. 이 중요한 책을 전적으로 추천한다.

― 던컨 올룸베(인터서브 지역 디렉터)

화이트먼은 전 세계 타문화권 사역자들을 가르치는 데 탁월한 스승이다. 그는 성육신적 선교에 대한 자신의 통찰과 사역 경험을 성서 및 인류학 이론과 치밀하게 엮어낸다. 나는 실용적인 지식의 보고인 이 책에서 깊은 지혜와 영감을 얻었다.

― 데이나 로버트(보스턴대학교 교수)

많은 그리스도인이 자신의 문화와 복음을 혼동하는데, 화이트먼은 이 문제를 정면으로 다룬다. 인류학자로서의 지식과 평생의 경험을 바탕으로, 어떤 환경에서도 효과적인 성육신적 사역을 전개할 수 있는 실질적 기술을 제공해준다. 거리 건너편이든 지구 반대편이든, 타문화권 증인으로 살고자 하는 사람이라면 반드시 읽어야 할 책이다.

— 리앤 주빈스키 (애즈베리신학교 비손 국제센터)

『복음과 함께 문화 속으로』는 현재와 미래의 모든 타문화권 사역자에게 필독서가 되어야 한다. 학자, 선교사, 선교 교육자가 반복적으로 참고할 수 있는 귀중한 자료이다.

— 사리타 갤러거 에드워즈 (*Christ among the Nations* 저자)

이 책은 하나님의 자기 비움과 성육신적 사랑을 본받아 하나님의 선교에 동참하도록 돕는 삶을 살아온 저자의 웅변적 요약이자 놀라운 역작이다. 선교사뿐 아니라 오늘날 타문화 교회와 세계 속에서 신실하고 창의적이며 효과적으로 사역하길 열망하는 모든 제자가 반드시 읽어야 할 책이다.

— 스티븐 베반스 (신성한말씀협회, 시카고 가톨릭신학연합대학 명예교수)

복음은 따뜻한 우정이 되어 우리에게 다가온다. 대럴 화이트먼 박사는 이 책에서 선교 현장과 문화의 접점에서 만나는 현실적인 갈등과 도전을 진솔하게 그려낸다. 냉철한 통찰과 선교사의 뜨거운 마음이 만나는 이 여정 속에서, 우리는 복음이 언어와 논리를 넘어 삶 속에서 온전히 전달될 수 있다는 희망을 발견한다. 이 책은 메신저로 보냄을 받은 우리에게 혁신적인 성찰을 안겨주고 겸손한 사랑과 용기로 충만하게 할 것이다. 진정한 변화를 꿈꾸는 모든 이에게 이 책을 마음 깊이 추천한다.

— 남경우 (한국선교훈련원 GMTC 원장, 전 인도네시아 선교사)

대럴 화이트먼 교수의 이 책은 미국 선교인류학의 전통을 잘 이어가면서 성육신적 사역을 위한 구체적인 자세와 통찰력을 가르친다. 타문화권에서의 적응과 사역의 이슈를 다루면서 견고한 이론적 토대 위에 실제 사역자들의 이야기를 실감나게 더하고 있는 것이 이 책의 장점이다. 타문화권 사역의 과제를 이해하고 준비하는 데 많은 도움을 줄 것이라고 믿는다.

– 문상철(카리스교차문화학연구원 원장)

이 책은 오랜 세월 선교문화인류학의 지평을 넓혀온 대럴 화이트먼 박사의 학문적 성과와 실천적 통찰이 응축된 역작이다. 이 책은 타문화권 복음 전도의 이론적 기초를 제공할 뿐 아니라 타문화권 사역을 통해 축적된 생생한 경험과 성찰을 함께 소개하고 있으며, 선교인류학의 주요 주제를 체계적으로 정리하고 이론과 실천 사이의 간극을 메우는 저자의 노력을 보여 준다. 선교사뿐 아니라 이주민 사역자, 목회자 및 평신도, 더 나아가 문화적 경계를 넘어 신학적 사유를 확장하려는 이들에게 필독서로 권한다.

– 박보경(장로회신학대학교 교수, 세계선교학회 회장)

이 귀한 저서가 한국어로 출간된 것을 매우 기쁘게 생각한다. 인간은 그 누구도 문화의 중력으로부터 자유로울 수 없고, 선교사 역시 문화의 영향을 받는 존재이다. 복음은 문화를 통해 전달되고 문화의 실체와 힘은 생각보다 크다. 이 책은 복음과 문화의 긴밀한 관계를 통찰력 있게 조명하며, 문화적 맥락 속에서 복음을 효과적으로 전달하는 길을 제시한다. 성육신적 모델과 풍부한 사례를 통해 복음증거의 방향을 제시하는 훌륭한 지혜서이고 효과적인 지침서이다.

– 박형진(횃불트리니티신학대학원대학교 교수)

다음과 같은 이유로 본서를 추천한다. 이 책은 선교인류학자인 대럴 화이트먼의 탁월한 저서로 '크리스천투데이 2025 도서상 최종 후보'로 선정된 바 있다. 또한 화이트먼 박사의 45년 교육과 선교 경력에서 우러나온 글이다. 마지막으로 이 책은 성서와 문화를 이해하는 데 최고의 내용을 제공한다.

– 안희열(한국침례신학대학교 교수, 한국로잔교수회 회장)

복음은 변하지 않지만 그 복음을 담아내는 그릇인 문화는 시대와 장소에 따라 다르다. 이 책은 복음을 문화 속에 단순히 적용하는 수준을 넘어, 성육신적 삶으로 나아가는 길을 가르쳐준다. 문화인류학, 선교학, 신학이 정교하게 어우러진 이 책은 문화와 복음의 긴장을 탁월하게 조율하고 있다. 또한 각 시대와 문화 안에서 성서의 진리를 어떻게 살아낼 수 있는지를 깊이 사유하게 한다. 신학자, 선교사, 목회자 그리고 문화 속에서 복음을 진지하게 고민하는 모든 이에게 이 책은 깊은 통찰과 방향을 제시할 것이다.

– 장성배(감리교신학대학교 교수)

추천의 글 2   **친구 됨의 기질**

매년 무더운 6월이 되면 미국선교학회American Society of Missiology 회원들은 대륙 곳곳에서 오헤어공항을 통해 테크니 타워Techny Towers로 오곤 했다. 가톨릭 선교운동인 신성한말씀협회Society of the Divine Word의 본부 테크니 타워는 약 2만 234제곱미터 규모의 부지에 자체 건물을 두고 있다. 그곳에는 높은 아치와 아름다운 벽화와 대리석 바닥을 갖춘 교회, 베트남계와 라틴계 학생들이 긴 가운을 입고 지나가는 신학교, 정원, 개구리 울음소리가 들리는 오리 연못, 은퇴한 선교사의 집, 묘지가 자리하고 있다. 기독교 공동체는 교구에서 선교지, 요람에서 무덤 그리고 정원에서 식탁에 이르기까지 온전한 삶을 살았다.

대럴 화이트먼은 "묘지로 갑니다."라고 말하며 루이스 루즈베탁Louis Luzbetak의 묘지로 향했다. 루즈베탁은 1963년에 *The Church and Cultures: An Applied Anthropology for the Religious Worker*(교회와 문화: 기독교 사역자를 위한 응용인류학)를 집필한 신성한말씀협회 소속 선교사였다. 그는 유진 나이다와 함께 전후 미국 선교학의 기반을 구축하여 윌리엄 스몰리^{William Smalley}, 찰스 크래프트, 폴 히버트 등 후학에게 길을 열어주었다. 수십 년간 화이트먼은 선교학의 발전을 위해 끊임없이 노력하면서, 우리가 선배들의 학문적 성취 덕분에 여기 있음을 결코 잊지 않았다. 그래서 그는 루즈베탁을 기리기 위해 묘지로 향한 것이었다.

오늘날 우리는 교육과 기술의 발전에도 불구하고 디스토피아 분위기가 만연한 시대에 살고 있다. 세상과 교회에는 많은 문제가 존재하고, 불이 붙어 폭발할 수 있는 갈등 지점이 많으며, 인간은 여전히 자기중심적이다. 생각 있는 사람들은 "희망이 있을까?"라고 고민한다.

하지만 희망은 존재한다. 우리 희망은 부활에서 솟아난다. 십자가의 고난이 존재하지만 그 십자가 너머에 부활이 폭발적으로 일어난다. 악이 존재하는 것은 사실이지만, 악이 최고조를 지나면 회복이 이뤄지고 새로운 길이 열린다. 꿈이 회복된다. 희망의 싹이 움튼다. 이 얼마나 좋은 소식인가? 또한 이 소식이 모든 사람에게 전해진다는 것은 얼마나 놀라운 일인가?

이것이 바로 대럴 화이트먼의 삶을 이끌어간, 모든 사람을 위한 좋은 소식이다. 하지만 믿음만이 전부가 아니었다. 그는 복음이 추상적인 개념과 교리만으로 전해지는 것이 아니라 몸과 땀, 수고, 성취, 축하의 피자 혹은 튀긴 귀뚜라미(일부 비서구권에서 축하나 잔치의 음식으로 먹는다.—옮긴이 주) 등을 통해 구현된다고 주장해왔다. 복음은 섬과 눈 덮인 고산지대, 정글, 고층 빌딩 등 세계 곳곳의 다양한 지역에서 독특한 유산을 가진 사람들의 삶의 방식에 의해 구체적으로 표현된다.

어떻게 하면 복음을 현지 언어로 이해시키고 전할 수 있을까? 이것이 이 책의 핵심이다. 화이트먼은 45년간의 교육과 훈련 경험을 바탕으로 문화충격에 대처하는 방법을 설명한다. 어떻게 유대감을 형성할 수 있는가?

어떻게 이중 문화의 정체성을 구축할 수 있는가? 어떻게 상황을 주석할 수 있는가? 그는 언어가 우리 정신의 범주를 어떻게 형성하는지, 세계관이 행동 변화를 어떻게 조건 짓는지 그리고 미국적 가치관이 타인을 바라보는 방식에 어떤 영향을 미치는지 등을 설명한다. 그가 제시하는 표, 점검 목록, 전략, 단계, 위험, 훈련은 모두 성서 본문에 활기를 불어넣는다.

"그냥 한번 찔러봐!"라는 방식으로 외과 의사를 훈련하지는 않는다. 선교사 또한 그렇게 훈련해서는 안 된다. 선의는 있지만 무지한 증인은 해를 끼치거나 하나님의 이름을 모욕하고 미래의 증인들을 위한 기반을 잿더미로 만들 수 있다.

그렇다면 우리는 문화를 어떻게 배워야 할까? 어떤 질문을 던져야 할까? 어떻게 데이터를 기록하고 해석해야 할까? 화이트먼은 인류학자들의 기본적인 연구 기법인 '참여 관찰'participant observation을 실제로 어떻게 수행할 수 있는지 우리에게 가르친다. 이 책에는 장기간의 현지 몰입, 분석 기술, 호기심, 경청하는 능력 등이 자세히 기술된다.

화이트먼은 '어떻게'라는 질문을 넘어 '왜'라는 질문도 제기한다. 예수의 성육신은 우리가 현지 문화를 진지하게 받아들여야 하는 가장 중요한 이유이다. 예수는 치즈버거를 먹지 않고 생선과 후무스hummus(병아리콩을 으깨어 기름과 마늘을 섞은 중동 지역 음식—옮긴이 주)를 먹으셨다. 예수는 영어나 프랑스어를 쓰지 않고 아람어와 히브리어를 사용하셨다. 예수는 인간이 됨으로써 자신을 이미 제한했지만 더 나아가 식민지라는 억압된 사회의 가난한 목수, 팔레스타인 유대인으로 살며 더더욱 자신을 제한하셨다. 예수는 이러한 특정 지역의 삶의 정황을 인정하고 존중하셨다.

예수의 삶이 우리의 모델 아닌가? 각 문화의 유산은 소중하다. 문화적 죄악은 심판받아야 하지만 문화 자체는 하나님의 선물이다. 하나님의 창조성을 부여받은 인간은 다양한 건축양식, 음식, 음악, 경제 교류, 가족의 형태를 만들었다. 그리고 그렇게 인간의 상상력으로 빚어진 세계 모자이크는 하나님께 영광이 되고, 그분의 세상을 풍요롭게 한다.

문화적 독특성이 점점 평이해지는 것처럼 보이지 않는가? 어디에서든 사람들이 콜라를 마시고 블록버스터 영화를 보며 인터넷으로 물건을 주문한다. 조종사는 국제 공용의 운항 지침을 따르고 의사도 마찬가지이다. 학생들은 비슷한 시험을 치른다. 다양한 언어는 앱을 통해 번역될 수 있다. 사람들은 이주하고 젊은이들은 새로운 아이디어를 가지고 있다. 모든 사람이 모든 곳에서 동일한 전염병을 경험할 수 있다. 그렇다면 문화적 차이가 정말로 그렇게 중요한가?

그렇다. 문화는 여전히 중요하다. 우리는 모두, 혼란스러울지라도 저마다의 이야기를 가진 공동체의 일원이지 기계의 부품이 아니다. 단순한 로봇도, 동물도, 생산자나 소비자도, 통계도 아니다. 우리는 누군가로 대체될 수 있는 존재가 아니다. 변화에도 불구하고 특별히 소중한 유산, 즉 핵심적인 연속성은 계속 이어진다. 우리의 이야기는 진지하게 여겨질 만한 가치가 있다.

화이트먼의 독창적인 선교학은 남태평양의 돼지 축제[pig feast]로부터 영향을 받았는데, 그는 이 축제를 자신의 저서인 *Melanesians and Missionaries : An Ethnohistorical Study of Social and Religious Change in the Southwest Pacific*(멜라네시아인과 선교사들: 남서태평양 지역의 사회 및 종교 변화에 관한 민족사적 연구)에 묘사했다. 오늘날 그의 학생들은 딤섬과 달걀 수프, 오리 구이, 차이, 사모사, 마살라 등의 독특한 맛을 즐기며 축하한다. 그는 중국과 인도에서 멘토링 사역을 하고 있으며 그 두 나라에서는 국경을 넘어 사역할 선교사들이 양성되고 있다.

화이트먼은 정장과 넥타이(항상 샌들과 양말 그리고 그의 트레이드마크인 덥수룩한 턱수염과 함께) 차림으로 마이크를 든 채 편안히 연단 뒤에 있는 모습을 보여준다. 어떤 때에는 마당의 진흙 위에 무릎을 꿇고 모종삽으로 튤립을 가꾸는 모습을 보이기도 한다. 그는 다양한 문화적 맥락에서 사는 사람들 속에서, 교육 현장에서, 전 세계 교회와 선교학자의 공동체 안에서 기쁨을 느끼며 활기를 찾는다. 어디에서나 그의 눈썹은 춤을 추는 듯하고, 얼굴에 환한 미소가 번지며, 생동감이 뿜어져 나온다. 그는 성공적인 선교사의 필수 자질인 친교의 성향을 어디에서나 드러낸다. 그리고 이 책에서 그런 활력을 지혜로 승화한다.

미리엄 애드니(시애틀퍼시픽대학교 교수)

한국어판 서문

효과적인 기독교 증언을 위한 문화인류학의 지혜

2025년 현재 한국은 2만 3,000명의 선교사를 다양한 문화권에 보낸 '선교사 파송 3위' 국가이다. 1위는 13만 5,000명의 선교사를 파송한 미국, 2위는 4만 5,000명의 선교사를 파송한 브라질로 이 두 나라는 문화적으로 매우 다양하다. 반면 한국과 비슷하게 문화적 동질성이 높은 한족도 많은 교회와 선교단체를 통해 선교사를 파송하고 있지만 대다수가 조기에 귀국한다. 그 이유는 무엇일까?

우리는 인류학 연구를 통해 중국이나 한국 같은 동질적인 사회의 사람들이 타문화권에서 생활하는 데 어려움을 겪는 이유를 통찰해볼 수 있다. 자신의 사회에서 문화적·종교적 다양성을 경험한 적이 없는 사람들은 문화로부터 자신이 받은 영향을 인식하지 못할 가능성이 높고, 더 나아가 자문화와 타문화를 비교하면서 타문화를 열등하게 취급하는 자민족중심주의 경향을 보일 수 있다. 하버드대학교의 인류학 교수이던 클라이드 클룩혼Clyde Kluckhohn은 "물의 존재를 발견한 것은 물고기가 아닐 것"이라는 글을 통해 이를 잘 표현했다. 우리 모두는 오랫동안 우리만의 문화적 물 안에서 '헤엄치고' 있었기 때문에 우리가 세상을 어떻게 인식하는지, 우리의 언어와 문화가 어떻게 우리의 인간 본성을 형성하고 그것에 영향을 미치는지 알지 못한다. 예를 들어 우리의 문화는 성서를 읽는 방식, 교회를 조직하는 방식, 비기독교 세계에서 기독교 소수자로 살아가는 방식에 어떤 영향을 미칠까? 우리는 자문화의 안락함과 한계에서 벗어나야만 우리 문화를 보다 생생하게 바라보고 우리에게 미치는 문화의 영향을 발견할 수 있다. 다시 말해 우리 문화를 잘 이해하려면 다른 문화를 경험해야 한다. "하나의 문화만 아는 사람은 다른 문화를 전혀 모른다."라는 말이 이를 잘 표현해준다.

그렇다면 이러한 통찰은 효과적인 타문화권 사역과 어떤 관련이 있을까? 이 책의 번역자인 최형근 교수는 그의 박사학위 논문인 "한국 선교사의 효과적인 타문화권 사역을 위한 준비"(2000년)에서 많은 한국 선교사가 현지 문화에 적응하는 데 어려움을 겪는 이유 중 하나는 한국 문화와 세계관이 현지인들과 관계를 맺고 그들을 전도하거나 현지 교회를 개척하는 등의 사역을 수행하는 데 어떠한 영향을 미치는지 잘 모르기 때문이라고 말했다. 다시 말해 자문화의 영향을 제대로 알지 못하면 현지 사회의 문화를 이해하는 데 어려움을 겪게 되고 이는 결국 사역의 효율을 떨어뜨린다는 말이다

이 책을 읽는 독자들은 문화가 타문화권 증인인 선교사와 현지인에게 얼마나 중요한 영향을 미치는지 알게 될 것이다. 우리는 복음을 들고 문화를 건너는 사람으로서 복음을 보다 효과적으로 전달하고 실천하는 방법을 발견하기 원한다. 우리는 현지인들이 예수님에게 이끌리고 그분을 주로 모시며 따라감으로써 변화된 삶을 살아가기 원한다. 우리는 현지인들이 우리가 전하려는 내용을 잘 듣고 이해하기 원한다. 우리는 우리가 도착

하기 훨씬 전에 이미 현지인의 삶과 그곳 문화 속에서 성령이 일하고 계심을 발견하기 원한다. 복음과 문화가 어떻게 관련되어 있는지를 발견할 때 우리는 요한계시록 7장 9절에 묘사된 장면, 즉 하나님의 보좌 앞에 셀 수 없이 많은 사람이 있다는 사실을 더 이해하고 감사하게 될 것이다. 전 세계 모든 민족, 모든 언어, 모든 사회, 모든 인종의 사람이 하나님을 영원토록 경배하고 찬양할 것이다.

이 책의 메시지는 미국인만이 아니라 모든 사람을 위한 것이다. 전 세계 사람들이 이 책을 읽으면서 효과적인 타문화권 사역을 위한 문화인류학의 지혜가 모든 곳에서 이해되고 실천되어야 함을 발견하고 있다. 한국어를 비롯해 중국어, 스페인어, 힌디어로도 번역된 이유가 바로 이것이다. 이 책이 전 세계에서 예수님의 사역에 동참하는 여러분에게 마음의 언어로 다가갈 수 있기를 기도한다.

대럴 화이트먼
2025년 6월 10일
미국 워싱턴주의 긱 하버에서

서문

타문화권에서 복음 살아내기

나는 45년 동안 학생과 목회자와 타문화권 증인에게 복음으로 문화적 장벽을 넘을 수 있는 몇 가지 기본적인 인류학적 도구와 관점을 이해하도록 훈련해왔다. 이 훈련에 참여한 인원은 5,000여 명에 달하며 인도, 중국, 케냐, 필리핀, 브라질, 쿠바 등 전 세계에 흩어져 있다.

내 강의를 들은 사람들은 대개 다음과 같은 반응을 보였다. "타문화권 사역을 시작하기 전에 이 사실을 알았다면 훨씬 더 효과적이고 지속적으로 할 수 있었을 텐데… 왜 이런 훈련에 대해 들은 적이 없을까요? 이런 내용이 더 있습니까?" 나는 그에 대한 대답으로 내 글을 몇 편 제시하고 또한 내가 복음으로 문화를 건너는 것에 대해 이해하도록 도움을 주던 책, 가령 찰스 크래프트Charles Kraft의 *Christianity in Culture*(『기독교와 문화』, CLC)와 폴 히버트Paul Hiebert의 *Anthropological Insights for Missionaries*(『선교와 문화인류학』, 죠이북스) 등을 소개했다. 그게 내가 할 수 있는 전부였다. 이 강의와 훈련은 하나님이 내게 그리고 나를 통해 베푸신 선물이므로, 나는 이것을 다른 사람들에게 전할 책임이 있음을 서서히 깨달았다.

그리고 이제는 독자들에게 전할 때가 되었다. 이 책에 담긴 통찰과 관점, 지혜가 독자들에게 용기와 도전이 되기를 기도한다. 나는 예수를 따르는 사람으로서 복음이 예외 없이 모든 사람을 위한 것임을 믿는다. 그러나 복음은 현재의 다양한 문화와 과거의 다양한 시대에 걸쳐 이해되고 구현되어야 한다. 말하자면 보편적인 복음은 공간을 넘어 다른 문화권의 사람들을 만나고 시간을 넘어 다른 시대 사람들의 삶에 참여하며 특별한 형태를 띤다. 영원한 복음이 타당성을 갖고 개인과 공동체의 삶을 변혁하려면 변화하는 세상에 참여해야 한다.

오늘날 왜 이런 책이 필요한가? 70년 전 위대한 성서 번역가이자 인류학자, 언어학자인 유진 나이다 Eugene A. Nida는 *Customs and Cultures: Anthropology for Christian Missions*(관습과 문화: 기독교 선교를 위한 인류학)를 썼다. 독자들은 "선교계가 이미 이러한 인류학적 원리와 타문화에 관한 교훈을 배우지 않았던가?"라고 생각할 수 있다. 나는 순진하게 그렇다고 대답하고 싶지만 그럴 수 없다. 탈식민주의 시대에 접어들고 과거 선교지가 점차 세계 선교의 중심 세력으로 변모하면서 이전 세대 선교사들에게 특징적으로 보이던, 타문화에 대한 이해와 인식의 결핍을 자주 목격하게 된다. 참복음을, 자신의 문화나 교단의 교리로 해석한 복음과 혼동하는 것은 타문화권 사역 현장 곳곳에서 흔히 보게 되는 문제이다.

나는 독자들이 자민족중심주의 ethnocentrism에 맞서고, 성서 진리에 대한 이해가 얼마나 자문화에 의해 형성되는지를 발견하며, 현재의 타문화권 사역에 맞춰 자기 삶을 적절히 갱신할 수 있도록 이 책을 썼다. 또한 그들이 하나님께서 모든 문화와 종족 집단, 인류 역사의 모든 시대에 항상 증인을 남겨놓으셨음을 상기하기 원했다. 우리가 참여하는 것은 우리의 선교가 아니라 이 세상을 향한 하나님의 선교 God's mission이다. 우리는 복음으로 문화를 넘는 과정 가운데 항상 함께하시겠다는 예수의 약속에서 용기를 얻을 수 있다.

나는 문화충격을 깊이 논의함으로써 독자들을 격려하기 원한다. 타문화권 증인이라면 어떤 형태로든 문화충격을 겪게 될 것이기에, 이에 대한 논의에 많은 지면을 할애했다. 문화충격의 정의와 원인 그리고 문화충격을 극복하여 효과적인 사역을 지속하는 방법 등이 이 책에 소개된다.

나는 많은 사람과 장소, 사건을 겪으며 타문화권 사역에 대한 이해를 얻게 되었는데, 1장에서 선교 현장의 거인들 중 일부를 언급하고자 한다. 이 책을 완성하는 데 많은 어려움이 있었고, 내가 기술하는 내용이 하나님 나라에 변화를 가져올 수 있을지 확신할 수 없어 낙심한 시기도 있었다. 때로는 집필을 마칠 수 있을지 의구심도 들었다. 그래서 결국 나는 박사 과정 중인 제자 제이 문 Jay Moon에게 찾아가서 역할을 바꾸자고 제안했다. 즉 이 프로젝트를 완수하기 위해 그가 내 멘토가 되고, 나는 기꺼이 그의 제자가 되면 어떻겠느냐고 부탁한 것이다. 제안이 통했고, 나는 이 책을 완성하는 데 중요한 도움을 준 그에게 영원히 감사한다. 하나님께 영광을 돌린다.

대럴 화이트먼

차례

추천의 글 1   5
추천의 글 2   9
한국어판 서문   14
서문   17

     1장   선교사의 회심   23

1부   문화의 개념
     2장   선교와 문화 이해   39
     3장   문화의 기능   69

2부   성육신적 사역
     4장   성육신적 모델   103
     5장   성육신적 의사소통   127

3부   일반적인 의사소통 문제
     6장   세계관 차이   155
     7장   의도하지 않은 파라메시지   179
     8장   문화적 형식과 공간의 오용   197

4부 문화충격 극복

    9장 문화충격에 대한 이해   215

    10장 문화충격의 증상과 단계   239

    11장 문화충격의 치료법   267

5부 효과적인 의사소통 능력 향상

    12장 문화적 차이 발견   293

    13장 문화적 짐 인식   317

    14장 문화적 경계를 효과적으로 건너기 위한 전략   335

결론   358

옮긴이의 글   362

참고문헌   365

색인   395

1장   선교사의 회심

새 빗자루로는 잘 쓸 수 있지만 오래된 빗자루로는 구석구석을 쓸 수 있다.
(새로운 경험은 좋으나 지혜가 더 낫다.)

- 가나 브을서족의 속담

선교학을 전공하는 한 학생이 당황스러워하는 기색을 띠며 질문했다. "선교사가 회심해야 한다는 것이 무슨 의미입니까? 선교사는 다른 이를 회심시키는 사람으로 알고 있는데요?" 나는 인디애나주 노트르담에서 열린 2022년 미국선교학회American Society of Missiology, ASM의 연례 학회에서 주제 강연을 막 끝낸 참이었다. 이런 질문을 천 번도 넘게 들어오던 터라 혼자 웃음을 지었다.

나는 지난 45년 동안 선교인류학자로 살아온 내 경험이 현재 타문화권에서 복음을 전하며 사역을 펼치고 있는 사람들에게도 여전히 도움이 되고 유효하다는 사실을 깨달았다. 내가 어렵게(때로는 여러 대가를 감수하며 고통스럽게) 배운 교훈은, 내가 처음 타문화권 증인의 삶을 시작했을 때만큼이나 유효하다. 나는 속으로 자주 이러한 생각을 하곤 했다. '처음 내가 선교사로 사역을 시작할 때 누군가가 이걸 가르쳐주면 좋았을 텐데… 그랬다면 골치 아픈 문제를 많이 피할 수 있었을 텐데!'

2022년 미국선교학회의 주제는 "선교사의 지속적인 회심"이고, 내 강연의 주제는 "선교사의 회심: 사도행전 10장에 관한 선교학적 연구"였다.[1] 나는 모든 선교사가 두 번의 회심을 거쳐야 한다고 주장했다. 하나는 우리 생명의 주님이신 그리스도에 대한 회심이다. 또 하나는 사도 베드로가 이방인인 로마 백부장 고넬료와 그의 가족을 그리스도에게 인도하기 전에 경험한, 자민족중심주의를 극복하기 위한 두 번째 회심이다. 내 강연 시간은 33분에 불과했지만 이후 질의응답은 거의 한 시간 가까이 이어졌다. 한 참가자의 표현대로 '청중에게 자극과 도전을 주는' 강연이었다. 또 다른 참가자는 "어려운 질문에 답하면서 종종 세계 곳곳에서 겪은 이야기를 통해 요점을 설명해주셨는데, 그것은 오랜 경험과 지혜에서 우러나온 것이었습니다."라는 말로 내 강연에 대한 소감을 말했다.

이러한 반응을 생각해볼 때 나는 내가 오랜 동안 세계 여러 지역에서 살아가며, 자신의 문화를 유지한 채 예수의 제자로 살아가는 것이 어떤 의미인지 연구해왔음을 깨달았다. 선교인류학의 통찰은 세계화와 도시화 현상이 그 어느 때보다 심화하는 오늘날에도 가치가 있다. 나는 이 매력적인 학문 분야를 함께 탐구하며 선교인류학이 제공하는 아이디어와 개념, 사례 등을 삶과 사역에 적용하는 여정에 독자들을 초대하고자 한다.

내 목표는 지난 45년간 선교인류학자로서 배운 지혜를 독자들과 나누는 것이다. 나는 하나님께서 나를 초대하신 이 여정에 독자들과 함께하기를 바란다. 이 과정에서 독자들은 내 실수에 웃음 짓기도 하고 하나님의 개입에 감탄하기도 할 것이다. 지금의 지혜는 처음부터 갖고 있던 게 아니다. 사실 나는 꽤 순진한 상태로 시작했다.

---

1 이 주제의 강연은 선교학 계간지인 *Missiology* 2023년 1월호에 실렸다. Darrell Whiteman 2023b, 19-30 참조.

자전적 이야기

나는 미시간에서 보수적인 웨슬리언 신앙을 배우며 자랐다. 이런 분위기에서는 선교사가 맨 꼭대기에, 목회자가 중간에 그리고 평범한 평신도가 아래에 있는 무언의 영적 피라미드가 있는 것 같았다. 그래서 나는 커서 당연히 선교사가 되고 싶었다. 영적 피라미드의 상층부에 있는 선교사들 사이에서도 어떤 선교사는 다른 선교사보다 영적 가치가 높은 것으로 인식되었다. 가령 성서 번역가는 똑똑하고 정글을 훤히 꿰뚫으며 20년이나 신약성서 번역에 헌신해야 했기 때문에 영적 피라미드의 맨 꼭대기에 있었다. 피라미드 꼭대기에는 의료 선교사도 있었다. 아마도 다른 일반 선교사보다 훨씬 많은 희생을 감수한다고 여겨지기 때문일 것이다. 나는 의료 선교사에 관한 책을 최대한 많이 읽으면서 순교만 빼고 그들처럼 되고 싶다는 생각을 했다.

이후 의예과에 입학하여 화학, 생물학, 해부학, 생리학, 미생물학, 물리학 등의 수업을 들었다. 대학 3학년이 되어서는 시애틀퍼시픽대학교로 편입하여 새로운 지도 교수를 만났다. 그 교수님은 내게 무엇이 되고 싶은지 물었고 나는 의료 선교사라고 대답했다. 그러자 그는 "그럼 인류학 과목을 듣는 것이 좋겠다."라고 조언했다.

나는 인류학이라는 학문을 들어본 적 없었지만 교수님의 조언에 따랐고[2] 첫 수업부터 매력을 느끼며 그것이 내 적성에 맞는 학문임을 깨달았다. 나는 대학에서의 마지막 2년 동안 인류학과 사회과학 과목을 최대한 많이 수강하고 베트남전쟁이 한창이던 1969년에 졸업했다. 이제 내 인생에서 무엇을 할 것인가?

---

2 나는 선교인류학자로서 살아온 내 삶의 이야기를 다음 글에서 언급했다. Whiteman 2023c.

타문화 탐구
여정의 출발

내 모교회는 내게 콩고민주공화국으로 가서 반군 봉기로 인해 '한물 간' 선교를 다시 시작할 수 있도록 도와달라고 했다. 그들은 단기 사역에 적합한 청년 두 명을 찾고 있었고 나는 그 사역에 자원했다. 콩고에서의 2년은 베트남전쟁 참전 시기를 미루고 내 인생에서 무엇을 할지 하나님의 인도를 구하는 기회였다. 의료 선교사의 소명을 계속 추구할지, 인류학을 더 공부할지 분명한 길을 보여달라고 기도했다. 처음 6개월 동안은 의료 선교사의 길을 계속 가야겠다고 느꼈는데, 왜냐하면 너무나 많은 인간의 고통을 목격했기 때문이다. 에이즈HIV/AIDS가 아프리카 대륙을 공격하기 전이었음에도 말이다.

당시는 탈식민지 시대가 시작되고 선교 기지mission compound 중심의 시대가 쇠락하던 시기이다. 우리는 이리저리 바쁘게 뛰어다니며 임무를 하나씩 완수해나갔다. 그 과정에서 현지인들과 개인적인 친분을 쌓을 시간이 많지는 않았다. 한번은 물건을 사려고 랜드로버를 타고 거친 비포장길을 따라 르완다의 수도 키갈리까지 간 기억이 난다.

그날 나는 동료 선교사와 선교 사역을 원활히 진행하는 데 필요한 것에 관해 이야기를 나눴다. 우리는 성서, 책, 응급약품, 즉 타문화권 사역에 필요한 전통적인 세 가지 도구를 중심으로 선교를 완수하는 것에 집중하고 있었다. 아프리카인의 세계관을 이해하는 데에는 큰 관심이 없었던 것 같다. 게다가 그들의 문화를 깊이 연구하려면 시간이 너무 많이 걸릴 것 같았다.

선교사들 역시도 기독교가 아프리카인의 세계관과 깊은 수준으로 연결되고 있는지를 탐구하는 것에 별 관심이 없어 보였다. 그곳은 24년 후

르완다대학살이 일어나게 될 바로 그 장소였다. 선교사들은 기독교가 행동과 종교를 피상적인 수준에서 변화시키는 데 만족하는 듯했다. 나는 점점 더 의료 선교사보다는 인류학자가 선교 사역에 더 큰 공헌을 할 수 있다는 결론에 이르렀다. 그래서 임기를 마치고 미국으로 돌아가면 의과대학이 아닌 대학원에서 인류학 과정을 밟겠다고 동료 선교사들에게 말했고, 그 일이 마치 어제 일처럼 생생하다.

"내 인생을 던지다"

동료들은 내 결심을 그다지 환영하지 않았다. 환영은커녕 오히려 매우 화를 내며 그 결심이 결국 내 인생을 망칠 것이라고 말했다. 더 나아가 이렇게까지 이야기했다. "우리는 기독교 인류학자를 만난 적이 없어. 왜 너는 첫 번째 기독교 인류학자가 될 수 있다고 생각하니? 설령 네가 기독교 신앙을 유지하여 그리스도인으로 남을 수 있다 해도 인류학 분야는 선교에 기여할 게 전혀 없어. 인류학은 인간의 진화에 관한 학문이고 오래된 뼈를 발굴하는 것에 불과해." 그러나 나는 그런 '반대를 무릅쓰고' 인류학을 전공하기 위해 대학원에 진학했다.

인류학을 공부하면서 기독교 신앙을 전하고 싶다는 내 열망은 더욱 커졌고, 이제는 선교에 기여할 도구도 갖게 되었다. 솔로몬제도의 현장 조사를 통해 논문을 성공적으로 끝낸 후 나는 아내 로리^{Laurie}와 함께 멜라네시아로 초청을 받았으며 그곳에서 선교사들이 인류학 훈련을 통해 멜라네시아의 사역 현장을 이해하도록 도울 수 있었다. 그리고 그때부터 지금까지 45년 동안 선교사들이 현지인의 세계관과 문화의 가장 깊은 부분에 복음을 연결할 수 있도록 열정을 다해 돕고 있다. 그 과정에서 나는 여러 교단과 선교단체에 속한 수천 명의 선교사를 훈련하고, 선교인류학 박사

과정에 있는 수많은 학생을 지도하며 이 분야에 기여했다.[3]

내 연구는 선교사의 타문화 적응을 돕고, 선교인류학자들이 '복음의 상황화'contextualization of the gospel라고 부르는 기독교의 토착적 표현을 정착하고 고취하는 데 중점을 두었다.

학문적 동료

복음과 문화가 연결되는 방식을 발견해가는 선교학적 여정에서 나는 나보다 앞서 그 길을 간 여러 선교인류학자로부터 큰 도움과 격려와 영감을 받았다. 그중 먼저 꼽을 수 있는 위대한 인물이 유진 나이다이다. 그는 언어학자이자 성서 번역가로, 인류학과 선교를 연결한 초창기의 중요한 책 가운데 하나인 *Customs and Cultures: Anthropology for Christian Missions*(관습과 문화: 기독교 선교를 위한 인류학)를 1954년에 출간했다.[4] 내 여정에서 만난 또 다른 동료는 찰스 크래프트이다. 나는 그의 책 *Christianity in Culture*(『기독교와 문화』)를 통해 우리의 타문화권 사역이 '수용자 중심적'이지 않고 현지인과 세계관의 수준까지 교류하지 못한 탓에 얼마나 많은 목표를 놓치고 있는지를 깨닫게 되었다. 그의 또 다른 책 *Anthropology for Christian Witness*(『기독교 문화인류학』, CLC)는 타문화권 사역을 위한 문화인류학 분야의 교과서가 되었다.

---

3 1989년부터 2002년까지 나는 미국선교학회(ASM) 학술지인 *Missiology*의 편집장을 역임했다. 이 저널은 이전에 발간된 *Practical Anthropology*를 계승한 학술지로 구독자 수가 5,000명에 육박할 정도로 성장했다.

4 유진 나이다에 대한 흥미로운 전기와 특히 그가 성서 번역에 미친 영향에 관한 논의는 다음 자료를 참조하라. Stine 2004.

앨런 티페트Alan R. Tippet는 피지에서 20년간 호주 감리교 선교사로 활동한 후 오리건대학교의 그 유명한 호머 바네트Homer G. Barnett의 지도를 받으며 인류학 박사학위를 받았다. 티페트는 나를 제자로 받아들여 그의 획기적인 저서 *Solomon Islands Christianity: A Study in Growth and Obstruction*(솔로몬제도 기독교: 성장과 저해 요인에 대한 연구)에 수록된 연구를 나에게 소개하며 솔로몬제도의 성공회 신자들을 대상으로 박사학위 현장 연구를 시작하도록 격려했다.[5]

내가 선교인류학의 '거장'이라고 생각하는 사람은 *Anthropological Insights for Missionaries*(『선교와 문화인류학』)를 저술한 폴 히버트이다. 문화에 관한 히버트의 참여적이고 창의적인 모델은 우리의 문화가 복음에 대한 우리의 이해를 어떻게 형성하는지 설득력 있게 보여준다. 히버트는 매력적이고 훌륭한 이 책에서 선교사가 전하는 메시지, 선교사가 직면하는 문화 차이, 타문화권 사역에서 이중 문화적 공동체를 형성하는 방법 등을 논의한다. 우리는 모두 폴 히버트에게 빚지고 있다.

가톨릭 관점에서 본 최고의 선교인류학 교과서[6]는 1970년에 출판된 루이스 루즈베탁의 책으로, 이 책은 1980년에 *The Church and Cultures: An Applied Anthropology for the Religious Worker*(교회와 문화: 기독교 사역자를 위한 응용인류학)라는 제목으로 전면 개정, 출간되었다.

선교를 위한 응용인류학에 초점을 맞춰서 인류학자들이 쓴 다른 책으로는 마빈 마이어스Marvin K. Mayers의 *Christianity Confronts Culture: A*

---

5 티페트는 내 책 *Melanesians and Missionaries*의 서문을 썼다. 티페트와 선교학에 대한 그의 공헌은 다음 자료를 참조하라. Whiteman 1992, 1994; Hovey 2019.
6 태버는 이 책을 "20세기 후반에 나온 가장 중요한 선교학 저술 중 하나"라고 극찬했다.(Taber 1990, 104)

Strategy for Cross-Cultural Evangelism(문화와 직면하는 기독교: 타문화권 복음전도를 위한 전략)과 마이클 린키비치^{Michael Rynkiewich}의 *Soul, Self, and Society: A Postmodern Anthropology for Mission in a Postcolonial World*(영혼, 자아 그리고 사회: 후기 식민주의 세계에서 선교를 위한 포스트모던 인류학)가 있다.[7] 나이다, 크래프트, 티페트, 히버트, 루즈베탁, 마이어스의 전통을 따르는 이 책은 브라이언 하웰^{Brian Howell}과 제넬 패리스^{Jenell Paris}의 *Introducing Cultural Anthropology: A Christian Perspective*(문화인류학 입문: 기독교적 관점) 또는 스티븐 그룬란^{Stephen Grunlan}과 마빈 마이어스의 *Cultural Anthropology: A Christian Perspective*(문화인류학: 기독교적 관점)와 같은 기독교적 관점의 문화인류학 입문서가 아니다. 오히려 이 책의 목적은 타문화권 사역을 돕기 위해 내가 얻은 인류학적 지혜를 공유하는 것으로 이것이 바로 선교인류학의 현장이다.[8]

나는 종종 타문화권 선교의 증인이라 언급되는 선교사들이 전 세계의 모든 지역과 모든 신학적 관점에서 더 효과적이고 장기적으로 타문화권 사역을 수행할 수 있도록 격려와 힘을 보태기 원한다.(Alma 2011 참조) 단지 살아남는 정도가 아니라 부흥할 수 있도록 말이다. 이 책의 몇몇 주제

---

7 선교인류학의 발전에 대한 간략한 역사는 다음 자료를 참조하라. Whiteman 2003.

8 과거에는 선교에 적용한 인류학을 '선교인류학'이라 불렀다. 특히 *Practical Anthropology* 저널에 실린 논문을 재출판한 Smalley 1963, 1967, 1978을 참조하라. 이 책들은 선교의 다양한 도전과 기회에 대한 인류학적 지식, 관점, 이론을 매우 실제적으로 적용한다. *Practical Anthropology*는 1953년부터 1972년까지 1년에 6회 발행되었다. 1973년 새로 설립된 미국선교학회는 *Practical Anthropology*를 이어받아 *Missiology*를 발행하기 시작했다. 이 저널의 책머리(masthead, 신문이나 잡지의 표제부 또는 정보란으로, 보통 첫 페이지나 안쪽 앞면에 위치한다.—옮긴이 주)에는 "계속되는 실천인류학"이라는 문구가 적혀 있다. 새로 취임한 이 저널의 첫 번째 편집자는 선교인류학자 앨런 티페트였다. 미국선교학회와 그 학술지 *Missiology*는 선교인류학 분야를 계속 탐구한다. 나는 *Missiology*의 네 번째 편집장(1989-2002)을 역임했으며, 이 저널이 선교인류학 분야에서 시작되었음을 항상 기억하고 있다.

는 다음과 같은 목표에 부합할 것이다.

1. 타문화권에서 복음을 전할 때 발생하는 어려움과 문제를 발견하고 이해한다.
2. 타문화권 사역의 성서적 모델로서 성육신의 신학적 개념을 인식하고 수용한다.
3. 기독교와 문화, 하나님의 영원한 말씀과 변화하는 세상의 역동적인 관계를 이해함으로써 복음의 상황화를 장려한다.(Conn 1984 참조)

타문화 훈련

나는 인류학자로서 지난 45년 동안 교회와 선교를 섬기면서 중국, 인도, 케냐, 쿠바, 브라질, 필리핀, 파푸아뉴기니 등 세계 여러 지역을 방문하여 타문화권 사역자를 훈련했다. 내 강의와 훈련이 처음에는 늘 따듯한 환영을 받지는 못했음을 고백한다.

"우리가 왜 이전에는 이런 이야기를 듣지 못했을까?"라는 질문에 내 대답은, 전 세계에 기독교 인류학자가 너무 적고, 세상에서 하나님의 선교를 위해 전문 인류학자로서 자신이 받은 훈련을 활용하는 사람은 더 적다는 것이다. 나이가 들어 이 책을 출판하게 된 동기는, 내 사역의 공백을 메우고 타문화권 사역에서 인류학적 관점이 얼마나 중요하고 가치 있는지에 대한 이해와 인식을 높이기 위함이다.

이 책의 구조

우리는 먼저 문화의 개념을 살펴봄으로써 복음으로 문화를 건너는 여정을 시작할 것이다. 우리가 이 지점에서 출발하는 이유는, 복음이 한 민족의 문화와 깊이 연결되지 않으면 변화가 거의 일어나지 않기 때문이다. 뉴질랜드의 선교인류학자 제럴드 아버클Gerald A. Arbuckle은 그의 책 Earthing the Gospel: An Inculturation Handbook for Pastoral Workers(복음의 토착화: 사역자를 위한 문화 연구 핸드북)에서 이렇게 말한다.

"복음화는 문화의 중심부에 복음이 침투할 것을 요구한다." 사람들이 자기 삶의 의미를 찾고, 개인 및 공동체 생활과 관련해 복음을 이해하고, 예수의 제자가 되고, 타인과 교제하는 등의 일은 모두 문화 안에서 이뤄지므로 타문화권 선교의 증인인 우리는 문화의 개념을 반드시 이해해야 한다. 물론 문화라는 개념의 유용성을 지나치게 확장할 경우, 사람에 대해 쉽게 일반화·특수화하거나 고정관념을 만든다는 정당한 비판이 제기될 수 있다. 따라서 1부에서는 문화에 대한 이해의 기초를 구축할 것이다. 이렇게 하면 복음으로 문화를 건너는 것에 관해 이야기할 때 우리가 건너는 그 문화가 무엇인지를 보다 잘 이해하게 될 것이다.

2부에서는 복음으로 문화를 건너는 방법에 대한 성서적 근거에 초점을 맞출 것이다. 나는 기독교 신앙에서 성육신, 즉 하나님이 유대인 예수의 인격을 통해 인류 역사에 들어오신 것이 신학적 교리 이상으로 중요하다고 생각한다. 또한 성육신은 우리가 타문화로 들어가 그곳 사람들과 동일시하는 방식에 관한 모델이 된다. 나는 이것을 '성육신적 동일시'incarnational identification라고 부르는데, 이 책 전반에 걸쳐 내가 취하는 기본적인 접근 방식이기도 하다.

우리는 문화에 대한 이해를 갖추고 예수를 모델로 삼아 문화 간 관계를 발전시키지만 곧 심각한 문제에 부딪히게 된다. 성서에 대한 열정과 지식만으로는 복음으로 문화를 넘나드는 데 충분치 않음을 깨닫게 되는 것이다. 따라서 3부에서는 의사소통에서 문제를 일으킬 수 있는 몇 가지 이슈를 다룰 것이다. 우리는 다른 사람들과의 동일시를 시작할 때 중대한 세계관의 차이를 곧 발견하게 된다. 또한 타문화와의 의사소통이 언어와 상관없는 비언어적 메시지, 즉 파라메시지 paramessage에서 비롯되는 경우를 자주 본다. 우리는 종종 의도치 않은 메시지를 보내곤 한다. 문화적 형식에 관한 것도 여기서 다룰 이슈 중 하나이다. 우리가 특정 문화권에서 통용되는 문화적 형식을 사용하지 않으면 메시지를 원래 의도대로 전달할 수 없으며 이는 심각한 불통과 오해, 심지어 불신을 초래할 수 있다. 마지막으로 의사소통에서의 공간 사용에 대해 언급하면서 이 섹션을 마무리할 것이다.

4부에서는 복음이 문화를 건너는 과정에서 나타나는 부작용으로, 종종 환영받지 못하지만 피할 수 없는 현상인 문화충격 culture shock을 다룰 것이다. 문화충격의 문제는 진단되지 못하는 경우가 많기에, 사람들은 자신에게 무슨 일이 일어나고 있는지, 왜 그렇게 우울한지, 왜 낙담하는지 이해하지 못한다. 자신이 세상에서 하나님의 선교에 참여하기에 충분한지에 대해서도 의문을 품게 된다. 우리는 갑자기 한 문화에서 다른 문화로 들어가는 사람들의 직업병으로서의 문화충격을 다룰 것이다.

"어떻게 하면 더 효과적인 의사소통을 할 수 있을까?" 이것이 5부의 주제이다. 12장에서 나는 참여 관찰과 같은 장기간 검증된 인류학적 현장 조사 방법을 통해 문화 차이를 발견하는 방법과 타문화권 사역 현장에서 훌륭한 민족지학자 ethnographer(민족지학은 특정 문화나 사회집단의 생활 방식, 신념, 규범, 사회구조 등을 깊이 연구하는 인류학의 한 분야—옮긴이 주)가 되는 방법을 보여줄 것이다.

복음으로 문화를 건너는 과정에서 가장 큰 도전 가운데 하나는, 우리 자신의 세계관적 전제와 가정을 인식하지 못한다는 것이다. 우리는 순진하게도 우리가 세상을 바라보는 방식으로 다른 사람도 세상을 바라보리라고 생각한다. 그래서 우리가 보는 방식으로 세상을 보도록 다른 사람을 설득하는 데 너무 많은 에너지를 소모한다. 13장에서 우리는 타문화권 사역에 영향을 미치는 지배적인 가치와 세계관에 관한 주제를 탐구할 것이다. 또한 우리의 신앙이 어떻게 성서의 가치만큼이나 우리의 문화에 의해 형성될 수 있는지 살펴볼 것이다.[9] 마지막으로 14장에서는 이 책에 개괄적으로 언급된 여러 문제를 극복하기 위한 두 가지 전략을 살필 것이다. 하나는 유대감 형성이라는 단기 전략으로, 타문화에서 처음 몇 주에 걸쳐 수행할 수 있는 것이다. 또 하나는 성서의 성육신적 동일시 모델을 따르는 장기 전략으로, 다른 문화를 자유롭게 넘나들고 그 문화에서 편안함을 느끼며 공동체와 사회문화에 기여할 수 있는 이중 문화인bicultural person이 되는 것이다.

나는 학생들에게 가능한 한 모든 문헌을 통해 배우라고 권장하지만 실질적인 경험만큼 좋은 학습 방법은 없다고 생각한다. 새 빗자루로 잘 쓸 수 있지만 오래된 빗자루라면 방 구석구석을 잘 쓸 수 있다! 연구(예를 들어 Taylor 1997; Hay et al. 2007)에 따르면 모든 문화권에서 타문화권 사역자의 중도 탈락률이 상당히 높은 것으로 나타난다. 타문화에서의 삶과 사역의 복잡성을 탐구하려면 다른 사람들의 지혜와 통찰이 필요하다. 나는 이 세상에서 하나님 나라와 그분의 선교가 확장되도록 사역자의 중도 탈락률이 감소하고 사역의 만족도와 성취도가 향상되기를 바란다. 우리는 이 과업에 동참하도록 초대받았다.

---

9 예를 들어 Richards·O'Brien 2012는 이러한 원리를 매우 설득력 있게 설명한다.

선교사의 회심

선교사의 회심에 관해 질문한 학생의 이야기로 돌아가보자. 당시 나는 "선교사의 회심: 사도행전 10장에 관한 선교학적 연구"라는 주제로 기조 강연을 하며 "모든 선교사에게는 두 번의 회심이 필요하다."라고 주장했다. 이 책을 읽는 독자들은 아마도 그리스도를 주님과 구세주로 영접하는 첫 번째 영적 회심을 경험했을 것이다. 많은 타문화권 증인도 이 첫 번째 회심은 경험한다. 하지만 문화의 영향력을 인식하고, 다른 사람을 깊이 이해하며, 자신이 도착하기도 전에 이미 일하고 계시는 성령을 발견하는 두 번째 회심을 경험한 사람은 많지 않다. 그래서 나는 선교인류학이라는 매혹적인 분야를 함께 탐구하며 그 아이디어와 개념, 사례를 삶과 사역에 적용해보자고 독자들을 초대한다. 그 과정에서 독자들이 두 번째 회심을 경험하기 바란다!

1부

문화의 개념

The Concept of Culture

2장   선교와 문화 이해

여행하지 않는 사람은 자기 어머니가 세계 최고의 요리사라고 생각한다.
(타문화를 경험하지 않으면 자기 문화가 최고라고 생각할 것이다.)

– 케냐 키쿠유족의 속담

"우리는 더 이상 헤드헌터^{headhunter}(사람들의 머리를 모으는 사냥꾼—옮긴이 주)가 아닙니다. 우리는 그리스도인입니다." 그들은 이어서 다음과 같이 말했다. "CCC 사역자들이 우리에게 그리스도인이 되기 '전'과 '후'의 삶을 비교해보라는데, 그게 무슨 의미인가요? 우리에게는 '과거'나 '미래'라는 시간 개념이 없습니다. 전과 후가 없다면 우리가 그리스도인이 아니라는 말인가요?"

　　1977-78년 아내 로리와 함께 솔로몬제도의 산타이사벨섬에 있는 작은 마을에 살고 있을 때 나는 이런 질문을 받았다. 성공회 신자인 마을 사람 몇 명이 신앙을 나눈다는 의미가 무엇인지 듣기 위해 나를 찾아온 상황이었다. 그들은 CCC(현 CRU)로부터 개인의 신앙고백을 준비하는 방법을 새롭게 배우게 되었고, 그리스도인이 되기 '전'과 비교해 '후'의 삶이 어떠한지 간증하라는 요청을 받았다. 마을 사람들은 큰 혼란에 빠져서 이렇게 말했다. "우리는 여러 세대에 걸쳐 늘 성공회 신자였습니다. 단지 CCC 방식으로 신앙을 설명할 수 없다는 이유로 우리가 그리스도인이 아니라는

말인가요?"

이 만남은 개인주의 문화와 집단주의 공동체 지향의 문화라는 매우 다른 두 문화의 충돌이었다.[1] 대조적인 문화에 의해 형성된 두 가지 다른 신학이 나타난 것이었고, 이 신학의 차이는 그리스도인이란 무엇인가에 대한 대조적인 이해에서 비롯된 것이었다. CCC의 목표가 솔로몬제도 주민에게 '네 가지 영적 원리'Four Spiritual Laws를 이해시키고 예수를 마음으로 영접하게 하는 것이라면 이는 성공하지 못했을 가능성이 크다. CCC 사역자와 솔로몬제도의 주민은 서로의 문화를 알지 못했기에 서로를 이해하지 못했다.

이 이야기는 문화가 중요한 이유와 타문화권 사역에서 상대방의 문화를 이해해야 하는 이유를 보여주는 단순한 사례이다. 우리는 이 장에서 타문화권 사역을 효과적으로 전개하는 데 기초가 되는 문화의 개념을 탐구할 것이다.

효과적인 타문화권 사역과 제자도를 위해서 우리는 개인적인 관계를 형성하고 발전시키며 유지할 수 있어야 한다. 만일 우리가 예수의 잠재적인 제자와 관계를 맺지 않고 복음전도와 제자훈련을 하려고 한다면 실패할 것이다. 복음을 전하려는 우리의 노력은 좋은 소식으로 인식되지 않고 혼란스러운 소식, 관련 없는 소식 심하면 나쁜 소식이 될 것이다. 현지인들과 의미 있는 관계를 발전시키기 위해서 우리는 그들의 생각을 형성하고 생활과 사고 및 행동 방식, 태도 등에 영향을 미치는 그들의 문화를 이해해야 한다. 그러나 한 민족의 특정 문화를 이해하기 전에 우리는 먼저 문화의 전반적인 개념을 이해해야 하며, 이것이 바로 1부의 과제이다. 물

---

1 복음전도와 선교와 관련하여 매우 다른 두 문화의 중요성에 관한 자세한 논의는 Moon·Simon 2021, 49-52와 Richards·James 2020을 참조하라.

론 선교에 관여하는 모든 사람이 이런 관점에 동의하는 것은 아니다.

나는 내 주장에 반대하는 신학자들을 만난 적이 있다. 예를 들어 한 조직신학자는 내가 가르치는 '기독교 선교를 위한 인류학'이라는 수업에 학생 두 명을 정보원으로 보내 강의 내용을 보고하게 했다. 나를 염탐하려고 수업에 들어온 그 학생들은 강의를 듣다가 회심했고 나는 그들의 고백에 무척 놀랐다. 그들은 이제 선교와 제자훈련을 위해 문화를 이해하는 것이 중요하다는 사실과 타문화권 사역을 효과적으로 감당하기 위해 성서 지식과 체계적인 신학은 필요하지만 그것으로 충분하지 않다는 사실을 확신하게 되었다.

나는 가끔 이런 반박을 듣곤 한다. "세상에는 성서와 신학 교육만 받은 선교사가 수천 명이나 됩니다. 분명히 그들은 인류학자가 아닌데도 효과적으로 사역하는 것처럼 보입니다." 맞는 말이다. 하지만 우리가 함께 살아가고 섬기는 사람들의 문화를 이해하지 못한다면, 아무리 성서적이고 신학적인 지식이 깊다 해도 의사소통의 혼란을 겪게 될 것이다.

그렇다면 타문화권 사역을 효과적으로 하는 데 문화의 개념이 얼마나 중요한가? 선교인류학자 루이스 루즈베탁은 그의 저서 *The Church and Cultures: An Applied Anthropology for the Religious Worker*(교회와 문화: 기독교 사역자를 위한 응용인류학)에서 "문화의 개념은 선교 사역에 영향을 준 인류학자의 가장 중요한 공헌이다. 이 용어(문화)에 대한 올바른 이해보다 더 근본적인 것은 없다. 문화의 본질을 파악하지 못한다는 건 선교 사역의 본질을 파악하지 못하는 것이나 마찬가지이다."(1970, 59)라고 말한다. 문화가 무엇인지 이해하지 못하면 선교 사역이 무엇인지도 제대로 이해하지 못한 셈이라는 것이다.

문화의 개념을 이해하도록 제대로 훈련받고 민족지학 기술을 배운 선교사가 얼마나 될까? 안타깝게도 극소수에 불과하다. 그 이유는 그동안 타문화권 사역을 준비하는 데 있어서 타문화 및 인류학적 훈련의 우선순위가 낮았기 때문이다. 이 장에서는 이러한 부족함을 보완하기 위해 노력할 것이다.

문화의 정의

먼저 '문화'라는 단어가 무슨 의미인지 알아야 한다. 이 단어의 흔한 사용 방식 중 하나는 프랑스어에서 차용한 것으로, 순수예술을 즐기고 사려 깊게 예의(에티켓)를 지키는 사람을 '문화화한' 사람 cultured person 이라 부르며 그렇지 않은 사람과 구별하는 데 쓰인다. 예를 들어 파리, 런던, 홍콩, 도쿄, 뉴욕 여행 가이드북에서 문화 행사를 홍보하는 경우를 보면 문화는 박물관, 발레, 오케스트라, 뮤지컬 공연, 연극 등 대부분 '고급문화' high culture 를 언급하는 경우가 많다.

이러한 대중적인 이해와 달리, 인류학에서 '문화'는 순수예술이나 적절한 예의뿐 아니라 사람들이 살아가며 만드는 환경 전체를 가리킨다.(Herskovits 1955) 문화의 개념은 브람스, 베토벤, 바흐의 음악뿐 아니라 비치 보이즈, 비틀즈, 비욘세 등의 음악도 포함한다. 인류학에서의 '문화'는 한 집단의 규범, 가치, 관습, 전통, 습관, 기술, 지식, 신념 및 생활 방식을 아우르는 광범위한 개념이다. 이 책을 통해서 알게 되겠지만 타문화뿐 아니라 자문화에서도 효과적인 사역을 하려면 문화의 개념을 이해하는 것이 중요하다.[2]

---

2 루즈베탁은 문화의 본질을 매우 면밀하게 논의하면서 인류학 분야에서 문화라는 용어가 역사적으로 어떻게 발전해왔는지를 다루고 오늘날 선교인류학에 이를 적용하고 있다.(1988, 133-222)

인류학자들은 이렇게 중요한 문화를 수백 가지로 정의했고(Kroeber·Kluckhohn 1952, Weiss 1973 참조) 때때로 이 용어의 유용성에 대해 학문적 논쟁을 벌이기도 했다. 시간이 지남에 따라 문화의 개념은 정적이고 제한적인 성격에서 역동적이고 변화하며 복잡하고 투과성을 지닌 성격으로 변천했다. 브라이언 하웰과 제넬 패리스는 문화를 "내적으로 다양하고 항상 변화하며 힘의 영향을 받는 것"(2019, 44)으로 본다.

사회과학적 관점의 문화 개념은 비교적 최근에 정의되었다. 1871년 문화에 대한 과학적 정의를 영어로 처음 제시한[3] 에드워드 타일러 Edward B. Tylor는 문화를 가리켜 "지식, 신념, 예술, 도덕, 법, 관습 그리고 한 사회의 [구성원]으로서 [인간]이 습득한 기타 모든 능력과 습관을 포함하는 복합적 전체"(1871, 1)라고 기술했다. 100년 후 선교인류학자들 사이에서 자주 인용되는 클리포드 기어츠 Clifford Geertz는 문화를 "[사람들이] 삶에 관한 지식과 태도를 전달하고, 영속화하며, 발전시키는 상징적 형태로 표현되는, 물려받은 개념 체계"(1973, 89)로 정의했다. 이에 덧붙여 그는 문화의 목적이 세상에 의미를 부여하고 그것을 이해할 수 있도록 만드는 것이라고 말한다.

때때로 우리는 어떤 장소에 처음 가면 무슨 일이 일어나고 있는지, 어떤 행동이 적절한지 몰라 혼란을 겪곤 한다. 제임스 스프레들리 James Spradley와 데이비드 맥커디 David McCurdy는 그 이유를 다음과 같은 정의로 설명한다. "문화란 사람들이 경험을 해석하고 사회적 행동을 생성하는 데 사용하는 습득된 지식이다."(1975, 5) 한편 마이클 린키비치는 "문화란 사람들이 현실(세계관)을 정의하고, 경험을 해석하며, 적절한 삶의 전략을 생

---

3   타일러의 정의보다 약 30년 앞서 독일어로 문화의 정의가 제시되었다.

성하는 데 사용하는 지식, 가치 그리고 감정의 다소 통합된 체계이다. 또한 문화는 다른 사람들에게서 배우고 사회적 환경에서 공유하는 체계이자 영적·사회적·물리적 환경에 적응하는 데 사용하는 체계요, 주변 환경의 변화에 따라 자신을 변화시키기 위해 사용하는 체계"(2011, 19)라고 주장하며 보다 포괄적이고 포스트모던적인 정의를 내린다. 마지막으로 하웰과 패리스는 문화에 대한 현대적 정의를 이렇게 제시한다. "문화는 학습되고 공유되고 역동적이며 힘이 넘치는 한 집단 구성원의 총체적인 삶의 방식이다."(2019, 40)

우리는 우리와 다른 타문화를 이해할 때 그 문화에 속한 사람들의 경험을 해석하고 그들의 행동 및 생각을 파악할 수 있다. 또한 주어진 상황에서 적합한 방식으로 행동하는 법을 배울 수 있다. 타문화를 배우는 데 시간을 투자하고 힘을 쏟는 것은 매우 중요하며, 이를 통해 우리는 무슨 일이 일어나고 있는지를 이해하고 문화적으로 적절하게 행동할 수 있다.

신학자가 아니라 인류학자로서 말하자면 나는 인간을 하나님의 창조의 일부인 다른 동물과 구분 짓는 것이 문화라고 생각한다. 생물학적 창조라는 의미에서, 즉 호모 사피엔스라는 의미에서 우리는 동물이지만, 우리의 정체성에 영향을 미치는 문화를 가진 유일한 동물이라는 점에서 하나님이 창조하신 다른 동물과 근본적으로 다르다. 게다가 우리는 하나님의 형상대로 창조된 유일한 존재이다. 그러므로 문화는 하나님이 부여하신 우리의 인간성과 정체성에서 매우 중요한 부분이다. 나는 문화를 하나님이 주신 은혜의 선물이라 생각하고 싶다. 맥스 워런Max Warren은 존 테일러John V. Taylor의 *Primal Vision*(원초적 비전) 서론에서 다음과 같이 말한다. "다른 문화, 다른 종교에 접근할 때 우리의 첫 번째 과제는 우리가 다가가는 곳을 거룩한 장소로 여기고 우리의 신발을 벗는 것이다. 그렇지 않으면 우리는 인간의 꿈을 밟고 있는 자신을 발견하게 될 것이다. 더 심각한 것은 우리가 도착하기 전에 하나님이 그곳에 계셨다는 사실을 잊어버릴 수 있다는 것이다."(Taylor 1963, 10)

문화는 우리가 문화적인 요소와 자연적·유기적·화학적·지질학적 물체와 같은 비문화적인 요소를 구별할 수 있게 한다. 예를 들어 숲을 거닐다가 탁자와 의자를 발견한다면 '잎이 없는 이상한 나무'라는 생각을 먼저 하지는 않을 것이다. 대신 누군가가 당신보다 먼저 그곳을 다녀갔다고 여길 것이다. 왜냐하면 그 탁자와 의자는 누군가의 아이디어와 창의력으로 만들어진 문화적 산물이기 때문이다. 문화는 자연적·지질학적 또는 유기적인 사물을 탁자와 의자처럼 문화적인 것으로 변화시킨다. 따라서 문화는 주로 생각, 가치, 감정으로 구성된 정신적 현상이며 이는 행위와 물질적 혹은 비물질적 산물의 창조로 이어진다. 그림 2-1은 이러한 관계를 보여준다.

그림 2-1 문화 창조의 순차적 요소

문화의 구체화, 본질화, 획일화의 위험성

문화는 우리의 생각, 가치, 감정을 형성하는 데 강력한 영향을 미치기 때문에 나는 때때로 그것을 몸에 맞는 구속복 straitjacket(정신질환자나 흉악범 등 특정 이유로 인해 자해 내지 상해를 저지를 우려가 있는 사람에게 강제로 착용하도록 하는 의류의 일종으로 강압복이라고도 불린다.―옮긴이 주)으로 표현한다. 하지만 여기서 주의할 점이 두 가지 있다. 첫째, 문화를 구체화reify하는 경향을 경계해야 한다. 즉 문화를 창조하고 변화시키는 인간과 무관하게, 문화가 독자적인 생명을 가지고 있는 것처럼 가정하는 경향이 우리에게 있음을 깨달아야 하는 것이다. 문화를 구체화할 때 우리는 문화가 우리를 통제한다고 쉽게 가정할 수 있다. 하지만 문화는 아무것도 하지 않는다. 사람들은 결정을 내리고, 사건에 반응하며, 특정 방식으로 행동하고, 제품을 생산하지만 문화는 그런 일을 하지 않는다. 따라서 복음에 저항하는 것처럼 보이는 특정 집단의 문화에 관해 생각하거나 배울 때 우리는 그들의 문화가 복음을 거부하는 원인이라고 가정하지 않도록 주의해야 한다. 예를 들어 1884년 한국과 일본에 도착한 개신교 선교사들은 한국 문화가 복음에 개방적이고 일본 문화는 사람들로 하여금 복음에 저항하게 만든다고 믿었다.

문화를 잘못 이해하면 그것을 본질화하거나 획일화하게 되므로 특정 사회 구성원의 주체성agency을 제거하는 또 다른 문제를 낳을 수 있다. 오늘날 포스트모던 인류학자들 사이에서 이것은 반드시 피해야 할 가장 큰 '죄'이다.(Rynkiewich 2011, 38-39 참조) 만일 문화를 본질화하면 우리는 해당 문화의 모든 사람이 비슷한 방식으로 행동하거나 생각한다고 무의식적으로 가정하게 된다. 즉 해당 문화 안에 존재하는 엄청난 다양성을 무시하고 사람들에 대한 고정관념을 갖게 된다. 가령 "멕시코인은 항상 그렇지. 미국 사람은 늘 그래. 그 사람들은 매번…"이라는 식으로 그들을 판단하는 것이다. 우리는 늘 그리고 때로는 무의식적으로 그렇게 행동한다. 미리엄 애드니는 이에 대해 경고하면서 "하나님은 고정관념을 갖고 우리를 보지 않으시며, 다양하면서도 공통적인 우리의 정체성과 고유한 성장 과정, 고유한 특성을 가진 예외적인 존재로 우리 각자를 만나신다. 하나님은 우리를 비둘기 구멍에 가두지 않으신다."(2015, 96)라고 지적한다.

크레이그 오트Craig Ott는 창의적이고 훌륭한 그의 글에서 우리가 문화의 개념을 두 가지 극단으로 이해할 수 있다며 이에 대한 해결책을 제시한다. "문화의 개념은 오랫동안 선교 이론과 실천의 중심이었다. 그러나 문화에 대한 오늘날 이해는 두 가지 극단 중 하나로 쉽게 빠질 수 있다. 하나는 본질주의적인 문화관으로 인해 고정관념이 강화될 수 있다는 것이고, 또 하나는 극단적인 탈식민주의 문화 혼종화cultural hybridization 이론으로 말미암아 문화 차이 유형론을 완전히 거부하고 문화 차이에 관한 경험적 연구를 무시하게 된다는 것이다."(2022, 63)

최근 일부 선교학적 논의에서는 죄책감, 수치심, 두려움의 문화와 같은 일반화된 범주로 사람들을 분류하는 경향이 나타났다.[4] 물론 이런 범주는 복음전도와 선교에 도움이 될 수 있지만 과도한 일반화, 즉 본질화로 흐르지 않도록 유의해야 한다. 나는 이전에도 다른 글에서 최소한의 인적 투자로 빠른 결과를 얻기 위해 최신 선교학의 흐름을 무작정 따라서는 안 된다고 주장한 바 있다.(Whiteman 2018) 만일 우리가 특정 문화권의 모든 구성원이 똑같다고 전제하여 본질화하면 이런 오류를 쉽게 범할 수 있다. 때로 문화 간에 차이가 존재하는 것처럼 한 문화 안에도 다양한 차이가 존재하기 때문에 우리는 문화를 본질화하거나 구체화하는 것을 피해야 한다.

문화의 본질화 혹은 구체화를 피한다는 것은, 문화를 진지하게 받아들

---

4 죄책감과 수치심, 두려움의 문화에 관한 최근의 선교 관련 논의에 대해서는 Beech 2018; Cozens 2018; deNeui 2017; Flanders·Miuschke 2020; Georges 2017, 2019; Georges·Baker 2016; Mischke 2015; Moon·Simon 2021; Muller 2000; Richards·James 2020; Wu 2019를 참조하라.

이되 이상화하거나 더 나아가 우상화하지 않는다는 뜻이다. 우리는 아이디어와 사람, 상품 등이 세계적으로 흐르는 오늘날의 상황에서 문화의 역동적인 특성을 강조하기 위해 문화는 변화하고, 형성되고, 경쟁하고, 우발적이고, 상황적이고, 복잡하고, 창조적이라고 말할 수 있다. 오늘날 일부 포스트모던 인류학자들은 문화의 개념이 인간 사회를 설명하는 데 더 이상 타당하지도, 유용하지도 않다고 생각하는데 그 이유는 문화 개념이 우리의 창조나 혁신의 방식에서 개인의 자율성을 충분히 고려하지 않거나 사회 내 권력과 불평등의 역할을 적절히 설명하지 못하기 때문이다.(예를 들어 Brightman 1995; Fischer 2007)[5] 문화 개념에 대한 이러한 비판은 우리가 문화의 구체화를 피하고, 개인적 선택의 여지를 남겨두며, 문화를 역동적으로 변화하는 것으로 이해하도록 돕는다는 점에서 유용하다. 이러한 주의점을 염두에 둔다면 문화의 개념은 특히 타문화권 사역을 이해하고 실천하는 방법을 알려주기 때문에 유의미하고 유익할 수 있다.

문화의 속성

문화 이해의 기초를 다지고, 타문화권 사역에 중요한 몇 가지 문화의 속성을 논의해보자.

문화는 학습된다

문화가 학습된다는 것은 그것이 생물학적으로 타고나는 것이 아님을, 즉 본능의 영역에 있는 것임을 의미한다. 다시 말해 우리 염색체에는 문화

---

[5] 인류학 분야 안팎에서 논의되는 문화의 개념과 그 강점 및 약점에 대해서는 Fox·King 2020; Silverman 2020을 참조하라.

를 위한 유전자가 없다. 어떤 면에서는 그런 유전자가 있으면 좋을 것 같다. 만약 그렇다면 타문화권 사역을 준비하는 일환으로, 현지 언어를 배우거나 문화를 이해하기 위해 유전자를 이식하면 되기 때문이다. 우리는 다른 언어를 익히거나 문화 차이를 이해하는 데 어려움을 겪을 때 하나님이 우리 안에 유전자 프로그램을 두어 그 모든 어려움을 해결해주시면 좋았을 것이라고 생각하기 쉽다. 하지만 하나님은 우리를 그렇게 창조하지 않으셨다.

우리는 모든 것을 배워야 한다. 안타깝게도 나이가 들수록 다른 언어를 배우거나 다른 문화를 이해하기가 더 어려워진다. 나는 타문화권 사역에 종사하는 부모들에게, 그들이 자녀에게 두 개 이상의 언어와 문화를 습득할 기회를 선물로 주고 있는 셈이라고 자주 말한다. 제2의 언어와 문화는 빨리 배울수록 좋다.

가상의 실험을 생각해보자. 1989년 6월 4일 이전에 중국 베이징에서 태어난 여아를 미국 조지아주 애틀랜타로 데려온다면? 20년 후 그 아이는 성장하여 젓가락을 자연스럽게 사용할 수 있을까? 아니다. 중국어를 할 수 있을까? 아니다. 아마도 미국 남부 억양의 영어를 구사할 것이다. 그녀는 공산주의자가 될 가능성이 있을까? 그럴 가능성은 낮다. 오히려 자라온 가정환경에 따라 남침례교 신자가 될 가능성이 더 크다. 외모 때문에 사람들은 그녀를 처음 보고서 '중국인'이라 생각하겠지만 그것 말고는 그녀에게 중국적인 요소가 전혀 없을 것이다. 그녀가 진정한 중국인이 되려면 중국 문화에 관한 모든 것을 배워야 한다. 중국 문화의 요소는 생물학적으로 유전되지 않는다. 미국에서 자란 그녀는 문화적으로 중국인이 아니라고 할 수 있다.

혹자는 이렇게 반문할 수 있다. "하지만 본능도 있지 않은가? 죄는 어떤가? 모든 사람은 죄를 짓기 때문에 그것은 분명히 본능일 것이다." 죄가 보편적인 것은 사실이지만 웨인 다이^{T. Wayne Dye}와 로버트 프리스트^{Robert J. Priest}가 설득력 있게 주장하는 것처럼 죄는 문화마다 다양하게 정의된다. 우리는 죄를 향하는 마음과 죄를 지으려는 경향이 있으며, 우리 안에 계신 성령의 도우심 없이는 죄의 경향을 극복할 수 없다. 만일 죄가 본능이라면 모든 사람이 같은 방식으로 죄를 짓겠지만 실제로는 그렇지 않다. 그림 2-2가 이 개념을 이해하는 데 도움이 될 것이다.

그림 2-2 행동의 연속성

본능적 행동 ⟵————————⟶ 학습된 행동

동물 세계를 관찰해보면 모든 동물은 본능적 행동과 학습된 행동 사이의 어딘가에 위치한다. 가령 곤충의 행동은 더 본능적이기 때문에 왼쪽에 있고, 인간의 행동은 학습되는 것이기에 가장 오른쪽에 있다. 침팬지나 고릴라 같은 영장류는 학습된 행동 쪽에 가깝지만 인간과 같은 위치에 있지는 않다.

알프레드 크로버^{Alfred Kreober}는 본능과 학습된 행동의 차이에 관해 설명한 바 있다. 물론 1917년에 쓴 글이기 때문에 그가 선정한 단어와 자민족중심주의적 관점은 참작해야겠지만 그의 통찰은 100년 전이나 지금이나 여전히 중요하다. 크로버는 이렇게 말한다. "갓 낳아서 신선하고, 아직 부화되지 않은, 성별이 분명한 개미 알 두 개를 가져오라. 그리고 (두 개의 알을 제외하고) 모든 개미와 그 알을 없애버리라. 오로지 두 개의 알에서 나온 개미 한 쌍에게 먹이를 주고 적절한 온도와 습도로 보호하라. 개미 사회, 즉 개미 종의 모든 능력과 힘, 성취, 활동은 한 세대 안에 그대로 재현

될 것이며 결코 줄어들지 않을 것이다."(1917, 177) 개미 사회 전체가 단 두 마리에서 재현되는 것은 그들의 행동이 유전적으로 프로그래밍되어 있기 때문이다. 크로버는 이어 다음과 같이 말한다.

> 하지만… 문명화된 국가의 최상위 계층 중 최고의 혈통을 가진 영아 200-300명을 외딴 섬이나 성벽에 데려다놓고 그들에게 필요한 돌봄과 영양을 공급한 뒤 동족으로부터 완전히 고립시킨다면 어떻게 될까? 그들이 속해 있던 문명은 남을까? 그 문명의 10분의 1 아니, 그것의 일부도 남지 않을 것이다. 심지어 가장 원시적인 부족의 문명적 성취는 단편조차 남지 않을 것이다. 예술도, 지식도, 불도, 질서도 혹은 종교도 없이 말 못하는 한두 명이나 한 무리의 존재만 남게 될 것이다. 문명은 이 제한된 공간에서 차츰 해체되거나 빠르게 절단되는 게 아니라 단숨에 소멸할 것이다.(1917, 177)

다시 말해 크로버는 인간이 다른 인간과의 접촉 없이 성장한다면 인간과 관련된 정상적 특징, 즉 불, 질서, 예술, 음악, 종교, 언어 등을 갖추지 못할 것이라고 주장한다. 개미의 행동은 유전적으로 프로그래밍되어 있기 때문에 개미는 자신의 '사회'에서 기능하는 방법을 알기 위해 다른 개미의 존재를 필요로 하지 않는다. 하지만 인간은 온전히 기능하는 존재가 되기 위해 다른 인간과 함께해야 한다.

크로버의 주장은 이론적 가능성에 불과한가, 아니면 실제로 근거가 있을까? 안타깝게도 크로버가 제시한 가상의 예, 즉 다른 인간과의 접촉 없이 자라난 아이들의 이야기는 실제로 있었다. 우리는 이들을 '야생의 아이들'feral children이라 부르는데, 인간과의 접촉 없이 어떻게든 생존했지만 발견될 당시 인간의 특성이 거의 없던 존재이다.

과학적 문헌으로 제시된 최초의 사례는 '아베롱의 야생 소년'Wild Boy of Averyron이다. 이 소년은 1800년 1월 프랑스 남부 아베롱 산악 지역의 숲에서 발견되었다. 할란 레인Harlan Lane이 신중하게 조사하여 훌륭하게 정리한 기록물(1979)에 따르면, 한 농부가 12-13세로 추정되는 소년이 먹을 것을 찾아 그의 집 정원을 파고 있는 것을 발견했다. 이 소년은 인간의 특징을 갖고 있었지만 네 발로 걸으며 사람보다 개처럼 행동했다. 농부는 그를 유랑 서커스단에 팔았고, 서커스단은 그를 기괴한 존재로 전시했다. 그러던 중 프랑스의 저명한 심리학자 장 마르크 가스파르 이타르Jean-Marc-Gaspard Itard가 이 소식을 듣고 서커스단에서 소년을 사들여 파리로 데려와 함께 지내게 되었다.

이타르는 그에게 빅토르라는 이름을 지어주었지만 빅토르는 인간으로 온전히 기능할 정도로 성장하지 못하고 28세 무렵에 사망했다. 당시 유럽 과학계에서는 양육 대 자연nurture versus nature에 대한 논쟁이 한창이었기 때문에 아베롱의 야생 소년은 큰 파장을 일으켰다.

이 이야기는 인간이 다른 인간과 함께 자라며 언어와 문화를 배우지 않을 경우 어떤 일이 일어날 수 있는지를 보여준다. 야생의 아이들에 대해 처음 알게 되었을 때 나는 여러 면에서 혼란스러웠다. 우선 "하나님의 형상이 그들에게 있는가? 원죄는 어디에 있었을까?" 등의 의문이 들었다. 이 책에서는 이러한 신학적 질문을 깊이 다루지 않겠지만 이 의문들은 우리가 하나님의 형상대로 창조된 인간으로서 성장하는 데 문화가 얼마나 중요한지를 생생하게 깨닫게 해준다.

또한 야생의 아이들 사례는 우리 자녀들이 생후 몇 달, 몇 년 동안 겪게 되는 가정 내 문화가 얼마나 중요한지를 강조한다. 아들이 태어났을 때 나는 솔로몬제도에서 그곳에 미친 성공회의 영향에 관한 인류학 박사 논문을 쓰고 있었다. 당시 그 주제에 관해서는 누구보다 잘 알고 있었을지 모르지만, 아들에게 성서적 가치를 반영하고 사랑과 적절한 훈육이 넘치는 가정의 문화를 소개하는 방법에 관해서는 전혀 몰랐던 것 같다. 아들이 생후 몇 달이나 몇 년 동안 접하게 될 우리 가족의 문화가 매우 중요하며, 그 문화를 조성할 책임과 특권이 우리 부부에게 있다는 생각은 나를 번쩍 깨어나게 했다.

우리는 문화를 통해 배우며 인간으로서 형성되고 성장한다. 하지만 이상하게도 문화가 생물학적으로 유전되는 게 아니라 학습된다는 사실을 다소 불편하게 여기는 그리스도인을 많이 만나게 된다. 나는 문화가 학습된다는 사실이, 하나님께서 그분이 원하시는 모습으로 우리를 만들기 위해 유전자나 염색체가 아닌 문화를 사용하신다는 사실을 드러내주는 통찰이라고 본다. 하나님 나라의 가치를 더 많이 반영하고 그리스도의 마음(고전 2:16)을 품으면 품을수록, 우리는 하나님의 성품을 반영하는 가치로 우리 문화에 더 큰 영향을 미칠 수 있다. 그림 2-3은 생물학적 호모 사피엔스와 문화적 인간 사이의 관계를 보여준다.

그림 2-3 인간의 창조와 문화의 역할

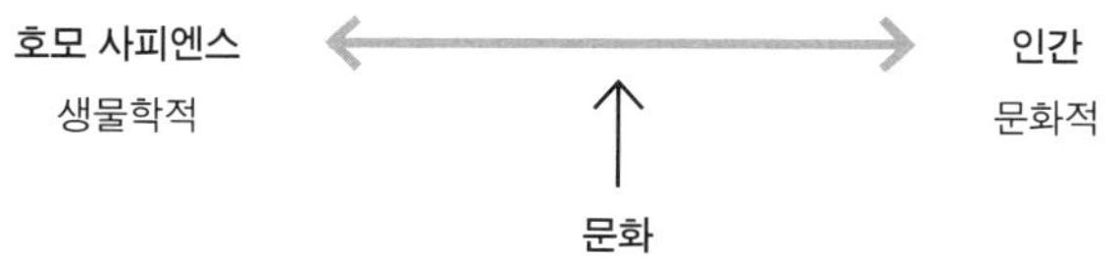

호모 사피엔스 ←――――――→ 인간
생물학적   문화적
↑
문화

대부분의 동물은 욕구에 따라 아무 때나 먹고 마시지만, 인간은 정해진 시간에 식사를 하며 그 시간이 되면 허기를 느낀다. 하루에 식사를 몇 번 하는지도 문화에 따라 다르다. 가령 아프리카 일부 지역에서는 하루 한

끼를 먹지만 스칸디나비아 일부 지역에서는 하루에 여섯 번 소식을 한다.

또한 문화는 어떤 음식이 적절하고 어떤 음식이 적절하지 않은지를 알려준다는 점에서 강력한 힘을 발휘한다. 어떤 음식은 아무 문제없이 먹을 수 있지만 어떤 음식은 문화적으로 부적절하기에 먹을 수 없다.

일전에 나를 찾아온 어느 일본인 학생이 생각난다. 그는 고향에서 보내온 선물 꾸러미를 막 받았다며 그것을 나와 나누고 싶다고 내 연구실을 찾아왔다. 그가 타파웨어 뚜껑을 열자 그 안에서 간장에 절인 메뚜기가 보였다. "메뚜기 한 번 맛보실래요?" 그는 흥분하여 물었다. 바로 그 순간 나는 성육신적 동일시에 대한 내 모든 강의가 시험대에 올랐다는 것을 깨달았다.(4장 참조)

선택의 여지가 없었다. 나는 그의 호의가 담긴 선물을 받아들여야 했다. 그래서 메뚜기 한 마리를 조심스럽게 꺼내 간장을 털어내고 입에 넣었다. 놀랍게도 맛있었다. 식감은 조금 떨어졌으나 맛은 훌륭했다. 내가 한 번 더 먹겠다고 하자 그는 깜짝 놀랐다! 나중에 그는 개인적인 고민이 생겼을 때 나를 찾아왔다. 자기 말을 들어주고 고민을 함께해줄 믿음직한 사람으로 나를 생각했기 때문이다. 따라서 내가 메뚜기를 먹은 것은, 단순히 배를 채우는 걸 넘어 신뢰의 가교를 놓는 일이었다.

그가 졸업한 지 몇 년 후에 우리는 예일대학교 신학대학원에서 다시 만났는데, 그는 자신이 간장에 절인 메뚜기를 들고 내 연구실을 찾았던 일을 기억하는지 물었다. "물론 기억하지요."라고 나는 대답했다. 그는 모든 교수에게 간장에 절인 메뚜기를 주었는데, 그중 여섯 명만 먹었다는 이야기를 들려주었다. 그러고는 "유일하게 한 번 더 먹겠다고 한 사람은 당신이었습니다."라고 말했다. 일본에서 별미인 절인 메뚜기에 대해 미국 교수들이 식용 여부를 고민한 데에는 문화의 영향이 컸다.

인간이라면 누구나 공통된 생물학적 욕구가 있다. 그러나 그 욕구 충족은 문화적 수단을 통해 이뤄지며, 이는 보편적인 것이 아니라 사회마다 다양하다. 폴란드 크라쿠프에서 출생한 영국의 유명한 인류학자 브로니슬라프 말리노프스키Bronislaw Malinowski는 생물학적 욕구와 심리적 욕구 간의 관계와 이러한 욕구를 충족시켜 만족을 얻는 문화적 방식을 설명하기 위해 모든 문화에 통합된 '영속적 활력의 연속'Permanent Vital Sequence이라는 개념을 제시했다.(1944, 77) 그림 2-4는 이 개념을 잘 묘사한다.

그림 2-4 말리노프스키의 영속적 활력의 연속

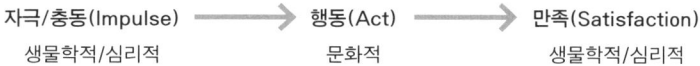

말리노프스키의 영속적 활력의 연속은 문화를 이해하는 데 유용한 개념적 도구이며, 다른 문화를 이해하고자 하는 비非인류학자에게도 좋은 출발점이 될 수 있다. 모든 사람은 동일한 욕구(말리노프스키의 용어로는 충동)를 갖고 있으므로 우리는 종종 이러한 욕구를 충족시키는 방식도 동일할 것이라고 잘못 가정한다. 하지만 말리노프스키의 접근은 다양한 문화가 동일한 욕구를 서로 다른 방식으로 충족시킨다는 사실을 알려준다. 이러한 인식은 다른 문화권의 사람들을 이해하는 첫걸음이며, 효과적인 타문화권 복음전도를 전개하는 데 중요한 단계가 된다.

이어서 말리노프스키는 인간의 기본 욕구를 다음과 같이 설명한다.

1. 신진대사: 산소, 음료, 음식에 대한 욕구
2. 생식: 성욕
3. 신체적 편안함: 견딜 수 있는 수준의 온도, 습도 등 유지

4. 안전: 기계로 인한 사고, 동물 및 다른 사람의 공격으로 인한 신체적 상해 예방
5. 움직임: 활동, 운동 등
6. 성장: 성숙, 문화화, 사랑
7. 건강: 생물학적 유기체의 유지 및 회복(1944, 91)[6]

이에 덧붙여 나는 확고한 경험적 근거에 따라, 보편적이고 기본적인 여덟 번째 욕구를 제시하고자 한다. 바로 다양한 문화적 방식으로 충족되는 심리적 충동인 '종교적 욕구'이다. 이 욕구는 전 세계에 수많은 종교가 존재하는 이유이기도 하다. 나는 이 욕구가 온전히 충족되는 길은 인간이 예수 그리스도와 관계를 맺고 영적 성숙을 향해 성장하여 그리스도의 장성한 분량이 충만한 데까지 이르는 것(엡 4:13)이라고 믿는다.

문화는 공유된다

문화의 두 번째 속성은 첫 번째 속성만큼이나 중요하다. 문화는 학습될 뿐 아니라 공유된다. 문화가 사회의 일부가 되려면 그것을 배우는 것만으로는 충분하지 않고 다른 사람들과 공유해야 한다. 이것이 바로 복음전도의 사회적 기반이다. 그리스도를 개인적으로 아는 것만으로는 충분하지 않다. 그 이해와 경험을 타문화권 사람들과 공유해야만 복음이 그들 삶의 일부가 되고 그들의 문화를 변혁할 수 있다. 마찬가지로 타문화권 그리스도인들이 예수를 따르는 그들의 경험을 공유해줄 때 우리 또한 하나님

---

6 또한 말리노프스키는 사람들이 욕구에 대해 보이는 다양한 문화적 반응에 대해서도 논의한다.(1994, 91)

을 더 넓고 깊게 이해하게 된다. 우리는 서로에게서 배운다. 인류학적으로 이것이 바로 우리가 다른 사람들과 신앙을 공유하는 이유이다.

잠시 인류학자가 되어 파푸아뉴기니 고원지대의 한 마을로 들어가보자. 산악 지형은 놀랍도록 아름답고 해발 1,600미터의 높은 고도 덕분에 그곳은 1년 내내 봄 날씨일 것이다. 우리는 사람들이 공동 영역에 거주하고 있는 것을 보며 그것을 마을이라 부른다. 또한 그들이 공동의 목표를 달성하기 위해 서로 교류하는 것을 보며 이를 사회라 부른다. 그렇다면 그들의 문화는 어디에 있는가?

한 남자가 자기 집 지붕을 이엉으로 덮는 모습이 보인다. 그가 사용하는 사고나무 잎과 대나무 기둥이 눈에 띈다. 하지만 우리의 시선을 사로잡는 것은, 여러 친척이 한 남자의 지붕 수리를 돕고 있다는 점이다. 그들은 마치 일을 하기보다 파티나 축제를 즐기는 것처럼 노래하며 흥겨운 시간을 보내고 있는데, 결국에는 척척 일을 끝낸다.

한 여성이 아이를 훈육하는 모습을 보고 미국인(여기서 '미국인'은 미국에 사는 사람들을 줄여서 부른 것이다. 물론 국경 북쪽이나 남쪽에 사는 사람들도 자신을 미국인이라 생각하겠지만 말이다.)이라면 속으로 이렇게 생각할지 모른다. '왜 이제야 저렇게 아이를 훈육하는 거지? 내가 보기에 아이가 엄마에게 매우 무례하게 구는데, 내가 부모라면 진즉에 훈계했을 거야.' 우리는 그 아이가 엄마의 분노를 살 만한 어떤 행동을 했는지를 주의 깊게 살펴본다. 그리고 결국에는 아이 엄마가 이 상황을 폭력적인 체벌의 순간으로 삼기보다 교육의 기회로 활용하고 있음을 알게 된다.

또한 아기를 등에 업은 채 밭에서 일하는 여성들의 모습도 종종 본다. 그들은 고구마 밭에서 일하고 있는데, 알고 보니 농사를 꽤 잘 짓는 것으로 알려졌다.

6개월이 지나자 일련의 방식이 나타나기 시작한다. 사람들은 비슷한 이유에서 비슷한 방식으로 이러한 행동을 보인다. 사실 행동의 통일성은 그들이 마음에 품은 문화의 외형적이고 관찰 가능한 표현이다. 다시 말해 그들은 지붕을 이엉으로 엮는 법, 아이를 훈육하는 법, 밭을 경작하는 방법에 관한 생각을 공유한다. 그리고 이렇게 공유된 생각은 그들 문화의 일부가 된다. 인지인류학자 워드 굿이너프 Ward Goodenough에 따르면 문화는 사람들이 주변 세계를 인식하고 해석하며 그것과 관계 맺기 위해 마음에 품고 공유하는 모델로 구성된다. 이런 의미에서 문화는 실재(현실)를 추상화한 것으로, 현실을 추상화한 또 다른 예인 지도와 비슷하다. 지도는 도로, 강, 마을 등 가장 중요한 지리적 특징을 보여줌으로써 현실을 반영한다. 예를 들어 당신이 상하이에 살고 있다면 중국 전체 지도에는 당신의 집 위치가 표시되지 않을 것이다. 그것은 너무 추상적이기 때문이다. 당신의 집을 찾으려면 동네 지도가 필요하고, 당신의 침실 위치를 찾으려면 집 내부의 평면도가 필요하다.

　문화는 공유되는 것이기 때문에 우리는 현실에 대한 정신적 지도 mental map를 공유함으로써 사회에서 적절한 행동을 취하고 경험을 해석할 수 있게 된다. 그러나 정신적 또는 인지적 지도로서의 문화는 사람들의 행동 중 가장 중요한 측면만 보여줄 뿐 세부적인 내용은 보여주지 않는다. 문화는 사회 구성원으로서 우리가 따라야 할 주제를 제공하지만 이러한 주제에 대해 우리는 각자 개인적인 해석과 변형을 갖고 있다. 예를 들어 미국의 문화적 주제는 참을 수 없을 정도로 더운 날씨에도 공공장소에서는 옷을 입는다는 것이다. 기온이 섭씨 35도인 더운 날씨라도 우리는 아침에 일어나 옷을 입을지 말지를 고민하지 않는다. 그 결정은 이미 우리 문화에 의해 내려진 것이다. 우리가 고민하는 것은 무엇을 입을 것인가이며, 미국 문화에서는 대개 어제와 다른 옷을 입을 것이다.

지도가 지리적 위치를 안내해주는 지침인 것처럼 문화도 사회에서 길을 찾게 해주는 정신적 지도이다. 문화는 요람에서 무덤까지 인생의 질문에 관한 대답을 제공하며, 이를 통해 안정감과 일정한 예측 가능성을 제공한다. 아이러니하게도 문화는 인생의 질문에 관한 대답을 제공할 뿐만 아니라 어떤 질문을 해야 하는지도 알려준다.

만일 우리가 잘못된 지도를 따라가다가 길을 잃으면 어떤 기분이 들겠는가? 아마 불안하고 때로는 두려움까지 느낄 수 있다. 좌절하거나 심지어 분노할 수 있고 어쩌면 스스로를 어리석고 무능하다고 느낄 수 있을 것이다. 이것이 바로 미시시피주 페리 카운티에서 자라며 배운 정신적 지도를 가지고 싱가포르로 타문화권 사역을 떠날 때 일어날 수 있는 일이다. 우리는 당연히 미시시피의 정신적 지도가 싱가포르에서도 통할 것이라고 기대하지만 그렇지 않다.

미시시피 지도를 사용하면 길을 잃었다고 느낄 것이다. 그리고 좌절과 분노를 느낄 것이다. 우울한 기분에 빠져 자신이 하나님을 섬기기에 충분한지 의문을 가질 수도 있다. 자신의 모국 문화에 기반한 정신적 지도만 가지고 타문화에서 활동하면 오해와 문화충격 등을 경험하게 되는데 이 내용은 10장에서 다룰 것이다.("심리적·영적 우울증" 참조) 문화충격은 새로운 상황에서 모국의 낡은 정신적 지도에 의존할 때 발생하며, 이는 매번 우리를 잘못된 방향으로 이끈다.

나는 솔로몬제도의 산타이사벨섬 누라하게^{Gnulahage} 마을에서 보낸 첫날을 결코 잊지 못한다. 그날은 1977년 5월 19일이었는데 우리 부부는 그곳에 가기 위해 6년간 준비해온 터였다. 우리는 단 몇 개의 여행 가방과 배낭을 지참한 채 카누에서 내려 해변과 코코넛 농장, 정글을 지나 1.5킬로미터 정도 내륙으로 걸어 들어갔다. 그리고 야자수 잎과 대나무 기둥으로 만든 집 20채가 있는 마을에 도착했다. 마을 사람들은 기둥 위에 새로 지은 듯 보이는 집 한 채를 가리키며 "여러분을 위해 지은 집입니다."라고 자랑스럽게 말했다.

우리는 계단을 올라 집 안으로 들어가서 모든 짐을 바닥에 내려놓았다. 방 한쪽에 길이가 약 4.5m인 통나무가 놓여 있었다. 처음에는 왜 있는지 궁금했지만 곧 그 용도를 알게 되었다. 마을 아이들이 하나둘 통나무 위에 앉더니 우리가 하는 모든 행동을 지켜보기 시작한 것이다. 마치 마을의 모든 아이가 모인 것 같았다. 대다수 아이에게 우리는 그들이 처음 본 백인이었다.

나는 바닥에 무릎을 꿇고 짐을 정리하다가 공황에 가까운 기분에 압도되어 '내가 대체 무슨 일을 벌인 거지?'라고 생각했다. 그러고는 아내에게 말했다. "인생에서 가장 큰 실수를 저지른 것 같아. 여기서 뭘 하고 있는지 모르겠어." 물론 머리로는 우리가 왜 그곳에 있는지 알았지만 감정적으로나 심리적으로는 확신도, 자신감도 없었다.

내가 처한 곤경을 해결하는 유일한 길은 야자 잎으로 만든 집에서 나와 마을로 들어가 사람들과 이야기하고 관계를 맺고 할 일을 찾는 것이었다. 그렇게 하지 않으면 그들의 정신적 지도, 즉 그들이 사회 안에서 서로 공유하는 문화의 측면을 결코 배울 수 없을 것이다. 그로부터 1년 후 우리는 처음으로 누라하게 마을을 떠났다. 1년 동안 무슨 일이 있었는가? 나는 마을 문화의 일부를 배웠고, 거기서 길을 잃지 않고 돌아다니며 방향을 찾을 수 있었다. 그들 문화의 일부를 이해하게 된 것이다. 그렇다면 드디어 솔로몬제도의 주민이 된 것일까? 전혀 그렇지 않다. 하지만 나는 그들의 정신적 지도를 상당 부분 읽을 수 있게 되었고, 그들 문화에 적합한 방식으로 사는 법을 배웠다. 앞에서 설명한 스프레들리와 맥커디의 정의를 풀어서 말하면, 그 마을의 문화를 충분히 배웠기 때문에 무슨 일이 일어나고 있는지를 이해하고 마을 사람들이 수용할 수 있는 방식으로 행동할 수 있게 되었다.

이것이 바로 문화를 설명하고 이해하는 한 방법이다. 문화는 정신적 지도이며, 타문화권 증인인 우리의 과제는 우리가 함께 살아가고 섬기는 현지인의 정신적 지도를 읽는 법을 배우는 것이다. 한번은 선교사들을 대상으로 현지인의 정신적 지도를 배우는 것의 중요성을 강의한 적이 있는데, 그때 한 선교사가 다음과 같이 말했다.

"저는 마카오에서 15년 동안 살며 사역했습니다. 어디 가서 말하고 싶지 않지만 여러분에게는 고백하려고 합니다. 솔직히 저는 중국인을 잘 모릅니다. 바쁘게 많은 사역을 했음에도 중국 사람들이 왜 그렇게 생각하고 행동하는지 진심으로 이해하지 못했어요. 오늘 강의를 듣고 큰 깨달음을 얻었습니다."

C&MA^{Christian and Missionary Alliance} 소속 선교사인 마이런 브롬리^{H. Myron Bromley}는 인도네시아 뉴기니섬의 이리안 자야 발리엠 계곡에서 다니족을 40년 가까이 섬겼다. 1972년 예일대학교에서 언어학으로 박사학위를 받은 그는 뛰어난 언어학자였고 다니족 언어와 문화를 매우 깊이 이해한 사람이었다. 1981년 내가 발리엠 계곡을 방문하여 브롬리를 만났을 때 다니족 사람들은 이렇게 말했다. "브롬리 박사님은 우리 언어와 문화를 우리보다 더 잘 알고 있습니다." 어떻게 그럴 수 있었을까? 그것은 브롬리가 다니족 문화의 여러 측면을 통합한, 언어와 문화의 정신적 지도를 만들었기 때문이다.

타문화권에 복음을 전하는 증인으로서 우리는 우리가 함께 살고 섬기는 사람들의 정신적 지도를 배워야 한다. 그리고 이 정신적 지도가 종이에 인쇄된 지도처럼 정적으로 고정된 것이 아니라는 사실을 항상 기억해야 한다. 정신적 지도는 세계 곳곳에서 흘러드는 아이디어와 함께 유동적으로 변화한다.

선교인류학자 케네스 네어바스Kenneth Nehrbass는 세계화로 인해 우리가 문화의 다양성을 보다 잘 인식하게 되었다고 말한다. 정신적 지도의 복잡성은 타인과 관계를 맺기 위해 문화적 역량[7]을 습득하고, 문화가 사람 간, 사회 간 공유된다는 사실을 이해하는 것이 중요함을 강조한다.(Nehrbass 2016) 지금껏 우리는 문화가 생물학적으로 유전되는 것이 아니라 학습되는 것이며, 개인이 상상해낸 독창적인 생각이 아니라 한 사람에게서 다른 사람에게로 공유되는 것임을 이야기했다. 이제 문화를 학습하고 공유하는 상황에 대해 논의해보자.

사회 구성원으로서 습득하는 문화

우리가 살펴볼 문화의 세 번째이자 마지막 속성은, 우리가 사회의 한 구성원으로서 문화를 습득한다는 것이다. '문화'가 궁극적으로 사람들의 마음속에 있는 생각을 가리킨다면 '사회'는 사람들 자체를 가리킨다. 사회는 개인이 죽거나 태어나더라도 시간 가운데 지속적으로 존재하는 사람들의 집합체이다.

우리는 특정 사회라는 상황에서 문화를 배우고 공유한다. 삶의 설계도인 문화는 사회가 어떻게 식량을 확보하고, 온기를 유지하며, 자손을 생산

---

[7] 데이비드 리버모어(David Livermore, 2009, 2015, 2022)는 타문화권 선교사의 필수적 역량인 문화 지능(cultural intelligence)을 이해하고 습득하는 분야의 선도적인 전문가 중 한 명이다.

하기 위해 협력할지를 알려준다. 문화는 사회가 효과적으로 기능하는 방법을 알려주는 정신적 지도이다. 하지만 이 지도가 더 이상 예전처럼 효과적으로 작동하지 않으면 어떻게 될까? 환경 재해, 식민 침략, 전쟁, 강제 이주 등 다양한 원인으로 문화가 급격히 변할 때 아노미 현상과 문화적 역기능이 나타날 수 있다.

문화는 하나님이 주시는 은혜의 선물로서 긍정적인 목적을 위해 사용될 수 있지만 동시에 인간의 죄성을 반영하여 끔찍하고 악한 목적으로 사용될 수 있다. 그렇기에 하나님 나라는 모든 사회에서 조화롭게 살아가는 방법을 보여주는 아름다운 청사진이다.[8]

1789년 조지 워싱턴 George Washington 이라는 한 남자가 성서에 손을 얹고 미국 초대 대통령으로 취임 선서를 했다. 그로부터 200년이 지난 1989년, 또 다른 조지인 조지 허버트 워커 부시 George Hubert Walker Bush 가 같은 성서에 손을 얹고 미국의 제41대 대통령으로 취임 선서를 했다. 이 200년 사이에 100년 이상 산 사람은 소수이고 대부분은 훨씬 짧게 살았다. 1789년에 살던 사람 중 1989년에도 살아 있는 사람은 아무도 없다. 문화는 급격하게 변해도 사회는 여전히 존재하나 그 사회는 영원히 지속되지 않는다. 만일 역기능적인 문화로 인해 희망과 생존 대신 죽음과 절망을 겪고, 외부로부터의 환경적·인간적 위협에 대처하지 못한다면 사회는 시간이 지나면서 붕괴할 것이다.

우리는 대개 무의식적으로 사회로부터 문화를 배우며, 세계화와 도시화 시대인 오늘날 사회는 고립되어 있지 않기 때문에 문화는 역사상 그 어

---

8 전 세계에서 다양한 방식으로 표현되는 기독교 문화의 풍성함에 대한 흥미로운 이야기는 미리엄 애드니의 *Kingdom without Borders*(2009)를 참조하라.

느 때보다 빠르고 광범위하게 변화하고 있다.

모든 사회에는 누군가가 맡아 수행할 역할이 존재한다. 우리는 외부에서 어떤 사회로 들어갈 때 그 사회에서 어떤 위치를 맡고 어떤 역할을 수행해야 하는지를 이해해야 한다. 이는 매우 중요하다. 동시에 우리가 생각하는 역할뿐 아니라 그 사회가 우리에게 부여한 역할이 무엇인지를 깨달아야 한다. 현지 사회가 기대하는 역할을 잘 수행할 때 우리는 그들로부터 신뢰할 만한 사람으로 인정될 것이다.

어떤 사회에서는 '선교사'라는 역할이 존재하지 않거나 우리가 가장 효과적으로 수행할 수 있는 역할이 아닐 수 있다. 오늘날 '비즈니스 선교'mission as business, BAM라는 기치 아래 인기 있는 선교사의 역할은 사업가이다.[9] 많은 국가에서 종교 비자보다 사업 비자가 취득하기 더 쉬우므로 많은 선교사가 사업가 신분으로 선교지에 들어간다.

그들은 사업체를 '플랫폼'platform 으로 삼고 있으며, 추정컨대 이 사업체가 그들에게는 사역 국가에서 합법적으로 거주하게 해주는 보호막일 것이다. 그러나 안타깝게도 많은 BAM 선교사가 수익이 거의 없거나 아예 없어서 지역 경제에 좀처럼 공헌하지 못하는 가난한 사업가이다. 그들은 지역사회에서 어떻게든 사업가의 역할을 해야 하기에 잘하면 이중직에 종사하는 사람으로, 최악의 경우는 부정직한 사람으로 비칠 수 있다. 여기서 우리는 다음과 같은 중요한 질문을 해봐야 한다. "나는 현지 사회에서 어떤 역할을 감당할 수 있을까? 또한 어떤 역할을 능숙하게 감당함으로써 현지인에게 합법적으로 접근하며 그들 문화 속에서 진실하고 성실하게

---

9 비즈니스와 관련된 다음 자료들은 해당 분야에 대한 개요 및 강점과 약점을 보여준다. Johnson 2009; Lai 2015; Russell 2010; Steffen·Barnett 2006; Yamamori·Eldred 2003.

복음을 살아낼 수 있을까?"

　나는 안식년 동안 수행한 연구 결과를 선교사들과 함께 나눈 적이 있다. 당시 8개월 동안 선교사들이 홍콩이라는 타문화권에 얼마나 적응하며 중국계 홍콩인들과 친밀한 관계를 발전시켜가는지를 연구하고 있었다. 나는 선교회가 우리 가족을 환영해준 것에 감사를 표하고 홍콩에서의 시간이 얼마나 즐거웠는지를 이야기하며 보고를 시작했다. 그런 다음 연구 결과에 근거한 첫 번째 권고 사항은 '모두 사임하고 집으로 돌아가는 것'이라고 말했다. 그들이 느꼈을 충격과 표정을 상상해보라. 아마도 내 연구 결과와 그에 따른 권고를 듣고서 당혹스럽고 화가 났을 것이다. 나는 잠시 의미심장하게 보고를 멈춘 뒤 이렇게 제안했다. "현재의 직책을 사임한 후 다시 홍콩으로 돌아와 이곳 사회에서 정상적인 역할을 맡으십시오." 가령 택시 운전사나 교사, 사업가 등 홍콩 사회에서 일상적으로 볼 수 있는 직업을 가지라는 제안이었다.

　문제는 중국계 홍콩인들 사회에서 선교사라는 직업이 거의 존재하지 않고, 그곳 사람들에게 매력적이거나 이해하고 신뢰할 만한 역할이 아니라는 것이다. 그래서 선교사들은 일상적인 방식으로 현지인과 관계를 맺기가 어려웠다. 그들 중 진료소에서 의사로 일하는 한 선교사만 홍콩인들에게 이해받고 받아들여지는 역할을 수행했기에 그들과 의미 있는 신뢰 관계를 발전시킬 수 있었다.

　마찬가지로 일본과 대만의 교회 개척자도 현지인들과 관계를 맺는 데 어려움을 겪는다. 왜냐하면 그 사회에 교회 개척자의 역할이 존재하지 않기 때문이다. 일부 선교사는 자신의 역할이 그 사회에 존재하지 않는다는 사실을 발견하고, 현지인과 자연스럽게 관계를 맺기 위해 스포츠클럽이나 기타 단체에 가입했다. 일본에서 사역하는 한 선교사는 자녀를 일본 학교에 보내면서 다른 학부모들과 자연스럽게 교류하고 관계를 맺을 수 있는 기회가 예기치 않게 생겼음을 발견하기도 했다.

오늘날 세계 여러 곳에서 선교사의 역할이 존재하지 않거나 이해되지 않으므로, 우리는 현지인과 정상적인 관계를 발전시킬 수 있는 사회적 위치를 갖고 그에 따른 역할을 수행해야 한다.

텐트메이커tentmaker라는 정체성을 띠고 복음의 증인으로 타문화권에 들어가는 데에는 장단점이 있다. 텐트메이커란 선교지에서 생계를 유지하기 위한 일자리를 찾으면서 동시에 자신의 비지니스 안에서 문화의 경계를 넘어 복음을 전할 방법을 찾는 데 헌신한 사람이다.(행 18:1-4) 텐트메이커의 가장 큰 장점은 현지 사회에서 합법적인 역할을 맡고 자연스러운 역할 수행을 함으로써 현지인과 보다 쉽게 관계를 맺을 수 있다는 점이다. 텐트메이커의 가장 큰 약점은 선교를 위한 지지 기반이 부족할 때 비즈니스 목적에 압도되기 쉽다는 점이다. 이는 복음전도나 사역에 투자할 시간과 에너지가 부족할 수 있음을 의미한다.

2장 요약

이 장에서 우리는 문화의 개념을 정의하면서, 문화라는 용어의 인류학적 사용이 「뉴욕타임스」 일요일판에서 읽을 수 있는 '예술과 문화'에 대한 일상적 이해와 어떻게 다른지 살펴봤다. 나는 주로 정신적 접근 방식으로 문화를 이해하며, 이 관점에 따라 문화란 사람의 마음에 있는 생각이자 가치와 감정 및 사람들의 행동으로 표현되는 그 무엇이라고 본다. 따라서 타문화권의 증인으로서 우리의 과제 중 하나는 우리가 섬기는 사람들의 정신적 지도를 이해하는 것이다. 또한 우리는 문화의 세 가지 속성에 주목했다. 첫째, 문화는 생물학적으로 유전되는 게 아니라 학습된다. 둘째, 문화는 사회 안에 있는 사람들과 공유되는데, 이는 우리가 신앙을 나누는 인류학적 근거가 된다. 마지막으로 문화는 우리가 사회 구성원으로서 습득하게 되는 것이다.

3장　　문화의 기능

> 공동체나 국가라는 좁은 울타리 안에 갇혀 그리스도인이 되는 것은
> 더 이상 가능하지 않다. 우주는 우리의 집이다. 세계는 우리의 가족이다.
> 민족들은 우리의 이웃이다. 공동의 역사는 우리의 과제이다.
>
> – 카이로스 중앙아메리카 선언문 중(1988)

남부 멕시코의 젤탈족은 고대 마야족의 후손으로 멸시와 억압, 학대, 착취를 당하며 고립되어 있었고 당연히 외부 세계에 적대적이었다. 그들은 비위생적인 환경과 영양실조로 질병에 시달릴 뿐 아니라 만연한 알코올중독으로도 고통받고 있었다. 젤탈족은 한 사회가 어떻게 붕괴되고 기능을 상실할 수 있는지를 보여주는 전형적인 사례이다.

1941년부터 1964년까지 젤탈족과 함께 살던 성서 번역가 마리안나 슬로컴^{Marianna Slocum}은 마을에서 음악 소리는 물론 웃음소리도 거의 듣지 못했다고 전한다. 이처럼 암울한 문화적 상황에서 타문화권 선교사들이 복음을 전하러 들어왔다. 고지대 옥추크 방언과 저지대 바차존 방언으로 신약성서가 번역되었고, 젤탈족은 자신들의 언어로 '좋은 씨앗'이라 부르는 하나님의 말씀에 응답하기 시작했다. 그리스도로의 회심은 기존의 친족 구조에 따라 처음에는 가족에서 시작되고 이후 지역 공동체를 거쳐 같은 방언을 쓰는 지역으로 확산되면서 삶의 모든 측면에 변화를 가져왔다.

슬로컴에 따르면 젤탈족의 언어로 성서가 전해지기 전까지 그들의 발전을 저해하는 요소는 지리적 고립, 단일 언어 사용, 문맹 등이었고 그중

에서도 주술에 대한 만연한 두려움이 가장 컸다. 그 두려움은 영적인 수단으로만 극복할 수 있는 영적 장벽이었다. 하지만 성서가 그들의 언어로 번역되면서 그들에게 이 영적 수단이 제공되었다. 젤탈족은 성서에 반응했고 이는 개인과 공동체의 변혁으로 이어졌다. 성서의 진리가 그들을 분명히 자유롭게 했기 때문이다. 그뿐 아니라 그들 문화는 교육·경제·의료·사회·영적 영역에 이르기까지 긍정적인 변화를 경험하게 되었다.[1]

이 이야기는 시스템으로서의 문화가 어떻게 작동하는지 그리고 부정적이든 긍정적이든 한 영역의 변화가 시스템의 다른 영역을 어떤 식으로 변화시키는지를 보여준다.

시스템으로서의 문화

문화를 하나의 시스템으로 설명한다는 것은 문화의 각 부분이 서로 유기적으로 연결되고 통합되어 있다는 의미이다. 그렇다면 문화의 어느 한 부분에 변화가 생길 경우 이는 다른 부분에도 영향을 미칠 것이다. 나는 이것을 기능적 통합 functional integration 이라고 부른다. 인간의 몸은 시스템이 어떻게 작동하는지를 보여주는 좋은 예이다. 몸의 한 부분이 병들거나 상처를 입으면 그 부분만 문제되는 게 아니라 다른 부분으로 퍼져가 결국 몸 전체도 영향을 받는다. 문화도 이와 유사하며, 이런 유사성은 문화를 시스템으로 이해하는 데 도움을 준다.

그림 3-1이 묘사하듯이 우리는 문화를 개념적으로 크게 세 영역, 즉 이념, 경제와 기술, 사회적 관계로 나눌 수 있다. 세 영역의 경계는 점선으

---

1 이 이야기는 Slocum 1988에 실려 있다. 이 사례 연구에 대한 나의 논의는 Whiteman 1990, 120-41을 참조하라.

로 표시했는데, 이는 완전히 나뉜 영역이 아니라 한 영역에서 다른 영역으로 쉽게 넘나들 수 있음을 나타내기 위해서이다.

그림 3-1 문화의 기능적 통합

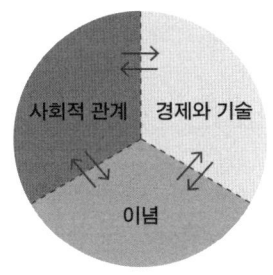

이 세 영역을 설명하면 다음과 같다.

- **이념**은 가치, 신념, 세계관, 종교 등을 포함한다.
- **경제와 기술**은 생계를 유지하는 수단과 모든 분야의 생산물을 포함한다.
- **사회적 관계**는 사람들이 문화 안에서 서로 관계를 맺는 방식에 대한 모든 측면을 말한다.

미국 사회에서 기능적 통합을 잘 보여주는 예는 자동차이다. 자동차는 본질적으로 기술의 산물이며, 한때 미국 경제의 가장 중요한 성장 요인이자 지표 중 하나였다. 실제로 이전 세대에는 "제너럴 모터스가 망하면 국가도 망한다."라는 말이 자주 들리곤 했다. 그러나 자동차는 단순히 기술의 산물이나 경제적 기여의 측면을 넘어서는 중요성을 갖는다. 이제 우리는 자동차가 기후변화에 영향을 주는 온실가스의 주요 배출원이라는 사실을 인식하고 있다. 1906년 헨리 포드Henry Ford는 배기가스를 뿜어내는 자동차 운전이 환경 운동가들에게 도덕적 문제로 여겨지리라고는 생각지 못했을 것이다. 미국 문화에서 자동차는 사용자의 사회적 지위를 알리는 상징으로 사용되었다. 수년간 십 대 청소년을 비롯한 많은 사람에게 사생활 보호 공간으로 활용되기도 했다. 또한 자동차는 누군가를 이웃으로 삼거나 무시하는 방식에도 영향을 주었다. 교회도 자동차의 영향을 받게 되었는데, 이전에는 같은 동네에서 지내며 도보로 교회를 오갈 수 있는 사람들이 주로 회중이었다면 이제는 멀리서 차를 몰고 와 주일 아침에 한 시간 정도만 서로 만나는 사람들도 함께하게 되었다. 더 나아가 주차장의 크기는 교회의 영적 활력을 가늠하는 리트머스 시험지가 되었다. 자동차는 우리의 사회적 관계와 이념, 경제 등에 영향을 미치며 문화의 거의 모든 측면에 통합되어 있다.

나는 타문화권 사역자를 대상으로 강의하면서 그들에게 문화적 시스템(이념, 경제와 기술, 사회적 관계) 중 무엇을 사역의 주된 영역으로 생각하는지 물어본다. 그들 중 대다수는 사회적 관계를 꼽았고 가장 적은 수가 경제와 기술을 꼽았다. 이어서 나는 사복음서에서 예수가 가장 강조하신 영역이 무엇이었는지를 살펴보라고 한다. 그러면 대부분은 이념을 먼저 꼽고 그다음으로 사회적 관계, 마지막으로 경제와 기술을 말한다. 하지만 예수는 돈과 가난한 사람, 생계 등 삶의 경제적 측면을 그 무엇보다 많이 말씀하셨다. 그분의 비유는 경제 관련 이슈로 가득하다. 사회의 경제적 측면은 그분에게 단순히 사역의 초점을 넘어서는, 매우 중요하고 결정적인 주제였다.

물론 그분이 돈에 대해 이야기한 대목을 보며 혹자는 사람들의 가치관과 신념에 대해 말씀하신 것이라고 주장할 수 있다. 바로 그 점이다! 예수는 문화의 통합적 특성을 이해했고 돈과 물질에 대한 우리의 태도가 문화의 모든 측면에 영향을 미친다는 사실을 알았다. 재정 전문가인 론 블루Ron Blue는 "예수의 비유 38개 중 16개가 돈에 관한 것이다. 신약성서에는 천국과 지옥에 관한 구절을 합친 것보다 돈에 관한 말씀이 더 많고, 기도와 신앙에 관한 구절은 500개 이상인 반면 돈과 소유에 관한 구절은 2,000

개가 넘는다."라고 지적한다.(2016, 22) 크라운재정사역원Crown Financial Ministries의 교육 프로그램인 '크라운성경재정연구'Crown Biblical Financial Study에 따르면 성서에는 돈과 소유를 다루는 방식에 관한 구절이 2,350개나 있다.(Crown Financial Ministries 2007)

만일 당신이 타문화권 사역자라면 당신의 선교단체는 당신이 어디에서 활동하도록 재정을 제공하는가? 우리 중 많은 사람이 어떤 형태로든 복음전도와 교회 개척에 참여하고 있는데, 이는 문화적 시스템 중 이념의 영역에 속한다고 볼 수 있다. 오늘날 젊은 선교사들은 성 착취에 연루된 젊은 여성, 거리의 아이들, 난민과 재정착 이주민 등 사회관계 분야에서 일하는 것을 더 편하게 느낀다. 나는 예수를 따르는 그들에게 세 가지 영역에서 사람들을 변화시키는 사역에 참여하라고 권하고 싶다. 우리의 사역이 문화적 시스템(이념, 경제와 기술, 사회적 관계)의 어느 한 영역에 멈춰 있지만 않다면 어디서 시작하는지는 그렇게 중요하지 않다. 다시 말해 우리의 타문화권 사역은 문화의 모든 측면과 연결되어야 한다.

안타깝게도 복음주의 전통에 속한 사람들 상당수가 복음을 분리해서 받아들인다. 그 결과 복음전도를 사회적 책임과 분리해서 이야기하게 되었다. '진보주의자'는 사회정의 이슈에 관심이 있고 '보수주의자'는 복음전도와 교회 개척에 관심이 있다는 고정관념이 우리에게 있다. 하지만 예수는 그런 식으로 복음을 분열시키지 않으셨으며 우리 또한 그러지 말아야 한다. 우리는 삶의 모든 측면을 구속하고 변화시키는 온전한 복음을 물려받았다. 만일 우리가 신앙을 통해 경제와 기술 영역에 영향을 미치지 못한다면 무언가 잘못되었다는 이야기이다. 만일 우리가 복음의 능력으로 사회적 관계를 변화시키지 못한다면 추수를 잘 못한 것이다. 나는 문화의 다른 차원을 인식하지 못한다면 타문화권 사역의 '영적' 측면도 수행할 수 없다고 생각한다. 하나님 나라는 단지 천국행 표를 얻는 것 이상으로 중요하다.

당신이 교회 개척 사역을 단순히 직무로 삼고 있다면 그 자체로 괜찮다. 하지만 그 일을 타문화권에서 실행할 경우 경제 문제가 동반되고 기술 및 사회적 관계, 사회정의 등과 얽힌다. 물론 이념과 가치, 신념 등에 의해 동력을 얻고 실행하지만 이보다 훨씬 많은 요소와 연결되는 것이다.

**문화적 이상 대
실제 행동**

문화적 시스템은 한 사회에서 살아가기 위한 지침이 되며, 각 세대는 이상적인 삶의 패턴을 배운다. 이 이상에는 우리가 취해야 할 행동 방식 및 우리가 붙잡아야 할 가치와 신념이 포함된다. 이러한 가치와 신념은 당연한 것처럼 보이기 때문에 우리는 종종 그것을 학습해서 얻었다는 사실을 의식하지 못한다. 그 결과 사회의 각 개인은 실제로 어떤 행동을 할지 스스로 결정한다. 우리는 이상을 배우지만 항상 실천하지는 않는다. 그렇기에 문화는 제한적이고 폐쇄적이고 정적인 게 아니라 개방적이고 유연하다.

우리는 우리가 배우는 이상과 우리가 실제로 취하는 행동 사이에 차이가 존재함을 보게 된다. 예를 들어 미국 문화에서는 "남자아이가 여자아이를 때려서는 안 된다."라고 말한다. 그런데 어린 아들이 옆집 여자아이와 놀다가 다투고 그녀를 끌어당기며 때렸다. 우리는 어떻게 반응할까? "남자아이는 여자아이를 때리지 않아야 한다."라는 이상은 유지하지만 용인할 수 있는 범위의 경계는 바꾸면서 "사내애가 그렇지 뭐."라고 말할 수 있다. 하지만 아들이 커서 옆집 여자아이와 결혼했는데도 여전히 뺨을 때리는 버릇을 갖고 있다면? 우리는 더 이상 "사내애가 그렇지 뭐."라고 말하지 않는다. 대신 그의 폭력이 가정에 위협이 되므로 그를 사회에서 격리시킨다. 그렇다면 우리가 배우는 이상과 우리가 실제로 취하는 행동은 어떤 관계일까? 그림 3-2가 이를 잘 설명해준다. 문화에 대한 일반적 규칙은 실제 행동이 이상에 가까울수록 사회가 더 안정된다는 것이다. 그리고 그 반대도 마찬가지이다. 실제 행동이 학습된 이상과 멀어질수록 사회는 더 불안정해진다. 이상과 현실이 비슷할 때 우리는 서로의 행동을 예측할 수 있고, 이러한 예측 가능성은 사회에 안정을 가져다준다.

그림 3-2 이상적 문화 대 실질적 문화

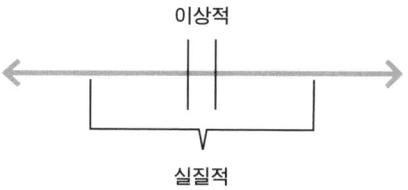

일반적으로 문화 속의 이상적인 구성은 안정적이고 천천히 변화하는 부분이지만, 실제 행동은 10년 또는 한 세대 안에 빠르게 변화할 수 있다. 오늘날 많은 곳에서는 세계화와 도시화로 인한 사회문화적 변화가 급격히 일어나고 있어 사람들의 실제 행동과 사회의 이상이 점점 멀어지며 이에 따라 여러 혼란이 일어나고 있다. 여섯 권으로 구성된 에드워드 기번Edward Gibbons의 *The History of the Decline and Fall of the Roman Empire*(『로마제국 쇠망사』, 까치)를 보면 동일한 현상이 당시에도 일어났음을 알 수 있다. 세대를 거듭할수록 실제 행동은 문화적 이상에서 멀어지고, 결국에는 사회가 완전히 붕괴했다. 사회를 하나로 묶어줄 도덕적·사회적 응집력이 더 이상 충분치 않았기 때문이다.

우리는 문화적 이상과 실제 행동에 대한 이 모델을 교통법규와 속도제한에 적용할 수 있다. 미국 고속도로의 제한속도가 시속 104킬로미터라면 그 속도가 이상적이지만 아마 시속 112킬로미터까지는 단속에 걸리지 않고 운전할 수 있을 것이다. 나는 제한속도보다 16킬로미터나 빠른 시속 120킬로미터로 운전하다가 경찰의 단속을 받은 적이 있다. 순진하게도 나는 경찰관에게 벌금을 부과하는 대신 엄중한 경고를 주면 안 되냐고 묻고는 앞으로 운전에 더 주의를 기울이겠다고 약속했다. 그 경찰관은 웃으며 "제한속도보다 15킬로미터 이하로 달렸다면 엄중한 경고로 끝낼 수 있지만 16킬로미터를 초과했기 때문에 교통법규에 따라 위반 딱지를 발부해야 합니다."라고 말했다.

이 모델에서 인류학자들은 신학적 진리와 관련된 흥미로운 현상을 발견했다. 문화적 이상에 부합한 삶을 살 수 있는 사회는 존재하지 않는다는 것이다. 모든 사회는 부족하다. 이것은 죄의 개념과 매우 유사하게 들린다. 로마서 3장 23절은 "모든 사람이 죄를 범하였으매 하나님의 영광에 이르지 못하더니"라고 말한다.

전 세계에 존재하는 사회의 문화적 이상을 살펴보면 또 다른 흥미로운 사실을 발견하게 된다. 다양한 사회 속에 있는 문화적 이상이 서로 비슷하며 그것들이 십계명과도 유사하다는 것이다. 예를 들어 거의 모든 인류 사회에는 간음, 살인, 도둑질에 대한 금지와 부모 공경과 같은 긍정적인 가치가 존재한다.

인류학자 로버트 에저튼[Robert Edgerton]은 *Sick Societies: Challenging the Myth of Primitive Harmony*(병든 사회: 원시적 조화의 신화에 대한 도전)라는 다소 논란의 여지가 있는 정치적인 책을 썼는데 이 책에서 정도의 차이가 있을 뿐 모든 사회는 병들었다고 주장한다. 나는 이 병이 주로 죄에서 비롯되며, 이는 십계명에 담긴 가치와 유사한 문화적 이상을 따라 살지 못하는 사람들의 무능력으로 표현된다고 생각한다.

타문화권 사역의 좋은 출발점은 사람들이 성서의 인도와 성령의 능력으로 자신의 문화적 이상에 따라 살고, 실제 행동과 사회에서 말하는 이상적 행동 사이의 틈새를 좁힐 수 있도록 그들을 돕는 것이다. 이렇게 돕는 것은 예수를 따르는 순례의 첫걸음이 될 수 있다. 많은 사회의 문화적 이상에서 우리는 하나님의 선행 은총 prevenient grace이 역사하고 있음을 확인할 수 있다. 성서는 하나님께서 인류 역사의 모든 시대와 모든 문화에 그분을 알게 하는 증거를 남겨놓으셨다고 확언한다.(행 17:22-28, 롬 1:20)

문화적 이상에 따라 사는 삶이 곧 복음서에서 말하는, 예수를 따르는 삶인가? 아니다. 그러나 둘이 동일하지 않지만 크게 다른 것도 아니다. 왜냐하면 우리는 출신 문화가 다를지라도 모두 하나님의 형상대로 창조된 인간이기 때문이다. 따라서 효과적인 복음전도의 출발점은 사람들이 자신의 문화적 이상에 따라 살도록 그들을 돕고, 그다음 하나님 나라의 가치를 통해 그 이상을 비판적으로 바라보도록 장려하는 것이다.

문화 분석

문화 분석은 여러 방법으로 이뤄진다. 그중 하나는 인류학자인 랄프 린튼 Ralph Linton이 그의 책 *The Study of Man*(인간에 대한 연구)에서 제시한 것으로, 오래되었지만 여전히 유용한 접근법이다. 그는 개인이 문화에 참여하는 방식을 기반으로 문화 분석 방법을 개발했다. 린튼은 모든 문화의 내용을 보편성 universals, 특수성 specialties, 대안성 alternatives, 개별적 특성 individual peculiarities이라는 네 가지 범주로 나눌 수 있다고 말했는데 다음은 각 영역에 대한 간략한 설명이다.

보편성

보편성이란 "사회의 모든 건전한 성인 구성원에게 공통으로 나타나는 생각, 습관 그리고 조건화된 감정적 반응"(Linton 1936, 272)을 말한다. 우리는 이 범주에서 한 사회가 가지고 있는 가치와 신념, 세계관, 무의식적 가정(전제) 등을 발견하게 된다. 문화의 보편성은 사회 구성원들의 암묵적인 신념에 따라 '당연한 것'이라고 말할 수 있는 문화의 측면이다. 문화 내의 보편성(모든 문화가 공통으로 갖는 보편성과 혼동하지 말 것)에 대한 예로는 특정 언어의 사용, 의복 양식, 주거 형태, 사회적 관계에 대한 이상적 모델 등이 있다.

특수성

특수성은 "사회적으로 인정된 특정 범주의 사람들이 공유하지만 전체 인구가 공유하지는 않는 문화 요소"(Linton 1936, 272)이다. 특수성의 예로는 남성과 여성, 성인과 어린이 간의 사회문화적 차이를 들 수 있다. 교사, 설교자, 의사, 농부, 공장 노동자, 축산업자 등 다양한 직업군은 자신들끼리 공유하지만 모든 사회 구성원과는 공유하지 않는 특정한 문화 요소를 갖고 있다.

예를 들어 미국의 남성 대학교수가 인형을 품에 안고 강의실에 들어선다면 학생들은 그의 정신 건강을 우려할 수 있을 것이다. 그의 행동은 여자아이에게 적절할지 몰라도 성인 남성에게는 적절하지 않다. 이러한 특수성은 사회계층의 특성에서도 발견되는데, 부유층과 빈곤층 사이에는 단순한 연간 소득의 차이보다 훨씬 더 큰 문화적 차이가 존재한다. 사실 모든 사회에서 부유층과 빈곤층의 격차는 경제적 격차인 동시에 문화적 격차이기도 하다.

대안성

대안성은 "사회 전체 혹은 사회적으로 인정된 특정 집단의 구성원이 아니라 일부 개인이 공유하는 문화적 특성"(Linton 1936, 273)이다. 이 범주에는 특정 가족의 비정형적인 생각과 습관부터 회화 및 건축 학파에 이르기까지 다양한 문화적 요소가 포함된다. 대안성은 동일한 상황에 대한 서로 다른 반응 또는 동일한 목적을 달성하기 위한 서로 다른 기술을 말한다. 대안성의 예로는 의복 양식이나 헤어스타일, 다양한 형태의 교통수단 등이 있다. 기독교의 다양한 교파 역시 대안성의 좋은 예이다.

개별적 특성

개별적 특성은 "어린 시절 경험의 결과"(Linton 1936, 274)이다. 예를 들어 불에 대한 비정상적인 두려움을 가진 사람, 장인의 고유한 기술, 교수의 강의 스타일, 개인의 신앙 표현 방식 등이 여기에 해당한다.

**핵심 문화와
유동 영역**

앞에서 논의한 네 가지 범주는 문화에 대한 개인의 참여도를 나타낸다. 문화를 분석할 때 우리는 한 범주에서 나타난 특징이 다른 범주에서도 동일하게 나타날 것이라고 일반화하지 않아야 한다. 예를 들어 대안성을 보편성이라고 간주하거나 그렇게 여겨야 한다고 가정한다면 고정관념에 빠지고 사람들의 주체성을 박탈할 수 있다. 우리는 문화를 분석하는 이 모델을 기반으로 모든 문화를 핵심 문화와 유동 영역으로 나눌 수 있다.(그림 3-3)

핵심 문화에는 그 사회의 보편성과 특수성이 포함되는데, 이 영역은 변화에 매우 저항적이며 변화하더라도 오랜 시간이 걸린다. 이에 반해 유동 영역은 대안성과 개별적 특성을 포함하며, 더 빠르고 쉽게 변화한다. 파푸아뉴기니처럼 기술적으로 단순한 사회는 핵심 문화가 크고 유동 영역이 작다. 반면 독일과 같이 기술이 고도로 발달한 사회는 유동 영역이 크고 핵심 문화가 작다.(그림 3-4)

그림 3-3 핵심 문화와 유동 영역

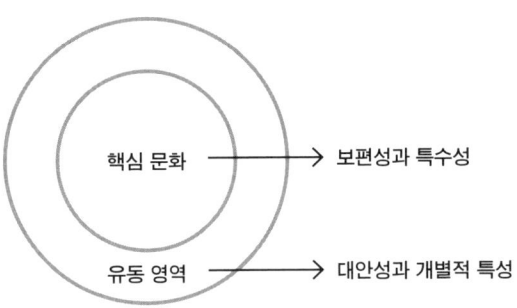

그림 3-4 파푸아뉴기니 사회와 독일 사회

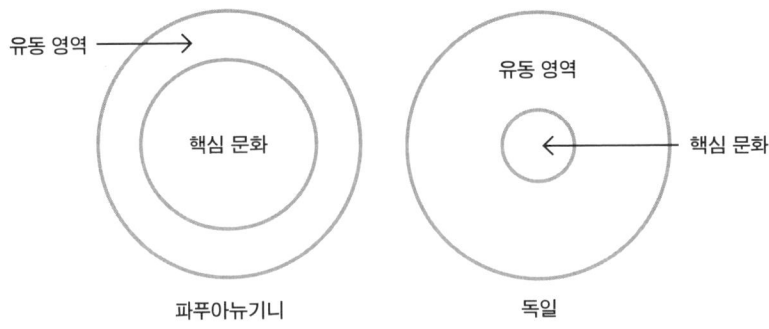

　이 문화 이론은 유동 영역보다 핵심 문화의 변화 추구를 목표로 하는 교회 사역자와 타문화권 증인에게 중요한 함의를 갖는다. 우리는 복음의

가치를 통해 영향을 주고자 하는 문화의 바로 그 부분이 변화에 가장 저항적임을 발견했다. 그 결과 유동 영역의 변화에 더 집중하는 경향을 갖게 되었는데, 왜냐하면 사람들이 이 영역의 변화에 더 잘 반응하기 때문이다. 그러나 유동 영역이 변한다고 해서 그 변화가 핵심 문화의 변화로 꼭 이어지는 것은 아니다.

이러한 문화 모델은 겉으로는 개인의 행동에 변화가 일어나 사회가 '기독교화'된 것처럼 보이지만 더 깊은 수준의 가치관과 세계관에는 변화가 거의 없는 이유를 잘 설명해준다. 위기 상황에서 사람들은 전통적 관행이나 설명으로 쉽게 돌아가는데, 이는 그것에서 더 많은 안정감과 예측 가능성을 얻기 때문이다.

아마도 이 모델에 대해서는 좀 더 정교한 해석이나 신중한 접근이 필요할 것이다. 세계화와 도시화로 인해 현대의 핵심 문화는 이전 세대보다 더 많은 변화를 겪고 있다. 브라이언트 마이어스Bryant Myers는 수상 경력에 빛나는 그의 책 *Engaging Globalization: The Poor, Christian Mission, and Our Hyperconnected World*(세계화에 관여하기: 빈곤한 자, 기독교 선교, 초연결 세계)에서 세계화가 전 세계 문화에 미치는 영향과 이에 대한 교회의 부적절한 대응을 기술한다. 마찬가지로 케네스 네어바스도 *God's Image and Global Cultures: Integrating Faith and Culture in the Twenty-First Century*(하나님의 형상과 글로벌 문화: 21세기 신앙과 문화의 통합)에서 다음과 같이 언급한다.

> 20세기 그리스도인들은 '타문화권'에서 효과적으로 복음을 증거하려면 문화(문화들)를 연구하는 것이 중요하다는 사실을 인식하게 되었다. 그러나 점점 더 우리는, 우리의 생각과 행동과 신앙에 미치는 문화의 영향

을 이해하는 것이 우리 자신과 타인을 이해하고 비즈니스, 교육 등 거의 모든 사회 활동을 효과적으로 수행하는 데 필수적임을 인식하게 되었다. 지난 수십 년 동안 문화적 다양성이 급속하게 증대되는 세계화 현상으로, 이국적인 주제의 문화 연구는 모든 학문 분야의 핵심 역량과 관련된 문화 연구로 전환되었다.(2016, xv)

개인에게 미치는 문화의 영향

이제 시스템으로서의 문화에 대한 논의에서 벗어나 문화가 개인에게 미치는 영향에 집중하려고 한다. 여기서 우리는 사람들에게 미치는 문화의 강력한 영향력과 개인의 주체성, 즉 스스로 의사결정을 내리고 생활 방식을 선택하는 자율성을 균형 있게 고려해야 한다.

문화를 배운다는 것은, 다른 행동 방식에 대해 눈을 멀게 만든다는 점에서 일종의 세뇌와 같다. 사실 개인은 (지성과 자유의지를 가졌지만) 자신이 속한 문화를 배우기 때문에 그의 행동과 가정, 동기, 가치관, 언어, 사고 등은 그가 속한 집단과 크게 충돌하지 않는다. 다시 말해 문화화 과정을 통해 자신의 소속 사회가 기대하는 표준 행동을 학습하는 것이다. 공식적인 법이나 비공식적인 험담 같은 사회의 통제 메커니즘은 사회가 기대하는 행동 규범을 따르도록 개인에게 압력을 가하여, 그들이 자신의 실제 행동과 사회에서 배운 문화적 이상 사이의 거리를 상당히 좁히도록 만든다. 그리고 이는 그들에게 안정감과 예측 가능성을 제공한다.

사람들은 자신의 행동, 생각, 가치, 감정 등이 너무도 무의식적이고 자연스럽기 때문에 자신의 문화가 지극히 정상이라 가정하고 이를 당연시하는데 이는 또 다른 방식의 행동, 생각, 가치, 감정 등이 있을 수 있다는 사실을 깨닫는 데 방해가 된다.

문화가 개인에게 미치는 영향을 개념화하는 또 다른 방법은 (단지 문화의 사회화 과정을 넘어) 우리가 문화에 완전히 몰입하고 전적인 영향을 받는다고 말하는 것이다. 우리는 행동뿐 아니라 사고방식에서도 문화의 광범위한 영향을 받는다. 이 말은 미국인에게 너무 결정론적으로 느껴지겠지만 분명한 사실이다.

예를 들어 무지개에는 몇 가지 색이 있을까? 미국인에게 물어보면 흔히 '빨강, 주황, 노랑, 초록, 파랑, 남색, 보라색' 이렇게 일곱 가지라고 대답한다. 하지만 놀랍게도 다른 문화권의 사람에게 물어보면 대개 일곱보다 적은 숫자로 답하며 때로는 명백한 무지개 색 중 '일부'를 누락하기도 한다. 예를 들어 일본인은 전통적으로 파란색과 녹색을 구분하지 않는다. 그들은 아이요^{aiyoi}라는 용어로 녹색 잔디와 푸른 하늘의 색을 지칭한다. 인도 남부의 텔루구어에는 주황색을 뜻하는 단어가 없다. 가장 단순한 색채 개념은 필리핀 민도로섬의 하누노족에게서 찾아볼 수 있다. 그들은 풀밭이 부분적으로 있는 열대림 환경에서 살아간다. 인류학자 해럴드 콘클린$^{Harold\ Conklin}$은 하누노족의 다층적인 색 분류 체계를 밝음과 어두움, 습함과 건조함에 관련된 네 가지 용어로 축소할 수 있음을 발견했다.(1955) 따라서 필리핀의 하누노족에게는 무지개의 모든 색이 단 네 가지 용어로 표현된다.

"무지개에는 몇 가지 색이 있는가?"라는 질문에 사실 수백 만 혹은 수천 개의 답이 가능하다. 색은 저마다 다른 빛의 파장을 갖지만, 문화는 특정 파장을 선택하고 한데 묶어 특정 색으로 지칭한다. 우리는 영어를 사용하여 빨간색과 주황색을 구분하고 주황색과 노란색을 구분할 수 있다. 다시 말해 현실에 대한 우리의 인식(이 경우에는 색)은 문화에 의해 크게 결정된다. 사회학자 윌리엄 토머스$^{William\ I.\ Thomas}$는 다음과 같은 토머스 정리

Thomas theorem를 제시했다. "어떤 것이 실제이든 상상이든 결과적으로 그것은 실제이다."(Thomas and Thomas 1928)

다른 예를 살펴보자. 중국 등 아시아 문화권의 많은 나라에서는 가능성의 연속을 사고하는 경향이 있기에 그들의 언어는 종류^{kind}보다 정도^{degree}를 구분한다. 예를 들어 미국인은 어떤 것이 깨끗하거나 더럽다고 말하지만 중국인은 청결의 정도를 표현하는 데 더 능숙하다. 중국어 사용자와 달리, 영어 사용자는 계몽주의 시대부터 그리스 사상의 영향을 받았기에 가능성의 연속보다는 양자택일로 생각하는 경향이 있다. 이러한 양자택일의 사고방식은 정치체제에서도 나타난다. 만일 권력을 위한 교파적 분쟁에 휘말린다면 당신은 근본주의자 편에 서거나 자유주의자 편에 서게 된다. 마치 한쪽을 배제하고 다른 쪽 입장에 서게 되는 것과 같다. 양자택일의 관점에 갇힌 사고는 사회의 양극화를 가져오는 요인 중 하나이다.

그렇다면 양자택일보다 가능성의 연속 관점에서 생각하는 사람들과는 어떻게 소통할 수 있을까? 어떻게 그들에게 복음과 그리스도를 소개할 수 있을까? 그리스도를 따르기에 앞서 그들의 세계관을 바꾸라고 권해야 할까? 그들에게 그리스도인이 되는 것의 의미를 이해시키기 전에 먼저 영어를 가르쳐야 하는가? 당신은 웃으면서 "말도 안 되는 소리"라고 할지 모르지만 사실 우리는 종종 그렇게 행동한다. 양자택일과 흑백논리의 범주로 사고하는 사람이라면 총체적으로 사고하는 사람과 소통하고 그에게 복음을 전하기가 매우 어렵다는 사실을 발견할 것이다.

나는 일본의 유명한 신학자 고수케 고야마^{Kosuke Koyama}와 함께 프린스턴신학교에서 열린 성서 번역 관련 콘퍼런스에서 강연한 적이 있다. 그는 성서 번역이 토착 신학의 발전에 어떤 역할을 했는지를 아시아인의 관점에서 강연했다. 둘 다 연설을 마친 후 나는 그에게 일본인이면서 동시에 그리스도인이라는 긴장감에 어떻게 대처했는지 물었다. 그러자 그가 말했다. "당신은 내 삶에 지속적인 긴장이 있다고 생각합니까? 나는 부처님을 사랑합니다. 불교는 내게 자연과 조화를 이루고 다른 사람들과 조화롭게 원만한 관계를 맺는 방법에 대해 많은 것을 가르쳐주었습니다. 불교가 내 삶에 깊은 영향을 준 것은 의심의 여지가 없습니다. 그러나 나는 예수님을 훨씬 더 사랑합니다."

나는 예상치 못한 그의 반응에 충격을 받았다. 그는 폐쇄적인 보편주의자였는가, 아니면 부처와 예수를 조금씩 섞는 엉성한 혼합주의자였는가? 둘 다 아니다. 그는 매우 일본적인 그리스도인의 반응을 보여주었다. 만약 미국 복음주의자라면 대부분 다음과 같은 대답이 편할 것이다. "나는 예수님을 사랑하고 그분을 따르기 때문에 부처에게서 돌아섰습니다. 이제는 내 과거의 불교 배경을 거부하고 불교를 악한 것으로 간주합니다." 그러나 고야마는 미국 그리스도인이 아니라 일본 그리스도인이었다. 그래서 "나는 부처님을 사랑하지만 예수님을 훨씬 더 사랑합니다."라고 고백했다.

나는 개인에게 미치는 문화의 영향에 대한 이 도발적인 예시가 내 신학적 사고의 한계에 도전했음을 고백한다. 만일 복음이 (내가 믿듯) 참되다면 복음은 시대를 초월하여 모든 문화 안에서, 양자택일의 범주가 아니라 연속적·총체적 범주로 사고하는 사람들 가운데 성육신할 수 있다는 의미이다. 우리는 이에 대해 걱정하지 않아도 된다. 왜냐하면 이는 하나님께서 이 세상을 향한 그분의 선교를 설계하신 방식이기 때문이다. 라민 사네 Lamin Sanne가 말했듯이 기독교는 이슬람과 달리 모든 언어로, 모든 문화와 사회 안에서 번역되어야 한다.(2009, 1)

그렇다면 예수의 제자가 되면서 동시에 양자택일의 범주가 아니라 총체적 범주로 사고할 수 있음을 입증할 책임은 누구에게 있을까? 바로 우리 자신이다. 우리는 언어적 연속성의 세계로 들어가 예수를 만유의 주로 전하는 방법을 배울 책임이 있다. 따라서 아시아 그리스도인이 "나는 부처님을 사랑하지만 예수님을 더 사랑합니다."라고 말한다면 우리는 그 사람의 세계관이 나와 매우 다르지만 우리 모두가 하나님의 자녀요, 예수의 제자라는 사실을 인식해야 한다. 기독교가 참이라면 사람들은 모든 언어와 모든 문화에서 예수의 제자가 될 수 있다. 예외는 없다. 그래서 일본 학생들이 나에게 자신은 일본인이면서 동시에 그리스도인이 될 수 없다고 말할 때 내가 얼마나 당황했을지 상상해보라.

랜돌프 리처즈^{E. Randolph Richards}와 브랜든 오브라이언^{Brandon O'Brien}은 우리의 문화가 성서를 읽고 이해하고 해석하는 방식을 형성한다고 강조한다. 그러면서 그들의 획기적인 책 *Misreading Scripture with Western Eyes: Removing Cultural Blinders to Better Understand the Bible*(서구적 시각으로 성서를 오독하다: 문화적 편견을 벗고 성서를 다시 읽다)에서 다음과 같이 주장한다. "우리의 세계관은 대부분 무의식적이다. 입고 먹고 말하고 의식적으로 믿는 등 우리 눈에 보이는 것은 빙산의 일각일 뿐이다. 우리를 형성하는 강력한 세계관의 대부분은 해수면 아래에 잠겨 눈에 보이지 않는다. 더 중요한 것은, 해수면 아래에 잠겨 있는 거대한 빙산이 배를 침몰시킨다는 것이다. 다시 말해 강력한 문화적 가치는 말하지 않아도 전달되는 것이다."(2012, 12)

나는 현실 인식과 가치관에 영향을 주는 문화의 힘에 대해 가르치며 겪은 한 사건을 기억한다. 한 학생이 참을 수 없다는 듯 손을 들었다. 나는 그에게 질문하라고 했고, 그는 분노와 좌절감을 드러내며 말했다. "화이트먼 교수님, 대다수 사람들은 문화의 영향을 받겠지만 저는 아닙니다. 저는 자율적인 사람이며, 주체적으로 생각하고 행동하고 제 길을 갑니다." 그가 몇 분 동안 말을 이어가다가 진정되자 나는 이렇게 말했다. "미국 청년 남성을 완벽하게 정의해주셔서 감사합니다. 그게 바로 미국 문화가 말하는 당신의 모습입니다. 당신은 완전히 미국적인 반응을 보였습니다. 중국인이나 멜라네시아인 혹은 아프리카인의 반응이 아니었어요." 그는 놀라워하며 이렇게 말했다. "교수님이 우리에게 가르치려고 한 문화의 힘이 바로 이것이었나요?" 나는 대답했다. "그렇습니다. 당신은 내가 두 시간 동안 가르치려고 한 수업 내용을 단 몇 분 만에 보여주었습니다."

문화로부터 어떤 영향을 받는지 인식하지 못할 때 우리는 종종 "인간의 본성과 문화적 본성이 같다."라고 가정한다. 이 둘을 혼동하는 것이다. 우리에게는 분명히 죄 된 본성과 하나님의 형상대로 창조된 인간의 본성이 있다. 생물학적 기질과 고유한 성격도 있다. 그러나 문화는 우리의 인간 본성을 문화적으로 형성하고 변형시킨다. "우리는 문화에 완전히 몰입되고 그 영향을 받는다."라는 급진적인 진술이 다소 놀랍겠지만 사실이다. 문화적 조건과 인간의 본성을 혼동하면 타문화 상황에서 실제로 갈등이 일어날 수 있으며 이는 4부에서 자세히 논의할 문화충격의 원인이 될 수 있다.

이제 우리는 문화에 의해 형성된 인식 중 하나로, 저개발국이나 후진국, 제3세계, 심지어 원시 사회라고 간주하는 곳의 사람들과 관계 맺는 방식에 영향을 주는 인식에 대해 살펴볼 것이다.

'원시' 문화란 무엇인가

언뜻 보기에 이 주제는 부적절하고 정치적으로 올바르지 않은 것 같지만 나는 이에 대한 논의가 중요하다고 생각한다. 오늘날에는 누군가를 '원시적'이라고 말하는 경우가 거의 없다. 하지만 '원시인'이라는 개념은 서구 세계에 큰 영향을 미쳐왔고, 우리의 선교적 사고에도 깊이 스며들었으며[2] 이민자에 대한 우리의 태도를 형성하고 있다. '원시인'이라는 개념은 우리의 무의식 속에 도사리고 있으며 타자에 대한 인식과 상호작용에 영향을 미친다. 선교학자인 티테 티에누 Tite Tiénou 는 선교학자 데이비드 헤셀그레이브 David Hesselgrave가 2008년 5월에 설교한 "실패하지 않을 계획"을 떠올리며 이렇게 말했다. "헤셀그레이브는 설교 서두에서 '로마서 1장은 원시 부족을 가리키고 로마서 2장은 그리스인과 로마인과 문명화된 사람 그리고 유대인을 가리킨다.'라고 말했다. 나는 유명한 복음주의 선교학자의 입에서 그런 말이 나온 것을 믿을 수가 없었다. '로마서 본문 어디에서 그는 이런 범주를 발견한 것일까?'라는 생각이 들었다."(2016, 322-23)

우리(미국인)는 미국 문화와 비교하여 모든 문화를 평가하는, 사회진화론이라고도 알려진 19세기 진화론적 사상의 영향을 크게 받았다. 많은 보수적 그리스도인은 생물학적 진화론이 신앙을 흔들 수 있다고 우려하지만 정작 생물학적 진화론보다 더 큰 위협이 될 수 있는 사회진화론에는 자신도 모르게 동의했다.

루이스 헨리 모건 Lewis Henry Morgan, 에드워드 타일러, 허버트 스펜서 Herbert Spencer, 제임스 프레이저 James G. Frazer 등 문화진화론자는 모든 사회와 문화가 단순함에서 복잡함으로, 동질성에서 이질성으로 진화한다고 보았고, 이러한 도식을 전반적인 영역에 적용했다. 예를 들어 그들은 인류를

---

2 19세기 인류학자들은 문화적 차이를 설명하기 위해 '원시'라는 개념을 만들었지만 지금은 이 개념이 완전히 신빙성을 잃었는데, 이러한 과정은 Tiénou 1991을 참조하라. 그럼에도 불구하고 '원시'라는 개념은 여전히 선교 사상의 일부에 영향을 미치고 있으며 다만 덜 모욕적인 표현으로 대개 사용되고 있다.

미개인savages, 야만인barbarians, 문명인civilized 등 세 단계로 나누었으며(그림 3-5) 마법이 종교로, 종교가 과학으로 진화하는 것처럼 제도도 진화하는 것으로 인식했다.

그림 3-5 사회적 진화의 피라미드

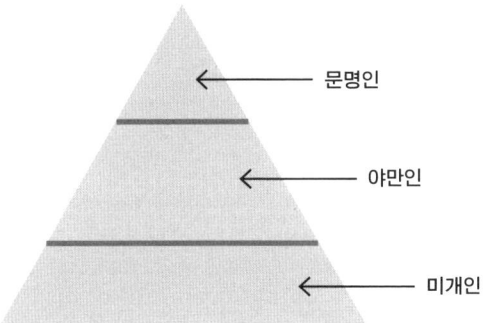

서구는 기술 개발과 그에 따른 군사력에서 강점을 지니고 있다. 물론 기술은 앞서 우리가 살펴본 것처럼 문화의 한 측면일 뿐이다. 그러나 우리는 (미국의) 기술적 우월성을 가정하기 때문에 민주주의 정치체제, 자본주의 경제체계, 독립성과 자존의 가치, 정규 교육 등 문화의 다른 측면도 모두 우월하다고 가정한다.

우리는 기술 개발에 너무 많은 에너지를 쏟아 부은 결과 사회 전반에 걸쳐 방향성을 상실하고 혼란을 겪게 되었다. 그리스도인이든 아니든 많은 이의 결혼 관계가 불안정하고, 자유와 개인주의를 향한 과도한 추구로 말미암아 친밀한 우정과 이웃과의 관계가 파괴되고 있으며, 극심한 경쟁은 사회 분열로 이어지고 있다. 그럼에도 우리는 여전히 우리가 다른 모든 국가보다 우월한 세계의 초강대국이라고 주장한다.

타문화권 증인들을 대상으로 훈련을 진행할 때 나는 종종 이렇게 묻곤

한다. "남태평양의 솔로몬제도가 우주 프로그램을 개발하여 25년 안에 사람을 달에 착륙시킬 계획이라고 보도하는 뉴스를 본 적이 있습니까?" 나를 비롯해 그런 뉴스를 봤다는 사람은 아무도 없고 앞으로도 없을 것이다. 대다수의 멜라네시아인은 간단한 기술로 농사하며 여전히 오두막에서 살고 강에서 목욕한다. 그들이 25년 안에 우주 시대에 진입할 가능성은 없다.

이제 문화를 세 단계로 구분하는 사회적 진화의 피라미드로 돌아가보자.(그림 3-5) 모든 문화가 동일하지 않으며 어떤 문화는 다른 문화보다 '더 문명화'되어 있다는 이 메시지는 맞는가? 그렇다. 하지만 여기서 사회를 세 단계로 구분하는 기준은 기술이다. 어떤 사회가 다른 사회보다 기술적으로 발전한 것은 사실이다. 하지만 기술이 아닌 다른 기준으로 문화를 판단하고 평가한다면 피라미드는 어떻게 될까? 만일 기술 대신 사회적 관계를 선택한다면 누가 최하위에 있는 '미개인'으로 분류될까? 아마 멜라네시아 친구들은 아닐 것이다. 그들은 오히려 맨 꼭대기에 있는 '문명인' 집단에 속할 것이다. 만일 우리가 우리 문화와 비교하여 다른 문화를 평가해야 한다면 적어도 어떤 기준으로 문화의 피라미드를 그리고 있는지를

그림 3-6 사회적 진화의 역피라미드

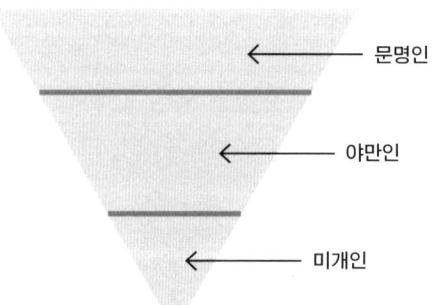

정직하고 솔직하게 밝혀야 한다.(그림 3-6)

20세기 초 프랑스의 철학자이자 사회학자이며 인류학자인 루시앙 레비-브륄Lucien Lévy-Bruhl은 사회적 진화의 맨 아래에 위치한 사람들이 원시적 사고방식을 가지고 있다고 기술했으며(1910, 1923) 내 솔로몬제도 친구들과 같은 사람들을 '비논리적인' 존재라고 했다. 그의 글은 인류학 연구에 많은 자극을 주었지만 동시에 강력히 반박되었고 그는 1939년 사망하기 전에 이를 인정했다. 오늘날 우리는 풍부한 인류학 연구 덕분에 모든 인류가 거의 같은 방식으로 사고한다는 사실을 알게 되었다. 즉 '비논리적으로' 사고하는 문화는 존재하지 않으며, 어떤 문화권은 구체적으로 사고하고 어떤 문화권은 추상적으로 사고한다는 식의 구분도 존재하지 않는 것이다.

만일 이것이 사실이라면 왜 문화마다 삶의 모든 문제에 대해 제각기 다른 결론을 내리는 것일까? 그것은 우리의 사고방식이 달라서가 아니라 모든 문화가 저마다의 전제와 가정을 갖고 있기 때문이다. 찰스 크래프트의 *Christianity in Culture*(『기독교와 문화』)에 근거한 다음 표는 문화가 저마다 얼마나 다른 가정을 갖고 다른 결론을 도출하는지 잘 설명해준다.

이에 따르면 서로 다른 문화권의 사람들이 문화의 다양한 측면에 관해 제각기 다른 결론에 도달하는 이유는 누가 더 원시적이고 덜 발달해서가 아니라 문화와 환경, 역사에 의해 형성된 삶에 관한 가정의 출발점이 서로 다르기 때문이다. 따라서 우리는 누군가를 자신보다 덜 세련된 사람으로 여기고 우쭐대는 마음이 들 때 잠시 멈춰 이렇게 물어야 한다. "저 사람은 나와 다른 어떤 가정을 품고 있기에 나와 다른 방식으로 행동하고 살아갈까?"

문화적 형태	가정	결론
의복	1. 공적 장소에서 알몸 불허(미국)	1. 반드시 옷을 입음(침대 포함)
	2. 무언가를 숨기는 경우에만 몸을 가림	2. 자신을 증명하려고 알몸 (나이지리아 가바족)
	3. 공개적 '행사'에 착용	3. 다른 장식으로만 가림(나이지리아 히기족)
구매	1. 비인격적, 경제적인 거래(미국)	1. 고정 가격, 개인 판매자에 관심 없음, 신속한 판매
	2. 사회적 개인 간 거래(아프리카, 아시아, 라틴아메리카)	2. 가격 흥정, 개인적 관계 구축
젊음	1. 바람직함(미국)	1. 젊게 보임, 젊게 행동, 화장
	2. 관용, 극복(아프리카)	2. 미숙한 행동 금지, 성숙 증명
나이	1. 원치 않음(미국)	1. 두려움, 노인 환영받지 못함
	2. 원함(아프리카)	2. 노인 존경받음
교육	1. 주로 형식적, 집 밖, 교사 중심 (미국)	1. 정규 교육, 고용된 전문 교사
	2. 주로 가정, 비공식적, 학습자 중심 전통적(아프리카)	2. 행동으로 배우기, 제자훈련, 속담, 설화
가족	1. 부부 중심(미국)	1. 부부 관계 가장 중요
	2. 자녀 중심(아프리카)	2. 어머니 자녀 관계 가장 중요
급격한 변화	1. 좋음, 변화 = "진보"(미국)	1. 급격한 변화와 혁신 장려
	2. 안전에 위협(아프리카)	2. 보수적 가치, 안정 목적

출처: Kraft 2005, 49.

문화와 복음

문화에 대한 그리스도인의 태도는 어떠한가? 나는 그리스도인이 문화에 대해 긍정적이면서 동시에 비판적인 태도를 지녀야 한다고 믿는다. 문화는 하나님이 주시는 은혜의 선물로서 긍정적으로 수용되고 존중되어야 한다. 우리는 문화를 창조하고 이를 통해 하나님을 영화롭게 할 수 있는 존재이다. 그러나 문화에는 인간의 죄성과 탐욕, 권력 추구, 억압 등이 반영될 수 있으므로 우리는 문화에 대해 비판적

이어야 한다. 타문화 경험이 거의 없는 사람은 자기 문화를 비판적으로 봐야 할 때 좋게만 보고, 타문화를 존중해야 할 때 오히려 비판적인 경향을 보일 수 있다.

그렇다면 문화와 복음의 관계는 어떠할까? 우리는 보편적인 복음이 과거와 현재에 걸쳐 전 세계의 다양한 문화와 어떻게 관련되는지를 다음 세 진술로 설명할 수 있다.

1. 복음은 대다수 문화를 긍정affirm한다.
2. 복음은 일부 문화에 대항confront하고 비판한다.
3. 복음은 모든 문화를 변혁transform한다.

이 진술들을 간략하게 살펴보자.

첫째, 복음은 대다수 문화를 긍정한다. 이는 현지인이 예수의 제자가 되려고 복음을 전한 타문화권 증인을 따라 그의 문화를 받아들이거나 새 언어를 배우거나 삶의 방식을 바꾸지 않아도 됨을 의미한다. 즉 복음을 들은 현지인은 예수의 제자라는 자신의 새로운 정체성second-birth identity을 받아들이기 위해 자신의 문화적 정체성birth identity을 부정하지 않아도 된다. 하지만 선교 현장에서 우리는 자주 이 사실을 간과하곤 한다. 모든 문화는 하나님이 주시는 은혜의 선물이며, 모든 문화와 언어에 속한 사람들은 예수의 인성을 통해 하나님을 알 수 있다. 라민 사네가 *Translating the Message: The Missionary Impact on Culture*(번역 가능한 복음: 선교가 문화에 끼친 영향)에서 설득력 있게 일깨우듯이 예수의 메시지는 모든 민족의 모국어와 문화로 번역되어야 한다.(2009, 1)

그렇다면 복음을 접한 사람들의 문화가 전혀 변하지 않는다는 의미인가? 물론 그렇지 않다. 바로 이 점에서 두 번째 진술인 "복음은 일부 문화에 대항하고 비판한다."가 나온다. 문화는 하나님 은혜의 선물이지만 동시에 복음에 반하는 억압적인 사회구조와 가치관으로 표현되는 인간의 타락과 죄성을 반영한다. 케냐의 삼부루에서 마사이족 목회자들을 대상으로 강의한 적이 있다. 나는 그들을 소그룹으로 나눈 뒤 그들의 문화에서 복음이 긍정하고 지지하는 요소를 목록으로 작성해보라고 했다. 그들은 논란의 여지가 있는 여성 할례를 포함하여 긴 목록을 작성했고 우리는 그것에 대해 함께 논의했다. 이어서 나는 그들에게 복음과 양립할 수 없기에 대항하고 비판해야 하는 요소를 목록으로 만들어보라고 했다. 이번에는 예상대로 훨씬 짧은 목록이 만들어졌다.

타문화권 사역에서 겪는 어려움 중 하나는, 타문화에서는 복음에 반하는 요소를 쉽게 발견하고 이를 악이라 부르면서 정작 자문화에서는 급진적인 변화가 필요한 부분을 보지 못한다는 점이다. 예수는 이에 대해 "외식하는 자여 먼저 네 눈 속에서 들보를 빼어라 그 후에야 밝히 보고 형제의 눈 속에서 티를 빼리라"(마 7:5)라고 말씀하셨다. 우리는 그리스도의 제자로 산다는 것이 무엇인지를 서로 배우기 위해 그리스도의 몸 전체에 대한 통찰과 지혜를 가져야 한다.

복음은 대부분의 문화를 긍정하고 일부 문화를 대항하며 비판하지만, 모든 문화를 변화시킨다. 나는 피지 수바의 감리교회를 방문했다가 특이한 세례반 baptismal font(세례를 행할 때 사용하는 물그릇이나 물이 담긴 구조물—옮긴이 주)을 발견했다. 돌로 만든 그 세례반에는 문화 변화를 보여주는 흥미로운 역사가 담겨 있다고 했다. 1835년 복음이 전해지기 전 피지섬에는 식인 풍습이 널리 퍼져 있었다. 내가 감리교회에서 본 세례반은 과거 원주민이 죽은 적들의 피를 채취하는 데 사용하는 것이었는데, 복음의 빛 안에서 구속되고 변화되어 이제는 그리스도 안의 새 생명을 상징하는 구조물이 되었다. 호주의 선교인류학자인 앨런 티페트는 피지가 전쟁과 식인 풍습이 만연한 사회에서 기독교를 고유한 방식으로 받아들인 사회로 변화되는 과정을 기록하면서, 문화 대부분을 긍정하고 문화 일부를 비판하고 문화 전반을 변혁한 복음의 놀라운 능력을 우리에게 설명해주었다.(1980)

3장 요약

우리는 이 장 서두에서 젤탈족 이야기를 나누며 문화가 하나의 시스템으로 작동하는 방식을 살펴보고 문화 일부분의 변화가 좋든 나쁘든 다른 부분에도 영향을 미친다는 사실을 확인했다. 문화는 정적이지 않고 역동적이며 어느 정도이든 항상 변화한다. 우리는 문화를 이념, 경제와 기술, 사회적 관계로 나눌 수 있으며 이 세 범주는 서로 넘나들 수 있다는 사실에 주목했다. 복음을 선포하고 살아내는 방식은 사회의 모든 분야에 영향을 미쳐야 한다. 이것이 바로 복음의 사회적 측면과 영적 차원 간의 오랜 논쟁이 무의미한 이유이다. 예수는 이 둘을 나누지 않으셨고 우리도 그래야만 한다. 온전한 복음은 온 문화와 관련된다.

우리는 모든 사회에서 이상적인 문화 형태가 각 세대에 전수되지만 개인의 실제 행동은 이상과 종종 다를 수 있음을 주목했다. 실제 행동이 학습된 이상에 가까울수록 그 사회는 안정적이고, 실제 행동이 학습된 이상에서 멀어질수록 그 사회는 불안정하다. 많은 문화적 이상은 십계명과 비슷하며, 모든 문화권의 사람들은 자신의 문화적 이상을 온전히 실현하지 못한다. 하지만 예수의 제자로 살아갈 때 우리는 대부분의 문화적 이상에 부합하는 삶을 살 수 있다.

다음으로 우리는 개인이 문화에 참여하는 네 가지 방식을 분석하는 모델을 논의했다. 모든 문화에는 유동 영역과 핵심 문화가 있다. 핵심 문화는 가치와 신념의 영역으로, 변화되기가 가장 어렵지만 예수가 모든 삶의 주인이심을 고백한 후 제자훈련을 통해 깊이 변화되어야 하는 영역이다.

그다음으로 우리는 문화의 영향력을 논의하면서 개인이 문화에 철저히 몰입되고 그 영향을 받는다는 사실을 살펴봤다. 또한 모든 인류가 공통으로 소유하는 인간 본성과, 사회마다 다르고 심지어 사회 내에서도 개인마다 제각기 다른 문화적 본성을 구별했다.

원시 사회의 이미지가 우리의 의식 속에 왜 아직도 도사리고 있는지, 그것이 타자에 대한 우리의 태도를 어떻게 형성하는지를 간략하지만 심도 있게 논의한 뒤 우리는 복음과 문화의 상관성을 살피며 이 장을 마무리했다. 복음은 대부분의 문화를 긍정하고, 일부 문화를 대항하며 비판하고, 모든 문화를 변혁한다. 아프리카의 신학자 존 음비티 John Mbiti 의 그림 3-7은 복음과 문화와 신앙에 관해 우리가 이 장에서 논의한 내용을 일목요연하게 잘 보여준다.

그림 3-7 복음·문화·신앙은 기독교를 형성한다.

복음

하나님이 주심
유일하고 거룩함
모든 사람에게 보편적
역사 안에 계시된 영원한 말씀
그리스도 안에서 새로운 피조물 창조

문화

인간이 만듦, 문화적 인간
다양한 지역적 형태, 선/악, 자연적 요소
모든 사회에서 보편적
역사적, 변화함, 일시적
인간의 조건화, 피조 세계
접근 가능 영역

문화를 향하여:
문화에 침투함
문화를 심판하고 구속함
문화에 헌신하고 성화함
문화를 아름답게 함
문화 안에서 귀신을 쫓아냄

복음을 향하여:
복음을 수용하거나 거부함
복음의 전달 및 소통
복음을 믿도록 영향을 미침
하나님께 영광을 돌림

믿음의 상호작용은

복음
· 믿음의 목적
· 믿음에 영감 부여
· 복음과 믿음 주입
· 믿음 고취
· 믿음 조명

문화
· 믿음 지탱
· 믿음 설명
· 믿음 표현
· 믿음 전달/소통
· 믿음 경축

세계 기독교의 다양한 형태를 낳음

3장 문화의 기능

1부 결론

타문화권 증인은 문화의 경계를 넘어 복음을 전하기 위해서 문화의 개념을 이해해야 한다. 루이스 루즈베탁은 "문화의 개념을 이해하지 못하면 사역의 본질을 이해하지 못한다."라고 했다.(1970, 59) 타문화권 증인은 자신이 섬기는 사람들의 언어와 문화를 습득하기 위해 노력하지 않을 경우 사역에 어려움을 겪게 된다. 따라서 나는 문화 개념과 관련해 성공적인 타문화권 사역을 위해 우리가 해야 할 과제를 다음과 같이 요약한다.

첫째, 문화가 우리에게 어떤 영향을 미치는지 인식해야 한다. 하버드대학교의 인류학자 클라이드 클럭혼Clyde Kluckhohn은 "물을 발견한 것은 물고기가 아니다."(1949, 11)라고 말했다. 우리는 오랫동안 우리 자신의 문화라는 어항에서 살았기 때문에 인간 본성이 우리의 문화에 의해 형성되었다는 사실을 인식하지 못하고 그것들이 같다고 생각한다. 하지만 우리 문화의 익숙함과 경계를 벗어나야만 비로소 더 생생하게 우리 자신의 문화를 '볼 수' 있다. 우리는 타문화를 경험해야 우리 자신의 문화를 이해할 수 있다. 문화라는 눈가리개를 벗겨내야만 문화가 우리에게 미치는 영향을 이해할 수 있다. 일단 그렇게 한다면 우리는 성서적이라 생각하던 많은 것이 단지 문화적이라는 사실에 놀랄 것이다.

둘째, 만일 우리가 다른 사람을 이해하고 존중하려면 문화가 그 사람에게 미치는 영향을 인식해야 한다. 이것이 우리가 '학습자'로서 타문화에 들어가 우리가 함께 살아가며 섬기는 사람들의 정신적 지도를 발견해야 하는 이유이다. 만일 사람들에게 미치는 문화의 영향을 이해하지 못한다면 우리는 그들의 사회에서 예수의 제자로 살아가는 것이 무엇을 의미하는지 인식하지 못할 것이다.

마지막으로 우리는 "하나님이 사회에서 어떻게 인간과 관계를 맺고 소통하시는가?"라는 질문을 던져야 한다. 성서는 하나님이 다양한 시대와 장소에서 오랜 역사에 걸쳐 사람들과 어떻게 상호작용하셨는지에 관한 사례를 담은 성스러운 책이다. 예를 들어 방랑하는 유목민이던 아브라함과 한참 후대의 이스라엘 왕이던 다윗은 문화적 상황이 달랐기 때문에, 하나님은 그들과 각기 다른 방식으로 소통하셨다. 또한 복음서에서 우리는 다윗 왕으로부터 1,000년 후 로마의 점령지인 팔레스타인에서 예수가 유대인과 어떻게 소통하셨는지를 볼 수 있다. 바울은 고린도, 에베소, 빌립보, 골로새, 데살로니가에 있는 교회에 서신을 보냈는데, 각 도시마다 문화적 상황이 달랐기에 그는 예수를 따르는 것과 관련된 이슈를 다양하게 다루었다.[3]

이제 우리는 문화의 중요성을 확실하게 이해하게 되었고, 그 이해를 바탕으로 타문화에 들어가 복음을 전하고 복음을 진정으로 살아낼 방법을 탐구할 준비가 되었다. 나는 이 방법을 '성육신적 동일시'라고 부르며 2부의 주제로 다룰 것이다.

---

3 존 월튼(John Walton)과 크레이그 키너(Craig Keener)의 *NIV Cultural Backgrounds Study Bible*(2016)과 같은 스터디 바이블과 케네스 베일리(Kenneth Bailey)의 *Paul through Mediterranean Eyes: Cultural Studies in I Corinthians*(2011), *Jesus through Middle Eastern Eyes: Cultural Studies in the Gospels*(2008) 등의 책은 성서를 신학적으로만 해석하는 것이 아니라 문화의 관점에서 바라보도록 매우 큰 도움을 준다.

2부

성육신적 사역

Incarnational Ministry

한국의 사회복지

4장   성육신적 모델

경이로움! 하나님께서 인간 가운데 오십니다.
무한한 이가 잉태되셨습니다.
영원한 이가 시간 속에 들어오시는 놀라운 신비
처녀의 몸에 잉태하신 분
말없이 자신을 비우시도다.[1]

- 수도사 요한

"제 남편은 교수님의 강의 때문에 세상을 떠났습니다." 한 학생이 이렇게 말하자 강의실은 침묵에 빠졌다. 나는 발이 바닥에 얼어붙고 심장이 요동치는 것을 느끼며, 땀이 셔츠 사이로 흘러나오지 않도록 애쓰고 있었다.

그녀는 말을 이어갔다. "5-6년 전 남편과 저는 바로 이 강의실에서 선교사 훈련 과정을 수강하고 있었습니다. 교수님은 타문화권 사역에서의 문화적 몰입과 성육신적 정체성의 중요성을 이야기하며 우리의 안전지대를 넘어서라고 말씀하셨습니다. 당시 교수님은 우리가 속한 선교단체의 대다수 선교사와는 다른 삶의 방식으로 우리를 초대하셨기 때문에 우리는 교수님을 그다지 좋아하지 않았습니다. 그렇지만 그날 강의실에서 하나님의 임재가 느껴졌습니다. 우리는 우리가 가야 할 서아프리카 국가에서 어떻게 살아야 하고, 그곳 사람들과 어떤 관계를 맺어야 하는지 성령

---

1   Arthur A. Just Jr., ed., *Luke: Ancient Christian Commentary on Scripture, New Testament 3* (Downers Grove, IL: IVP, 2003), 17.

께서 직접 말씀하신다는 걸 알았지요. 몇 달 후 우리 가족은 아프리카로 향하는 비행기에 몸을 실었습니다. 비행기가 구름 사이를 뚫고 내려갈 때 저는 미지의 세계에 대한 불확실성으로 긴장되었습니다. 하지만 교수님의 가르침으로 우리는 올바른 길을 가고 있다는 확신을 품고 있었고 그것을 굳게 붙잡았습니다. 우리는 감자튀김과 작별을 고하고 대신 땅콩 수프로 배를 채웠습니다. 콜스Kohl's(중소 도시나 교외 지역에서 쉽게 찾아볼 수 있는 미국의 대표적인 중저가 백화점—옮긴이 주)에서 산 옷들은 거의 입지 않고 현지 옷감으로 지은 옷을 입었습니다. 가로등과 포장도로는 꿈도 꿀 수 없고 진흙으로 지은 오두막집에 적응해야 했습니다. 우리는 현지인 친구들과 함께 움직이며 그들의 이야기를 듣고자 차 대신 자전거를 타고 시장에 갔습니다. 현지인들이 우리에게 붙여준 아프리카 이름조차 자연스럽고 편안하게 느껴졌고, 마치 고국에 있는 것 같았습니다."

그녀는 고통스러운 기억을 삼키려는 듯 잠시 멈추다가 다시 이야기를 이어갔다. "어느 날 남편은 마을 교회를 방문하여 현지인이 주는 물을 마셨습니다. 물을 받아 마시는 것은 환대를 수용한다는 의미이기 때문에 매우 중요한 현지 문화의 관습이었습니다. 그런데 그날 밤 남편은 식은땀을 흘리고 고열에 시달렸습니다. 그리고 다음 날 아침에는 눈의 동공이 풀렸습니다. 사랑하는 남편의 몸이 점점 차가워졌습니다. 현지 병원에 도착하자마자 의사는 남편에게 사망 선고를 내렸습니다. 저는 정신을 차릴 수 없었습니다. 이런 상황에 대비할 수 있는 어떤 훈련도 받지 않은 터였습니다. 어느 누구도 매년 5월이면 이 지역에 수인성 전염병이 돈다는 말을 해주지 않았습니다. 우리가 교수님의 말씀을 들었기 때문에, 교수님의 말씀에 따라 성육신적으로 사역했기 때문에 제 남편이 죽은 것입니다."

그녀는 고개를 숙여 신발을 바라보며 마음을 추슬렀다. 강의실에 있던 누구도 움직이지 않았고, 나 역시 말을 잃었다. 그녀의 말이 허공을 맴돌았고 내 마음에는 슬픔과 후회와 공포가 몰려왔다. 내가 무슨 짓을 한 것인가?

그런데 그녀는 우리 모두에게 충격적인 고백을 했다. "제가 오늘 이 자리에 선 것은 선교 사역을 준비하는 여러분에게 이 말을 하고 싶어서입니다. 만일 우리가 그때로 돌아간다면 똑같은 행동을 할 것입니다. 남편은 육신의 생명을 잃었고 아이들은 아빠를 잃었지만, 남편의 죽음을 통해 현지 공동체가 활력을 되찾았습니다. 남편의 희생과 헌신을 보고는 많은 마을 사람들이 그리스도 안에서 구원의 순례를 시작했습니다. 남편이 살아 있을 때보다 죽은 이후, 하나님 나라를 위한 일이 더 많이 이뤄졌습니다." 그러고는 이렇게 마무리했다. "제가 겪은 고통은 거의 견딜 수 없을 정도였지만 하나님은 제가 발걸음을 옮길 때마다 곁에 계셨습니다. 저는 여기에 재혼한 남편과 함께 있습니다. 사람들이 우리를 보고 미쳤다고 생각할 수 있지만 우리는 아프리카로 돌아갈 것입니다."

나는 곰곰이 생각해보았다. 선교사 훈련을 하면서 이런 비극을 막을 방법이 없었을까? 그들은 확실히 내가 가르친 성육신적 동일시 모델을 열정적으로 실천했다. 나는 아프리카 지역에서 매년 발생하는 수인성 전염병을 몰랐기 때문에 그녀에게 경고할 수 없었다. 그것에 관한 사전 지식이 전혀 없었다. 사실 나는 타문화권 사역을 위한 훈련 과정에서 모든 우발적 상황에 대비하기 위한 지식, 내용, 사실을 충분히 제공할 수는 없었다. 그러나 그들이 현지 문화를 발견하고[2] 언어를 습득하고 관찰과 질문을 통해

---

2 이 문화에서는 실제로 물그릇을 옆 사람에게 건네며 "저를 위해 물 좀 드시겠습니까?"라고 묻는 것이 문화적으로 적합한 방법으로 여겨진다. 이렇게 하면 그 물이 안전하지 않다고 생각할 때 당신의 안전을 지킬 수 있고 문화적으로는 현지인의 기분을 상하게 만들지 않는다. 이 장의 후반부에서는 성육신적 동일시와 지속 가능성 사이의 균형을 논의할 것이다.

지역사회를 잘 분석하도록 기본적인 인류학적 도구를 제공할 수는 있었다. 그랬더라면 선교사들은 우발적인 상황에 보다 잘 대비할 수 있었을 것이다.

성육신: 신학 교리를 넘어선 신비

위의 이야기는 사람들과 관계를 맺는 방식으로서 성육신적 접근이 갖는 힘을 보여준다. 그러나 우리는 종종 성육신을 사역의 모델로 생각하지 않고 초대교회 교부들이 격렬하게 논쟁하던 신학 주제로만 이해했다. 나는 하나님이 나사렛 예수의 인격을 통해 인간이 되지 않으셨다면 그리스도인인 우리의 신앙 근거는 없다고 생각한다. 존 던 John Donne 은 그의 *Holy Sonnet*(『존 던의 거룩한 시편』, 청동거울) 중 15번째 시에서 이 우주적 돌파의 중요성을 잘 포착한다.

> 이전에는 인간이 하나님의 형상대로 창조되었다.
> 그러나 하나님은 훨씬 더 인간의 형상으로 나타나야 한다.(2014, 31)

던이 우리에게 상기시켜준 것처럼 성육신은 창조보다 더 의미 있고 중요하다. 성육신이 단지 신화에 불과하다면 우리는 여전히 길을 잃은 상태인 것이다. 성육신은 신학 교리로서뿐 아니라 사역, 특히 타문화권 사역의 수행 방법에 대한 은유로서도 중요하다. 대럴 구더 Darrell Guder 는 서구와 그 너머에서도 교회의 증인에 대한 모델로서 성육신을 주목한다. "그러므로 성육신적 증언은 예수께서 메신저이자 메시지요, 본보기가 되신다는 관점에서 그리스도인의 사역을 묘사하는 방식이다. 선교적으로 성육신을 말한다는 것은 예수가 누구인지, 그분이 무슨 일을 하시고 또 그 일을 어떻게 하셨는지를 연결하는 것이다. 이는 그리스도인이 된다는 것의 모든 의미를 규정하는 하나의 위대한 사건 안에서 이뤄진다."(2004, 9)

일부 신학자는 성육신에 대해, 하나님이 나사렛 예수의 인격 가운데 인간으로 이 땅에 오기로 작정하셨을 때 유일하게 일어난, 독특한 신적 행위라 주장하면서 성육신을 사역 모델로 여기는 이러한 생각에 이의를 제기한다.³ 호주의 선교학자 마이클 프로스트Michael Frost와 앨런 허쉬Alan Hirsch는 그들의 획기적인 저서 *The Shaping of Things to Come*(『새로운 교회가 온다』, IVP)에서 "성육신은 절대적인 근본 교리이다. 그것은 단지 기독교 신앙고백의 일부가 아니라 우리의 선교 과업 전체를 조망하는 신학적 프리즘이다."(2003, 35)라고 응답한다. 그들은 선교 모델로서의 성육신을 다섯 가지 중요한 방식으로 설명하면서 다음과 같이 결론을 내린다. "궁극적으로 성육신적 선교의 타당성을 뒷받침하는 근거는 바로 이것이 하나님께서 이 세상과 관계를 맺으신 선교의 방식이라는 사실이다. 이는 우리 삶의 방식이어야 한다."⁴

선교 모델로서의 성육신은 급진적이다. 만일 우리가 성육신적으로 살

---

3 토드 빌링스(J. Todd Billings 2004, 2012)와 존 스타크(John Starke 2011)는 개혁주의 신학 입장에서 이의를 제기한다. 셔우드 링겐펠터(Sherwood Lingenfelter)는 신학자들의 피드백을 받은 후 자신과 마빈 마이어스(Marvin Mayers)가 공동 저술한 베스트셀러 *Ministering Cross-Culturally* 3판에서 "인격적 관계를 위한 성육신적 모델"이라는 문구를 삭제하고 그 자리에 "효과적인 개인적 관계를 위한 모델"을 넣었다.
4 앨런 허쉬(2006)와 마이클 프로스트(2014)는 이 성육신이라는 주제를 선교의 모델로 다른 책에서 계속 다루고 있다. 이에 관해서는 허쉬가 쓴 5장 "선교적 성육신적 충동"과 프로스트가 쓴 12장 "성육신적 자세의 채택"을 참조하라. 또한 성육신적 동일시라는 주제에 관해서는 Frost·Rice 2017을 참조하라. 성육신 개념에 관한 심층적 연구와 선교학적 적용에 대해서는 Langmead 2004를 참조하라.

고자 한다면 인간관계, 시간과 돈 쓰는 방식, 우선순위 등 어느 영역도 도전과 영향을 피할 수 없을 것이다. 나는 성육신을 선교 모델로 확고하게 삼아온 탓에 선교사 삶의 방식에 관련해서는 '파멸과 우울의 예언자'로 알려지곤 했다. 한번은 어느 수련회장에서 강의를 한 적이 있는데, 옆방에 있던 부부가 내 급진적인 강의에 대해 이야기하는 것을 엿듣게 되었다. 그 간소한 시설의 벽이 매우 얇아서 그들의 대화를 모두 들을 수 있었다. "화이트먼 교수의 말을 들었다면 우리는 바닥에서 자고 있을 거야." 하지만 우리는 우리가 섬기는 사람들 가운데에서 그들처럼 살기 위해 희생을 치를 때 깊은 인간관계, 성취감, 지속적인 사역이라는 엄청난 보상을 받을 것이다.

이 장 서두에 등장하는 이야기를 읽고서 당신은 아마 "나는 얼마나 기꺼이 사람들과 동일시되려고 하는가?"라고 자문할 것이다. 성육신적 동일시를 자연스럽게 여기고 현지 문화를 자문화보다 편하게 느끼는 사람은 나를 비롯한 일부에 불과하다. 대부분은 성육신적 동일시를 쉽게 여기지 않으며, 그것을 보상 없이 희생만 치르는 일로 생각한다. 삶의 방식을 결정하는 저울 위에서, 희생의 무게가 문화의 경계를 넘어 깊은 관계를 발전시킴으로써 얻게 되는 잠재적 기쁨보다 무겁기 때문에 사람들은 타인과의 동일시에 한계를 설정한다. 이는 충분히 이해할 만한 일이다.

성육신이 타문화권 사역의 모델이라는 말은 무슨 뜻인가? 하나님은 인간이 되실 때 특정 시간과 장소에서 온전한 유대인이 되셨다. 예수는 기원전 1세기 로마의 지배를 받던 팔레스타인에서 유대 문화에 자신을 동일시하셨고 그 문화에 의해 형성되셨다. 요한복음 1장 18절은 "본래 하나님을 본 사람이 없으되"라고 말한다. 하지만 "예수는 [인간이] 이해할 수 있는 언어로 표현된 하나님이다."(1906, 13)라고 고든 S. D. Gordon이 말한 것처럼 우리는 예수로 인해 하나님의 많은 부분을 알고 있다. 존 호기 John C. Haughey

는 자신의 책 *The Conspiracy of God: The Holy Spirit in Us*(하나님의 모략: 우리 안에 계신 성령) 서문에서 이렇게 진술한다. "저자의 다음 지적은 타당하다. 과거에 우리는 예수의 신비를 신적 현현 Divine Theophany 으로, 즉 하나님이 인간의 모습으로 우리 밖에서 우리에게로 오시는 것으로 제시하려는 경향에 굴복해왔다. 그러나 이제는 예수를 '성육신의 신비'로, 즉 우리 가운데 오신 하나님으로 바라봐야 한다. 상대적인 시공간에 제한된, 진정한 인간 예수를 만나야 한다."(1973, 7)

왜 하나님은 유대인으로 세상에 오기로 작정하셨을까? 우리의 부족한 지성과 메마른 마음으로는 하나님의 광대하심을 알기가 어렵다. 하지만 예수가 누구인지는 보다 쉽게 이해할 수 있다. 그분은 베들레헴에서 태어나 가난한 나사렛 마을에서 자랐다. 다시 말해 하나님은 예수 안에서, 추상적인 인간이 아니라 시대와 문화의 가능성 및 한계에 의해 형성된 매우 구체적인 사람이 되셨다. 예수는 1세기 유대인의 세계관에 의해 형성된 사람이었다.

그렇다면 이것이 의미하는 바는 무엇일까? 우선 예수가 예루살렘의 고급 발음이 아닌, 갈릴리 지역 하층민의 발음(오늘날 표현으로 '촌뜨기 억양')으로 아람어를 구사하셨을 가능성을 의미한다. 우리는 베드로가 예수를 부인했다는 복음서 기사에 근거해 이러한 결론을 내릴 수 있다. 베드로는 자신의 발음 때문에 발각되었다. 마태복음 26장 73-74절은 "조금 후에 곁에 섰던 사람들이 나아와 베드로에게 이르되 너도 진실로 그 도당이라 네 말소리가 너를 표명한다 하거늘 그가 저주하며 맹세하여 이르되 나는 그 사람을 알지 못하노라 하니"라고 말한다.

아람어의 갈릴리 억양이 언급된 것은 타문화권 사역자에게 심오한 의미가 있다. 예수가 하층민의 억양으로 아람어를 말할 정도로 사람들과 동일시하고자 하셨다면 하나님께서 우리에게, 우리가 섬기는 사람들의 언어를 배우고 영어나 한국어, 힌디어의 억양 없이 그들의 언어를 말하라고 하시는 것은 무리한 요구일까? 예컨대 이러한 통찰을 청소년 목회와 연결해본다면, 이는 사역자가 단순히 언어가 아니라 '청소년의 언어'를 사용해야 함을 의미한다. 청소년을 돌보는 목회자는 그들의 언어가 끊임없이 변화하며 부모 세대와는 미묘하게 다른 뉘앙스를 띠고 있다는 점을 파악해야 한다.[5]

예수는 유대 문화에 깊이 뿌리를 내리셨다. 회당에 들어가 율법을 제대로 읽고 랍비의 자리에 앉았으며 성서를 암기하고 설명하셨다. 또한 농경사회에서 널리 알려진 농작 지식으로 비유를 드셨는데, 케네스 베일리Kenneth Bailey는 중동의 문화적 맥락에서 그 비유를 이해하도록 도와주었다.(2005, 2008) 예수는 당시의 사회구조를 이해하고 그 안에서 자신의 위치를 알았으며 사회적 경계를 지키셨다. 물론 그 경계가 하나님 나라에 반하는 억압적이고 악한 제도의 산물인 경우에는 그것을 넘나드셨고, 이는 당시 권력자들을 종종 당황하게 만들었다. 복음서, 특히 마가복음은 많은 사람을 치유하시는 예수의 모습을 묘사한다. 세균이 질병의 원인이라는 사실은 1861년 루이 파스퇴르Louis Pasteur가 발견하기 전까지 알려지지 않았다. 1세기 유대 사회는 그러한 과학적 이해가 부족했기에 예수는 당대의 제한된 문화적 지식 내에서 사역을 감당하셨다.

예수의 인성과 그분을 형성한 사회문화적 구조가 강조될 때 혹자는 '하나님이신 예수를 비하하는 게 아닌가?'라고 생각할 수 있다. 그러나 사실 성육신은 하나님이 모든 시대의 문화 가운데 기꺼이 현존하신다는 것

---

5 청소년 사역에서 성육신적 동일시에 대한 논의는 Hull·Mays 2022를 참조하라.

을 보여준다. 다시 말해 예수의 인성은 그분의 신성을 희석하지 않고 오히려 강화한다. 성육신을 타문화권 사역의 모델로 삼는다는 것은, 문화가 얼마나 미숙하거나 부패한지에 상관없이 우리가 그 문화적 상황 안에서 기꺼이 사역을 감당해야 함을 의미한다. 우리는 사람들이 살아가는 문화적 상황에서 시작해야 한다. 왜냐하면 예수도 바로 그곳에서 시작하셨기 때문이다. 예수는 자신이 원하는 모습으로 우리를 변화시키기 위해 우리가 있는 곳에서 시작하신다. 그분은 우리를 발견하고는 그 상태로 두지 않으신다. 그리스도를 더욱 닮아가고 그리스도의 마음을 품으며 성장하도록 우리를 초대하신다.

성육신과 케노시스:
빌립보서 2장

바울이 빌립보교회에 보낸 서신을 보면 성육신이 타문화권 사역의 모델이라는 점을 더 깊이 이해하게 된다. 빌립보는 마케도니아 지역에 있는 번영한 로마의 식민지로, 동방에서 로마로 이어지는 주요 대로 위에 있었다. 거짓 가르침이 교회에 침투한 이후로 예수를 따르는 빌립보 교인들은 '파벌 싸움'을 벌이고 있었다. 바울은 로마의 옥에 갇히거나 집에 억류되어 있는 동안 그들에게 편지를 써서 화합을 격려하고 그리스도의 마음을 품으라고 당부했다.

> 그러므로 그리스도 안에 무슨 권면이나 사랑의 무슨 위로나 성령의 무슨 교제나 긍휼이나 자비가 있거든 마음을 같이하여 같은 사랑을 가지고 뜻을 합하며 한마음을 품어 아무 일에든지 다툼이나 허영으로 하지 말고 오직 겸손한 마음으로 각각 자기보다 남을 낫게 여기고 각각 자기

일을 돌볼뿐더러 또한 각각 다른 사람들의 일을 돌보아 나의 기쁨을 충만하게 하라 너희 안에 이 마음을 품으라 곧 그리스도 예수의 마음이니 그는 근본 하나님의 본체시나 하나님과 동등됨을 취할 것으로 여기지 아니하시고 오히려 자기를 비워 종의 형체를 가지사 사람들과 같이 되셨고 사람의 모양으로 나타나사 자기를 낮추시고 죽기까지 복종하셨으니 곧 십자가에 죽으심이라(빌 2:1-8)

예수가 우리 선교의 본보기라면 성육신적 동일시가 우리의 사역 방식이 되어야 한다.[6] 이 빌립보서 본문은 예수가 인간과 동일시하기 위해 자신을 비우고 하나님의 아들이라는 권세와 지위, 특권, 명성 등을 포기하셨음을 알려준다.[7] 다른 사람과 동일시되려면 먼저 우리 자신을 비워야 한다. 이런 점에서 다른 사람들과 관계를 맺는다는 것은 일종의 접근 기술이나 전략이 아니라 우리의 태도와 자세에 관한 것이다. 우리는 함께 지내며 섬기는 사람들과 우리를 동일시해야 하며, 이는 대개 상향이 아니라 하향 이동을 의미한다. 예수가 그분 자신을 비우셨듯이 우리도 우리의 자존심과 계획, 야망 심지어 하나님을 위해 이루려던 모든 것을 비워야 한다. 예수의 성육신은 십자가 죽음으로 이어졌다. 우리도 다른 이와 자신을 동일시하는 성육신을 선택한다면 우리 삶의 방식과 편견, 명성, 이해, 권력, 부 심지어 주체성을 강조하는 개인주의적 가치와 같이 우리가 좋아하는 것에 대해 죽어야 한다. 예수는 농경 이미지를 사용하여 성육신적 동일시라

---

[6] 빌립보서 2:5-8을 성육신적 동일시의 성서적 근거로 성찰한 내용은 Whiteman 2005, 1946을 참조하라.
[7] 케노시스(Kenosis)는 예수의 자기 비움을 언급하며 빌립보서 2:7에 나오는 동사 kennō에서 파생되었다.

는 개념을 다음과 같이 이야기한다. "내가 진실로 진실로 너희에게 이르노니 한 알의 밀이 땅에 떨어져 죽지 아니하면 한 알 그대로 있고 죽으면 많은 열매를 맺느니라."(요 12:24)

많은 타문화권 증인은 현지인과 자신을 동일시하려고 이에 필요한 일을 기꺼이 하려는 것처럼 보이지만 나는 그들이 실제로 자신이 섬기는 문화에 더 적합한 방식으로 삶의 기준과 방식을 바꾸는 데에는 매우 느리다는 것을 발견했다.

**다른 사람을 위해
목숨 버리기**

이 장의 서두에서 소개한 것처럼 때때로 성육신적 동일시는 육체의 죽음으로 이어질 것이다. 예수의 성육신은 십자가 죽음으로 이어졌고 이후 어떤 일이 일어났는가? 부활이다! 이런 일이 우리에게도 일어난다. 우리가 다른 사람들과 동일시하기 위해 기꺼이 우리 자신을 낮추고 희생한다면 우리도 '부활'하게 될 것이다. 우리는 새로운 언어와 공동체, 확장된 세계관 그리고 하나님의 선교에 대한 더 깊고 새로운 이해와 감사를 통해 '거듭날' 것이다.

부활의 가능성이 있는데도 왜 그렇게 많은 선교사가 성육신적 삶을 거부하는가? 우리는 연약해지는 게 두려워서 변명하고 뒤로 숨는다. 나는 지난 몇 년 동안 다음과 같은 변명을 많이 들었다.

"성육신적인 사역을 기꺼이 하고 싶지만 제 아이들은 어떻게 하나요? 아이들에게는 그런 일을 겪게 할 수 없습니다. 하나님은 우리 부부를 부르셨지, 우리 아이들까지 부르지는 않으셨어요."

"현지인들은 제가 그들과 친밀하게 동일시되기를 기대하지 않는데,

제가 왜 그래야 하는지요?"

"성육신적 삶을 살기 위해 현지인과 비슷한 집에서 살거나 현지 교통수단을 이용한다면 저는 매우 불편할 것이고, 결국 사역을 효율적으로 하기가 어려울 것입니다."

"제가 성육신적 삶을 살면서 실제로 현지인 세계에 들어간다면 교회가 이상한 이단에 빠지지 않도록 누가 지켜주겠습니까?"

"나는 교단의 교회를 개척하도록 파송되었기 때문에 현지 교회를 통제하고 관리해야 합니다. 성육신적 삶을 살면 그런 일을 할 수 없어요. 어떤 이상한 집단이 교회로 위장할 수 있습니다. 저는 우리 교단의 교리적 특성과 높은 기준을 수호하고 보호해야 합니다."

성육신적 삶이 어려울 수밖에 없다는 변명과 합리화는 끝이 없다. 하지만 우리는 그것의 본질, 즉 두려움에서 비롯된 변명이라는 사실을 직시해야 한다.

정체성 문제는 적절한 성육신적 삶의 방식을 채택하는 것보다 훨씬 더 복잡하다. 정체성은 우리가 원하는 방식대로 투영할 수 있는 게 아니다. 때로 우리의 정체성은 우리가 함께 살아가며 섬기는 사람들에 의해 규정되고, 우리는 그것을 넘어서기 위해 많은 노력과 시간을 기울이기도 한다. 우리는 서로 동의할 수 있는 정체성과 역할에 도달해야 한다. 물론 이 정체성과 역할은 시간이 지나면서 상황에 따라 변한다.

나는 45년 이상 선교사들을 관찰하며 연구하고 훈련하면서 한 가지 분명한 패턴을 보게 되었다. 성육신적 삶을 살려는 선교사들은 자기 삶에 큰 보람을 느끼고 사역도 효과적으로 하며 현지인과 깊고 의미 있는 관계를 발전시켜간다. 그들에게 어떤 친구가 있는지 물어보면 동료 선교사나 외국인이 아닌 현지인을 먼저 언급한다. 그러나 현지인과 동일시되기를 거부하는 선교사들은 종종 좌절하고, 씁쓸해하고, 분노하고, 탈진한다. 오랫동안 선교지에서 살았음에도 현지인과 친밀한 관계를 맺지 못했기에 사역의 효율도 낮은 편이다. 현지 문화와 현지인에 대한 반감은 다양한 형태로 표출될 수 있다. 내가 아는 한 선교사는 대만에서 오랫동안 일했지만 중국 음식을 좋아하지 않으며 종종 "내가 좋아하는 중국 음식은 오렌지밖에 없어."라고 말하곤 했다.

하나님께서 인간이 되시는 성육신 과정은 복음이 새로운 문화적·언어적·종교적 경계를 넘을 때마다 동일하지는 않지만 유사한 방식으로 일어난다. 하나님의 선교가 예수의 성육신으로 성취되고, 예수가 제자들에게 "아버지께서 나를 보내신 것 같이 나도 너희를 보내노라"(요 20:21)라고 말씀하셨다면 이는 타문화권 선교 사역의 모델에 대해 무엇을 말해주는가? 나는 우리가 선교 대상인 현지인의 문화적 틀 안에서 활동할 수밖에 없다고 생각한다.

그렇다고 문화를 경직되고 정적이고 획일적인 무언가로 본다는 것은 아니다. 문화는 변화하기 때문이다. 세계화와 도시화가 한 사회에 미치는 영향 때문에 동일시를 실천하는 것은 훨씬 복잡해졌다. 그럼에도 불구하고 하나님이 예수를 보내신 방식으로, 예수께서 우리를 세상으로 나아가라 하실 때 우리는 문화가 부여하는 기회와 가능성뿐 아니라 한계와 제약 속에서 시작해야 한다. 우리는 사람들이 있는 그곳에서 시작한다. 왜냐하면 바로 그곳이, 하나님께서 그분이 원하시는 대로 우리를 변화시키려고 우리와 함께 시작하신 곳이기 때문이다. 선교 모델로서의 성육신은 대개 하향 운동을 의미한다. 우리가 사역을 하며 성육신의 모델을 진지하게 받아들인다는 것은, 애국심을 발휘하기 전에 겸손히 십자가 앞으로 나아가는 것을 의미한다. 내면화된 우리 자신의 문화적 습관과 선호를 내려놓는 것을 의미한다. 우리는 타문화에서든 자문화에서든 복음이 표현되는 방식이 동일해야 한다고 주장하지는 않는다. 하지만 실제로 그렇게 생각하기는 쉽지 않다. 성서에 대한 올바른 해석, 올바른 신학, 최선의 교회론이 자신에게 있다고 믿기 때문이다.

성육신적 동일시는 '현지인 되기'가 아니다

때때로 사람들은 내가 성육신적 동일시를 이야기할 때면 "타문화권 증인(선교사)은 현지인과 똑같이 되려고 노력해야 한다."라고 결론을 내린다. 하지만 나는 성육신적 동일시가 '현지인 되기'를 의미하지 않는다는 점을 강조하고 싶다.

첫째, 우리는 원주민으로 태어나지 않았기 때문에 원주민이 될 수 없다. 윌리엄 레이번^{William D. Reyburn}은 이전 선교 시대(19세기 후반에서 20세기 중후반까지의 서구 중심 선교 활동 시기를 가리킨다.—옮긴이 주)에 쓴 "선교적 과업에서의 동일시"라는 글에서 이 점을 강조한다.(1978, 751) 레이번은 에콰도르 안데스산맥의 케추아족과 자신을 동일시하기 위해 복장에서 식습관, 생활 방식에 이르기까지 모든 노력을 기울였음에도, 현지인들이 자신을 '보스' 또는 '부유한 지주'를 뜻하는 '파트론치토'^{patroncito}로 부르는 것에 슬픔을 느꼈다. 그는 다음과 같이 기술한다.

> 나는 한동안 마을 사람들을 피하려고 애썼지만 파트론치토라는 단어는 우리가 이 마을에 들어온 날부터 영구적으로 정해진 것 같았다. 남자들은 지역 위원장의 요청에 따라 마을과 타바쿤도를 연결하는 도로를 복구해야 했다. 나는 완공 시점까지 두 달 여 동안 [케추아] 인디언들과 함

께 이 작업에 동참했다. 손이 딱딱해지고 굳은살이 박였다. 어느 날 나는 치차^chicha^(옥수수 등의 곡물이나 과일을 발효시켜서 만든 음료—옮긴이 주) 한 병을 마시고 있는 케추아족에게 굳은살이 박인 내 손을 자랑스럽게 보여주며 말했다. "자, 내가 당신들과 똑같이 일하지 않는다고 이제는 말 못하겠지요? 왜 아직도 나를 파트론치토라고 부릅니까?" 그곳에 있던 일꾼들은 이미 술에 취해서 솔직한 이야기를 거침없이 주고받고 있었다. 그중 리더인 비센테 쿠즈코가 다가와 내 어깨에 팔을 두르고 속삭였다. "당신의 어머니는 인디언이 아니니까 우리는 당신을 그렇게 부르는 거요."(751)

둘째, 현지인들은 그들처럼 되려는 우리의 시도를 좀처럼 이해하거나 인정하지 않는다. 우리가 그들 중 하나가 아님을 알고 있으며, 왜 그들처럼 되려고 하는지 의아해한다. 우리는 아무리 노력한다 해도 그들처럼 되기가 어려울 것이다.

셋째, 어떤 집단 혹은 계층과 동일시한다면 다른 집단이나 계층으로부터 소외될 수 있다. 더욱이 세계화와 도시화의 영향이 증대되고 다양한 사고방식과 사람, 사물 등이 한 사회 안으로 유입되면서 우리는 어떤 사람과 동일시해야 할지 결정하는 데 어려움을 안게 되었다. 부유한 사람, 가난한 사람, 교육받은 사람, 지도자 혹은 소외된 사람과 동일시해야 하는가?

성육신적 동일시가 단순히 현지인 되는 것을 뜻하지 않는다면, 그 의미는 정확히 무엇일까? 그것은 가능한 한 현지인과 동일시되려고 노력하되 현지 사회에서 '수용 가능한 외부자'가 되는 것을 목표로 삼는다는 의미이다. 우리는 내부자가 될 수 없다. 수용 가능한 외부자가 우리 같은 타문화권 증인에게 이상적인 역할이다. 이는 우리가 현지 문화 내에서 제한된 리더십 역할을 놓고 경쟁하지 않는다는 것을 의미한다. 또한 한 사회에서 다른 사회로 생각과 문화를 전달하는 가교 역할을 한다는 의미이다.[8]

사무엘 웰스Samuel Wells는 Incarnational Mission: Being with the World(성육신적 선교: 세상과 함께하기)에서 성육신적 동일시를 위한 신학적 토대를 제공했다. 그는 세상 속에서 '사람들과 함께하는 것'being with, '사람들을 위해 일하는 것'working for, '사람들과 함께 일하는 것'working with을 대조하면서 이렇게 기술한다.

"'사람들을 위해 일하는 것'은 내가 하는 일을 통해 다른 사람의 삶을 나아지게 하는 것이다. 내가 일을 하는 이유는 재정적으로 보상을 받고, 공적인 자부심을 느끼고, 내 기술을 발휘하는 즐거움을 누리고, 타인의 필요나 어려움을 덜어주는 데에서 기쁨을 느끼고, 타인에게 조언을 구하거나 감사를 표하는 등을 추구하기 때문이다. 사람들을 위해 일하는 것은, 기존의 사회참여 모델이다. …이 모델은 문제를 파악하고 해결할 수 있는 기술과 관심에 집중한다."(2018, 10-11) 안타깝게도 많은 선교 사역이 이 모델(사람들을 위해 일하는 것)로 진행되어왔고 지금도 진행되는데, 이는 종종 사람들의 주체성을 박탈하고 건강하지 못한 의존성을 낳는다.

다음으로, 역시 부적절하지만 이전 것보다 개선된 모델로 '사람들과

---

8 과거 우리는 선교사의 역할을 가르치는 자, 판매자, 비판자로 자주 언급했지만 도널드 라슨(Donald N. Larson)은 배우는 자, 교환자, 스토리텔러라고 순차적으로 제시한다.(1978) 나는 여기에 또 하나의 역할인 '감상하는 자'(appreciator)를 제안하고 싶다. 우리가 타문화권 증인으로서 이러한 실행 가능한 역할을 맡는다면 실천을 통해 복음을 선포하는 '수용 가능한 외부자'가 될 수 있다. 코트디부아르에서 성서 번역가로 일하던 해리어트 힐(Harriet Hill)은 성육신적 동일시와 현지인이 되는 것을 혼동하는 모습을 보여준다.(1990) 파푸아뉴기니에서 성서 번역 사역을 한 케네스 맥엘하논(Kenneth McElhanon)은 성육신적 동일시의 어려움을 인식했지만 동시에 그것이 효과적인 사역에 도움이 된다고 보고했다.(1991)

함께 일하는 것'이 있다. 이는 개입을 시도하는 외부인에게서 통제권과 권한을 빼앗아, 이를 문제에 직면한 사람들에게 주고 그들이 스스로 해결책을 모색하며 행동하게 하는 것이다. 웰스는 "사람들을 위해 일하는 모델과 마찬가지로 이 모델 역시 문제 해결, 목표 확인, 장애물 극복 그리고 그 과정에서 생기는 에너지의 폭발로 동력을 얻는다. 그러나 사람들을 위해 일하는 모델이 전문가나 고도의 기술 숙련자에게 권력이 집중되는 것을 전제로 하는 반면, 사람들과 함께 일하는 모델은 처음에는 같은 생각과 관심사, 사회적 위치를 갖는 집단의 연합에서 권력을 찾지만 결국에는 공동의 대의를 중심으로 전통적인 종교와 계층의 분리를 넘어서는 동반자 협력에서 권력을 찾는다."(2018, 11)라고 말한다. 함께 일하는 모델은 동반자의 언어로 알려져 있지만 이것으로도 여전히 충분하지 않다.

웰스에 따르면 사람들과 함께하는 모델은 문제 해결이라는 축을 거부하는 데에서 시작한다. "이 모델의 주된 관심은 해결책 없는 곤경, 수정이 불가능한 시나리오에 있다. 그러므로 인생의 대부분, 특히 중요한 순간들을 다음과 같은 관점에서 본다. '사랑은 이뤄질 수 없고, 죽음은 돌이킬 수 없으며, 임신과 출산은 해결을 요하는 문제가 아니다.'"(2018, 11) 예수가 성육신적 동일시의 모델이라고 한다면 우리는 그분이 어떻게 시간을 보내고 주로 어떤 방식으로 활동하셨는지를 물어야 한다. 이에 대한 대답은 "사람들과 함께하셨다."이다. 웰스는 이렇게 말한다. "예수가 사람들을 '위해서'만 일하셨다고 하자. 그렇다면 왜 90퍼센트는 나사렛에서 사람들과 '함께하시고' 9퍼센트는 갈릴리에서 사람들과 '함께 일하시며' 1퍼센트만 예루살렘에서 사람들을 '위해 일하신' 것일까? 이 비율에는 중요한 의미가 있다.

이는 기독교 선교를 위한 본보기를 제공하는가? 예수는 자신의 시간을 어떻게 보내야 하는지를 확실히 아셨는데, 우리가 그분보다 더 잘 안다고 말할 수 있을까?"[9]

모든 사람에게
모든 모습되기

선교의 모델로서 성육신을 이해하는 데 도움이 되는 또 하나의 놀라운 성서 구절은 고린도전서이다. 여기에는 그리스도인이 이방 사회에서 어떻게 살아야 하는지가 잘 언급되어 있다. 우리는 주변 문화와 어느 정도까지 동일시해야 하는가? 시대를 막론하고 모든 그리스도인이 직면하는 이 질문에 대해 바울은 다음과 같이 답했다.

> 내가 모든 사람에게서 자유로우나 스스로 모든 사람에게 종이 된 것은 더 많은 사람을 얻고자 함이라 유대인들에게 내가 유대인과 같이 된 것은 유대인들을 얻고자 함이요 율법 아래에 있는 자들에게는 내가 율법 아래에 있지 아니하나 율법 아래에 있는 자 같이 된 것은 율법 아래에 있는 자들을 얻고자 함이요 율법 없는 자에게는 내가 하나님께는 율법 없는 자가 아니요 도리어 그리스도의 율법 아래에 있는 자이나 율법 없는 자와 같이 된 것은 율법 없는 자들을 얻고자 함이라 약한 자들에게 내가 약한 자와 같이 된 것은 약한 자들을 얻고자 함이요 내가 여러 사람에게 여러 모습이 된 것은 아무쪼록 몇 사람이라도 구원하고자 함이니 내가 복음을 위하여 모든 것을 행함은 복음에 참여하고자 함이라(고전 9:19-23)

---

9 Wells 2018에 대한 논평은 Whiteman 2019, 85를 참조하라.

여기서 바울은 비록 자신이 노예는 아니지만 모든 사람의 노예가 되기로 했다는 말을 하며 시작한다. 당시 로마제국에서는 거의 모든 가정에 노예가 있었기 때문에 청중은 그가 무슨 말을 하는지 정확히 이해했다.(Bradley 1994; Hunt 2018, Yavetz 1988 참조) 바울은 왜 노예가 되기로 했을까? '가능한 한 많은 사람을 얻기 위해서'였다. 그는 유대인과 함께 일할 때 '유대인을 얻기 위해' 유대인처럼 살았다. 유대인의 종교와 문화에 맞춰 살아갈 의무가 없었지만 그렇게 살기로 선택했다. 이방인과 함께 일할 때도 같은 이유로, 즉 그들을 얻으려는 마음으로 이방인처럼 살았다. 그러나 정체성으로 보자면 그는 유대인이며 이방인이 될 수 없었다.

케네스 베일리는 이를 다음과 같이 잘 설명한다. "삶의 방식에 있어서 바울은 '율법 아래 있는 자'로 살 수 있고 '율법 아래 있지 않은 자'로도 살 수 있었다. 그러나 정체성과 관련하여 그는 이방인이 될 수 없음을 알았고 이 점으로 독자들을 기만하지 않았다. 우리는 우리 자신의 문화에 깊이 뿌리내려야만 문화 차이를 넘어 반대편에 있는 사람들에게 다가가는 위험을 감수할 수 있다. 다리는 양쪽 끝을 단단히 고정해야 완벽하게 만들어질 수 있다."(2011, 256-57)

뒤이어 바울은 충격적인 진술을 한다. "약한 자들에게 내가 약한 자와 같이 된 것은 약한 자들을 얻고자 함이요"(고전 9:22) 이는 직관에 반하는 것처럼 보인다. 약한 사람에게 모범을 보이려면 강해져야 하지 않겠는가?

베일리는 재차 다음과 같이 설명한다. "지도자들은 대개 강해 보이기를 원한다. 그들은 약한 자를 기꺼이 섬기려 하곤 하지만 어디까지나 대중 앞에서 강한 자로 보이는 한해서이다. 그들은 강자의 위치에서 도움이 필요한 사람에게 다가갈 것이다. 이와 대조적으로 바울은 '약한 자를 얻기 위해' 일부러 약해진다. 낮은 곳을 향하는 바울의 선교는 그가 행한 모든

사역을 설명해준다."(257)

성육신적 동일시란 양심을 저버리지 않고 온전한 정신을 유지하면서 다른 사람과 자신을 최대한 동일시하는 것을 의미한다. 예를 들어 나와 아내 로리는 솔로몬제도에 있는 산타이사벨섬의 누라하게 마을로 이사하여 그곳 사람들처럼 살았다. 날씨가 너무 덥고 습했기 때문에 로리는 갈증에 시달렸다. 몇 주가 지나도 여전히 힘들어하자 나는 시원한 물을 마실 수 있도록 작은 등유 냉장고를 마련하자고 말했다. 그러던 중 마을 주민 몇 명이 갈증 해소를 위한 현지 나름의 방법을 로리에게 알려주었다. 카만시라는 작은 녹색 라임이 열대 지방에서 자라는데, 그 열매의 즙을 물에 섞어 마시면 갈증이 해소된다는 것이었다. 당연히 효과가 있었고, 감사하게도 우리 집 바로 앞에 카만시 나무가 있었다.

작은 냉장고를 구해보겠다는 내 제안이 로리에게 심리적으로 도움이 되었겠지만 결국 우리는 냉장고 없이 살 수 있었다. 다소간의 예외나 여지를 두더라도 다른 사람들과 자신을 동일시할 수 있는 방법은 얼마든 충분히 많다. "내가 여러 사람에게 여러 모습이 된 것은 아무쪼록 몇 사람이라도 구원하고자 함이니"(고전 9:22)라는 바울의 유명한 고백은 선교사가 현지인과 성육신적 동일시를 이뤄가기 위한 좋은 지침이다.

몇 년 전, 성육신적 동일시로 인해 변화된 내 학생 중 한 명이 남편과 함께 아이마라족 사역을 하러 안데스산맥의 고산지대로 갔다. 그 부부는 성매매를 위해 감금된 여성들과 거리의 아이들을 돕는 데 집중했다. 사역을 시작한 지 1년도 채 되지 않아 그녀는 첫아이를 임신했고, 가족들은 그녀에게 미국으로 돌아가 안전한 곳에서 아이를 낳으라고 간곡히 권유했다. 그녀는 갈등했다. 고향에 있는 가족들의 말을 듣고 미국으로 가야 할까, 아니면 성육신적인 차원에서 4,000미터 고도의 아이마라족 마을에 머물러야 할까? 그녀는 이 딜레마에 대해 문화적으로 적절하고 성육신적인 판단을 내릴 수 있도록 내게 도움을 구했다.

나는 도움을 줄 수 있는 의사가 아니라고 말했지만, 그녀가 마음을 추스를 수 있도록 고지대에서의 분만이 안전한지 현지 의사들에게 물어보라고 조언했다. 그러고는 이렇게 덧붙였다. "만일 당신이 당신과 함께 일하는 현지 여성들 가운데서 아기를 낳기로 선택한다면 이는 그들과 유대감을 형성하고 선교 사역을 확장하고 문화에 적응하는 데 가장 큰 도움이 될 것입니다."

원주민이 아니기에 겪을 수 있는 건강상의 위험에도 불구하고 그녀는 4,000미터 고도에서 출산하기로 결정했다. 현재 그 아이는 이중 문화를 경험하며 다양한 언어를 구사하는 청년으로 자랐고 그 부모와 아이마라 족에게 자부심이 되었다. 그녀가 현지 공동체와 자기 아들에게 이러한 선물을 선사할 수 있었던 건 하나님의 놀라운 은혜였다.

이 이야기와 이 장 서두에서 소개한 이야기를 접하고서 독자들은 '나도 이런 희생을 할 수 있을까?'라고 생각할지 모른다. 아마도 자신이 타문화권 사역을 감당할 준비가 되었을지 궁금할 것이다. 함께 살아가며 섬기는 사람들과 우리 자신을 동일시하는 능력에는 여러 요인이 작용한다. 어떤 사람은 선교를 위해 태어난 것처럼 상당히 수월하게 타문화에 적응한다. 그러나 누군가에게는 이러한 적응이 어려운 도전이다. 우리는 복음으로 문화를 넘고 우리의 말과 삶의 방식으로 사람들에게 예수를 전한다는 궁극적인 목표를 잃지 말아야 한다. 따라서 우리는 가능한 한 현지인과 동일시해야 하지만 동시에 지속 가능한 삶을 살아야 한다. 성령의 인도를 의지하여 균형 잡힌 삶을 살아가면서 장기적으로 선교지에 머물고 그곳 사람들과 깊고도 의미 있는 관계를 맺을 수 있어야 한다.

4장 요약

케냐 속담에 "만일 당신이 내 언어로 속담을 설명할 수 없다면 나를 모르는 것이다."라는 말이 있다. 모국어가 아닌 다른 언어로 속담을 설명하려면 무엇이 필요할까? 나는 이 장에서 제시한 접근 방법, 즉 현지인과 동일시하고 그들의 언어와 세계관, 문화를 깊이 이해하는 것이야말로 다른 이의 속담을 그들의 언어로 설명하는 첫걸음이라고 생각한다. 타문화권 사역의 성육신적 접근은 우리에게, 함께 살아가며 섬기는 사람들과 동일시하고 그들로부터 많은 것을 배워야 한다고 말하는데 이런 접근은 적어도 다음 여덟 가지 실천을 포함한다.

1. 현지 문화에 내재되어 있는, 그들 삶의 자리에서 시작하라. 이를 위해서는 종종 하향 이동이 필요하다.
2. 현지 문화를 진지하게 받아들이라. 왜냐하면 문화는 그들 삶에 의미를 부여하는 맥락이기 때문이다.
3. 현지인의 관점에서 세상을 바라보려고 애쓰는 배움의 자세로, 어린아이처럼 그들에게 다가가라.
4. 현지 문화에서의 경험과 사회적 행동을 해석할 수 있는 지식이 아직 부족하므로 겸손하라.
5. 문화적 자민족중심주의와 권력, 명예, 특권 등을 내려놓으라.
6. 방어적인 자세를 버리고 약한 모습을 취하라.
7. 현지인과 함께 살고 그들을 사랑하고 그들에게서 배움으로써 그과 동일시하기 위해 모든 노력을 기울이라.
8. 현지인의 세계에서 그리스도가 어떻게 그들의 질문과 필요에 답

이 될 수 있는지를 발견하라.

이 책 전반에 걸쳐서 우리는 성육신을 모든 사역, 특히 타문화권 사역을 위한 성서적 모델로 상정하고 지속적으로 참조할 것이다.

5장   성육신적 의사소통

사람들에게 가시오.
그들 가운데 살아가시오.
그들에게 배우시오.
그들을 사랑하시오.
그들이 알고 있는 것에서 시작하시오.
그들이 다진 터 위에 지으시오.

– 중국 한시 [1]

5장에서는 독일 루터교도인 바돌로매 지겐발그 Bartolomä us Ziegenbalg의 흥미로운 이야기로 시작하겠다. 1706년 당시 23세이던 그는 덴마크 할레선교회 Danish Halle Mission의 파송을 받아 남인도로 향했다. 이는 윌리엄 캐리 William Carey가 1792년에 그의 유명한 소책자 *An Enquiry into the Obligation of Christians to Use Means for the Conversion of the Heathens*(『이교도 선교 방법론』, 야스미디어)를 쓰고 이듬해인 1793년 인도로 출항하기 거의 한 세기 전이었다. 지겐발그는 최초의 개신교 선교사로 알려져 있다.[2]

1706년 7월 9일 트랜케바르에 있는 덴마크 동인도회사에 도착한 그는 복음을 설득력 있게 효과적으로 전하려면 타밀어와 타밀어를 쓰는 사람

---

1 많은 출처에서 주장하는 것처럼 이 서사시의 인용문은 고대 중국의 시가 아니며 노자와 같은 고대 중국 학자의 말도 아니다. 실제로는 중국의 대중교육운동과 농촌개발운동을 시작한 제임스 옌(Y. C. James Yen, 1893–1990) 박사의 말이다. 자세한 내용은 https://iirr.org/mission-history/를 참조하라.
2 가톨릭 예수회 선교사들은 그보다 한 세기 이상 앞서 인도에 들어갔다.

들의 문화를 배워야 한다는 것을 곧 깨달았다. 이들의 종교는 훗날 영국의 동양학자들에 의해 '힌두교'라고 불렸다.[3] 다행히도 그는 타밀 사람들 안에 있는 하나님의 형상을 발견하고 예수 안에 계시된 하나님에 대한 충만한 지식으로 그들을 인도하도록 덴마크의 국왕 프리드리히 4세의 파송을 받았다. 비록 지겐발그는 타밀어를 완전하게 구사하지 못했지만 지역 학교에 들어가 마을 아이들과 어울리면서 신약 전체와 구약의 창세기부터 룻기까지 번역할 정도에는 이르게 되었다.

지겐발그는 창의적인 선각자로서 타밀어를 말하고 쓰는 법을 배울 뿐 아니라 남인도 문화와 관습 및 종교의 복잡성을 이해하는 작업을 시작했다. 그리고 이러한 이해가 루터교 신앙과 예배를 유지하면서도 인도의 성격을 지닌 교회를 세워가는 데 기여하리라고 믿었다.(G. Anderson 1998, 761) 지겐발그는 타밀 친구들과 교인들 그리고 민족지학 연구원들의 도움으로 1713년 '말라바리안 신들의 계보'Genealogy of the Malabarian Gods라는 제목의 방대한 원고를 작성하여 독일의 할레선교회로 보냈다. 지겐발그의 영적 멘토이자 할레선교회의 책임자이던 어거스트 헤르만 프랑케August Hermann Francke는 이 원고를 보고는 "어리석은 미신과 관습을 연구하는 데 시간을 낭비하고 있다."라고 그를 성급하게 꾸짖었다.

지겐발그의 전기 작가인 게르만Germann 박사에 따르면 프랑케는 "이교를 근절하기 위해 선교사들을 보낸 것이지 유럽에 이교적인 몰상식을 전

---

[3] 영국의 동양학자들에는 막스 뮐러(Max Mueller)와 같은 18-19세기 인물들이 포함된다. 그는 언어, 문학, 예술, 종교 및 인도 사회의 여러 측면을 아우르는, 인도학 창시자였다. 지겐발그가 살던 시대에는 타밀어를 사용하는 인도인의 종교를 '힌두교'라고 부르지 않았다. 인도의 다양한 종교 사상과 의식, 관습 구조 등을 묘사하는 '힌두교'라는 용어는 18세기 서구 민족지학 연구에 처음 등장했다.

파하기 위해 보낸 것이 아니기에 '말라바리안 신들의 계보'의 인쇄를 고려할 수 없다."라고 답장을 보냈다.(Germann 1869, xv) 지겐발그와 달리 유럽인들은 타밀인이 기독교로 개종하면 문화적으로도 점점 독일인이 되어 인도의 관습과 문화를 버릴 것이라고 생각했다. 당시 유럽 기독교 왕국에 널리 퍼져 있던 잘못된 가정은 타밀족이 기독교화되려면 더 유럽화되어야 한다는 것이었다. 그들은 유럽 문화와 기독교가 서로 강화하며 발전한다고 여겼다.

다행히도 할레선교회는 지겐발그의 원고를 폐기하지 않았다. 게다가 지겐발그는 독일과 덴마크, 영국의 여러 기관에 사본을 보냈다.[4] 1860년대에 지겐발그의 원고가 재발견되었는데 그 내용은 놀라웠다. 타밀어를 사용하는 힌두교도에게 복음을 전하는 데 도움이 될 만한 정보와 통찰과 아이디어가 가득 담겨 있었기 때문이다. 이 책은 1869년에 '남인도 신들의 계보'Genealogy of the South-Indian Gods라는 제목으로 출간되었고 1984년에 재출간(Ziegenbalg 1984)되었다. 오늘날 서구에서 지겐발그는 남인도 사회문화와 종교를 연구한 선구자로 인정받고 있다.

할레선교회 이사회는 문화적 진공 상태에서도 복음을 전할 수 있다는 잘못된 생각을 하고 있었다. 아마도 그들은 지겐발그처럼 남인도에서 힌두교도의 언어와 문화를 배우는 것은 귀중한 시간을 허비하는 일이라 믿었을 것이다. 그들은 선교사가 복음만 전하면 다른 모든 것은 하나

---

[4] 나는 지겐발그에 관한 이야기를 더 정확하게 전달하는 데 있어 지겐발그 연구 분야의 세계적 권위자인 다니엘 제야라즈(Daniel Jeyaraj 2005, 2006) 박사에게 도움을 받았다. 제야라즈는 지겐발그가 1713년에 쓴 원고 "말라바리안 신들의 계보"의 사본을 코펜하겐에서 발견하여 2003년에 독일어로, 2005년에는 영어로 편집하여 출판했다. 지겐발그에 관한 제야라즈의 영어판 연구는 Jeyaraj 2006을 참조하라. 그리고 지겐발그에 관한 훌륭한 배경 정보는 William n.d.를 참조하라.

님이 알아서 해주실 것이라고 생각했다. 나는 이 주제를 가르칠 때 칠판에 두 개의 간단한 그림, 일종의 풍자화를 그린다. 그중 하나는 피트 헬맷 pith helmet(식민지 시대에 군인, 탐험가, 식민지 관리 등이 많이 쓰던 모자―옮긴이 주)을 쓰고 4.5킬로그램짜리 성서를 팔에 끼고 있는 '복음 전달자인 선교사'의 모습이다.

그는 '비그리스도인 수신자'에게 복음을 전하려 한다. 안타깝게도 나는 '말씀만 전하면' 나머지는 하나님이 알아서 하실 테니 현지 언어와 문화를 배우며 현지인과 관계를 발전시키는 데 귀중한 시간을 허비할 필요가 없다고 확신하는 선교사들을 실제로 알고 있다. 그들은 성령께서 전도지를 사용하여 한 사람이라도 죄를 깨닫고 그리스도 안에서 새로운 삶을 살 수 있도록 인도하신다고 희망하며 믿었다.

내 생각에 그것은 이론적으로 가능하지만 실제로 일어날 가능성은 희박하다. 왜냐하면 그것은 성육신적인 방법이 아니기 때문이다. 전도지를 공중에서 떨어뜨리는 방법으로는 문맹이나 영어를 모르는 사람과 개인적인 접촉 혹은 관계 맺기가 불가능하다. 물론 전도지가 전혀 사용되지 않았던 것은 아니다. 다만 선교사들이 원하는 목적으로 사용되지 않았을 뿐이다. 전도지는 담배로 말아 피우기에 딱 알맞은 크기였다!

파푸아뉴기니에서 이 이야기를 나누던 중 젊은 여성 참가자가 갑자기 몸서리치면서 이렇게 말하던 것이 기억난다. "이제야 지난여름에 우리가 대의를 위해 떠난 유람선 여행에서 무슨 일이 일어난 것인지 이해가 됩니다. 우리는 카리브해를 항해하면서 여러 기항지에 들러 전도지를 나눠주었습니다. 바하마항구에서도 육지로 나아가 그렇게 했는데, 배로 돌아오는 길에 보니 몇 시간 전에 나눠준 전도지가 진흙에 나뒹굴고 있었어요." 나는 그녀에게 당시 나눠주고 남은 전도지가 있는지 물었다. 그녀는 성서를 펼치더니 그 안에 끼워져 있던, 미국 대통령 그로버 클리블랜드Grover Cleveland의 사진이 들어간 100만 달러짜리 지폐를 꺼냈다. 색상과 그림, 질감 등 모든 면에서 언뜻 100만 달러 지폐로 보였지만 그것은 복음의 진리를 전하기 위해 만들어진 가짜였다. 예수는 자신을 가리켜 "길이요 진리요 생명"(요 14:6)이라고 선포하셨는데, 왜 그런 예수님을 소개하는 데 가짜 미국 지폐를 전도지로 사용했을까?

몇 년 후 나는 브라질 감리교인들을 대상으로 타문화권 선교 훈련을 진행하면서 달러 지폐로 위장한 전도지 이야기를 들려주었다. 이야기를 듣던 참가자 몇 명은 얼굴에 동요의 기색을 보였고, 그중 한 명이 "우리도 똑같은 일을 했습니다."라고 말하며 성서에서 5헤알, 100헤알(브라질의 통화 단위—옮긴이 주) 지폐와 흡사한 전도지 두 장을 꺼냈다. 지폐 뒷면에는 요한복음 3장 16-17절, 로마서 10장 9절 말씀과 간단한 메시지 그리고 전도지를 제작한 감리교회의 이름과 주소가 찍혀 있었다.(그림 5-1)

그림 5-1 미국 및 브라질 화폐처럼 보이도록 디자인된 선교 전도지

5장 성육신적 의사소통

131

**내용 파악과
상황 이해**

타문화권에 복음을 효과적으로 전하려면 그 복음의 내용을 정확히 알아야 할 뿐 아니라 복음이 전달되고 구현되는 상황을 이해해야 한다. 대개 타문화권 증인은 사역을 준비하는 데 수년을 보낸다. 그들은 신학교나 성서학교에 들어가 성서와 신학, 교회사 등을 공부하며 기독교 이야기에 대한 이해를 갖추고 성서 주석, 즉 성서가 말하는 바를 어떻게 해석해야 하는지도 배운다. 그들은 자신이 전하려는 메시지의 성서적·신학적 내용을 배우는 것이다.

하지만 안타깝게도 상황을 해석(주석)하는 방법, 다시 말해 자신이 섬기는 공동체의 문화를 해석하고 이해하는 방법은 전혀 배우지 않는다. 그들은 설교 방법에 대한 수업을 들었을지 모르지만 현지인을 관찰하거나 경청하는 방법은 배운 적이 전혀 없다. 나는 강의하면서 종종 "타문화권 사역이 이뤄지는 상황을 어떻게 배웁니까?"라고 질문한다. 그러면 대개 다음과 같이 답한다. "우리가 살고 섬기는 곳에서 배웁니다." 물론 맞는 말이다.

하지만 좀 더 구체적으로, 어떻게 하면 정확히 관찰하고 좋은 질문을 던질 수 있는지, 어떻게 보고 들은 것에서 유의미한 추론을 끌어낼 수 있는지, 우리가 사는 곳을 어떻게 이해하면 좋을지 등을 어디서 배우게 되는가? 우리는 외과 의사를 훈련할 때 수술 이론과 내용만 가르치고는 현장에서 대부분을 배우라는 식으로 하지 않는다. "수술실에서 한번 찔러봐. 그렇게 하다보면 배우게 될 거야."라고 말하지 않는다. 하지만 안타깝게도 타문화권 사역을 위한 교육은 상당수가 이런 식으로 진행된다. 훈련생들은 "선교 현장에 가면 알게 될 것입니다."라는 말을 들을 뿐 실제 현장에서 배우는 데 도움이 되는 인류학적·민족지학적 도구들을 제공받지 못한다.[5] 이 책 12장에서는 성서와 더불어 문화적 맥락을 해석하는 데 도움이 되는 여러 인류학적·민족지학적 도구와 실천 방법을 소개할 것이다.

적절한 훈련이 없다면 목회자와 타문화권 증인들은 자기 지역에 이주해온 무슬림 난민이나 자신이 섬기는 나라에 거주하는 불교도의 세계관을 좀처럼 이해하지 못한다. 문화적 차이에 압도되어 두려움과 혼란을 느끼고, 이사야 55장 11절 말씀에 의지한 채 자신의 말이 공허하게 울리지 않기만을 바랄 뿐이다. 그러나 그들의 말과 행동은 결실을 보지 못할 때가 많은데, 이는 수용자의 맥락에서 수용자에게 의미 있는 방식으로 메시지가 전달되지 않기 때문이다. 메시지는 주로 관련 없는 소식, 나쁜 소식, 지루한 소식, 사소한 소식 등으로 받아들여진다. 좋은 소식으로 가닿는 경우는 매우 드물다. 우리가 전달하려는 메시지의 의미는 '화자'가 아니라 '청자'가 결정한다는 사실을 기억하라.

우리는 케냐에서 사역하는 두 미국인 여성 선교사의 이야기에서 상황에 대한 몰이해의 예를 찾아볼 수 있다. 그들은 특정 종족을 대상으로 15년간 사역을 해오고 있었는데, 어느 날 목사와 몇몇 평신도가 그들의 사역을 보러 케냐를 방문했다. 방문자들은 선교지를 잘 둘러보다가 의아한 부분을 발견했다. 두 여성 선교사의 사역에 마을 여성들과 아이들만 참여하고 있을 뿐 그곳 남성들은 전혀 관심을 보이지 않았던 것이다. 그래서 방

---

5 인류학자 마이클 린키비치(Michael Rynkiewich, 2020)는 다음과 같은 생각(타문화권 선교 훈련의 핵심—옮긴이 주)을 피력한다. "우리가 선교에 참여하는 상황은 항상 변화하며 때로는 빠르게 변하기 때문에, 머잖아 시대에 뒤떨어지고 무의미해질 수 있는 선교 내용을 가르치는 데 집중하기보다 타문화권 증인이 현지인을 이해하고 복음과 현지인 및 현지 문화의 연관성을 이해할 수 있도록 민족지학과 역사 분석 같은 비판적 분석 기술을 훈련해야 한다."

문자들은 케냐 남성들에게 왜 선교사들의 사역을 '거부하는지' 물어보았다. "그 여성 선교사들은 항상 '서서' 말했기 때문에 우리는 그들의 말과 하는 일이 중요하지 않다고 생각했습니다. 우리 문화에서는 중요한 말을 할 때 항상 앉아서 해야 합니다. 그들은 전혀 앉지 않았기에 우리는 그들의 행동과 메시지가 우리 남성들에게 중요하지 않다고 여겼습니다."

지난 15년 동안 이 마을 남성들은 복음을 듣지 못했다. 왜냐하면 선교사들이 자신이 전하려는 메시지가 어떤 식으로 소통되는지, 그 문화적 맥락을 제대로 이해하지 못했기 때문이다. 선교사들은 의사소통에 관한 매우 중요한 문화적 단서를 놓쳤고 그들의 문화적 몰이해로 말미암아 케냐 남성들은 복음의 도전을 듣지 못했다.

타문화권 사역을 성공적으로 수행하려면 복음의 내용뿐 아니라 상황에 대한 이해도 갖춰야 한다. 또한 우리가 전하려는 복음의 내용을 알고 그것을 말과 행동으로 살아내야 한다. 만일 우리가 복음의 내용을 모른다면, 거짓 복음이 생겨날 수 있다. 만일 우리가 복음이 전해지는 상황을 이해하지 못한다면, 우리가 아무리 복음의 내용을 잘 안다 하더라도 그것이 우리가 의도한 방식으로 전달되거나 수용되지 못할 것이다. 현지 문화 속에서 현지인들과 관계를 맺고자 한다면 인류학과 그 밖의 행동과학적 도구를 사용하여 상황을 해석해야 한다.

복음의 성육신적
소통의 복잡성

타문화권 사역의 상황을 이해하지 못하거나 진지하게 받아들이지 않으면 우리는 앞서 풍자화로 묘사된 '복음 전달자인 선교사' 같은 모습이 된다. 안타깝게도 많은 평신도가 선교 사역에 대해 이런 잘못된 인식을 품고 있다. 나는 복음의 소통 과정에서 전달자와 수용자의 상황을 모두 고려하는 모델을 제안하고자 한다.(그림 5-2) 이 모델은 일곱 부분으로 구성된다.

그림 5-2 복음의 의사소통

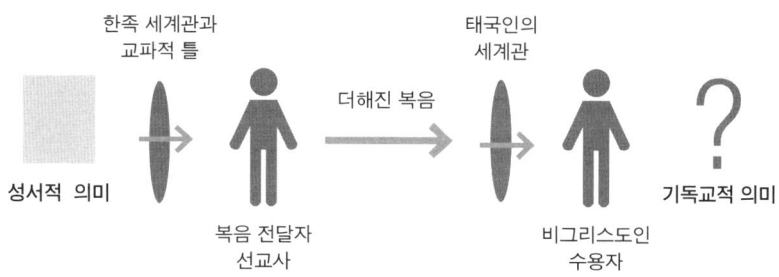

첫 번째는 성서적 의미로, 이것이 우리의 출발점이다. 여기에서 우리는 그리스도인 됨의 본질적인 요소를 열거한다. 물론 기독교의 각 교단이나 전통마다 좀 더 강조하는 요소가 있을 수 있으나 여기에 열거되는 요소는 모든 그리스도인이 동의하리라고 기대되는 것들이다. 예를 들어 개신교는 성서의 중요성을 강조하지만 가톨릭은 성서와 교회의 전통적 가르침 사이의 균형을 강조한다. 웨슬리언 전통은 하나님의 사랑을 강조하는 데 비해 개혁주의 전통은 인간의 죄성과 예수의 대속, 즉 죽음과 보혈을 통해 얻는 구원을 중요하게 여긴다.

사도신경의 요소들은 아마도 우리가 출발점으로 삼을 수 있는 성서적 의미의 좋은 요약일 것이다. 물론 신학자나 성서학자는 그중 복음전도를 위한 출발점으로 삼을 만큼 본질적인 게 무엇인지를 논의할 수 있겠지만 그것은 여기서 우리가 다룰 문제가 아니다. 어쨌든 선교사는 예수를 따르는 자로서의 기본적인 믿음과 행동을 확신 있게 파악하고 있어야 하며, 이것이 성서적 의미의 범주를 구성한다.

둘째, 이러한 성서적 의미가 복음 전달자인 선교사의 머리와 가슴에 그대로 전달되는가? 마치 수혈하는 것처럼 선교사에게 직접 들어가는 것일까? 그렇지 않다. 먼저 특정 세계관(예컨대 한족 세계관)을 통과하고 교파적 틀에 부합해야 한다. 바로 여기에서 문제가 시작된다. 오늘날 같은 탈식민주의 시대에 세계 각처에서 온 타문화권 증인들은 선교학적 도전에 직면해 있다.

그들이 성서와 전통에 따라 이해한 성서적 의미는 세계관 렌즈를 통과하고, 신학적 관점 및 교파적 전통과 요구 사항이라는 '리트머스 시험지'를 통과해야 한다.[6] 이것이 바로 타문화권 증인들 사이에서 복음에 대한 서로 다른 이해와 해석이 발생하는 이유이다.

Misreading Scripture with Western Eyes(『성경과 편견』, 성서유니온선교회)라는 획기적인 책에서 랜돌프 리처즈와 브랜든 오브라이언은 우리의 세계관이 성서를 읽고 해석하는 방식에 어떤 영향을 미치는지를 생생하게 보여준다. 따라서 단순히 "성서는 그것이 말하는 바를 의미하고, 그것이 의미하는 바를 말한다."(The Bible means what it says and says what it means.)라고 하는 것은 옳지 않다. 우리는 성령을 통해서 성서의 의미를 이해할 수 있지만 그 이해는 우리가 사용하는 언어와 문화를 매개로 이뤄진다.

다시 말해 우리의 세계관과 신학적 관점이 성서의 의미를 인식하고 이해하는 방식에 영향을 미친다. 예를 들어 세계에서 가장 동질적인 사회 중

---

[6] World Christian Encyclopedia에 따르면 전 세계적으로 약 4만 5,000개의 기독교 교파가 있으므로 우리는 광범위한 이해와 해석을 접할 수 있을 것이다. (Johnson·Zurlo 2020)

하나인 한국에서 온 선교사들은 한국적 세계관과 다양한 교파적 관점을 통해 성서의 의미를 이해하게 된다. 그리고 그 결과 기독교에 대한 그들의 이해와 실천은 지극히 한국적이다.

Ethnologue(세계 언어 민족지) 제26판에 따르면 오늘날 세계 인구는 7,168개의 언어를 사용한다.(Simons 2023) 그리고 이처럼 다양한 언어와 연관된 세계관은 최소 8,000개에서 1만 개에 달할 것으로 추정된다. 또한 *2020 World Christian Encyclopedia*(세계기독교백과사전)에 따르면 전 세계에 4만 4,800개의 기독교 교파가 존재한다.(Zurlo·Johnson·Crossing 2020) 여기에 성별과 사회적·경제적 지위, 정치적 관점까지 고려하면 우리는 얼마나 광범위한 세계관이 존재하는지 상상할 수 있다.

이 모델의 세 번째 부분은 복음 전달자인 선교사이다. 선교사는 자신의 세계관과 교파적 틀에 따라 성서의 의미를 이해하고 해석하기 때문에 단지 복음만을 전하지 않는다. 그는 복음과 더불어 자신의 세계관과 소속 교단의 신학 및 운영 체계에서 비롯된 가정을 함께 전달한다. 문제는 우리 대부분이 복음을 우리 문화 및 교파의 특성과 혼동하고 있으며 그 사실을 거의 인식하지 못한다는 것이다. 우리는 성서적 의미와 그 의미를 전달하며 실천하는 방식을 혼동한다.(이 책의 8장에서 의미를 전달할 때 문화적 형식을 어떻게 오용할 수 있는지를 다룰 것이다.)

예를 들어 나는 웨슬리언 성결 전통의 보수적인 복음주의 교회인 자유감리교회에서 자라면서 이 문제를 겪게 되었다. 나는 우리 자유감리교회 교인들이 이해하고 실천하는 방식이 곧 복음이라고 생각했다. 그것은 내가 오만하고 편협해서가 아니라 내 문화적 배경의 영향 때문이었다. 나는 어떤 교회는 진리에 가까이 있다고 인정했지만 그 밖의 많은 교회는 진리에서 멀리 떨어져 있다고 무시했다. 왜냐하면 그들은 우리와 같은 방식으로 신앙을 실천하지 않았기 때문이다.

나는 참된 그리스도인의 주된 표지가 술과 담배, 카드놀이, 춤 또는 영화 관람을 하지 않는 것이며 만일 이런 일을 하면 개인의 구원이 위험에 빠진다고 믿었다. 그리고 무의식적으로 이러한 자유감리교회의 교파적 특성을 해방과 변혁의 복음으로 혼동하며 자랐다.

네 번째는 우리가 선포하는 복음 메시지이다. 선교사는 자신이 온전하고 유일한 복음을 확고하게 붙잡고 있다고 믿는다. 우리는 복음을 말로 선포할 뿐 아니라 행동으로 구현한다. 이 책 후반부에서 언급하겠지만 우리의 의사소통은 대부분 비언어적이다. 아시시의 성 프란치스코Saint Francis of Assisi는 다음과 같은 유명한 말을 했다. "당신이 하는 모든 일을 통해 복음을 전하고, 말은 꼭 필요할 때에만 사용하라." 물론 우리 안에 있는 소망을 설명하기 위해 말을 사용해야 하는 경우도 종종 있다.(벧전 3:15) 문제는 우리가 종종 말과 행동으로 복음을 전하기보다 선포한다는 것이다.

빈센트 도노반Vincent Donovan은 동아프리카 탄자니아의 마사이족과 17년간 함께 살며 선교 사역을 한 뒤 *Christianity Rediscovered*(『선교사보다 앞서 가신다!』, 가톨릭출판사)에서 이렇게 결론지었다. "우리는 '벌거벗은 복음'을 제시하고 현지인으로 하여금 그것을 자신들의 문화로 옷 입히게 해야 한다. 그래야 복음이 그들의 문화 안에서 타당하게 받아들여지고 이해되며 그들의 이슈로 다뤄진다."[7] 이것이 토착 교회가 탄생할 수 있는 방법

---

[7] 우리는 도노반 신부를 애즈베리신학교에 초청해서 여러 차례 강연을 들었다. 그는 마사이족 선교 경험을 담은 그의 책만큼이나 매우 흥미로운 인물이었다. 나는 내가 진행하는 '기독교 선교를 위한 인류학' 수업에 그를 초대하여 강연을 부탁했는데 그는 자신을 이렇게 소개하며 강연을 시작했다. "저는 회복 중인 선교사 빈센트 도노반 신부입니다." 우리는 모두 웃었지만 그가 말하는 핵심은 심오했다. 마사이족은 그에게 선교를 이해하고 수행하는 새로운 방법을 가르쳐주었고, 그는 오랫동안 배워온 식민지 시대의 옛 선교 방식에서 회복되고 있었다.

이다. 하지만 안타깝게도 우리는 복음의 메시지와 삶의 방식에 너무 많은 짐을 지우고 맞지 않는 옷을 입혀왔다.[8] 그 결과 종종 벌거벗은 복음이 무엇인지, 그것이 우리 문화와 교파의 요구 사항과 어떻게 다른지를 분별하기 어렵게 되었다.

물론 실제로 완전히 벌거벗은 복음은 결코 존재할 수 없다. 왜냐하면 예수를 따르는 모든 사람은 각자 자신의 문화적 상황과 역사적 시대 속에서 복음을 접하기 때문이다. 성육신의 온전한 의미는 복음이 문화 바깥에 존재하지 않는다는 것이다. 복음은 문화 속으로 들어가서 문화를 변혁시키는 경우에만 존재한다. 그럼에도 불구하고 벌거벗은 복음의 개념은 우리가 복음에 추가한 성서 외적인 모든 것을 이해하는 출발점으로서 도움이 될 수 있다.

결국 나는 술, 담배, 카드놀이, 춤, 영화 관람을 하지 않는다는 '자유감리교회 그리스도인의 다섯 가지 표지'가 복음 그 자체는 결코 아니라는 것을 이해하게 되었다. 성인이 되어서 "그러므로 먹고 마시는 것… 을 이유로 누구든지 너희를 비판하지 못하게 하라"(골 2:16)라는 말씀을 읽고 무척이나 놀랐다.

다섯 번째로 비그리스도인 수용자의 세계관에 도달했다. 그림 5-2에서 수용자인 태국인은 한족 선교사와 세계관이 다르다. 물론 태국인들도 저마다 다양한 세계관이 있겠지만 설명의 단순화를 위해 수용자의 세계관을 하나의 태국 세계관이라고 부르기로 한다. 문화적 요소가 더해진 복음은 수용자의 세계관을 통과하면서 선교사가 본래 의도한 의미대로 받

---

8   이 불필요한 짐은 사울 왕이 어린 소년 다윗에게 입히려고 한 갑옷을 상기시킨다. 다윗은 갑옷이 몸에 맞지 않자 그것을 벗어버리고 자신에게 익숙한 물매와 매끄러운 돌멩이 다섯 개를 가지고서 블레셋의 거인 골리앗 앞에 섰다.(삼상 17:38-40)

아들여지지 못한다. 전달되는 내용과 이해되는 내용 사이에는 차이가 존재하며 대개는 그 차이가 매우 커서 최상의 경우 오해가, 최악의 경우에는 갈등과 저항이 빚어진다.

여섯 번째는 수용자이다. 태국인 수용자가 복음을 듣고 그것을 자신의 세계관으로 해석할 때 그의 이해는 그가 처음 전해 들은 성서적 의미와 일치하지 않을 수 있다. 이를 내 태국인 학생 중 하나인 우볼완 메주돈 Ubolwan Mejudhon의 이야기를 통해 설명하고자 한다. 그녀는 150년이 넘는 선교 역사에도 불구하고 태국인이 복음에 저항하는 이유를 알아보고자 박사 과정에서 연구를 시작했다. "태국인이 된다는 것은 곧 불교도가 된다는 것이다."라는 말이 있을 정도로 태국에서는 '태국 그리스도인'이라는 말이 모순어법처럼 보인다. 그녀는 태국인의 세계관과 기본 가치를 분석하면서 태국인의 지배적인 가치가 사회적 상호작용에서의 온유 meekness임을 발견했다. 이런 사회에서 서구 선교사와 한국 선교사는 종종 태국인에게 공격적이고 고압적인 존재로 비쳤고 그 결과 '평화의 복음'이라는 그들의 메시지는 대개 거부되었다.(Mejudhon 1994)

이 모델의 일곱 번째는 수용자가 이해한 의미가 의사소통의 출발점인 성서적 의미에 얼마만큼 근접한지를 평가하는 것이다. 다시 말하지만 의미는 화자가 아니라 청자에 의해 결정된다. 이 점을 기억하라. 성서적 의미가 한 문화에서 다른 문화로 넘어갈 때 그대로 유지되는지는 항상 명확하지 않다. 대개는 선교사가 전달한 바와 수용자가 이해한 바가 다르며 번역과 전달 과정에서 본래의 의미는 상실되곤 한다. 따라서 또 다른 요소가 필요하다.

그림 5-3은 벌거벗은 복음을 전달하기 위한 노력을 시각화한 것이다. 중요한 것은 수용자에서 전달자로 향하는 화살표인데, 이는 수용자가 이

해한 내용을 전달자가 제대로 아는 게 얼마나 중요한지를 말해준다. 이를 위해서는 민족지학 기술인 관찰과 경청이 필요하며 이는 12장에서 자세히 다룰 것이다.

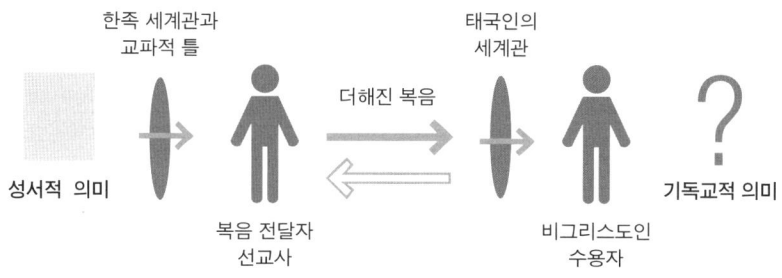

그림 5-3 피드백 기반의 '벌거벗은 복음'의 전달 모델

우리는 복음의 원천인 성서적 의미에서 출발하며 그 의미는 선교사의 세계관과 교파적 틀을 통해 즉시 걸러진다. 이 지점에서 복음에는 여러 부가적인 짐이 쌓이는데, 우리는 이를 깨닫거나 인식하지 못한 채 우리만이 온전한 복음을 갖고 있고 그에 따라 하나님이 우리를 도우실 것이라 믿으며 진격한다. 실제로 우리가 전달하는 것은 복음에 무언가 더해진 것인데 말이다. 최종적인 분석을 통해 그것이 복음인지 아닌지를 판단하는 사람은 선교사가 아니라 수용자이다. 그런데 여기서 문제가 발생한다. 만일 우리가 수용자와 같은 방식으로 세상을 바라보고 이해하지 못한다면 우리는 우리가 전하려는 내용을 수용자가 잘 이해하고 있는지 알 수 없다. 아무리 명확하고 유창하게 전하더라도 그 내용이 수용자에게 어떻게 들리고 해석되는지 알 수 없다. 성육신한다는 것은 가능한 한 수용자의 세계관으로 들어가 바로 그 자리에서 우리가 전하려는 내용을 파악해보는 것이다. 그들의 입장이 되어 함께 울고 웃기 전까지 우리는 우리가 전하려는

내용을 수용자가 제대로 이해하는지 알 수 없다.

실제로 성서적 의미가 이 과정을 거쳐서 살아남는지에 대해서는 긍정적 증거와 부정적 증거가 모두 존재한다. 우리는 기독교 메시지가 선포된 곳마다 그리스도와 참된 관계를 맺고 있는 신자들이 있음을 발견한다. 이는 의심할 여지가 없는 사실이다. 하나님의 영이 그들 문화에 침투하여 그들의 관심을 끌고 그들의 마음과 삶의 방식, 공동체를 변혁하신다. 그들은 예수의 제자가 되어 다른 사람들을 제자로 삼는다. 그러나 안타깝게도 많은 사람이 복음의 변혁적인 능력과 의미를 이해하지 못한 채 선교사들이 소개한 기독교의 형태만을 받아들인다. 그 결과 명목상의 기독교와 민속 기독교(본질이 결여된 채 전파된 까닭에 현지의 전통 신앙이나 미신과 혼합되었다는 의미—옮긴이 주)가 여전히 전 세계 곳곳에 퍼져 있다. 그러한 곳에는 기독교의 형태만 존재할 뿐 신자의 삶과 공동체를 변혁하는 복음의 능력은 존재하지 않는다.

오래전 사도 바울은 디모데에게 보낸 두 번째 편지에서 말세에 사람들이 "경건의 모양은 있으나 경건의 능력은 부인하니"(딤후 3:5)라고 말하면서 이 문제를 경고했다. 복음이 문화 안에서 성육신되는 경우, 우리는 다양한 형태의 교회와 복음에 대한 여러 표현 및 해석이 나타나는 것을 기대할 수 있어야 한다. 만약 선교지에서 선교사의 본국 교회와 유사한 교회가 발견된다면 우리는 깊은 우려를 표명해야 한다. 이러한 문제는 복음이 선교사에서 비그리스도인 수용자에게 전해지는 과정에서 그 성서적 의미가 제대로 보존되지 않을 때 발생한다.

복음이 문화의 장벽을 넘어가는 과정에서 전달자와 수용자 모두 어려움을 겪는다는 사실을 발견하게 되었을 때 나의 첫 반응은 절망이었다. 선교사의 잘못된 전달 방식과 수용자의 잘못된 이해가 너무 컸기 때문이다.

때로 우리는 타문화권에서 복음을 효과적으로 전하는 방법은 고사하고 복음 자체가 무엇인지를 모르는 것 같다. 그러나 한 사람에서 다른 사람으로, 한 문화에서 다른 문화로, 한 세대에서 다음 세대로 복음을 전하는 과정은 성령께서 인도하신다. 더욱이 시대와 문화를 뛰어넘어 복음이 전파되는 방식은 하나님이 세우신 계획이다. 하나님은 복음의 좋은 소식을 전하려고 성령의 능력을 힘입은 평범한 사람들을 그분의 도구로 선택하셨다. 성령께서 이 과정을 주관하신다는 사실을 깨닫는 순간 우리의 짐은 가벼워진다.

이러한 깨달음은 우리에게 느슨해지거나 문화적으로 둔감해도 좋다는 면죄부를 주는 게 아니라, 타문화권 증인으로서의 우리 역할을 더 나은 관점에서 바라보게 한다. 사람들이 죄를 깨닫고 그리스도 안에서 새 삶으로 향하게 되는 것은 성령의 역사이다. 우리는 하나님의 사랑이 사람들에게 흘러가도록 통로 역할을 하면 된다. 하나님은 타문화권 사역을 최선으로 준비하고 예수를 신실하게 따르도록 우리를 부르시지만, 우리의 사역은 성령의 역사를 통해 열매 맺는다. 신실함은 우리의 책임이고 열매는 성령의 역사이다.

더 나아가 복음이 문화를 넘어 전해지는 과정에서 성령이 어떠한 역할을 하는지 인식할 때 우리는 우리가 도착하기 훨씬 전부터 하나님의 영이 그들의 문화 가운데 일하고 계심을 확신할 수 있다. 존 웨슬리 John Wesley 는 한 사람이 그리스도인이 되기 훨씬 전부터 그의 삶에서 하나님이 역사하시는 '선행 은총' prevenient grace 이라는 개념을 신학적 용어로 소개했다. 결국 선행 은총이 사람들을 구원의 은혜로 인도한다. 비록 웨슬리는 이 구원의 순서를 개인에게 적용했지만 나는 사회 전체에도 적용할 수 있다고 생각한다. 제럴드 앤더슨 Gerald H. Anderson 역시 세계 선교에서 선행 은

총의 역할을 논의하며 동일한 주장을 펼쳤다. 앤더슨은 영국교회선교회 Church Missionary Society의 오랜 총무이던 맥스 워런이 도널드 맥가브란 Donald McGavran과의 토론에서 "나는 모든 곳에서 하나님의 일하심을 발견한다. 때로는 그분의 방식이 인간의 제한된 이해로는 이상하게 보이기도 하지만 그럼에도 불구하고 그분은 분명히 일하고 계신다. 언약 백성 밖의 세상을 향하는 선교에서 우리는 다른 신앙들 속에서도 언약 밖에 있는 그리스도의 선행 은총을 발견하고자 나아가며, 이는 성서로부터 강력한 지지를 얻는다."(G. Anderson 2009, 47)라고 주장한 내용을 인용한다.

우리는 역사적으로, 문화가 복음에 더욱 잘 반응하고 덜 저항하던 시대가 있었음을 알고 있다. 바로 이러한 때가 사람들이 마음을 열고 좋은 소식을 들으며 반응할 준비가 되어 있는, 카이로스 kairos의 순간이다. 폴리네시아(Tippett 1971), 피지(Tippett 1980), 솔로몬제도(Tippett 1967, 42-43; Whiteman 1983)에서 그런 일이 일어났다. 많은 종족 집단이 그들 역사의 결정적인 순간에 복음에 응답했다.

문화 가운데 역사하시는 하나님의 선행 은총의 또 다른 예는 나이지리아 남동부에서 사역하던 19세기 영국교회선교회의 어느 선교사 이야기이다.[9] 그는 6개월 정도 그곳에 머물러 이그보족의 언어와 문화를 배워가며 사역의 긍정적 결과를 보기 시작했다. 하루는 마을 주민들과 기독교에 관해 이야기를 나누며 다음과 같이 말했다. "제가 오기 전까지 여러분은 하나님에 대해 아무것도 몰랐지요. 저는 하나님의 부르심을 받고 영국에서 이곳으로 와 여러분에게 하나님에 관해 말할 수 있어 정말 기쁩니다." 이

---

9 이어지는 내용은 20세기 초 나이지리아 이그보족 가운데 기독교가 전해진 역사적 교류의 이야기이다. 치누아 아체베(Chinua Achebe)는 그의 소설 Things Fall Apart(『모든 것이 산산이 부서지다』, 민음사)의 21장에서 비슷한 내용을 담았다.

렇게 그가 한창 떠들고 있는데 군중 가운데 앉아 있던 한 노인이 일어나 미소를 지으며 말했다.

"친구, 거의 다 맞는 말이지만 전부는 아니네." 자신이 100퍼센트 옳지 않다는 말을 듣는 데 익숙하지 않던 선교사는 깜짝 놀랐다. 이그보족 노인은 말을 이어갔다. "우리는 당신이 와서 기쁘지만 이그보족의 신 추쿠 Chukwu가 당신을 우리에게 보낸 것이네. 이제 당신이 예수님에 관해 말해주었으니 우리는 하나님에 관해 더 많이 알게 되었네."[10]

참으로 놀랍게도 이러한 관점은 큰 변화를 가져온다. 만일 우리가, 하나님께서 모든 문화에 증인을 남기셨고 인류 역사의 모든 시대와 사회에서 일하셨으며 우리가 선교지에 가기 훨씬 전부터 그곳 사람들의 삶 속에 함께하셨다는 사실을 기대하고 간다면 타문화권 사역에 대한 우리의 접근 방식은 크게 달라질 것이다. 우선 우리는 그들을 구원해야 한다는 부담에서 벗어날 수 있다. 물론 그렇다고 해서 복음전도에 대한 우리의 열정이 줄어든다는 의미는 아니다. 오히려 죄책감과 지옥에 대한 두려움보다 하나님이 하시는 일에 대한 사랑과 설렘을 동기로 삼게 되므로 우리는 보다 열정적으로 헌신할 수 있게 된다. 이러한 이해는 평생 우리의 사역에 힘을 실어주고 어려움과 낙담을 넘어설 수 있는 회복력을 키워줄 것이다.

이쯤에서 성육신적 의사소통 모델에 대한 몇 가지 논평을 덧붙여야겠다. 우리 중 많은 사람은 문화와 복음을 구분하려고 애써오지 않았다. 성육신적 의사소통을 한다는 건 복음을 문화적인 조건에 따라 이해하고 타문화권 사람들과의 관계를 발전시킨다는 의미이다. 우리는 현지인의 눈으로 성서를 읽고 현지인의 세계관으로 성서를 이해하며 해석한다. 이런

---

10 이그보족의 기독교 운동에 관한 자세한 이야기는 Ekechi 1971을 참조하라.

일이 일어나면 선교사에서 비그리스도인 수용자에게로 향하는 '일방적인 의사소통'이 더는 존재하지 않을 것이다. 선교사도 수용자인 현지인의 문화를 렌즈로 삼아 삶을 바라보며 하나님에 관해 많은 것을 새롭게 배우게 되므로 양방향 의사소통이 이뤄진다. 그림 5-3을 보면 수용자에서 선교사로 향하는 화살표가 선교사에서 수용자로 향하는 화살표보다 약간 크다. 하나님이 세상에서 하시는 일에 대해 아마도 수용자가 선교사로부터 배우는 것보다 선교사가 수용자로부터 배우는 것이 더 많을 수 있다.

의사전달의 송신 모델과 구성 모델

앞서 선교사에서 비그리스도인 수용자에게로 복음이 전달되는 과정을 논의하면서 나는 주로 '송신 모델' transmission model 을 채택했다. 이 모델은 의사소통을 "다른 사람의 마음에 의도적으로 의미를 자극하는 과정"(Haas 2016, 28)이라고 주장한다.

하지만 오늘날 일부 학자들은 송신 모델이 의사소통 과정을 지나치게 단순화한다고 주장하며 '구성 모델' constitutive model 을 대안으로 제시한다.(Baxter 2004; Nicotera 2009; Pearce · Cronen 1980; Sigman 1992) 구성 모델에 따르면 의사소통은 단순히 정보의 전달이 아니며, 현실 자체를 형성하는 힘을 갖는다.(Baxter · Montgomery 1996) 지미 매닝 Jimmie Manning 은 "학자들은 두 명 이상의 사람들 사이에서 일어나는, 의사소통에 대한 현재의 지배적인 관점에서 벗어나 이제는 그 안에서 관계, 정체성, 과제가 어떻게 존재하는지를 연구해야 한다."라고 말한다.(2014, 432) 의사소통을 구성적 관점에서 조명한다는 것은 의미가 전달자 communicator 와 수용자 receptor 간의 상호작용에서 생성된다고 가정하는 것이며, 바로 이것이 그림 5-3에서 전달자와 수용자 사이에 화살표가 두 개 표시되는 이유이다. 의사소통에 대한 구성적 접근 방식은 성육신적 접근 방식의 중요성을 더욱 부각한다.

**번역 과정에서 누락되거나
왜곡되는 부분**

이제 우리는 성육신적 의사소통에 대한 논의를 마무리하기에 앞서, 타문화권 사역에서 성육신적 접근 방식을 사용하지 않고 일방적인 의사소통(전달자→수용자)을 할 때 그리고 우리 자신을 '배우는 자'^{learner}가 아니라 '지식을 소유한 자'^{knower}로 여길 때 어떤 일이 잘못될 수 있고 실제로 잘못되었는지를 두 가지 사례로 살펴볼 것이다. 첫 번째 사례는 라오스 몽족 언어로 번역된 시편 23편이다. 다음 인용문은 시편 23편이 몽족에게 어떻게 '들렸는지' 우리가 이해할 수 있도록 영어로 역^{逆}번역한 것이다. 이 시편은 많은 그리스도인이 암기하기도 하는 말씀인데, 몽족 세계관을 통하게 되면 어떻게 들리고 이해되는지 살펴보자.

위대한 보스는 내 양을 돌보시는 분이다.

나는 아무것도 원하지 않는다.

그분은 내가 푸른 들판에 누워 있기를 원하신다.

그분은 내가 호숫가로 가기를 원하신다.

그분은 내 선한 영혼을 회복하신다.

비록 선교사가 '사망의 음침한 골짜기'라고 일컫는 곳을 내가 지날지라도,

그분이 함께하시니

나는 조금도 염려하지 않는다.

그분의 지팡이와 막대기가 나를 안위하신다.

그분은 내 원수들이 지켜보는 앞에서

상을 차려주신다.

그분은 내 머리에 자동차 기름을 부으신다.

내 잔에 물이 차고 넘쳐난다.

내 평생에 선하심과 친절하심이 지속될 것이라.

내가 죽어서 부족에게 잊힐 때까지,

나는 위대한 보스의 오두막에서 살 것이다.[11]

이 글을 처음 읽을 때에는 웃음이 나왔지만 깊이 생각해보면 울음이 나오는 게 적절한 반응일 것이다. 이 번역에서 목자이신 하나님의 모습이 느껴지는가? 성서 본문이 몽족의 상황으로 옮겨지는 과정에서 어떤 의미가 살아남았는가? 내가 보기에는 대부분이 사라졌다. 사실 현대 미국인이 고대 히브리인만큼 시편 23편을 잘 이해하고 있는지도 의문이다. 왜냐하면 우리는 양에 관해 잘 알지 못하고 양을 치는 목동도 아니기 때문이다. 만일 우리가 성육신적으로 수용자의 상황에 들어가 복음이 어떻게 해석되는지를 주목하지 않는다면 이런 사례는 계속 발생할 것이다. 잘못된 복음전달의 또 다른 사례는 파푸아뉴기니 마당 지역의 에리마족에게서 찾아볼 수 있다. 그들이 복음을 어떻게 이해하는지 살펴보라.

옛적에, 아마도 100년이나 200년 전쯤 하나님은 예수라는 영적인 사람

---

11 1960년 1월 7일 *Wichita Eagle*(미국 캔자스주 위치토에서 발행되는 지역 일간지— 옮긴이 주)에 실린 윌리엄 스몰리와의 인터뷰에서 발췌한 것이다.

을 백인들에게 보내셨다. 모든 땅에는 그곳의 고유한 정령이 있는데, 이 정령은 백인들의 땅으로 보내진 것이다. 사람들이 영적인 사람인 예수를 죽이고 묻었다. 예수는 무덤에 있는 동안 죽은 백인들이 머무는 곳을 방문했다. 그곳에서 백인의 조상들은 예수에게 자동차, 비행기, 라디오, 냄비, 프라이팬 등을 만드는 방법을 알려주었다. 그들이 예수에게 알려준 것은 그런 놀라운 물건을 만들 수 있는 비밀의 마법 주문이었다. 사흘째 되는 날 예수의 육신은 무덤에 남았고 영은 죽음에서 부활했다. 영이 살아난 후 예수는 백인의 죽은 조상들에게서 배운 놀라운 비밀 마법 주문을 모두 백인들에게 알려주었고, 백인들이 지금 갖고 있는 물건들을 어떻게 만들지 보여주었다. 그 후 예수의 영은 하늘로 올라가 아버지께로 갔다. 이제 예수가 우리의 모든 문제를 위해 죽었기 때문에, 만일 우리가 목사에게 세례를 받고 축복을 받고 착하게 살면 죽은 지 사흘 후에 우리 영혼도 예수처럼 육신을 떠나 하늘로 올라갈 것이다. 당분간 백인들을 주의 깊게 살펴보라! 그들은 아직 우리에게 화물(적하, cargo)을 만드는 비밀스러운 마법의 주문을 가르쳐주지 않았다. 하지만 언젠가 그들 중 한 명이 우리에게 그 비밀을 알려줄 것이다.[12]

이와 같은 에리마족의 복음 해석은 문화를 넘어 복음을 전할 때 무엇이 잘못될 수 있고 실제로 종종 잘못되었는지를 강력하게 보여준다.

---

12 이 이야기는 파푸아뉴기니의 위클리프성경번역선교회의 사역자이자 내가 강의한 "기독교 선교를 위한 인류학" 수업의 수강생이던 마이크와 샌디 콜번(Mike and Sandie Colburn) 부부의 1979년 4월 선교 편지에서 발췌한 것이다. '화물 만들기'(making cargo)에 대한 언급을 이해하려면 멜라네시아의 화물 숭배(카고 컬트라고 부름—옮긴이 주)의 역사와 신학에 관한 존 스트렐란(John Strelan)의 1977년 연구를 참조하라.

5장 요약

성육신적 의사소통을 다룬 이 장에서 우리는 복음의 내용뿐 아니라 복음이 말과 행동으로 제시되는 문화적 상황을 모두 이해하는 것이 얼마나 중요한지 살펴봤다. 상황에 대한 이해 없이 내용만 전달하면 수용자는 그 의미를 온전히 이해하지 못할 뿐만 아니라 복음의 변혁적인 능력을 경험하지 못할 것이다. 복음의 내용을 명확히 이해하지 못한 채 현지의 문화적 상황만 이해한다면 그것은 필연적으로 비성서적인 요구 사항이나 처방을 복음에 덧붙여 전하는 결과를 초래한다. 복음의 내용을 아는 것과 복음이 전달되는 상황을 이해하는 것은 타문화권 사역에서 똑같이 중요하다.

2부 결론

성육신은 "하나님이 인간이 되셨다."라는 신학적 교리만을 의미하지 않는다. 그것은 타문화권 사역을 위한 모델이기도 하다. '성육신적'이 된다는 것은 다른 문화의 세계로 깊이 들어가기 위해 우리의 자존심과 편견, 개인적 의제, 야망, 삶의 방식 등을 비운다는 의미이다. 성육신은 하향 이동이다. 성육신이 예수의 십자가로 이어지듯이, 성육신적 동일시는 타자와 동일시되기 위한 자아의 죽음이다. 하지만 이러한 죽음은 현지 문화에서의 '부활'로 이어질 것이다. 그리고 우리는 새로운 언어와 관계를 배우고 세상을 향한 하나님의 선교를 더 깊이 이해하게 됨으로써 '거듭남'을 경험할 것이다.

이 장에서 우리는 복음의 내용과 복음이 전달되는 문화적 상황을 모두 포착하는 성육신적 의사소통을 논의했다. 상황을 이해할 때 우리는 수용자가 이해할 수 있는 방식으로 복음을 전달할 수 있다. 하지만 타문화권에서 성육신적으로 복음을 전하기 위해 노력해도 오해가 발생할 수밖에 없는데, 이것은 3부에서 자세히 살펴볼 것이다.

3부

일반적인 의사소통 문제

Common Communication Problems

6장   세계관 차이

우리 중 누구라도 지적으로 완전한 의식을 가지려면
다른 사람의 세계관을 감지할 수 있어야 하며 그뿐 아니라
우리의 세계관은 무엇이며 왜 그런 세계관을 갖게 되었는지
그리고 수많은 선택지에 비추어 왜 그것이 참이라고 생각하는지
인식할 수 있어야 한다.

– 제임스 사이어(2020)

1977-78년, 아내와 나는 솔로몬제도의 산타이사벨섬에 있는 150여 명 규모의 작은 마을에 살았다. 그리고 그곳에서 불과 몇 세대 전만 해도 헤드헌터이던 사람들과 함께 지내며 성공회의 영향에 관해 연구하고 있었다. 마을의 노인 중 일부는 어린 시절에 경험한 헤드헌팅의 기억을 갖고 있었으며 그러한 시절이 지나간 것을 기뻐했다. 이제 헤드헌팅은 과거의 일이 되었다. 마을 사람들은 가끔 평화의 복음이 어떻게 헤드헌팅의 종식을 가져왔는지 이야기하며 감사했다.

우리 부부는 솔로몬제도의 성공회 신부가 몇 달에 한 번씩 마을을 방문하여 성찬식을 집례하면 마을 사람들이 큰 관심과 열정을 보이는 걸 관찰했다. 거의 모든 마을 사람이 모이는 것 같았다. 반면에 매일 아침 기도회와 저녁 예배에는 10-15명만 참석했다. 나는 왜 그런 차이가 나는지 의아했다. 마을 사람의 상당수가 성찬 받기를 그렇게도 열망하면서 왜 매일 기도회에는 적은 수만 참석하는가?

이런 패턴을 반복적으로 수차례 관찰한 나는 그 이유를 조사해보기로

마음먹고 마을 사람들에게 물었다.

"성찬식에는 그렇게 많은 사람이 오면서 왜 매일 기도회에는 거의 오지 않나요?"

"아, 그것은 성찬식에서 성찬을 받기 때문입니다."

"여러분에게 '성찬'은 무슨 의미입니까?"

"성찬식에서 빵을 먹고 포도주를 마시며 영적인 능력을 얻는다는 뜻이지요."

"성찬식에 참여할 때 마나mana를 얻는다는 뜻인가요?"

그들은 멋쩍은 미소를 지으며 말했다. "그렇습니다. 우리는 이름만 그리스도인입니다."

전통적으로 그들은 마나, 즉 영적인 능력이 사람의 신체 중 주로 머리에 있다고 여겼다. 그리고 사회에서 중요한 위치에 있는 사람일수록 더 많은 마나를 갖고 있다고 믿었다. 그들이 죽은 적의 피를 마시고 뇌를 먹는 헤드헌팅은 마나를 얻는 주된 방법이었다. 이제 그들은 헤드헌팅 대신 성찬식을 통해 마나를 얻을 수 있었다. 적어도 내 눈에는 솔로몬제도 주민과의 의사소통 과정에서 성찬의 성서적 의미를 전달할 때 무언가 빠진 게 분명했다.

우리는 종종 우리가 함께 살아가며 섬기는 사람들을 오해하고, 그들도 우리와 우리의 메시지를 오해하는 경우가 빈번하다. 우리는 이 장에서 왜 그런 일이 발생하는지를 살펴볼 것이다. 우리와 우리의 메시지가 현지에서 오해받고 있음을 깨닫지 못하면 문제가 종종 복잡해진다.

우리가 거의 통제할 수 없는 한 가지는 현지인들이 우리에게 부여하는 사회적 위치이다. 이로 인해 그들은 우리에 대한 부정확한 고정관념을 갖게 되거나 우리가 그들과 함께 살아가는 동기, 이유 등을 오해할 수 있다. 게다가 현지인들이 그들의 오해와 불안을 우리와 공유하기를 주저하는 경우가 많기 때문에 우리는 빈번하게 그 문제를 인식하지 못하고 결국 문제를 더욱 복잡하게 만든다. 우리와 현지인 사이에 견고한 사랑과 신뢰의 다리가 놓여야만 이런 종류의 의심과 불신, 오해가 가라앉을 것이다. 이는 시간이 걸리는 일이며 7-10일의 단기 선교 여행으로는 이루어질 수 없다.[1]

나는 방글라데시에서 28년 동안 섬긴 어느 선교사 부부와 시간을 보낸 적이 있다. 그들과 함께 어울리며 그들이 방글라데시인들과 얼마나 깊은 관계를 맺고 있는지를 발견했다. 어느 날 저녁 식사 자리에서 나는 "이 사람들과 깊은 세계관 수준으로 연결되기까지 얼마나 걸렸습니까?"라고 물었다. 남편의 첫마디는 "오, 알아채셨나요?"였다. 나는 내가 인류학자로서 사람들을 관찰하고 질문하는 방식으로 일하고 있음을 상기시켰다. 그러자 그는 말을 이어갔다.

"그러한 연결이 일어나던 날이 거의 기억납니다. 우리는 18년간 방글라데시 언어를 배우고 그들의 세계관, 종교적 전제, 사회구조, 경제, 신념 등을 발견해가며 그곳을 섬겼습니다. 그러다가 하루는 방글라데시 남성과 대화하던 중 그들의 언어와 문화가 깊이 연결되어 있다는 사실을 깨달았어요. 지난 10년은 처음 18년보다 5-6배 더 효과적으로 사역할 수 있었는데, 그것은 전에 알지 못한 방식으로 방글라데시인들을 이해했기 때문입니다." 이후 이 부부는 7년을 더 머물며 총 35년 동안 사역했다.

양측의 의사소통 과정에서 오해는 일어나게 마련이다. 하지만 불가피하다고 해서, 타문화권 사역에서의 섣부른 판단과 잘못된 의사소통을 야

---

[1] 오늘날 우리는 타문화 의사소통에서 잘못되는 사례를 많이 목격한다. 선한 일을 위한 단기 선교 여행이 오히려 해를 끼치는 때도 있다. 그 예로 Corbett·Fikkert 2009; Fikkert·Kapic 2019; Lupton 2012를 참조하라.

기하는 근본 전제를 발견하려는 노력을 게을리해서는 안 된다. 여기에는 시간과 계획이 필요하다.

이 장에서는 우리와 세계관이 크게 다른 사람들에게 예수를 따른다는 의미를 전달할 때 세계관이 얼마나 중요한 역할을 하는지 탐구할 것이다. 만일 세계관을 제대로 고려하지 않으면 의사소통에 오류가 발생할 수 있다. 나는 우선 세계관을 정의하는 것으로 시작하여, 그것이 종교와 어떻게 비교되는지 설명한 뒤 타문화권 사역에서 세계관이 작동하는 방식을 살피는 것으로 마무리할 것이다.

세계관 정의

우리는 종종 사람들이 '기독교적' 또는 '성서적' 세계관에 관해 이야기하는 것을 듣는다. 세계관이란 무엇인가? 세계관의 정의는 다양하게 제시되어왔으며 세계관의 여러 차원, 세계관을 변화시키는 방법, 타문화권 사역에서 상대방의 세계관을 이해하는 것이 왜 중요한지를 다룬 책도 많이 출간되었다.[2]

나는 세계관을 '한 사회가 살아가는 데 중심이 되는 개념과 전제, 가치의 집합'이라고 정의한다. 이 정의에 대해 두 가지 주의할 점이 있다. 첫째, 서로 다른 세계관을 가진 사람들 사이에 차이가 있듯이 동일한 세계관을 가진 사람들 사이에도 차이가 있을 수 있다. 세계관은 획일적이지 않다. 둘째, 세계관은 행동과 비교하여 변화의 속도가 느릴 수 있지만 결코 정적이지 않다. 시간과 환경에 따라 변화하며 특히 정치·경제·환경적 변화에

---

2 예를 들어 T. Anderson et al. 2017; Burnett 1992; Hiebert 2008; Kearney 1984; C. Kraft 2009; M. Kraft 1978; Moon 2017; Opler 1945; Sire 2015, 2020을 참조하라.

역동적으로 반응한다.

　세계관에 관해 가장 많은 글을 쓴 선교인류학자는 폴 히버트와 찰스 크래프트이다. 이들은 캘리포니아주 패서디나에 있는 풀러신학교 세계선교대학원에서 10여 년(1977-89) 동안 동료 교수로 함께 일했다. 크래프트는 세계관을 "(가치와 헌신 또는 충성과 전제를 포함하여) 문화적으로 구조화된 이미지와 전제의 총체"(2008, 12)라고 정의한다. 또한 히버트는 "한 집단이 사물의 본질에 대해 갖고 있는 근본적인 인지·정서·평가적 전제로서, 이 전제들은 삶의 질서를 유지하는 데 사용된다."라고 정의한다.[3]

　신학적·철학적 관점에서 기독교 세계관을 정의하려는 시도도 있었다.[4] 저명한 성서학자 톰 라이트^{N. T. Wright}는 기독교 세계관을 구성하는 요소에 대해 깊이 논의하며 다음과 같이 언급한다. "모든 세계관과 마찬가지로 기독교 세계관은 단순히 기독교 신앙을 고백하는 사람들만 관심을 두는 사적 언어나 비밀, 난해한 신비가 아니다. 기독교 세계관을 포함해 모든 세계관은 원칙적으로 공적인 진술이다. 모든 세계관은 다른 세계관에 도전하고 그것을 전복하려는 이야기를 담고 있다. 모든 세계관은 필요에 따라 무의식에서 끄집어내어 토론할 수 있는, 기본 질문에 대한 일련의 답을 제공한다. 모든 세계관은 청중이 '세상 안에' 존재하거나 '세상을 위해' 존재하는 방식에 참여하도록 이끈다."(1992, 135)

　대개 사람들은 자신의 세계관을 의식적으로 인식하지 못한다. 비록 생각과 가치관과 전제가 우리 행동의 근간이 되고 그것에 의미를 부여하

3　세계관과 관련해 크래프트와 히버트의 접근 방식을 비교하려면 Moreau et al. 2014, 74-75를 참조하라.
4　신학적·철학적 관점에서 논의되는 세계관의 개념에 대해서는 T. Anderson·Clark·Naugle 2017; Huffman 2011; Naugle 2002; Sire 2015, 2020을 참조하라.

지만 우리가 이를 인식하는 경우는 매우 드물다. 그럼에도 우리 대다수는 세계관으로부터 의미를 도출한다. 우리가 세상을 이해하는 데 도움을 주는 세계관의 역할을 종종 인식하지 못하는 예는 성서를 읽고 해석하는 방식이다. 랜돌프 리처즈와 브랜든 오브라이언은 그들의 책 *Misreading Scripture with Western Eyes*(『성경과 편견』)에서 이를 매우 명확하게 설명했다. 우리가 세계관을 통해 성서를 읽는다고 성서의 진리가 부정되는 건 아니며 성서를 이해하고 해석하는 데 세계관은 분명히 역할을 한다.

리처즈와 오브라이언은 우리의 세계관에 숨겨진 전제를 발견하는 최상의 방법 가운데 하나는 '말할 필요도 없이 당연한 것'이라는 사람들의 주장에 주목하는 것이라고 설명한다. 예컨대 지구가 평평하고 태양이 지구 주위를 돈다는 주장은 수천 년 동안 말할 필요도 없이 당연시되었다. 우리가 '당연하게 여기는 것'을 모두 작성해보라. 그 목록이 얼마나 길어지는지에 놀랄 것이다.

한 사람의 세계관이 주변 세계에 대한 인식과 이해를 형성하는 데 미치는 영향력을 살펴보자. '당연한 말'의 예는 "신은 스스로 돕는 자를 돕는다."라는 격언인데 조지 바나(George Barna)의 연구에 따르면 미국인 4명 중 3명이 이를 성서에 나오는 말이라고 믿는다. 그러나 이 격언은 1732년부터 1758년까지 매년 발간된 벤저민 프랭클린의 *Poor Richard's Almanac*(가난한 리처드의 연감)에서 자주 등장한 구절이다. 만일 우리의 세계관 깊은 곳에 "신은 스스로 돕는 자를 돕는다."라는 무의식적인 전제가 자리 잡고 있다면 그리고 우리가 보기에 스스로 자기 처지를 개선하려는 노력을 하지 않는 공동체에 간다면, 이 전제는 우리가 그들을 인식하고 상호작용하는 방식에 영향을 미칠 것이다. 그들이 스스로 노력하지 않는데 우리가 과연 신경을 써야 하는지, 나아가 신이 그들을 돌보고 신경 써야 하는지 등을 생각할 수도 있을 것이다. 우리는 "그들이 자초한 결과이다." 또는 "자업자득이니 그 결과를 감수해야지."라는 결론을 무의식적으로 내릴 수 있다. 그러나 우리가 자신의 세계관에서 비롯된 편견을 드러내기 위해 노력한다면 이것이 생계형 경제와 연관된 농업 문화의 산물임을 발견할 수 있다. 중앙아메리카의 일부 사회에서 볼 수 있듯이, 인구의 2퍼센트가 전체 토지의 80퍼센트를 소유하거나 통제하는 구조적 불평등은 극심한 빈곤을 초래하고 있다. 우리의 마음을 지배하는 이러한 무의식적인 세계관이 빈곤과 비위생 그리고 '게으름'을 인식하는 방식에 어떤 영향을 미치며 궁극적으로 사람들과 관계 맺는 방식에 어떤 영향을 미치는지 알 수 있는가? 이러한 세계관 주제들은 성서에서 발견되지는 않지만 전 세계적인 도시화와 세계화의 확산과 더불어 미국 문화의 지배적인 주제이다.(Barna·Hatch 2001, 90)[5]

종교와 세계관

세계관과 종교는 비슷한 기능을 하지만, 세계관이 종교보다 훨씬 더 기초적이고 근본적이다. 말하자면 많은 미국 그리스도인이 기독교적이기보다 더 미국적이지만 우리는 그것을 깨닫지 못한다. 많은 한국 그리스도인이 기독교적이기보다 더 한국적이지만 우리는 이를 알지 못한다. 아마 듣기 불편한 말일 것이다. 무엇보다도 우리는 그리스도인이며 하나님 나라의 가치가 우리의 세계관에 스며들어 우리의 행동을 안내한다고 믿고 싶지만 사실 그 반대인 경우가 많다. 우리의 국가

---

[5] 이 데이터는 1997-2000년에 수행한 설문조사에서 나온 것이다. Barna·Hatch 2001, 205(포인트 2)를 참조하라.

나 민족, 정치적 정체성이 하나님 자녀로서의 정체성보다 더 중요할 수 있다. 그러므로 우리의 세계관은 기독교 신앙보다 우리의 (국가적·민족적·정치적) 정체성을 규정하는 더 근본적이고 기초적인 요인이 된다. 그리스도인이라기보다는 미국인이며 키쿠유인이고 필리핀인이다. 그리스도인이라기보다는 공화당원이다.

폴 히버트는 세계관과 종교의 차이점을 다음과 같이 설명한다. "세계관은 사람들에게 현실에 관한 기본적인 전제를 제공한다. 종교는 이러한 현실의 구체적인 내용을 제공하며 사람들의 우주 모형 속에 있는 사물들과 그 사물들 사이의 관계를 제시한다."(1983, 371) 히버트에 따르면 세계관은 우리 존재와 정체성의 가장 깊은 곳에 자리 잡고 있다.(2008, 32-33)

우리의 세계관과 종교, 행동의 관계를 생각하는 한 가지 방법은 빙산을 통해서 세계관을 이해하는 것이다. 미국 해안 경비대 항법 센터에 따르면 빙산의 거의 90퍼센트가 수면 아래에 잠겨 있기에 빙산은 (세계관을 설명하는) 적절한 비유가 될 수 있다.(그림 6-1)

그림 6-1 세계관, 종교, 행위에 대한 은유로서의 빙산

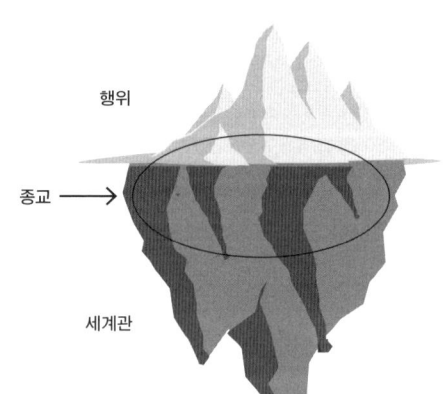

빙산의 일각부터 시작하여 세 가지 측면을 논의해보자. 첫째, 행위는 타인에게서는 잘 보이지만 우리 자신에게서는 덜 보이는 것이다.(타인의 행동은 눈에 잘 보이고 판단하기 쉬우나 자신의 행동은 객관적으로 관찰하여 인식하기 어렵다는 의미이다.―옮긴이 주) 우리는 우리 자신의 세계관에 따라서 행동의 옳고 그름과 적절성을 평가한다. 우리의 기준에 부합하면 그것을 인정하고 수용하고 감사하며 때로 모범으로 삼는다. 하지만 부합하지 않으면 정죄하고 비판하고 심지어 조롱까지 한다. 시대를 초월하여 전 세계 수많은 타문화권 사역자는 현지인들에게 그리스도인이 되기 원한다면 행동을 바꿔야 한다고 강조해왔다.

우리는 그들이 우리와 같은 방식으로 교회를 조직하고 신앙을 실천하기 원한다. 그들의 결혼 방식, 리더십 구조, 정치체계 등이 우리와 너무 달라 보이면 비판하고 심지어 죄악시하거나 비하한다. 그러나 예수를 따르는 회심은 행동보다는 가치, 신념, 세계관 등 보이지 않는 정체성 차원의 변화이다. 물론 진정한 예수의 제자가 되려면 두 가지 모두에서 변화가 일어나야 한다. 성령의 역사에 따라 더 깊은 가치와 신념과 세계관을 변화시키기보다 외적 행동의 변화만을 설득하는 데 집중한다면 아무리 좋아야 피상적인 변화만 일어날 것이고, 최악의 경우 이는 명목상의 기독교와 위선으로 이어질 것이다. 언젠가 솔로몬제도 주민들이 내게 들려준 고백처럼, 그들은 몇 세기 전 마나를 얻기 위해 행한 헤드헌팅은 중단했지만 이제 성찬식에서 그 마나를 얻으려 한다. 물론 그들의 건강에는 덜 위험할 것이다.

그림 6-1에서 종교는 수면 위와 바로 아래에 있다. 종교가 수면 위에 위치하는 이유는 그것이 우리가 관찰할 수 있는 상징과 의식, 의례로 표현되기 때문이다. 또한 눈에 보이지 않는 수면 바로 아래에도 존재하는데,

이 영역은 사람들이 자기 종교에 대해 갖고 있는 지식이다. 어떤 그리스도인들에게 사도신경은 그들의 신앙 내용을 잘 요약한 것이며, 일부 교파에서는 매주 교회에서 사도신경을 암송한다. 타문화권 사역을 하면서 우리는 비그리스도인들에게 그들의 종교를 버리고 우리의 종교를 받아들이라고 간청하는 경우가 많다. 그러나 그들이 내면의 변화 없이 단순히 기독교에 대한 지식만 받아들인다면, 이는 피상적인 것에 불과하다.

지난 수세기 동안 이슬람 선교에 대한 표준적인 접근 방식은 '공격하고 빼내는 것'이었다. 우리는 그들의 경전과 종교 행위를 공격하고, 가족과 공동체로부터 그들을 빼내어 우리 편으로 끌어들였다. 우리가 전한 메시지는 명료했다. "그리스도인이 되고 싶다면 당신의 종교를 우리 종교로 바꿔야 합니다." 변화는 반드시 일어나야겠지만 그 변화는 성령께서 확신을 통해 주시는 변화여야 한다. 외부인에 의해 조작되어서는 안 된다.[6] 오늘날 이슬람 세계에는 신선한 성령의 바람이 불고 있다.[7] 이사(예수)를 따르는 많은 무슬림 추종자들이 거듭난 정체성을 확증하기 위해 본래의 정체성(민족적·종교적 정체성—옮긴이 주)을 포기하지 않아도 된다는 것을 발견하고 있다. 흔히 '내부자 운동'insider movement이라고 불리는 이 현상은 논란의 여지가 있는 주제이며, 때로 선교학자들 사이에서 격렬한 논쟁을 일으키기도 한다. 현재까지 이 주제에 관한 최고의 논문집은 할리 탈만Harley Talman과 존 트래비스John Travis가 편집한 *Understanding Insider Movements: Disciples of Jesus within Diverse Religious Communities*(내부자 운동의 이해: 다양한 종교 공동체 안에 있는 예수의 제자들)이다.

---

6 예수를 따르게 된 무슬림 여성들의 흥미로운 이야기는 선교인류학자 미리엄 애드니의 *Daughters of Islam*(『이슬람의 딸들』, IVP)을 참조하라.
7 예로 Garrison 2014를 참조하라.

세계관의 변화 없이 종교적 행동만을 바꾸도록 설득하는 복음전도는 진정한 성서적 회심을 끌어내지 못한다. 이는 마치 빙산과 충돌하여 침몰하고 있는 타이타닉호에서 갑판 의자를 재배치하는 것과 같다. 한 사람의 종교는 행동과 일부 신념의 측면에서 변화할 수 있지만 세계관은 변화에 완강히 저항한다. 종교의 표면적인 변화만 있고 그에 상응하는 세계관의 심층적인 변화가 없는 경우 사람들은 위기 상황에서 종종 이전의 신념과 행동 패턴으로 되돌아갈 것이다. 필리핀의 가톨릭 사제이자 심리학자인 제이미 불라타오 Jaime Bulatao는 두 세대 전에 쓴 책에서 이 문제를 '분열된 기독교'(split-level Christianity, 1966)라고 불렀다. 그에 따르면 분열된 기독교란 한 사람 안에 서로 불일치하는 두 가지 이상의 사고와 행동 체계가 공존하는 것이다. 기독교는 우주의 창조, 영원한 운명, 죽음 이후의 일 등 궁극적인 차원의 질문에 답을 제공한다. 그러나 불라타오는 왜 비극이 발생하는지, 왜 사람들이 병에 걸리고 사고를 겪는지 등 일상적인 질문에 대해 외국 선교사들이 전해준 기독교로는 답을 얻지 못하기에 필리핀인들이 기독교 이전의 전통적인 방법으로 이를 설명하려 한다고 말한다. 이러한 분열된 기독교 현상은 필리핀이나 솔로몬제도에만 존재하는 것이 아니라 과학과 기술이 발달한 서구를 비롯해 모든 곳에 존재한다.

이 비유에서 빙산의 밑바닥은 세계관이다. 이 세계관은 대부분 감춰져 있고 무의식적이지만 우리의 종교와 행동에 영향을 미치는 중앙 통제 시스템이다. 우리의 정체성과 자아 개념 그리고 우리가 세상 어디에 속해 있는지에 대한 인식은 세계관의 영향을 크게 받는다.

우리의 세계관은 우리가 처음 배우는 언어에 의해 대부분 형성되므로, 생후 첫 5년 동안 주로 발달한다고 볼 수 있다. 어릴 때 습득한 세계관은 남은 생애 동안 좀처럼 변하지 않는다. 인류학자들은 인생 초창기에 배운 것일수록 남은 생애 동안 변화에 가장 저항한다는 사실을 발견했다.(Bruner 1956) 마찬가지로 잠언 22장 6절은 "마땅히 행할 길을 아이에게 가르치라 그리하면 늙어도 그것을 떠나지 아니하리라"라고 말한다. 따라서 자녀의 첫 등교를 배웅할 때 우리는 단순히 '작별 인사'$^{kiss\ them\ goodbye}$를 건네는 것 이상을 하고 있는 것인지도 모른다. 우리 가정의 문화와 가치관으로 이미 아이들의 세계관을 깊이 형성하여 세상에 내보내는 것이다. 조지바나리서치그룹$^{George\ Barna\ Research\ Group}$에 따르면 "한 사람의 세계관은 주로 13세 이전에 형성되고 확고하게 자리 잡으며, 청소년기와 초기 성인기의 경험을 통해 다듬어지고, 성인기에는 다른 사람들에게 전수된다."(Barna 2009)

이러한 세계관의 형성은 어린 시절에 우리가 처음 배우는 언어를 통해 이루어진다. 이는 언어가 우리 주변의 보이거나 보이지 않는 세계를 조직하고 분류하는 문법적 범주 및 방법을 제공하기 때문이다. 언어는 사회적·정치적·경제적·종교적 심지어 물리적 환경에서 우리가 어떤 특정한 것을 주목하거나 혹은 못 보게 차단한다. 언어의 강력한 영향력은, 인간성을 말살하는 방식으로 누군가를 명명할 때 그를 학대하거나 노예로 삼거나 심지어 죽이는 것이 더 쉬워진다는 사실에서 잘 나타난다. 히틀러가 집권하던 독일에서는 유대인을 '해충'이라 불렀고 이는 나치의 유대인 학살을 문화적으로 더 쉽게 만들었다. 1994년 르완다대학살 당시에는 다수 종족인 후투족이 소수 종족인 투시족을 80만 명 학살하면서 그들을 '바퀴벌레'라고 불렀다.(History.com 2022)

위대한 언어학자 에드워드 사피어$^{Edward\ Sapir}$(1921)와 그의 제자 벤자민 리 워프$^{Benjamin\ Lee\ Whorf}$(Carroll 1956)는 우리가 사용하는 언어가 주변 세계를 인식하고 분류하는 방식에 큰 영향을 미치며 이것이 세계관을 형성하는 주된 동력이라고 하는 '사피어-워프 가설'Sapir-Whorf hypothesis을 발전시켰다. 사피어는 "동일한 사회적 실재를 나타낸다고 간주될 만큼 충분히 유사한 두 언어는 존재하지 않는다. 서로 다른 사회가 영위되는 세계는 서로 다른 세계이지, 같은 세계를 서로 달리 부르는 것은 아니다."(1929, 209)라고 주장한다. 이것은 매우 강력한 진술로, 복음을 효과적으로 전달하려면 상대방의 세계관을 이해해야 한다는 개념을 강화한다.[8]

우리의 정체성과 자아 개념 그리고 우리가 세상 어디에 속하는지에 대한 인식은 세계관의 영향을 크게 받는다. 그리고 이 세계관은 변화에 가장 저항한다. 실제로 우리 자신의 존재에서 세계관이야말로 가장 변화되기 어려운 부분이다.

그림 6-2 세계관과 현실에 대한 우리의 인식

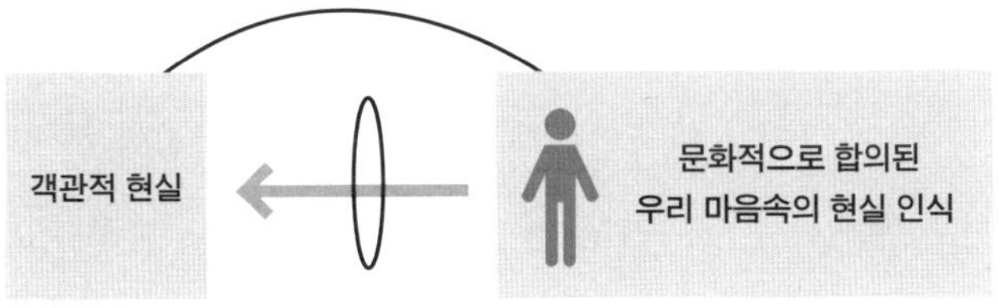

객관적 현실 ← 문화적으로 합의된 우리 마음속의 현실 인식

그림 6-2는 우리가 실제적이고 객관적인 세계에 둘러싸여 그 안에 자리 잡고 있음을 보여준다. 사회적 지위나 정치적 관점, 문화권이 서로 다른 사람들은 하나의 현실을 동일하게 보거나 경험하지 않는다. 현실 세계는 존재하지만 그것을 같은 방식으로 인식하거나 경험하지 않는 것이다. 사회학자들은 이러한 현상을 현실의 사회적 구성social construction of reality이

---

8 사피어-워프 가설에 대한 현대적 논의는 Guest 2018, 98과 Howell·Paris 2019, 66-68을 참조하라.

라고 부른다.(Berger·Luckmann 1966) 문화나 사회적 위치, 경제적 수준이 다른 사람들은 서로 다른 세계관을 가지며 때로 그 세계관은 극적으로 다르기도 하다. 그리고 '사실'facts이 그들의 인식을 변화시키지 않는다. 사람들은 심지어 자신의 세계관을 뒷받침하기 위해 '대안적 사실'alternative facts을 만들기도 한다. 우리의 세계관은 우리를 둘러싼 객관적인 세계를 이해하고 해석하게 해주는 틀이다. 우리는 우리의 세계관을 색안경 삼아 '현실 세계'를 경험하는데, 이러한 색안경을 끼고 있다는 사실을 인식하지 못한 채 그것을 자연스럽게만 느낀다. 또한 세계관은 우리 마음속에 있는, 문화적으로 합의된 현실 인식과 주변의 실제 세계 사이의 간극을 줄여준다.

이에 대해 다음과 같이 설명해보겠다. 전 세계 많은 사람에게 조상의 영혼은 객관적인 실재의 일부이다. 특히 아프리카와 아시아, 오세아니아에서는 조상의 영혼이 살아서 활동하며 이승에 영향을 미친다는 믿음이 널리 퍼져 있다. 아프리카 일부 지역에서는 이를 '살아 있는 망자'the living dead라고 부른다. 그러나 미국인에게 조상의 영혼이 미신의 한 형태가 아니라 실제로 존재하는 것이라고 믿는지 물으면 아무도 그렇다고 대답하지 않을 것이다. 그 이유는 과학과 계몽주의로 말미암아 문화적으로 합의된 현실 인식이 이러한 믿음을 허용하지 않기 때문이다. 비록 포스트모더니즘이 모더니즘을 비판해왔지만, 지난 300년 동안 우리의 세계관은 성서보다 과학과 계몽주의의 영향을 받아 형성되었다. 계몽주의와 과학적 세계관은 죽으면 이 지상의 존재는 끝이라고 가정한다. 죽음 이후에는 아무것도 없다. 죽은 자의 영혼은 산 사람과 소통하거나 그에게 영향을 미칠 수 없다. 서구 그리스도인은 언젠가 천국에서 조상을 만나리라는 소망은 품어도 이 땅에서 조상을 만날 것이라고는 거의 기대하지 않는다.

내 아버지는 내가 열두 번째 생일을 맞이한 날 "더 살기는 어렵겠다."

라고 말씀하고서 얼마 지나지 않아 돌아가셨다. 어린 나이에 아버지를 잃는다는 것은 힘든 일이다. 나는 아버지 없는 십 대 시절이 얼마나 힘들었는지 기억한다. 하지만 아버지에 대한 꿈을 꾸면서 위로를 받곤 했다. 나는 미국의 십 대 소년으로 자라며 겪는 어려움을 꿈속에 나타난 아버지에게 이야기했고 그렇게 하면 항상 위안을 얻었다. 물론 잠에서 깨어나면 꿈이었다는 걸 깨닫곤 했지만 말이다. 나는 천국에서 아버지와 재회할 수 있다는 소망을 품었지만 그 전에 아버지를 보리라고는 거의 생각하지 않았다.

한편 멜라네시아에 사는 친구들은 조상의 영혼이 머무는 처소에 대해 나와 매우 다른 견해를 갖고 있었다. 그들 중 다수는 사람이 죽으면 영혼이 해방되어 더 이상 시간과 공간에 얽매이지 않고 자유롭게 돌아다닌다고 믿었다. 오히려 조상의 영혼은 산 자들의 기억 속에 있는 한 그들과 교류하며 마을의 삶에 영향을 미칠 수 있다는 것이다. 조상의 영혼과의 만남에 대해 대화할 때 솔로몬제도 주민들은 미신이나 환상이 아닌 실제 현상, 객관적이고 구체적인 실재를 이야기하고 있는 게 분명했다. 하루는 우리와 함께 살던 마을 사람들이 내게 와서, 조상의 영이 그들에게 교회와 성서의 길을 따르라고 말했다는 이야기를 들려줬다. 그 영은 기독교가 섬에 들어왔을 때 마치 어둠 속에 빛이 들어온 것 같았다고 하면서 이렇게 물었다고 한다. "기독교가 우리 섬에 오는 데 왜 그리 오래 걸렸을까? 왜 우리가 살아 있을 때에는 오지 않았는가?"

서구에서 교육받거나 서구의 영향을 받은 사람들은 이러한 실재를 어떻게 생각하는가? 문화적으로 합의된 그들의 현실 인식(즉 세계관)은 이렇게 말할 것이다. "그건 불가능하다. 죽은 자와 산 자가 어떻게 소통할 수 있는가? 그것은 미신일 뿐이며, 정식 교육을 받으면 더 이상 그런 어리석은 말을 믿지 않을 것이다." 하지만 많은 멜라네시아인에게 조상의 영혼은 정말로 실재한다. 그들의 믿음은 전혀 어리석은 것이 아니다. 조상의 영혼에 대한 믿음이 그들에게 중요한 이유 중 하나는 그들이 그리스도를 믿게 될 때 제일 먼저 다음 질문을 하기 때문이다. "내 조상은 어떻게 되었습니까? 하나님이 그들을 돌보시나요?" 서구화된 선교사들은 대개 조상 신학 theology of the ancestors을 배운 적이 없기에 조상의 영혼과 영의 세계에 관한 멜라네시아인의 질문에 대답할 준비가 되어 있지 않다. 하지만 성서를, 성서 속 세계관과 더 조화를 이루는 시각으로 읽고(여기서 성서 속 세계관이란 멜라네시아인처럼 조상의 영이나 영적 존재의 실재를 인정하는 성서 시대 사람들의 세계관을 의미한다.—옮긴이 주) 대다수 서구인처럼 조상의 영혼을 단순한 미신으로 여기는 것이 아니라 멜라네시아 친구들처럼 실재로 믿는다면 멜라네시아인의 입장을 뒷받침하는 성서적 증거를 곳곳에서 발견할 수 있을 것이다.

예를 들어 히브리서 12장 1절은 "우리에게 구름 같이 둘러싼 허다한 증인들이 있으니"라고 말한다. 이 허다한 증인들에는 누가 있는가? 하나님을 믿는 모든 사람 그리고 내 아버지도 포함될 것이다. 제자들은 배를 타고 갈릴리 바다를 건너다가 예수가 물 위를 걸어 자신들에게 다가오시는 것을 보자 그분을 귀신이라 생각하여 두려워한다.(마 14:25-27, 막 6:49-50) 그러나 예수는 자신이 귀신이 아니요, 조상의 영도 아니라고 분명하게 말씀한다. 변모 사건에서 예수는 베드로와 야고보와 요한을 높은 산으로 데려가셨고, 그들은 거기서 예수가 모세, 엘리야와 대화하시는 장면을 목격한다.(마 17:1-9, 막 9:2-9, 눅 9:28-36) 하지만 어떻게 그런 일이 일어날 수 있는가? 모세와 엘리야는 죽은 지 수백 년이 지났다. 마지막으로 예수는 부활하신 후, 문을 굳게 닫은 채 겁에 질려 있는 제자들에게 갑자기 나타나서 "두려워하지 말라. 나는 영이 아니다. 나는 조상의 혼령이 아니다."(눅 24:36-39 참조)라고 말씀하신다. 구약성서의 한 예를 살펴보면 사울 왕은 엔돌의 신접한 무당을 통해 죽은 예언자 사무엘을 만난다.(삼상 28장) 이처럼 성서에는 조상의 영혼이 존재한다는 증거가 많아 보인다. 성서는 조상의 영혼이 존재하지 않는다고 가르치지 않는다. 단지 산 자가 죽은 자의 영을 의지하지 말고 오직 하나님만 의지하라고 말한다.(레 19:31, 신 18:11, 사 8:19-20)

결국 조상 영의 실존 여부와 관련해서 서구인이 오히려 현실적이지 못하다는 사실이 드러난다. 인류 역사의 대부분, 전 세계의 대다수 비서구인은 조상의 영혼이 존재한다는 사실을 알고 있었다. 사실 서구인도 조상 영의 존재를 믿긴 했으나 계몽주의 시대 이후로 그런 믿음은 무지한 미신으로 치부되기 시작했다. 크레이그 키너 Craig Keener는 그의 책 *Miracles*(『오늘날에도 기적이 일어날 수 있는가?』, 새물결플러스)에서 서구의 과학적인 세계관이 비서구 세계의 현실과 어긋나 있으며 초자연적이고 영적인 세계의 실재 reality를 놓치고 있다고 주장한다.

세계관과
타문화권 사역

우리는 예수를 따르는 사람으로서 우리의 세계관이 변화되기 원한다. 또한 우리 자신의 삶과 타문화권 사역에서 만나는 사람들의 삶 속에서 하나님 나라를 지향하며 예수처럼 살기 원한다.

우리는 다른 사람들이 우리처럼 세상을 본다고 가정할 수 없으므로 그들의 생각을 이해하기 위해 애써야 한다. 우리는 자신이 더 교육받았고 스스로 '옳다'고 여기기에 그러한 노력을 어리석다고 생각할 수 있지만, 성육신한다는 것은 우리가 그들의 전제를 품고 그들 세계로 들어가 그들의 눈으로 세상을 보려고 노력한다는 것을 의미한다. 성육신적으로 동일시하려고 할 때 우리는 복음전도 대상자의 세계관 속 전제를 수용해야 하는 건 아니지만 그 세계관에 부합하는 방식으로 복음을 제시하기 위해 그것을 진지하게 다루며 이해해야 한다. "그리스도가 해답입니다."라고 그럴싸하게 말하는 대신 "무슨 질문을 갖고 있습니까?"라고 먼저 물어야 한다. 특히 위기의 시대에, 우리가 함께 살아가며 섬기는 사람들의 세계관에서는 어떤 질문이 나오는가?

현지인의 세계관과 복음을 연결하는 작업이 얼마나 중요한지를 보여주는 예는 파푸아뉴기니의 비누마리엔족 이야기에서 찾을 수 있다. 그들은 전쟁에서 거의 몰살되고 땅까지 빼앗겨 거의 사면초가에 몰려 있었다. 위클리프성경번역선교회(Wycliffe Bible Translators) 선교사인 데스(Des)와 젠 오츠(Jenn Oats)가 그 마을에 들어갔을 때에는 약 3,000명이던 인구가 111명으로 줄어 있는 상황이었다.

위클리프 선교사들은 신약성서를 번역할 때 대개 마태복음으로 시작하며 그중 예수의 족보를 다루는 첫 17절은 건너뛰는 경우가 많은데, 비누마리엔족은 그 17개 구절을 듣고서 예수가 자신들의 조상을 돌보는 실존 인물임이 틀림없다고 생각했다. 그들은 번역가에게 중요한 질문을 던졌다. "이 구절은 하나님이 우리 조상들을 돌보신다는 뜻인가요?" 그리고 그렇다는 대답을 들었을 때 그들은 자신이 누구이며 예수가 누구인지에 대한 온전히 새로운 의식을 갖게 되었다. 나아가 이러한 경험은 비누마리엔족의 삶에 전환점이 되어 멸종 직전이던 그들을 예수의 제자 집단으로 변화시켰다.(Oates 1992)

다른 사람의 관점으로 세상을 바라보기 시작할 때 우리는 이전에 몰랐거나 자신의 제한적인 세계관으로 인해 오해하던 부분을 발견하게 된다. 우리는 성서가 2,000년 전 고대 근동 지역에 퍼져 있던 다양한 문화의 관점에서 오랜 세월에 걸쳐 기록되었다는 사실을 기억해야 한다. 모든 것을 완벽하게 이해해야 한다는 생각은 비현실적이다. 또한 우리의 세계관이 해석에 영향을 미치지 않는다고 생각하는 것도 비현실적이다. 성서학계에서는 이제 이러한 인식이 보편적이지만, 우리는 성서를 읽고 해석하고 그것을 우리와 세계관이 완전히 다른 사람에게 설명하려고 할 때에도 세계관의 영향을 거의 고려하지 않는다.

로버트 맥카피 브라운Robert McAfee Brown의 *Unexpected News: Reading the Bible with Third World Eyes*(뜻밖의 소식: 제3세계의 시선으로 읽는 성서)에 따르면 성서는 가난한 사람들의 눈을 통해 읽히며 그들은 부자와 다르게 사물을 본다. 따라서 성서를 이해한다는 것은 "성서는 그것이 말하는 바를 의미하고, 그것이 의미하는 바를 말한다."라는 말만큼 간단하지 않다. 우리의 세계관이 성서 해석에 영향을 미친다는 인식은 성서의 진리를 침식하지 않는다. 오히려 다양한 세계관으로 성서를 읽고 해석하면 더 깊고 포괄적인 진리가 드러난다. 이전에 보지 못하던 것이 발견된다. 이것이 바로 예수와 그의 사역을 총체적으로 이해하기 위해 사복음서가 필요한 이유 중 하나이다.

나는 한 학생으로부터 중국 그리스도인의 기도 방식과 미국 그리스도인의 기도 방식을 폭넓게 비교한 연구 결과를 들은 적이 있다. 이 연구에 따르면, 미국 그리스도인은 부와 건강 등의 복을 구하고 암 치유나 주차 공간 확보 등 모든 것을 자신에게 유리한 방향으로 변화시켜달라고 기도하는 경향이 있다. 미국인의 세계관은 충분한 자원과 노력이 있으면 인간을 달에 보내는 것을 포함해 무엇이든 바꿀 수 있다고 가정한다. 그래서 하나님께 우리 편에서 개입해주시기를 기도한다. 반면 중국 그리스도인은 신앙 때문에 박해를 받더라도 그것을 멈춰달라고 기도하지 않는다. 그들은 하나님께서 상황이나 환경을 바꿔주시기보다 역경 속에서도 신실함을 유지할 수 있도록 도와달라는 것에 더 중점을 두고 기도한다. 이처럼 서로 다른 두 세계관은 서로 다른 두 가지 기도 방식으로 표현된다. 어느 쪽이 맞는가? 둘 다 맞다. 야고보서 4장 2절은 "구하지 않기 때문에 얻지 못하는 것이요, 구해도 얻지 못하는 것은 하나님의 뜻에 따라 구하지 않기 때문"이라고 말한다.

복음을 접했더라도 세계관이 변하지 않는 사람은 피상적인 회심에 머물러 있는 것이다. 안타깝게도 많은 타문화권 증인이 세계관의 개념이나 복음전도 과정에서 작용하는 세계관의 역할을 이해하지 못한다. 우리는 사람들의 행동과 종교를 변화시키는 데 너무 집중한다. 그것은 성령의 역사이지, 선교사의 일이 아니다.

우리의 세계관은 복음의 도전을 받을 때 비로소 바뀌기 시작할 것이다. 그리고 이는 우리가 그리스도의 마음을 품을 때 일어나는 일이다. 바울은 로마서 12장 2절에서 이 문제를 다루며 "너희는 이 세대를 본받지 말고 오직 마음(세계관)을 새롭게 함으로 변화를 받아 하나님의 선하시고 기뻐하시고 온전하신 뜻이 무엇인지 분별하도록 하라"라고 권면한다. 즉 성령의 능력을 통해 우리의 세계관이 크게 변화되지 않는 이상 하나님의 뜻을 알 수 없다는 것이다.

바울은 단순히 종교나 행동의 변화가 아니라 세계관의 변화를 요구한다. 먼저 세계관의 변화가 이뤄진 뒤에야 성령의 인도에 따라 종교나 행동의 변화가 뒤따를 것이다. 고인이 된 선교 역사학자 앤드류 월스Andrew F. Walls는 그의 저서에서 이와 비슷한 내용을 언급한다.

그리스도 안에서 하나님은 사람들을 있는 그대로 받아들이실 뿐 아니라 그분이 원하시는 모습으로 변화시키기 위해 그들을 이끄신다. 그리스도인은 자신의 신앙을 편안하게 느끼도록 만드는 토착화 원리indigenizing principle와 함께, 그에게 거할 도시가 없다고 속삭이며 그리스도께 신실하면 사회로부터 멀어지게 될 것이라고 경고하는 순례자 원리pilgrim principle를 상속받는다. 왜냐하면 그리스도의 말씀을 아무런 저항 없이 시스템에 흡수할 수 있는 그런 사회는 고대나 현대나 동서고금을 막론하고 전혀 존재하지 않기 때문이다. 유대 문화 속의 예수와 헬레니즘 문화 속의 바울은 새로운 문화를 채택하는 과정이 아니라 그리스도의 말씀으로 마음을 변화시키는 과정에서 마찰이 빚어지는 것을 당연하게 여겼다.(1996, 8)

그렇다면 어떻게 세계관을 변화시킬 수 있을까? 수년에 걸쳐 나는 빠르고 쉬운 방법이 없다는 사실을 확인하게 되었다. 변화에는 시간이 걸리며 때로 평생이 걸리기도 한다. 성서적 가치에 부합하는 세계관의 변화는 제자훈련 과정을 통해 이뤄진다. 여기서 제자훈련이란 교재의 빈칸을 채우는 활동을 의미하지 않는다. 그런 활동은 그리스도를 닮는 지속적인 변혁과 형성이라기보다 정보 전달에 관한 것이다. 제이 문은 포괄적인 성격을 띤 그의 저서 *Intercultural Discipleship: Learning from Global Approaches to Spiritual Formation*(타문화 제자도: 영성 형성에 대한 글로벌 접근 방식 학습)에서 그리고 마티아스 자나이저A. H. Mathias Zahniser는 *Symbol and Ceremony: Making Disciples across Cultures*(상징과 의식: 문화를 넘어 제자 삼기)에서 타문화권 사역 중 그리스도를 닮아가는 순례의 여정 가운데 있는 사람들의 세계관을 변화시킬 수 있는 다양한 접근 방법을 주제로 삼아 논의한다.

서로 다른 문화권의 사람들은 복음을 받아들여 세계관이 변화된 후 그리스도 안에서 자기 삶을 표현하는 방식에 있어서도 큰 차이를 보일 것이다. 그러나 이러한 차이에도 불구하고 예수를 따르기로 한 사람들은 각자의 문화 속 불신자보다 서로에게서 더 많은 공통점을 찾게 된다. 예컨대 중국의 그리스도인은 중국의 비그리스도인보다 미국의 그리스도인에게서 더 많은 공통점을 발견한다. 말하자면 한 사람 안에 내주하는 그리스도의 영은 다른 사람 안에 내주하는 그리스도의 영을 반기며 그들 사이의 문화적 거리를 좁힌다.

6장 요약

일반적인 의사소통 문제에 초점을 맞춘 3부의 첫 번째 장에서 우리는 한 문화에서 다른 문화로 복음을 전하기 위해 우리 자신의 세계관과 타인의 세계관을 이해하는 것이 얼마나 중요한지 논의했다. 또한 무의식적으로 형성되는 세계관이 종교보다 더 근본적이라는 점을 확인했다. 우리의 세계관은 어린 시절에 형성되며 이는 평생에 걸쳐 변화에 저항한다. 무의식적으로 습득된 세계관은 매우 자연스러워 보이므로 우리는 세상을 있는 그대로 보고 이해한다고 믿지만, 사실은 문화적으로 합의된 세계관을 통해 '현실 세계'를 접하고 있는 것이다. 우리는 모두 같은 방식으로 세상을 보지 않는다. 그럼에도 우리는 보편적 복음이 모든 시대와 문화, 모든 사람을 위한 것이라고 믿는다. 보편적 복음과 세계관의 특수성 사이의 이러한 긴장은 타문화권 사역에서 우리의 과제란 사람들로 하여금 예수를 따르고 교회를 조직하며 우리와 거의 같은 방식으로 성서를 읽고 해석하도록 인도하는 것이라는 잘못된 가정으로 이끌 수 있다. 이러한 경향에 대항하여 우리는 다른 사람들의 세계관으로 들어가는 성육신적 방식을 취해야 한다. 그들의 문화적 렌즈를 통해 세상을 보고 이해하면서 복음이 그들의 필요에 부응하고 지속적인 변화를 가져오는 지점을 발견해야 한다.

7장   의도하지 않은 파라메시지

반딧불이 불을 무서워하다가 마녀의 불 속으로 걸어 들어간다.
(한 가지 문제를 피하려다 더 큰 문제에 빠져들 수 있다.)

– 가나 브을서족의 속담

무덥고 습한 인도네시아의 밤, 많은 사람이 모인 복음전도 집회는 막바지로 치닫고 있었다. 군중 속에 있던 무슬림 남성인 사에드는 미국에서 온 설교자로부터 예수에 관한 놀라운 이야기를 듣고 감동했다. 그중 일부는 코란에 나오는 이야기라 그에게 익숙했고, 나머지는 그리스도인에게 복음서로 알려진 인질^{Injil}에서 들은 적이 있었다.

    설교자는 예수가 행한 기적과 소외되거나 추방된 사람, 여성, 어린이에 대한 그분의 사랑을 이야기했다. 설교자가 서사적이고 설득력 있게 예수의 모습을 그려냈기에 사에드는 코란에서 이사^{Isa}로 알던 예수와 더 가까워지고 싶은 마음이 들었다.

    설교자는 한 손을 재킷 주머니에 넣고 다른 한 손으로 커다란 성서를 공중에서 흔들더니 무대를 가로질러 기도했다. 그리고 곧이어 예배가 끝났다. 눈앞에서 이 불경스러운 장면을 두 눈으로 똑똑히 지켜본 사에드는 경악을 금치 못했다.

    무슨 일이 벌어진 것인가? 어떤 무슬림도 알라를 그렇게 함부로 대할 수는 없다. 이 설교자는 사기꾼이자 종교를 이용한 장사꾼임에 틀림없었다. 결코 하나님의 사람이 아니었다.

사에드는 방금 무슨 일이 일어났는지 당혹스러워하며 혼란한 마음으로 군중 사이를 황급히 빠져나와 출구로 향했다. 예수는? 좋다! 그러나 설교자는? 아니다!

내 동료가 들려준 이 이야기는 우리가 무의식적으로 사용하는 다양한 비언어적 표현에 얼마나 강력한 힘이 있는지를 분명히 보여준다. 즉 비언어적 메시지는 우리가 전달하려는 언어적 메시지를 확증할 수도, 방해할 수도 있다. 그림 7-1에서 전달자 한 명과 수용자 한 명이 대화를 주고받으며 상호작용을 한다. 그들은 의식적으로 말을 사용하여 언어적 메시지를 정확히 전달하는 데 집중한다. 하지만 말로 표현되지 않는 무의식적 메시지를 주고받기도 한다.

우리는 이러한 비언어적 형태의 의사소통을 '파라메시지'paramessage라고 부른다. 사실 커뮤니케이션 연구에 따르면 두 사람 간의 의사소통은 대개 비언어적인 방식으로 이뤄진다.[1] 개인의 사회적 위치, 민족 정체성, 성별, 복장, 신체 언어, 세계관 등이 모두 무언의 메시지에 영향을 미친다. 이 파라메시지는 문화, 세계관, 몸짓 언어가 다른 사람에게 복음을 전하려 할

---

1 비언어적 의사소통 분야에 대한 개요는 Towler 2020을 참조하라. 커뮤니케이션에서 인간의 움직임에 초점을 맞춘 키네식스(kinesics) 분야는 인류학자 레이 버드휘스텔(Ray Bird-whistell)에 의해 창시되었는데 그는 의사소통의 65-70퍼센트가 비언어적이라고 추정한다. 유명한 7/38/55 공식을 만든 앨버트 메라비언(Albert Mehrabian)에 따르면 의사소통의 7퍼센트는 말의 내용, 38퍼센트는 목소리 톤, 55퍼센트는 신체 언어이다.(1971, 1981, 2008) 그러나 이후 연구들은 의사소통의 93퍼센트가 비언어적이라는 주장에 의문을 제기해 왔다. 이에 관해서는 Rosenthal(2009)도 참조하라. 스콧 모로(Scott Moreau), 에비 헤이 캠벨(Evvy Hay Campbell), 수잔 그리너(Susan Greener)는 기독교적 관점에서 문화 간 비언어적 의사소통에 대해 한 장 전체를 할애하여 다룬다.(2014, 115-28)

그림 7-1 파라메시지의 문제

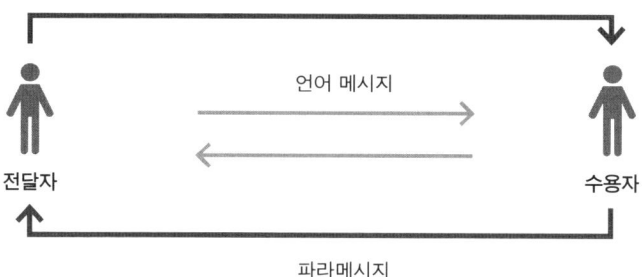

때 오해를 낳을 수 있다. 찰스 크래프트는 *Communication Theory for Christian Witness*(『기독교 커뮤니케이션론』, CLC)에서 "우리는 의사소통을 할 때 항상 여러 개의 메시지를 보낸다. 더 정확히 말하면 수신자가 메시지를 여러 의미로 받아들인다. 이렇게 추가적으로 수용된 메시지 중 일부는 우리가 전달하려는 주된 메시지를 왜곡하거나 심지어 그 메시지와 모순될 수 있는데, 이는 우리가 말로 전달하는 메시지와 삶으로 전하는 메시지가 다를 때 그러하다."(1991, 53)라고 말한다.

일주일 내내 설교를 준비하여 강단에 선 목회자는, 주일 아침 회중과 소통하며 말씀을 전하다가 자신이 설교문을 준비할 때 공들여 선택한 단어 중 극히 일부만 쓰고 있다는 사실에 당혹스러울 것이다.

파라메시지의 출처

수많은 무의식적 파라메시지는 어디에서 비롯되는가? 크게 세 가지를 말해볼 수 있다. 첫째, 우리 자신에 대한 태도이다. 우리 자신을 어떻게 생각하는가? 자신감이 넘치는가, 아니면 소심한가? 자신의 능력을 의심하는가? 자신을 경멸하는가? 자신의 모습에 편안함을 느끼는가? 자신을 너무 과대평가하지는 않는가? 우리가 인식하든 인식하지 못하든, 우리 자신을 어떻게 생각하는지는 파라메시지를 통해 그대로 전달된다. 그러므로 건강한 자아 개념은 효과적인 타문화권 사역의 중요한 전제 조건이다. 만일 우리가 자기 자신에 대해 편안하지 않다면 특히 타문화권 사역 상황에서 사람들과 어울리는 데 어려움을 겪을 가능성이 크다. 그렇다면 우리 자신을 어떻게 느껴야 하는가? 나는 하나님이 우리에 대해 느끼시는 것처럼, 우리도 그렇게 느껴야 한다고 생각한다. 우리는 쓸모없는 쓰레기 더미가 아니다.

우리는 하나님의 길을 따라 걷는 구속받은 죄인이다. 천사들보다 조금 못하게, 그러나 하나님의 형상대로 창조된 소중하고 사랑받는 존재이다.(시 8:5) 따라서 우리는 사람들이 우리 주위에서 편안하게 지낼 수 있도록 우리 자신을 있는 그대로 받아들이고 스스로 편안해져야 한다. 특히 안전과 사랑을 느끼지 못하는 환경에서 자랐다면 집중적인 심리 상담을 받는 것도 좋다.

우리 자신을 어떻게 인식하고 느끼는지는 우리가 타인들─우리가 섬기는 사람들 그리고 우리와 함께 일하는 동료 선교사들─과의 관계를 깊이 발전시키는 데 중요한 요소이다. 나는 타문화권 사역에서 가장 큰 문제 중 하나가 선교사들이 서로 잘 어울리지 못하는 것이라고 생각한다. 다양한 문화적 배경을 가진 국제 선교팀 안에서는 이러한 어려움이 더 크다.(Lingenfelter·Green 2022)

둘째, 타인을 대하는 태도는 파라메시지의 또 다른 원천이다. 교육이 부족하거나 경제력이 낮다는 이유로 누군가를 우리보다 못한 존재로 보는가? 우리처럼 수십 년 동안 예수와 동행하지 않았다고 해서 그 사람을 그리스도 안에서 단순한 어린아이로 보지는 않는가? 우리가 가부장적이거나 모성애적인 태도를 갖고 있다면 아마도 다음과 같은 생각을 무의식적으로 하면서 스스로를 정당화할 것이다. "우리가 함께 살아가며 섬기는 사람들은 정말 믿음이 약한 어린아이와 같습니다. 그들은 성서를 잘 모르고 신학적인 기초도 부족해요. 그래서 우리의 도움과 통찰, 재정 지원이 정말 필요할 것입니다." 물론 수용자들은 이러한 태도를 금세 파악하게 되고 그들과 우리의 관계는 손상될 것이다.

안 된다는 것을 알면서도 자꾸 우월감이 느껴진다면 어떻게 해야 할까? 그것을 감추기 위해 노력해야 하는가? 감출 수 있는가? 당연히 아니다. 파라메시지는 우리의 진정한 감정을 드러낼 것이다. 현지인이나 현지 문화가 도무지 마음에 들지 않으면 어떻게 해야 하는가? 속으로 '당신이 정말 싫어.'라고 생각하면서 겉으로는 "하나님이 당신을 사랑하시고 당신 삶을 위한 멋진 계획을 갖고 계십니다."라고 그럴싸하게 말할 수 있는가? 그렇지 않다. 우리는 믿지 않는 것을 전달할 수 없다.

우리가 보내는 파라메시지는 반대로 말하려는 우리의 언어적 노력에도 불구하고 우리가 진정으로 수신자를 어떻게 느끼는지를 드러낼 것이다. 만일 우리가 우리 존재의 가장 깊은 차원에서 모든 사람이 하나님의 자녀요, 하나님의 은혜로 구속받은 죄인으로서 동등하다는 사실을 믿지 않는다면 "당신은 나보다 열등합니다. 나는 당신보다 낫습니다."라는 파라메시지를 보내게 될 것이다.

나는 종종 타문화권 증인들에게, 선교지에 도착하여 그곳 사람들이 마음에 들지 않으면 즉시 두 가지 중 하나를 해야 한다고 말한다. 첫째, 효과적인 사역을 할 수 없으므로 선교지 이동을 요청해야 한다. 다소 극단적으로 보일 수 있지만 자신의 감정이 사역에 방해가 될 것을 알면서 왜 싫어하는 사람들과 함께 있는가? 둘째, 어쩌면 더 중요한데, 그야말로 하나님 앞에 무릎을 꿇고 마음을 찢어주셔서 하나님의 관점으로 현지인을 보게 해달라고 간구하는 것이다. 종종 우리는 내면 깊숙이 자민족중심주의와 편견이 자리 잡고 있음을 고백해야 한다. 타문화권 증인들에게 어쩌면 선교 여정의 처음 2만 킬로미터(다른 문화권으로 이동하는 물리적 거리—옮긴이 주)가 제일 쉬운 구간일 수 있다. 그리고 현지인들 가까이에 살며 그들과 교류하는 마지막 3.6미터(선교사가 생활 속에서 현지인과 관계를 맺으며 갖가지 차이와 갈등을 겪어가는 심리적 거리—옮긴이 주)가 가장 어려운 구간일 수 있다.

내가 가르치던 훈련생 중 안타깝게 실패한 사례가 하나 있다. 그녀는 미국 남부 출신의 여성 선교사로, 훈련을 받은 뒤 선교단체의 파송을 받아 남아프리카공화국으로 향했다. 그런데 현지에 도착하여 동료 선교사 중 하나에게 사역에 참여하는 흑인들이 많아 놀랐다고 털어놓았다. 몇 주 만에 그녀는 집으로 향하는 비행기에 몸을 실었다. 그녀의 내면에 무의식적으로 자리 잡은 인종차별이 남아공 흑인들을 동등하고 사랑스러운 하나님의 소중한 자녀로 대하는 데 방해가 되었기 때문이다.

파라메시지의 세 번째 원천은 우리가 전달하려는 메시지와 삶에 대한 태도 및 신념이다. 우리는 우리가 전달하는 메시지를 믿고 있는가? 아니면 너무 익숙해져서 확신 없이 공허한 말만 내뱉고 있는가? 열정을 잃은 채 그저 형식적으로 사역하지는 않는가? 우리는 낙관적인가, 아니면 비관적인가? 우리는 인생의 잔이 반쯤 차 있다고 보는가, 아니면 반쯤 비어 있다고 보는가? 삶에 대한 우리의 기본적인 태도와 방향은 우리가 보내는 파라메시지에서 반복적으로 표출될 것이다.

문제는 파라메시지 대부분이 전달자와 수용자 모두의 무의식에서 작동한다는 점이다. 따라서 우리가 의도한 것과는 정반대의 메시지가 쉽게 전달될 수 있으므로 정말 섬뜩한 일이다. 파라메시지는 대부분 무의식적이며 수용자는 이런 파라메시지를 우리의 언어적 메시지보다 훨씬 중요하게 여길 수 있다. 우리의 의사소통이 반복적으로 실패하는 이유는, 이러한 파라메시지에 충분히 주의를 기울이지 않기 때문이다.

한번은 선교사 후보생들을 대상으로 '복음전도 과정에 미치는 파라메시지의 영향력'을 강의했는데, 훈련 세션이 끝난 후 한 목회자가 찾아와 다음 이야기를 들려주었다. 그는 동남아시아 사람들이 자신의 설교에 매우 잘 반응했기 때문에 그곳에 가서 복음전도 집회를 여는 것을 좋아했다고 한다. 어느 날 그는 어린 소년들이 담배 피우는 것을 너무 많이 목격했기에 흡연에 반대하는 설교를 하겠다고 통역사에게 말했다. 이 문제를 정면으로 다뤄야겠다고 생각한 것이다. 통역사는 흡연이 건강에 나쁘지만 그에 대한 설교는 하지 말라고 충고했다. 그가 이유를 묻자 통역사는 이렇게 말했다.

"목사님, 발을 한번 보세요. 여기에 온 지 나흘 되었는데, 유명 디자이너의 명품 구두를 벌써 세 번째 갈아 신고 계십니다. 어린 소년들이 맨발인 것을 보셨나요? 이 지역 사람들은 목사님의 신발을 보며 목사님이 부를 과시한다고 생각해요. 목사님을 더 이상 신뢰하지 않기에 설교 말씀에도 귀를 기울이지 않을 것입니다." 선교사 후보생인 그는 이야기를 나누다가 눈물을 흘리며 이렇게 말했다. "제가 보낸 파라메시지 때문이겠지요? 왜 전에는 그걸 몰랐을까요?" 그는 다시는 같은 실수를 반복하지 않겠다고 다짐했다.

**삶의 방식으로서의
파라메시지**

의사소통을 방해하는 무의식적인 파라메시지에는 어떤 것이 있는가? 타문화권 사역에서는 우리의 생활 방식이나 자동차, 집, 의복 등이 복음전도에 실제적인 도움이 되거나 방해가 될 수 있다. 여기서는 선교사의 생활 방식이라는 어려운 주제를 파라메시지로서 살펴보자.

나는 종종 선교사들이 자신이 살아가는 문화적 맥락에 더 적합한 방식으로 삶을 조정하기를 꺼려하는 경우를 봤다. 그들은 예수를 위해 기꺼이 지구 반대편으로 가지만 그곳에 도착한 후에는 생활 방식을 좀처럼 바꾸려고 하지 않는다. 생활 방식이 개인의 선택이며 사역에 영향을 미치지 않는다고 합리화한다.

사실 나는 본국의 생활 방식을 고수하면 오히려 현지의 어려운 생활환경에 더 쉽게 적응할 수 있다는 주장도 여러 번 들었다. 많은 선교사가 "현지인들은 우리가 그들과 다른 문화권 출신인 걸 알기 때문에 다른 방식으로 살 것이라고 예상합니다. 그러니 고국에서 살던 방식을 계속 유지해도 괜찮습니다."라고 내게 말했다. 동남아시아에서 사역하는 한 선교사 가족은 집에 '위스콘신 방'이라고 부르는 별도의 공간을 마련하기도 했다. 그들은 위스콘신주를 연상시키는 각종 소품과 에어컨이 설치된 그 방에 들어가면 마치 '집에 온 듯한' 느낌을 받는다고 했다. 그곳은 선교지의 낯선 소리와 광경, 냄새로부터의 탈출구이자 문화적인 휴식처였다. 하지만 한편으로는 현지인과 함께 살아가는 데 방해가 되기도 했다.

선교사의 생활 방식과 관련해 중요한 것은 어떤 집에 사는지 혹은 고국에서 얼마나 많은 짐을 가지고 왔는지가 아니라 그 생활 방식이 현지인과 깊은 인간관계를 형성하는 데 도움이 되는지 혹은 장애가 되는지의 여부이다.

케냐의 성서 번역 선교사들은 현지인과 자신을 동일시하고 성육신적으로 살기 위해 할 수 있는 모든 일을 하고 있었다. 현지 가구를 사고, 현지 주택에서 살고, 현지 교통수단을 이용하고, 현지 음식을 먹는 등 할 수 있는 모든 것을 했다. 그런데 몇 년 후 그들은 현지인들이 자기들의 집을 '캐나다 집'이라고 부르는 것을 우연히 알게 되었다.

이 사실은 성서 번역 선교사들에게 큰 실망을 안겨주었다. 왜냐하면 그들은 선교지에 적합한 생활 방식으로 살아내기 위해서 열심히 노력했기 때문이다. 현지 문화에 적응하고 지역 주민과 동일시하려는 그들의 시도에 무엇이 잘못되었는가? 그들은 자신들의 집이 왜 '캐나다 집'으로 불리게 됐는지 조사했고 그 결과 집 내부를 모두 아프리카의 가구로 채웠지만 그 가구들을 전형적인 미국 패턴으로 배치했기 때문임을 알게 되었다. 현지 가정은 가구가 거의 없고 그나마 있는 것도 선교사들의 집과 매우 다른 방식으로 배치했다.

타문화권에서의 효과적인 의사소통은 친밀한 대인관계와 관련된다. 만일 우리의 가장 가까운 친구가 현지인이 아니라 동료 선교사나 다른 외국인이라면 무언가 잘못되었다는 뜻이다. 아시아에서 사역하는 수백 명의 미국인 선교사를 인터뷰하며 나는 그들에게 "이곳에서 가장 친한 친구가 누구입니까?"라고 물었다. 대다수가 다른 미국인을 꼽았고, 현지인 친구가 없는 선교사도 많았다. 그들은 이것이 문화적 어려움이자 극복해야 할 정서적 장애물이라고 고백했다. 현지인과 친밀한 인간관계를 맺어야 하는 건 알지만 너무 어렵다는 것이다. 안타깝게도 그들 대부분은 자신의 생활 방식으로 말미암아 스스로 사회적 감옥을 만들고 그 안에 갇혀 있다는 사실을 깨닫지 못했다.

우리는 우리의 생활 방식이 현지인과 친밀한 인간관계를 형성하는 데 해가 되는지, 도움이 되는지를 평가해봐야 한다. 이는 소위 선교사의 나무 상자missionary barrels (19-20세기 미국이나 유럽에서 선교지에 생필품, 사역 도구 등을 보내기 위해 사용하던 통 — 옮긴이 주)에 넣을 물품의 목록을 작성하여 무엇을 본국에 남겨두고 무엇을 사역지에 가져갈지를 정하는 것보다 훨씬 쉬운 일이다.

물론 어떤 선교사들은 현지인처럼 살기로 작정했으나 동료 선교사나 외국인 공동체로부터 "본국에서 하던 방식대로 살라."라는 권유나 압박을 받았을지도 모른다. 하지만 수년 동안 선교사들을 관찰하고 연구해온 나는 과도하게 현지인과 동일시하려는 선교사를 거의 발견하지 못했다. 그나마 다음 이야기에 나오는 아이들이 그러한 동일시에 매우 근접한 사례일 것이다.

선교사들이 비행기가 아니라 여객선을 타고 이동하던 시절, 네 자녀를 둔 어느 선교사 가족이 아프리카에서 본국으로 돌아오고 있었다. 전에 미국에서 안식년을 가질 때, 네 자녀는 유행에 뒤떨어진 '선교사 복장'을 하고 있다는 이유로 놀림을 받은 적이 있었다. 그래서 이 선교사 부부는 미국에 가기 전에 미리 최신 카탈로그를 보고 자녀들의 옷을 사놓았다. 배가 항구에 도착하자 아이들은 설레는 마음으로 새 옷으로 갈아입었다. 하지만 배에서 내려 부두를 따라 내려오는데, 사람들이 자신들을 쳐다보며 비웃는 모습이 보였다. 이 선교사 가족은 당황하여 도대체 뭐가 잘못되었는지 궁금했다. 선교사 부부는 이런 창피를 당하지 않기 위해 최근에 유행하는 멋진 옷을 아이들에게 입혔지만 안타깝게도 아이들에게 배에서 내려올 때 여행 가방을 머리에 이지 말라고 주의하는 것을 잊어버렸다!

강력한 파라메시지

"행동이 말보다 더 크게 말한다."라는 말은 타문화권에서의 의사소통에서 파라메시지의 영향력이 얼마나 강력한지를 잘 보여준다. 의도한 메시지를 잘 전달하기 위한 강력한 파라메시지 중 하나는 학습자로서 현지 문화에 들어가 덜 말하고 더 들으며 관찰하고 질문하고 현지 문화를 탐구하는 것이다.

모든 해답을 가진 교사가 아니라 학습자로서 새로운 문화에 들어가는 것이야말로 우리가 복음으로 영향을 미치려는 사람들에게 보낼 수 있는 가장 좋은 파라메시지이다. 그러나 우리는 좋은 소식의 담지자로서 반드시 교사가 되어야 한다는 유혹을 느낀다. 교사나 전문가로서 타문화에 들어갈 때 우리는 종종 현지인과 그들의 문화를 배우는 기회의 문을 닫는다. 우월감을 보임으로써 우리와 우리 메시지가 현지인에게 전달되는 데 어려움을 초래한다. 유진 나이다는 고전적인 그의 저서 *Customs and Cultures: Anthropology for Christian Missions*(관습과 문화: 기독교 선교를 위한 인류학)에서 "일반적인 비그리스도인에게 큰 문제가 되는 것은 대개 기독교 메시지가 아니라 기독교 메신저이다."라고 말하는데(1954, 251) 맞는 말이다. 물론 우리가 가진 지식과 경험은 우리의 일부이므로 무시할 수 없다. 하지만 우리는 겸손한 학습자의 자세로 타문화권 사역에 참여할 수 있다.

잠비아에서 교단 목회자와 사역자를 양성하는 성서학교에서 가르치다가 4년의 임기를 마치고 안식년에 들어간 어느 젊은 선교사가 생각난다. 나는 '기독교 선교를 위한 인류학'이라는 수업을 담당하고 있었는데, 학기 내내 모든 해답을 아는 지식인이 아니라 겸손한 학습자로 타문화권에 들어가야 한다는 내용을 핵심 주제로 가르쳤다. 그 선교사는 내 수업을 훌륭하게 따라왔고, 비록 교단에서 배운 것과 상반되었음에도 불구하고 강의 내용을 마음에 간직했다.

그는 두 번째 선교 사역을 위해 잠비아로 다시 돌아갔다. 그로부터 6개월 후 그는 같은 학교에서 가르치고 있지만 그곳이 새로운 장소로 느껴지고 학생들도 이전과 다른 사람들처럼 여겨진다고 내게 편지를 보내왔다. 하지만 달라진 건 선교사 자신이었다. 그는 학생들이 묻지도 않은 질문에 모든 해답을 제공하려는 교사가 아니라 배우는 자로서 성서학교에 돌아갔다. 그는 학생들로부터 그들의 사회적 세계와 그리스도인으로서 직면하는 영적 세계 그리고 그리스도가 해답이 되는 일상의 고난 등에 관해 참으로 많은 걸 배울 수 있었다고 놀라워했다. 이제 그는 난생처음으로 학생들의 절실한 질문이 무엇인지 발견했고 이는 그의 가르침에 큰 변화를 가져왔다.

성공회의 영향을 연구하기 위해 우리 부부가 솔로몬제도에 갔을 때 마을 지도자들이 "왜 여기 오셨습니까?"라고 물었다. 나는 "여러분과 함께 살면서 기독교가 마을의 삶에서 어떻게 작동하는지 배우러 왔습니다."라고 대답했다. 그들은 내 말을 이해했다는 듯이 고개를 끄덕였다. 하지만 다음 날에도 그들은 같은 질문을 했고 나도 같은 대답을 했다. 이런 일이 며칠 동안 계속되었다. 그들은 우리가 왜 외딴 마을에 와서 그들과 함께 또 그들처럼 살려고 하는지 이해되지 않았던 것이다.

그러던 어느 날 내가 그들에게 배우러 왔다고 다시 말하자 그들은 이렇게 대답했다. "우리에게 배우러 왔다고요? 우리는 우리에게 무언가를 배우러 온 백인을 본 적이 없습니다. 영국의 순찰 장교(식민 통치 시절에 정부의 대표자이자 권력 집행자로서 치안 유지, 조세 징수, 문화 관찰 및 조사 등을 담당하던 관리—옮긴이 주)이든 선교사이든 그들은 항상 우리에게 무엇을 해야 하는지 알려줬습니다." 그런 다음 이렇게 솔직하게 덧붙였다.

"우리에게 배우러 왔다면 당신은 아무것도 모르니 우리가 바쁘게 가르쳐야겠군요." 그들의 말이 옳았다. 그 후 그들은 자신의 역할을 진지하게 받아들이고 정령숭배와 기독교의 여러 층위를 우리에게 가르치기 시작했다. 우리와 함께 정글을 걸을 때면 종종 멈춰 서서 "이건 중요합니다. 종이와 연필을 꺼내서 적어보세요."라고 말했다. 그들은 내 스승이 되었으며 나는 그들에게서 배운 내용을 정리하여 *Melanesians and Missionaries: An Ethnohistorical Study of Social and Religious Change in the Southwest Pacific*(멜라네시아인과 선교사들: 남태평양 지역의 사회 및 종교 변화에 관한 민족사적 연구)이라는 책으로 출간했다.

**인식론적 겸손의
필요성**

타문화권에서 복음을 전할 때 우리는 확실성에 대한 욕구를 포기하고 대신 이해를 추구해야 한다. 이것이 인식론적 겸손 epistemological humility이다. 우리는 우리가 선포하고 살아내는 복음을 온전히 확신하면서 동시에 우리가 하는 모든 일에 대해 우월감을 느끼지 않을 수 있을까? 여기에는 긴장이 존재한다. 우리가 우월한 태도를 가지면 많은 소통의 문이 닫힌다. 혹자는 "우리에게 있는 복음은 그들의 문화를 더 나은 방향으로 변화시킬 것이고, 이 복음을 전하는 것이 우리가 선교사로 파송된 주된 이유가 아닌가?"라고 항의할 수 있다. 하지만 그렇지 않다! 우리의 과업은 세상 어느 사회에서나 가장 놀라운 변화를 일으키시는 예수를 사람들에게 소개하는 것이다. 문화를 변화시키는 것은 우리의 과업이 아니라 성령의 사역이다.

나는 대부분의 타문화권 증인들에게 사역의 첫 2년은 언어와 문화 학습에 전념해야겠지만 이후 2년이 남든 22년이 남든 그 기간에도 계속 언어와 문화를 배우라고 권장한다. 우리가 언어를 배우고 현지 문화를 이해하는 데 수년을 투자한다고 하자. 이를 사역 기간이라 볼 수 있을까? 우리는 현지 언어와 문화를 학습하기 위해 선교사로 파송된 것인가? 우리는 언어를 배우고 문화를 이해한 뒤에야 진정한 사역을 시작할 수 있다고 생각하는 경향이 있다. 그래서 언어와 문화 학습을 사역을 위한 준비로만 한정하는 경향이 있다.

하지만 가나에서 오랜 동안 가톨릭 선교사로 활동한 신성한말씀협회의 존 커비Jon Kirby는 언어와 문화 학습이 그 자체로 회심이며 사역임을 우리에게 일깨운다. 단순히 타문화권 사역을 위한 준비가 아니라는 것이다. 그는 "언어와 문화 학습은 우리의 신앙을 확장하고 심화하며 열린 대화 가운데 새로운 지식의 샘에서 배울 것이 많음을 인식하는 겸손한 자세를 요구한다. 또한 현지 문화에 정통하고 섬세한 이해를 지닌 새 스승(현지인)들을 통해 새로운 실재를 발견함으로서 선교사는 진정한 회심을 경험하고 미래의 회심을 위한 씨앗을 심는다."(1995, 137)라고 언급한다.

나는 우리가 현지 언어를 구사하거나 현지 문화를 이해하지 못한 채 선교지에 도착했더라도 그 순간부터 사역이 시작된 것이라고 생각한다. 왜냐하면 우리가 그들의 언어를 한마디 할 수 없어도 현지인은 우리의 삶과 태도를 살피고 우리가 가족이나 동료 선교사와 어떻게 지내는지, 비그리스도인 친구는 사귀는지 등을 관찰하기 때문이다. 이 기간에 그들은 우리를 관찰하면서, 우리가 마침내 그들의 언어를 구사하고 그들의 문화에 잘 적응하며 살게 되었을 때 우리의 말이 들을 가치가 있을지를 결정한다. 즉 우리는 파라메시지로 계속 그들과 소통하고 있다는 말이다. 사역이 단순히 언어적 교류가 아니라 관계 구축에 관한 것이라면 우리는 현지에 손님으로 도착한 순간 이미 사역을 시작한 셈이다. 안타깝게도 많은 선교사가 그렇게 생각하지 않는다. 우리는 긴급하게 나누어야 할 메시지가 있기에 그들의 언어를 배워야 한다고 믿는다. 하지만 나는 이것이 타문화권 사역의 잘못된 접근 방식이라 주장한다.

우리의 의사소통 가운데 극히 일부만 언어를 통한다면, 복음전도는 대개 비언어적인 전달 형식으로 이뤄진다고 볼 수 있다. 우리의 어조와 생활방식, 행동 등이 방대한 양의 정보를 전한다. 우리가 말한 내용을 현지인들이 실제로 어떻게 '듣는지' 이해하지 못한다면 우리는 현지인들이 그것을 받아들이는지 혹은 어떤 이유로 거부하는지 알 수 없다. 의미는 말하는 사람이 아니라 듣는 사람이 결정한다는 사실을 기억하라. 따라서 그들이 무엇을 듣고 있는지 모른다면 우리는 복음이 그들을 공격하는 것인지 혹은 우리가 복음으로 그들을 공격하는 것인지 알 수 없다.[2]

복음의 공격이란 무슨 의미일까? 복음의 좋은 소식은 우리 문화뿐 아니라 다른 문화에도 도전적이다. 바울은 복음을 가리켜 유대인에게는 걸림돌이 되고 헬라인에게는 어리석은 것이 된다고 상기시킨다.(고전 1:23) 어떻게 복음이 좋은 소식인 동시에 공격적일 수 있는가? 리처드 오스머 Richard Osmer는 이 역설을 이렇게 설명한다.

"하나님의 부르심은 복음을 통해 온다. 복음은 예수 그리스도 안에서

---

[2] 다른 글(Whiteman 1997, 3-4)에서 나는 복음의 공격이 무엇을 의미하는지를 설명했으며, 좋은 상황화의 기능 중 하나는 복음의 초점(복음은 좋은 소식이지만 우리의 죄와 사회의 악한 구조에 맞서는 것이기도 하다.)을 날카롭게 하는 것이라고 말한 바 있다. 레슬리 뉴비긴은 그의 획기적인 저서 *Foolishness to the Greeks*(『헬라인에게는 미련한 것이요』, IVP)에서 나와 비슷한 지적을 하며, 복음이 서구 문화의 많은 부분에 대해 제기하는 비판을 설득력 있게 주장한다.

하나님이 세상을 구원하신다는 좋은 소식이다. 그것은 구원의 메시지이다. 복음전도는 항상 하나님의 긍정^{Yes}, 즉 구원을 가장 중요하게 제시해야 한다. 하나님의 심판인 부정^{No}은 하나님의 은혜를 드러내기 위한 것이다. 복음을 전할 때 우리는 사람들이 예수 그리스도 안에서 세상을 사랑하신 하나님의 이야기에 응답하도록 그들을 초대한다. 우리는 하나님의 이름으로 그들을 수치스럽게 하거나 꾸짖거나 위협하지(문화적으로 공격하지) 않는다."(2021, 15)

복음은 모든 문화에 대해 항상 공격적이므로 우리는 복음이 갖는 본래의 공격성을 제거할 수 없다. 하지만 복음을 전하고 살아내는 방식의 공격성은 제거할 수 있다. 안타깝게도 우리는 종종 문화적으로 사람들을 공격하므로 그들이 복음의 공격성 자체를 듣지도 못하게 한다. 타문화권 복음전도에서 우리가 지향할 목표는 문화적 공격을 줄임으로써 복음의 공격이 더 강력하게 문화의 중심부로 침투하게 하는 것이다. 예수는 종종 사람들, 특히 종교 지도자에게 공격적이셨지만 거기에는 하나님 나라를 위한다는 정당한 이유가 있었다.

7장 요약

이 장은 "행동이 말보다 더 크게 말한다."라는 문장으로 요약할 수 있다. 타문화권에서 복음을 전할 때 우리는 종종 언어적 메시지보다 비언어적이고 무의식적인 파라메시지가 더 크고 중요하다는 사실을 간과한 채 언어적 의사소통에 큰 비중을 둔다. 그러므로 의사소통에 강력한 영향을 미치는 무의식적 파라메시지를 파악해야 한다. 이런 파라메시지는 주로 세 가지에서 드러나는데 바로 우리 자신에 대한 태도, 타인에 대한 태도, 전달하려는 메시지와 삶 전반에 대한 태도이다. 강력한 파라메시지 중 하나는 배우는 자의 자세로 타문화에 들어가는 것이다. 그렇게 청중의 입장으로 타문화에 들어가 복음을 전하고 살아내기 위해 노력했다면 그 다음에는 실제로 그들이 무엇을 듣고 그것을 어떻게 해석하는지 발견해야 한다.

8장 문화적 형식과 공간의 오용

당신이 내 언어로 된 속담을 이해하지 못한다면 당신은 나를 모르는 것이다.
(어떤 문화를 잘 안다는 것은 문화의 깊은 차원이 내포된 속담도 이해한다는 의미이다.)

- 케냐 루야족의 속담

문화적 형식

다양한 세계관, 의도치 않은 파라메시지와 마찬가지로 문화적 형식도 타문화권 사역에 문제를 일으킬 수 있다. 멜라네시아에서 겪은 내 가족의 경험을 예로 들어보겠다. 대개 성찬식에서 우리는 "예수는 세상 죄를 지고 가는 하나님의 어린양"이라는 구절을 자주 접한다. 오늘날 미국 그리스도인 사이에서도 반복적으로 사용되는 말이다. 하지만 그들 대다수에게 2,000년 전 초대교회가 이 표현에 부여한 의미가 얼마만큼 깊게 와닿을까? 아마 초대교회 제자와 신자만큼의 깊은 울림은 전해지지 않을 것이다. 왜냐하면 우리는 더 이상 속죄를 위해 동물을 죽이는 문화에 살고 있지 않기 때문이다.

그렇다면 양이 없는 문화에서 하나님의 어린양인 예수를 어떻게 전달할 수 있을까?(Whiteman 1993, 2-3) 양을 전혀 본 적이 없기에 '희생양' 관습의 의미를 전혀 이해하지 못하는 사람들에게 예수의 희생적 죽음을 어떻게 전달할 수 있을까? 파푸아뉴기니와 멜라네시아 전 지역이 바로 이 경우에 해당한다. 어떻게 보면 멜라네시아인은 희생 제사의 관습을 가진 곳이므로 예수의 희생적 죽음을 개념적으로 더 잘 이해할 수도 있을 것이다. 고대 히브리인이 양을 제물로 바쳤던 것처럼 그들도 영혼을 달래거나 전쟁 중인 부족과 화해하기 위해 동물을 죽였기 때문이다. 단지 그들이 사용한 동물은 양이 아니라 돼지였을 뿐이다.

현지 교회 지도자들은 그들의 문화에 이미 완벽한 희생 동물, 즉 양이 아니라 돼지가 있다는 것을 알고 있었다. 그렇다면 세상의 죄를 지고 가는 하나님의 어린양 예수의 의미를 전하기 위해 세상의 죄를 지고 상처받은 사람과 공동체에 치유, 화해를 가져다주는 '하나님의 돼지'로 예수를 지칭하며 시작하는 것이 더 나은가?

이런 생각은 대다수 서구인에게 완전히 혐오스럽고 터무니없는 신성 모독으로 여겨질 수 있다.(더 나아가 예수가 희생 제물이었다는 중요한 의미를 전달하기 위해 '흠 없는 어린양'의 형상만 사용해야 하는지에 대한 온갖 종류의 신학 논쟁이 제기될 것이다.) 내가 학생이나 선교사 훈련생에게 이런 가능성을 제기하면 그들은 종종 이단적인 생각이라 여기며 답답해한다. 그러면 나는 '하나님의 돼지'를 출발점으로 삼을 뿐이고 돼지라는 친숙한 형식을 사용하여 예수의 진정한 의미를 전달하면 이것이 대화의 가교가 되어 고대 히브리인이 돼지 대신 양을 희생 제물로 사용했다는 걸 설명할 수 있다고 그들을 안심시킨다.

적절한 형태(돼지)로 의미가 전달되었기 때문에 멜라네시아인은 "아, 이것은 정말 좋은 소식입니다. 이제 우리가 더 이상 영혼을 달래기 위해 돼지를 희생할 필요가 없다는 뜻이군요. 예수님은 '하나님의 돼지'이시기 때문에 그분의 희생으로 말미암아 우리의 돼지 제사는 더 이상 필요하지 않습니다."라고 말할 것이다. 양에서 돼지로 형식을 바꾸면 진정한 의미가 그들에게 전달될 수 있는 것이다.

혹시라도 교회 지도자가 번역 과정에서 어린양을 돼지로 대체했는지 걱정하는 사람이 있을까 봐 언급하자면 내가 아는 한 그런 사례는 어디에도 없다. 그러나 이스라엘 민족의 희생양과 멜라네시아인의 돼지가 동등한 의미로 연결되는 것을 주목한 건, 제각기 다른 형식들이 하나의 공통된 의미를 가리킬 수 있음을 이해하는 데 도움이 되었다. 요약하면 거룩한 것은 의미이지, 의미를 전달하는 데 사용하는 형식이 아니다. 진정한 의미가 살아 숨 쉬려면 이를 전달하는 문화적 형식이 시간과 문화에 따라 업데이트되고 변화되어야 할 것이다.[1]

문화적 형식이란 우리가 보고, 만지고, 듣고, 맛보고, 냄새 맡을 수 있는 명백한 부분을 말한다. 여기에는 행동, 의례, 몸짓, 의식, 물질적 인공물, 언어, 음식 등이 포함된다. 문화적 형식은 우리가 의미를 전달할 수 있는 유일한 수단이기 때문에 매우 중요하다. 심지어 하나님도 우리의 문화적 형식을 사용하여 우리와 소통하신다.

문화적 형식은 문화마다 고유하게 특화되어 있으므로 보편적인 문화 형식이란 거의 없다. 즉 한 문화에서 특정 의미를 전달하기 위해 사용된 문화적 형식은 다른 문화에서 동일한 의미를 전달하지 않는다.

그림 8-1은 두 문화 간의 형식과 의미의 관계를 보여준다. 자문화 A에서 어떤 내용을 전달하기 위해 그에 적절하고 익숙한 형식을 사용한다고 가정해보자. 그리고 타문화 B에서도 같은 내용을 전달하기를 원한다. 만

---

[1] 문화적 형식과 그것이 전달하려는 의미를 구분하는 것은 상황화를 이해하는 기초이다. 이에 대해서는 폴 히버트(Paul G. Hiebert, 1978)의 심층적 논의를 참조하라. 나 역시 여러 저술에서 형식과 의미에 대한 논의를 상황화와 연결하여 다뤘다. Whiteman 2010, 2021, 2023a를 참조하라.

일 자문화 A에서 사용한 형식을 타문화 B에서도 동일하게 사용한다면 어떻게 될까? 내가 사용한 형식이 동일한 의미를 전달할 수 있는가? 그렇지 못할 확률이 크다. 문화적 형식은 문화적 경계를 넘어서는 보편적 의미를 지니지 않기 때문이다.

그림 8-1 문화 차이에 따른 형식과 의미 변화

예를 들어 콩고의 바뱀베족에게는 남성 둘이 손을 잡고 다니는 것이 두 사람 사이의 우정을 표현하는 현지의 문화적 형식이다. 그런데 미국에서는 그런 행동이 동성애자임을 의미한다. 또 미국에서는 검지와 엄지를 맞대고 원을 만드는 것이 '괜찮다'는 신호이다. 하지만 브라질에서는 그 손동작이, 미국에서 중지를 사용해 표현하는 것과 비슷한 외설적 의미를 띠게 된다.

미소는 어떤가? 미소는 모든 문화에서 행복을 전달하는 보편적인 형식이 아닌가? 그렇지 않다. 일부 아시아 문화에서는 당혹감의 표현일 수 있고, 또 다른 문화권에서는 지나친 친근감으로 여겨질 수 있다. 음악은 어떤가? 음악은 보편적인 형식이 아닌가? 그렇지 않다. 음악은 한 문화에서 다른 문화로 전달될 때에는 물론, 한 문화 안에서도 세대에 따라 다르게 전달된다.

타문화권에서 복음을 전하는 우리에게 이러한 문화적 형식이 심각한 문제를 일으키는 이유는, 우리가 전하는 복음이 모든 사람의 생명을 구한다는 보편적인 메시지이지만 이 보편적 메시지를 특정한 문화적 형식으로 제시해야 하기 때문이다. 우리가 의도한 의미를 제대로 전달하려면 올바른 문화적 형식을 사용해야 한다.

성서 번역가 유니스 파이크Eunice Pike와 플로렌스 코완Florence Cowan은 멕시코 남부 오악사카 계곡에 사는 마자테코족의 언어로 신약성서를 번역하는 데 수년을 보냈다. 성서를 출판할 즈음, 그들은 성서의 의미를 '하나님의 말씀'으로 전달하기 위해 현지 용어를 선택했다. 마자테코족 인디언은 메스칼린mescaline이라는 화학물질이 함유된 환각 버섯을 먹으면 초자연적인 경험을 하고 신의 메시지를 받을 수 있다고 믿었다.

따라서 '하나님의 말씀'이라는 용어를 마자테코족에게 "신성한 버섯을 먹는다."라는 의미로 전달했다. 처음에는 이것이 큰 문제가 아닌 것처럼 보였다. 사람들은 "예수에게 취한다."거나 "하나님의 말씀을 삼킨다."라는 식으로 말할 수 있었던 것이다. 하지만 이것은 실제로 매우 심각한 문제였고 마자테코족은 그들의 언어로 번역된 성서를 읽거나 그것에 관심을 기울이지 않았다.

문제는 환각 버섯의 사용을 둘러싼 많은 의례적 예방 조치와 금기 사항이 있었다는 사실에 있다. 사람들은 신성한 버섯을 먹기 전과 후 4-5일 동안 성관계를 삼가면서 자신을 의례적으로 정화해야 했다. '하나님의 말씀'이 '성스러운 버섯'과 같은 인지적 범주에 속했기 때문에 사람들은 성스러운 버섯을 먹을 때와 같이 금기를 무심코 어길까 봐 성서 읽는 것을 두려워했다. 신성한 금기를 위반할 경우 정신이 나가거나 아이가 죽거나 밭이 메말라버리는 등 끔찍한 일이 일어날 수 있다고 여겼던 것이다. 그 결과 아무도 '하나님의 말씀'을 읽지 않게 되었다. 성서를 펴서 읽기 전에 매번 자신을 정화하는 의례를 치르는 것은 큰일이었다.

1년이 지나자 성서 번역가들은 좌절감에 빠졌다. 수년 동안 마자테코 언어를 배우고 그들의 말을 글로 옮기고 그 글로 성서를 번역했지만 어느 누구도 성서를 읽으려 하지 않는다는 사실을 발견했다. 다행히도 그들은 언어적 훈련과 더불어 인류학적 지식도 갖추고 있었고 '하나님의 말씀'이라는 용어에 내포된 의미를 찾기 시작했다. 그리고 그 용어가 마자테코족에게 의미하는 바를 발견하고서 '하나님의 말씀'의 정확한 의미를 전달하기 위해 용어를 바꿔야 함을 깨달았다. 그들은 "이 책은 우리에게 하나님에 관해 가르쳐준다."라는 의미를 담은 다른 용어를 제시했다.

"오, 그건 좀 다르네요." 마자테코족이 외쳤다. "우리는 하나님에 관해 알고 싶습니다. 우리는 평생 하나님이 누구인지, 하나님이 세상에서 무엇을 하는지 발견하려고 애썼습니다. 그래서 신성한 버섯도 먹었던 것입니다. 이 성서가 우리에게 하나님에 관해 가르쳐줄까요?"

성서 번역가들은 대답했다. "네, 물론입니다!" 그들은 성서의 참된 의미를 전달하기 위해서 형식, 즉 '하나님의 말씀'이라는 단어를 바꿔야 했다.

이제 나는 문화의 경계를 넘어 기독교적 의미를 전달하려는 우리의 노력과 관련된 질문을 제기한다. 우리의 기독교적 삶과 행동 중 얼마나 많은 부분이 형식에 얽매인 까닭에, 우리 문화나 교단에서는 잘 통하지만 타문화권에서는 제대로 전달되지 못하거나 오해받고 있는가? 예를 들어 미국인은 오랫동안 일요일 아침 11시에 예배를 드려왔는데, 이는 1세기 이상 농경사회이던 미국의 문화적 유산이라 할 수 있다.[2] 농부라면 이른 아

---

2 미국 농무부의 데이터에 따르면 1900년 미국 인구의 약 38퍼센트가 농장에 거주했고, 나머지 11퍼센트는 농촌에 거주하지만 농사를 짓지 않았다. 2000년에는 농장에 거주하는 인구의 비율이 2퍼센트 미만으로 떨어졌고, 농장이 아닌 농촌 지역에 거주하는 비율은 약 17퍼센트까지 떨어졌다.(USDA 2022)

침과 늦은 오후에 소의 젖을 짜는 일을 했을 것이다. 덕분에 낮 시간대에는 충분히 교회에서 시간을 보낼 수 있었다. 신자들은 함께 예배를 드리고 밥 먹고 교제를 나누다가 서너 시간이 지나면 소젖을 짜기 위해 집으로 돌아갔다. 하지만 이제 소가 없는 지역을 포함해 전 세계적으로 일요일 오전 11시가 통상적인 예배 시간으로 확산되었다.

유진 나이다는 나에게 이렇게 말한 적이 있다. "나는 전 세계의 예배 현장을 둘러보면서 관찰한 것을 기록해두었습니다. 십중팔구 나는 내가 예배드렸던 교회가 어느 교단에 속한지를 정확하게 맞출 수 있습니다." 어떻게 그럴 수 있는가? 그것은 선교사가 본국 교회와 동일한 문화적 형식을 현지 교회에서도 사용하기 때문이다. 선교사들이 현지 문화에 적합한 형식으로 하나님을 예배하도록 권장하지 않았다는 사실을 보여주는 슬픈 이야기이다. 현지인들은 자신의 문화를 뒤로한 채 음악, 교회 조직과 정치, 예배 형태 심지어 예배 시간까지 선교사의 문화를 그대로 가져다 쓴다.

2022년 9월, 나는 필리핀에서 선교사와 목회자, 교회 사역자를 위한 훈련을 하고 있었다. 아시아교회문화연구소Institute for Studies in Asian Church and Culture의 멜바 마가이Melba Maggay는 "해외로 나가는 열정적인 필리핀인 선교사들이 내 일본인 친구가 그저 '미국식 복음'이라고 느끼는 것을 단순히 전달하는 통로가 되지 않을까 걱정됩니다."라고 내게 말했다.[3]

이것이 바로 문제이다. 우리는 결국 문화적 형식을 숭배하고 그것을 신성시하여 정작 그 형식이 전달하려는 의미를 상실할 수 있다. 사실 명목상 기독교는 형식은 유지하되 의미를 상실한 경우에 나타난다. 나는 신성한 형식이란 없고 신성한 의미만 있다고 생각한다. 형식은 신성한 의미를

---

3 그녀는 2022년 9월 28일에 내게 이 이야기를 했다.

전달하기 위한 수단일 뿐이다.

애즈베리신학교의 E. 스탠리 존스 세계선교대학원Asbury Seminary's E. Stanley Jones School of World Mission and Evangelism 소속이던 내 전 동료 조지 헌터George Hunter는 "미국 교회가 스테인드글라스 장벽을 세운 탓에 비그리스도인들이 교회에 와서 편안함을 느끼기가 어렵게 되었다."라고 말했다. 이 스테인드글라스는 사람들을 교회에서 멀어지게 하고 기독교에 대한 반감을 불러일으키는 장벽으로, 그것은 영적인 장애물이 아니라 문화적인 장애물이다.

그는 "미국 기독교는 '문화적 장벽'의 문제에서 자유롭지 않다. 나는 이것을 '스테인드글라스' 장벽이라고 부르지만 이 이슈는 창문보다 훨씬 광범위하다. 교회는 '기독교 이전'pre-Christian 세대─지구상에서 가장 빠르게 성장하는 선교 현장─에 복음을 전하라는 부름을 받았다. 그러나 대부분 교회는 구도자가 이해하지 못하는 내부 언어를 사용하고 문화적으로 공감할 수 없는 음악 스타일을 보여주면서 교회 방문자에게 여러 면에서 문화적인 소외감을 느끼게 한다."라고 내게 말했다.[4] 만일 이것이 한 문화 안에서 문제가 된다면 문화가 서로 다른 곳에서는 얼마나 더 어려운 문제가 되겠는가!

그리스도인이 된다는 것의 의미를 보여주는 교회생활 중 두 영역은 바로 세례와 성만찬인데 이를 타문화권에서 제대로 전달하기가 쉽지 않다. 우리는 세례와 성만찬이라는 형식이 상징하는 바를 충분히 가르치지 않은 채 그 형식만 전 세계에 확산해왔다. 성례전 신학을 적극적으로 옹호하

---

4 그는 2022년 10월 3일에 이 내용을 내게 언급했다. 헌터는 그의 저서(Hunter 2000)에서 복음이 적절한 문화적 형식을 통해 아일랜드인에게 어떻게 효과적으로 전달되었는지를 광범위하게 다룬다.

는 사람들은 밀과 포도가 자라지 않는 환경에서도 빵과 포도주가 중요한 요소라고 믿을 것이다.

1960년대 논란의 주인공이던 성공회 주교 제임스 파이크 James Pike는 샌프란시스코 교구의 젊은이들이 성공회의 성찬식, 즉 성체성사의 의미를 제대로 이해하지 못한다는 사실을 깨달았다. 그래서 그는 청소년들에게 성만찬의 진정한 의미가 잘 전달되기를 바라며 감자칩과 코카콜라를 성찬식에 소개했다. 이에 대해 어떻게 생각하는가? 아마도 50년 후인 오늘날에는 그의 행동이 그다지 불경스럽거나 충격적이지 않을 것이다. 나는 선교사 훈련 과정에서 이 이야기를 나눴고, 훈련생 중 일부는 다음과 같은 반응을 보였다.

"그것은 성서에서 말하는 성만찬의 형식을 바꾼 것이기에 신성모독입니다."

"감자칩과 코카콜라는 너무 평범하고 흔해서 신성하거나 특별하지 않아요."

"감자칩과 코카콜라는 정크푸드라서 성만찬에 사용해서는 안 됩니다."

"감자칩과 코카콜라를 사용하는 것은 성만찬이라는 신성한 행위를 값싸게 만듭니다."

"콜라는 피 색깔이 아닙니다."

이러한 반대 의견에 대해 나는 다음과 같이 답하고 싶다. 첫째, 이미 많은 그리스도인이 포도주와 누룩 없는 빵을 포도 주스와 누룩 있는 빵으로 대체하여 성만찬에 사용하고 있다. 둘째, 감자칩과 코카콜라가 너무 평범하고 흔하다는 불평을 생각해보자. 우리는 예수께서 이 거룩한 사건을 기념하기 위해 평범하고 흔한 매개체를 사용하셨다는 사실을 상기해야 한다.

그렇다면 감자칩과 코카콜라가 성체성사에 적합한 요소인지 판단할 사람은 누구인가? 주교? 교회 평의회? 최상의 판단 주체는 그들이 아니라 청소년들 자신이다. 빵과 포도주 대신 이 흔한 재료를 사용함으로써 자신들이 경험한 의미를 우리에게 알려줄 수 있는 사람은 바로 청소년들이다. 그렇다면 이 '실험'의 결과는 무엇이었는가? 이 청소년들은 새로운 요소 때문에 성만찬의 의미를 이전보다 훨씬 잘 이해하게 되었다고 주교에게 말했다. 왜냐하면 예수께서 평범하고 일상적인 것을 특별하게 만드셨다는 사실을 상기하게 되고, 그분이 자신들의 삶에서도 그렇게 하실 수 있음을 깨달았기 때문이다. 감자칩과 코카콜라라는 일상적인 형식을 통해 성만찬의 참되고 신성한 의미가 강력하게 전달되었다.

공간

타문화권 사역에서 우리가 직면하는 네 번째 도전은 서로 다른 문화가 의사소통 과정에서 공간을 어떻게 이해하고 사용하는가이다. 인류학자 에드워드 홀 Edward T. Hall 은 그의 책 *The Silent Language*(『침묵의 언어』, 한길사)에서 "공간은 침묵의 언어이다."라고 말한다. 공간은 타문화권 상황에서 흔히 오해를 불러일으키는 언어 혹은 파라메시지라 할 수 있는데, 왜냐하면 그것이 암묵적인 방식으로 소통되기 때문이다. 오해가 빚어지는지 이유를 이해하기 위해서는 암묵적인 것을 명시적인 것으로, 무의식적인 것을 의식적인 것으로 만들어야 한다.

홀은 두 사람 사이의 의사소통 공간을 네 영역으로 나눈다.(그림 8-2) 그에 따르면 모든 문화가 이러한 네 영역을 갖고 있지만 각 영역을 정의하는 방식은 문화마다 크게 다를 수 있다. 예를 들어 미국인은 의사소통 시 공간을 어떻게 인식하고 활용할까? 그들은 보통 1.2-1.5미터 거리를 두고 일상적인 대화를 나누는데, 이때 주제는 대개 정치, 지역 뉴스, 최근 휴가,

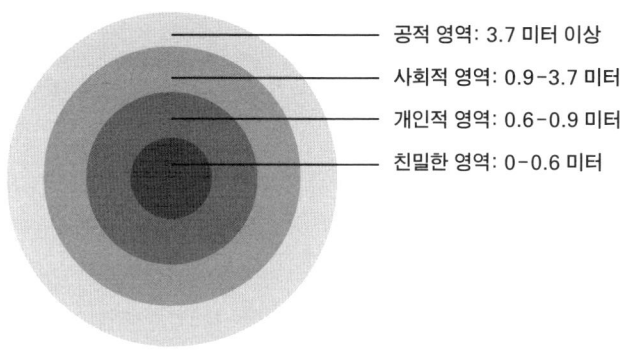

그림 8-2 의사소통 공간의 네 영역

공적 영역: 3.7 미터 이상
사회적 영역: 0.9-3.7 미터
개인적 영역: 0.6-0.9 미터
친밀한 영역: 0-0.6 미터

날씨 등 누구나 참여할 수 있는 내용이다. 이 거리는 0.9-3.7미터에 해당하는 사회적 영역에 속한다고 볼 수 있다. 그들에게 이 영역 밖은 공적 영역이다. 공적 영역에 있는 사람들은 서로 멀리 떨어져 있기 때문에 대화에 응하지 않아도 괜찮다고 여겨진다. 예를 들어 누군가가 사람들이 모인 방에 들어갔다고 하자. 구석에서 대화를 나누고 있던 사람들에게로 다가간다고 할 때 그는 그들로부터 약 3.7미터 이내로 가기 전까지는 불편함을 느끼지 않을 것이다. 하지만 계속 가까이 다가갔는데도 그들 중 누구도 자신을 의식하고 대화에 초대해주지 않는다면 점점 더 불편함을 느끼게 된다. 그는 무관심이 허용되는 공적 영역에 있다가 관심을 받지 못하면 매우 불편해지는 사회적 영역으로 이동한 것이다.

만일 교사와 설교자가 이 점을 잘 이해한다면 강의와 설교 시 자신의 위치를 바꿀 것이다. 대부분 교인은 주일 아침 예배 시 설교자와 최소 3.7미터 이상 떨어져 있는데, 이 거리는 설교를 듣다가 졸기 쉬운 이유 중 하나일 수 있다. 교인 입장에서 설교자는 정중하게 무시해도 되는 위치에 있는 것이다. 그러나 만일 설교자가 강단에서 내려와 3.7미터 이내에 서 있다면 교인들은 설교자가 자신의 사회적 영역 안에 들어와 있기에 똑바로 앉아 주목할 것이다. 설교자를 무시하는 것은 무례한 행동이며 이는 설교자와 교인 사이에 긴장을 유발할 수 있다.

미국인은 더 친밀하게 소통하기 원할 때 목소리를 낮추고 상대방에게 0.6-0.9미터 이내로 다가간다. 이것은 그들의 개인적 영역이며, 이 거리에서의 대화 주제는 공개적으로 공유되지 않는 다소 개인적인 성격의 것이다. 또한 신체 접촉이나 0.3-0.6미터에 해당하는 친밀한 영역도 있는데, 이 거리는 매우 개인적이고 가까운 의사소통을 위해 사용된다.

모든 문화에는 이와 비슷한 영역이 있지만 이 영역 내에서 공간을 적절하게 사용하는 방식은 매우 다르다. 예를 들어 남미인은 미국인보다 더 작은 영역을 사용하는 경향이 있다. 내가 브라질 남자와 사회적 영역 안에서 그에 적합한 대화를 나누고 있다고 가정해보자. 그 대화는 친근하고 일상적일 뿐 특별히 사적인 내용은 없다.

그런데 대화 중 그가 어느새 내 얼굴 바로 앞으로 가깝게 다가왔다. 어떻게 해야 하는가? 나는 나의 사회적 영역 안에서 편안함을 느끼기 위해 뒤로 물러나지만 뒤로 물러날수록 그는 더 가까이 다가오고, 방 안에서 이런 움직임이 계속된다. 이 상황에서 나는 이 브라질 남자가 약간 강압적이라고 느끼기 시작하고 그는 미국 남자가 왜 그렇게 차갑고 멀게 느껴지는지 의아해한다. 우리 각자는 불편함을 느끼면서도 아마 무슨 일이 일어나고 있는지 의식적으로 인식하지 못할 것이다. 우리는 조금이나마 의미 있는 대화를 하려고 노력하지만 적절한 공간에 대한 이해가 서로 다른 까닭에 대화와 소통이 어려워진다.

한번은 전 세계의 다양한 문화권으로 선교를 가려는 후보생들을 대상으로 교육하고 있었다. 나는 러시아로 가는 남성 선교사가 있느냐고 물었고 그중 몇 명이 손을 들었다. 나는 그들을 향해 물었다.

"러시아 남자들은 어떻게 인사하는지 아십니까?"

그중 한 명이 "소문은 들었습니다."라고 대답했다.

나는 "제가 한번 보여드리지요."라고 말한 뒤 한 남성 훈련생에게 다가가 어깨를 잡고 한쪽 뺨과 다른 쪽 뺨에 키스했다. 그러고는 곧이어 실수로 러시아 남자들처럼 그의 입술에까지 키스를 하고 말았다. 강의실 안에 웃음이 터져 나왔고 내 얼굴은 홍당무처럼 되었다. 후에 나는 그와 그 아내에게 그들이 느꼈을 불편한 심정에 대해 이야기했다. 그리고 이 일을 통해 그들이 타문화권 사람들과 소통할 때 겪을 수 있는 어려움에 대해 생각해볼 수 있으면 좋겠다고 덧붙였다. 또한 우리의 공간 사용 방식이 우리의 성육신적 동일시의 한계를 시험하는 것이며, 타문화권에서 복음을 전할 때 우리가 치러야 할 희생 가운데 하나일 수 있다고 말했다. 우리는 타문화권 증인으로서 현지인들이 무의식적으로 공간을 어떻게 사용하는지를 의식적으로 파악하여 공격적인 의사소통이 아니라 유익한 의사소통을 도모해야 할 것이다.

8장 요약

"신성한 형식은 없고 신성한 의미만 있다."라는 말이 이 장의 핵심 주제를 잘 설명해준다. 나는 한 문화에서 중요한 의미, 더 나아가 신성한 의미를 전달하기 위해 사용되는 문화적 형식이 다른 문화에서는 동일한 의미를 종종 전달하지 못한다는 사실을 보여주려고 노력했다. 이러한 문제는 우리가 타문화권에서 복음을 전할 때 우리 문화에서 사용하는 예배, 삶의 방식, 언어, 신학 등의 문화적 형식이 현지 문화에서도 동일한 의미를 전달한다고 가정하기 때문에 발생하는 것이다. 하지만 그런 경우는 거의 없으므로 우리는 진정한 의미를 전달하기 위해 현지의 사회문화에 맞춰 문화적 형식을 조정해야 한다.

　이와 유사하게 우리는 공간을 종종 오해하거나 오용한다. 공간 사용 방식은 말하지 않고도 많은 것을 전달하는 침묵의 언어이다. 타문화권 사역의 효율성을 높이려면 현지 문화를 충분히 이해하여, 중요한 의미를 전달하기 위해 사용하는 문화적 형식과 공간을 그곳 상황에 맞게 조정해야 한다. 이렇게 하면 우리가 그릇된 이유로 본의 아니게 그들을 불쾌하게 하여 그들이 복음의 공격을 듣고 이해하지 못하게 하는 상황을 피할 수 있을 것이다.

3부 결론

3부에서 우리는 타문화권 증인들이 현지 문화와 하위 문화에서 복음을 전하며 살아갈 때 직면하는 네 가지 주요 문제를 다루었다. 다른 세계관, 의도하지 않은 파라메시지, 문화적 형식 그리고 공간 활용과 같은 문제는 대부분 암묵적이고 무의식적인 의사소통에 관한 것이다. 그리고 바로 이것이 도전 과제이다. 우리는 종종 우리의 세계관이 타문화의 세계관과 다르다는 사실을 인식하지 못한다. 우리에게는 너무나 '자연스러워' 보이는 행동 방식과 생활양식이 우리가 실제로 전달하려는 언어적 메시지를 어긋나게 할 수 있다는 사실을 종종 깨닫지 못한다. 타문화권에서는 문화적 형식과 그것이 전달하는 의미를 혼동하면 엄청난 오해를 야기할 수 있다. 마지막으로, 우리가 타인과 소통할 때 물리적 공간을 사용하는 방식은 우리 문화에서는 '옳고 자연스러운' 것으로 느껴질 수 있지만 다른 문화에서는 우리가 의도하지 않고 심지어 인식하지도 못한 내용을 전달할 수 있다. 우리가 보다 회복력 있고 효과적인 타문화권 증인이 되기를 원한다면 의사소통 문제의 뿌리를 이해해야 한다. 인류학적·선교학적 접근은 이러한 수많은 '사각지대'를 발견하고 제거하는 데 유용한 관점을 우리에게 제공한다.

4부

문화충격 극복

Overcoming Culture Shock

9장   문화충격에 대한 이해

낯선 사람은 자신에게 제공된 기장[1] 물이
파종용이라는 것을 알지 못한다.

— 가나 브을서족의 속담

"대학 1학년 때 교수님의 강의를 들었다면 얼마나 좋을까요?" "문화충격의 이해와 극복"이라는 주제의 4시간짜리 내 강의가 끝나자 서른여덟 살의 한 선교사 후보생이 말했다. 남미에서 미국 선교사의 자녀로 자란 그녀는 대학 입학을 위해 미국으로 돌아왔고 1학년 때 정서적·영적 그리고 심지어 신체적 위기까지 겪으며 자살 충동을 느낄 만큼 깊은 우울증에 빠졌다. '집'으로 돌아가 가족, 친구들과 함께 있고 싶었고 그곳의 음식, 소리, 냄새, 삶의 리듬이 그리웠다. '고국으로 느껴야 할' 미국에서 그녀는 이방인이 된 것 같았다. 그녀가 보기에 미국 대학생들은 너무 편협해서 다른 세계에서 일어나는 일에 무지했다. 그녀는 내가 일종의 직업병으로 설명한 문화충격과 그 증상 그리고 초기 충격에서 최종 회복에 이르는 단계까

---

1   기장은 서아프리카에서 주식으로 사용되는 대표적인 곡물로, 기장 물은 기장을 씻거나 불린 물 또는 기장을 삶은 후 남은 물을 가리킨다. 대개 기장 물은 마시거나 파종 전 씨앗을 불리는 데 사용하는데 이 문장은 낯선 사람이 그중 어떤 용도의 물을 받았는지 모른다는 의미이다. 즉 외부인은 내부 사정을 모른다는 의미의 속담이다.—옮긴이 주

지 모두 자신이 경험한 것과 일치한다고 말했다. 그러면서 내 강의를 듣기 전까지는 자신이 왜 그런 혼란을 겪는지 몰랐다고 했다. 그녀는 이제 타문화권에서 일어날 일을 예상하면서 가족과 함께 행복하게 타문화권 사역을 준비하고 있다.

문화충격의 정의

문화충격은 캐나다의 인류학자 칼레르보 오버그Kalervo Oberg가 처음 소개하고 발전시킨 개념이다. 그는 1954년 8월 3일 브라질 리우데자네이루의 여성 클럽 강연에서 타문화를 처음 접한 사람들이 공통으로 느끼는 감정을 설명하면서 문화충격의 개념을 소개했다. 11쪽에 달하는 그의 강연문은 *Technical Assistance Quarterly Bulletin*(기술 협력 분기 보고서)에 실린 후 1960년 *Practical Anthropology*(실천인류학)에 다시 게재되었다. '문화충격: 새로운 문화 환경에 대한 적응'이라는 제목의 이 글은 선교계는 물론 타분야에도 문화충격의 개념을 소개하며 4,000번 이상 인용되었다. 이후 문화충격의 개념은 수많은 연구를 낳았고, 타문화권 체류자에게 친숙한 용어가 되었다.[2]

---

2   예를 들어 해외여행과 비즈니스 상황에서 발생하는 문화충격에 대해서는 훨씬 많은 연구와 저술이 이루어졌다. Feldman and Tompson 1992; Maclachlan 2017; Marx 2001; Yale 2017을 참조하라. 관광객, 이민자, 난민, 유학생, 사업가, 외국인 노동자 등 다양한 문화 간 이동자의 문화충격에 대해서는 Ward·Bochner·Furnham 2001을 참조하라. 인류학자 마이클 윈켈만(Michael Winkelman)은 문화충격과 문화충격을 다루는 전략에 대한 글을 썼다.(1994) 여행자의 문화충격 경험에 대해서는 Stewart·Leggat 1998을 참조하라. 특히 여행자의 관점에서 탁월하게 작성된 문화충격에 대해서는 Horizon Unknown 2019가 있다. 문화충격에 대한 린다 앤더슨(Linda Anderson, 1994)의 탁월한 논의는 "오래된 구조에 대한 새로운 시각"(A New Look at an Old Construct)에서 확인할 수 있으며, 이 글에서 그녀는 오버그의 말을 인용하여 효과적인 타문화 적응을 위한 여섯 가지 원칙을 논한다.

오버그는 "문화충격은 갑자기 해외로 이주한 사람들의 직업병 같은 성격을 보인다."면서 "익숙한 징후와 상징, 사회적 교류를 상실한 데 따른 불안감으로 촉발된다. 이러한 징후나 단서는 우리가 일상생활에 적응하는 수천 가지 방식을 포함한다."(1960, 177)라고 말했다.

그는 문화충격의 네 단계를 다음과 같이 설명한다. (1) 새롭고 다른 것에 모두 매료되는 단계로 '허니문' 또는 '관광객' 단계라 부른다. (2) 현지 문화에 대해 적대적이고 공격적인 태도를 보이는 시기, 즉 문화충격이라고 부르는 실제 단계이다. (3) 점차 적응하고 방향을 재설정하고 유머감각을 되찾는 점진적 회복의 단계, (4) 새로운 문화에 적응하고 이를 수용하는 단계. 다음 장은 이러한 각 단계에 대해 논의한다.

그렇다면 문화충격은 얼마나 심각한 문제일까? 문화충격은 익숙하고 안전한 사회를 떠나 전혀 다른 사회에서 살 때만 발생하는가? 그렇지 않다. 문화충격은 훨씬 보편적으로 발생하는 것으로, 자국 내에서 다른 지역으로 이사할 때에도 발생할 수 있다. 나는 많은 신학생이 가족과 함께 텍사스에서 켄터키로 이사하면서, 또는 인도 남부 케랄라의 그리스도인이 선교사나 교회 개척자가 되어 북인도로 향하면서 문화충격을 경험하는 걸 목격했다. 문화충격은 직장을 옮길 때도 발생할 수 있다. 왜냐하면 교육기관이나 기업, 교회 등도 모두 고유한 문화를 가지고 있기 때문이다.

수년간 나는 수백 명의 타문화권 증인을 인터뷰하면서 문화충격의 원인과 증상 등을 기록하고 새로운 문화에서 겪는 초기 위기부터 적응 및 극복에 이르는 전 과정을 분석했다. 그 결과 문화충격에 대응하는 방식이 타문화 적응에 가장 중요한 요인 중 하나임을 발견했다. 물론 새로운 문화에 제대로 적응하지 못하면 지속적이고 효과적인 타문화권 사역을 전개하기가 어렵고 심지어 불가능할 수 있다.

일전에 나는 타문화권 사역을 준비하는 어느 미국인 선교사를 인터뷰한 적이 있다. 그녀는 처음에는 이국적이고 흥미로운 곳에서 가족과 함께 보람된 사역을 풍성하게 할 기대에 들떠 있었다고 회상했다. 그러나 매혹적인 나라에서 살게 되었다는 초기의 설렘은 얼마 가지 않아 사라지고 일상의 어려움과 고난이 찾아오면서 점점 깊은 우울증에 빠져들었다. 그녀는 분명 문화충격을 겪고 있었지만 자신에게 무슨 일이 일어났는지를 인식하지 못했고 그저 미쳐가는 기분으로 힘들어했다.

왜 수많은 자민족중심적인 미국인이 타문화권 적응에 어려움을 겪는 것일까? 그들만이 그런 것인가? 홍콩에서 50년 넘게 마약중독자를 위해 사역한 재키 풀린저 Jackie Pullinger 는 그녀가 설립한 '성스데반공동체' St. Stephens Society (마약중독자 갱생, 제자훈련 등을 위한 공동체—옮긴이 주)를 섬기러 홍콩으로 오는 사람 중 미국 출신이 문화 적응에 가장 어려움을 겪는다고 내게 말한 적이 있다. 그러나 문화충격으로 어려움을 겪는 사람은 미국인만이 아니다. 이민자, 난민, 새로운 직장이나 교육 기회를 위해 이주하는 사람 등 다른 문화로 이동하는 모든 이가 겪는 공통의 문제이다. 그리고 누구나 타문화의 도전을 극복하고 문화충격의 경험을 다루는 데 어려움을 겪는다. 하지만 거기에는 일정한 패턴이 있는 것 같다. 한국인이나 한족처럼 비교적 동질적인 사회에서 온 사람들은 문화적으로 이질적인 사회에서 온 사람들보다 문화충격의 어려움을 더 겪는 것으로 나타난다.

동질적인 아시아 사회의 그리스도인들이 매우 열정적이고 헌신적으로 타문화권 사역에 뛰어들고 있었다. 그들은 국경 너머의 소수민족을 섬기겠다며 평생은 아니어도 오랫동안 그곳에 머물 각오를 했다. 그들은 하나님의 부르심을 따르는 데 열정적이었고 성서와 최소한의 신학 훈련, 큰 용기 그리고 편도 항공권만 가지고 타문화라는 미지의 세계로 떠났다. 그러나 18개월 만에 90퍼센트가 고국으로 돌아왔다. 대개는 좌절하고 분노하며 교회와 심지어 하나님으로부터 버림받았다고 느끼는 상태였다. 무엇이 잘못되었는가? 그들은 문화적 차이에 대처할 준비가 되어 있지 않았고, 그 결과 심각한 문화충격으로 고통을 겪으며 사역을 시작하기도 전에 끝내야 했다. 나는 그들로부터 타문화권에서 겪는 일을 이해할 수 있도록 강의해달라는 요청을 받았다. 내가 문화충격의 역학 관계와 원인, 증상, 단계, 회복 등에 관해 설명하자 많은 훈련생은 그게 바로 자신들이 경험한 바라고 말했다. 그러면서 문화충격에 대해 일찍 배웠다면 타문화 적응에 큰 도움이 되었을 것이라고 토로했다.

연구에 따르면 취업 목적으로 해외에 나가는 미국인 3명 중 1명은 처음에 계획한 5년 또는 10년을 채우지 못하고 1년 이내에 귀국하는 것으로 나타났다. 10-20년 체류할 계획으로 사역을 시작한 선교사 중 상당수가 첫 임기를 마치고 다시는 선교지로 돌아가지 않는다.[3] 이제 대부분의 타문화권 증인들이 평생 선교지에 머무르는 시대는 지났다. 실제로 장기 선교사의 평균 사역 기간은 7년에 불과하다. 선교사의 중도 탈락은 중요한 연구 주제이며, 짐작할 수 있듯이 그 원인에는 타문화 적응의 어려움이나 문화충격 등이 있을 것이다.[4]

타문화권 사역의 성공과 실패는 첫 2년 동안 어떤 일이 일어나느냐에 따라 크게 좌우된다. 다음 장에서 문화충격의 단계를 설명하며 언급하겠

---

[3] 예를 들어 Black·Gregersen 1999 및 V. Elmer 2013을 참조하라.
[4] 선교사 중도 탈락은 수십 년 동안 문제가 되어왔기 때문에 여러 연구의 초점이 되었다. 이에 관해서는 Hay et al. 2007; W. Taylor 1997; Sears 2020을 참조하라. Sears 2020은 타문화 적응과 문화충격 외에도 선교사의 중도 탈락을 초래하는 여러 요인을 열거한다. 선교사 유지(missionary retention)에 관한 연구는 World Evangelicals 2003; Paracletos 2015를 참조하라.

지만, 대부분 지역의 선교사는 문화충격의 주기를 마치고 어느 정도 적응에 도달하기까지 2년 정도 걸린다. 그 기간은 언어를 배우고, 문화를 이해하고, 사회적 관계를 맺고, 일상과 주간의 일과를 세우고, 가정과 사역을 정착시키고, 현지인과 현지 문화에 대한 태도를 개발하는 시간이다.

타문화 적응에 대한 내 이론은 2 + 2 + 2 + 2 + 2 = 20이다. 즉 선교지에 도착한 후 처음 2시간이 첫 2일을 형성하고, 이것이 첫 2주에 영향을 미친다. 또한 첫 2주가 첫 2개월에 영향을 미치고, 이것이 첫 2년을 결정하며, 나아가 첫 2년이 향후 20년의 타문화권 사역에 영향을 미친다는 것이다. 나는 수백 명의 선교사와 문화 적응에 관한 인터뷰를 하며, 새로운 나라를 집과 사역의 터전으로 삼아가는 데 첫 몇 시간과 며칠 그리고 몇 주가 매우 중요한 출발점이라는 사실을 확인했다. 11장에서는 문화충격의 부정적인 경험을 줄임으로써 타문화권 사역의 첫 2년을 실망스럽지 않은, 긍정적 경험으로 만드는 몇 가지 방법을 다룬다. 문화충격은 타문화권에 사는 사람이라면 누구도 피할 수 없는 경험이다. 우리는 그중에서도 문화충격이 타문화권 사역자에게 미치는 영향에 초점을 맞출 것이다. 우선 문화충격의 경중을 좌우하는 요인을 살펴보자.

문화충격의 심각성

오버그는 "문화충격은 갑자기 해외로 이주한 사람들의 직업병 같은 성격을 보인다."(1960, 177)라고 말한다. 여기서 기억할 점은 문화충격이 치명적일 정도로 악화되는 경우는 드물지만 이로 인해 매우 쇠약해질 수 있다는 것이다. 여기서 내가 '치명적일 정도로 악화되는 경우'라고 언급한 이유는, 내 지인을 포함하여 심각한 문화충격으로 우울증에 빠져 스스로 목숨을 끊은 사례가 간혹 있기 때문이다. 어떤 사람은 정상적인 감각을 상당 부분 잃을 만큼 문화충격을 심각하게 겪지만 또 어떤 사람은 약간의 낙담과 위축, 짜증으로 표출할 만큼 가볍게 겪기도 한다. 이 차이를 결정하는 것은 무엇일까? 폴 히버트는 "문화 간 차이의 정도, 개인의 성격, 새로운 상황에 대처하는 방법 등에 따라 다르다."(1985, 66)라고 언급한다. 나는 선교사 수백 명과의 인터뷰를 통해 그들의 문화충격 경험을 연구하면서 다음과 같은 변수를 발견했다.

첫째, 문화 간 차이의 정도이다. 일반적으로 문화 간 차이가 클수록 심각한 문화충격을 경험하게 되며, 이를 '일반적인 경험 법칙general rule of thumb'이라 한다. 비서구 국가 출신의 사람들은 미국에 와서 빈번하게 심각한 문화충격을 경험한다. 고국에서의 생활과 너무 다르기 때문에 자신의 길을 찾고, 의미 있는 관계를 발전시키며, 효과적인 사역을 전개하는 데 어려움을 겪는 것이다. 만약 미국인이 영국에 살며 사역을 한다면 가벼운 정도로만 문화충격을 경험하겠지만 만일 파푸아뉴기니로 간다면 문화 차이가 더 크기 때문에 문화충격도 더 심각하게 경험할 수 있다.

그러나 문화 차이가 크다고 해서 문화충격도 항상 클 것이라고 단정해서는 안 된다. 가령 미국인은 필리핀과 태국 중 어디에서 더 큰 문화충격을 경험할까? 얼핏 생각하면 영어를 사용하는 필리핀이 미국과 더 비슷해 보이므로 태국이 정답처럼 보인다. 하지만 실제로 양국의 평화 봉사단원을 대상으로 한 연구(Guthrie 1966)에 따르면, 필리핀에서 근무하는 봉사단원이 태국에서 근무하는 봉사단원보다 심한 문화충격을 경험한 것으로 나타났다. 왜 그럴까? 태국은 음식과 복장, 행동 등 관찰 가능한 요소가 매우 다르기에 봉사단원들은 이러한 차이에 대처하기 위해 정서적·인지적으로 더 잘 준비했다. 그러나 필리핀은 겉으로 보기에 미국 문화와 비슷한 부분이 많았기에 봉사단원들은 문화 차이에 주의를 기울이지 않았고 그 결과 더 큰 문화충격을 경험했다.

둘째는 개인의 성격이다. 당신은 A형인가, B형인가? A형은 경쟁적이고 야망이 강하고 시간에 민감한 경향이 있으며, 스트레스가 많은 상황에서 적대적이고 공격적으로 변할 수 있다. 그들은 일반인보다 더 많은 과제를 맡아 수행하는 행동가go-getter이다. 이와 대조적으로 B형은 느긋하고 편안하며 인내심이 있고 원만한 것이 특징이다. 그들은 흐름을 잘 따르는 편이므로 타문화의 모호함을 더 쉽게 견뎌낼 수 있다. 그러므로 A형은 B형보다 문화충격을 더 심하게 받는 경향이 있다.(van der Zee·van Oudenhoven 2013; Ward·Bochner·Furnham 2001)

아시아에서 선교사의 타문화 적응에 관한 연구를 수행하면서 나는 마이어스-브릭스 성격 유형 지표Myers-Briggs type Indicator, MBTI와 선교사의 타문화 적응 사이에 상관관계가 있는지 살펴봤다. 그 결과 성격 유형별로 적응도에 차이가 있다는 것을 발견했다. 가령 ENFP 유형(외향형, 직관형, 감정형, 인식형)은 ISTJ 유형(내향형, 감각형, 사고형, 판단형)보다 문화충격을 덜 받고 새로운 것에 잘 적응했다. ENFP가 문화충격에 더 잘 대처하는 이유는 외향적이어서 사람들과 함께 있을 때 에너지를 얻기 때문이다. 또한 J(판단)보다 비교적 P(인식) 점수가 높은 것은 그들이 양면성을 더 쉽게 다룰 수 있음을 의미한다. 그들은 흐름을 잘 따르고 문화적 모호함을 더 편안하게 느낀다. 내가 인터뷰한 ENFP 유형의 선교사들 역시도 흐름을 잘 맞추고 새로운 문화의 삶을 잘 받아들였으며 문화적 차이에 잘 적응하여 문화충격을 덜 받았다. 그들은 목표나 과업 지향적이지 않고, 다른 성격 유형만큼 많은 것을 성취하지 못해도 자기 일을 즐겁게 했다.

1990년대 남침례교 선교사들의 '표준' 마이어스-브릭스 성격 유형은

ESFJ(외향형, 감각형, 감정형, 판단형)로, 문화 적응력이 뛰어난 편이라 이는 생산적이고 효과적인 사역에 도움이 된다.5 2019년 "외국어 학습자의 성격 유형과 타문화 역량"에 관한 연구에서 시바 아자디푸어Shiva Azadipour는 MBTI 유형 중 ESTJ(외향형, 감각형, 사고형, 판단형)가 문화 차이에 가장 잘 적응한다는 사실을 발견했다.

셋째는 새로운 상황에 대처하는 방법이다. 우리는 종종 문화충격에 대처하는 가장 좋은 방법은 불편한 감정과 불안을 유발하는 사람 혹은 상황으로부터 벗어나는 것이라고 생각한다. 그러나 선교 기지 같은 안전하고 편안해 보이는 공간이나 상황에 머물면서 다른 동료들과 어울려 자신을 현지인과 현지 문화에서 고립시키는 것은, 문화충격을 더욱 가중하고 연장할 뿐이다. 새로운 상황에 대처하는 가장 좋은 방법은 깊은 물에 뛰어들어 수영하는 법을 배우는 것이다. 그러나 문화충격의 고통은 우리로 하여금 타문화에 들어가기보다 움츠러들게 하곤 한다.

나는 거의 20년 동안 남아시아에서 타문화권 사역을 하며 동료 선교사들의 왕래를 지켜본 미국인 출신의 내 제자이자 선교사에게 연락했다. 그녀는 풍부한 경험을 바탕으로, 문화충격에 대응하는 부적합한 방법을 다음과 같이 제시했다.

1. 불편하거나 힘들면 물러나서 휴식을 취하라.
2. 가능한 한 다른 외국인들과 함께 있어야 함을 인식하라.
3. 기분 전환을 위해서 서양 음식을 자주 요리하고 서구화된 식당을 자

---

5 남침례교 선교사 2,630명을 대상으로 실시한 마이어스-브릭스 성격 유형에 대한 종합 연구는 Whelchel 1996을 참조하라.

주 찾으라.

4. 불편함을 느낄 때는 고국의 친구나 가족과 스카이프^{Skype}, 줌^{Zoom}, 페이스타임^{FaceTime}으로 가능한 한 자주 연락하라.

5. 소셜미디어를 최대한 많이 활용하라. 자주 활용할수록 좋다.

6. 집안일과 업무는 고국에서 하던 방식대로 할 수 있는 방법을 찾으라. 가령 빨래는 빨랫줄에 널지 말고 건조기를 사라. 허리를 굽혀야 하는 현지의 작은 빗자루 대신 값비싼 수입 빗자루를 사용하라. 또한 쪼그리고 앉는 변기 대신 서양식 변기를 설치하라.

7. 사람들, 특히 당신이 운영하는 회사에서 일하거나 당신에게 의존하고 있는 사람과는 피상적인 관계를 유지하라.

8. 도움을 요청하지 말고 스스로 해결하며 독립적으로 행동하라. 당신(미국인/브라질인/한국인)은 도움을 주러 온 것이지, 섬김을 받으러 온 것이 아니다. 당신의 주된 임무는 다른 사람을 섬기고 돕는 것이다.

9. 상황이 힘들어지면 포기하라. 하나님은 아마도 당신에게 더 적합한 곳을 예비해놓으셨을 것이다.

10. 특히 재정 후원자와 같은 사람들과 선교 여정을 공유할 때 당신의 삶에 대한 이야기를 잘 포장해서 들려주라.[6]

문화충격에 대한 초기 대응:
거부와 퇴행

문화충격이 발생하는 이유는 대화나 적절한 행동, 생각과 말 등 사회적 상호작용의 익숙한 신호와 상징을 상실할 때

---

6 2020년 6월 10일에 그녀는 이메일로 이 목록을 내게 보냈다.

불안이 엄습하기 때문이다. 익숙한 상호작용 방식이 갑자기 사라지면 우리 내면에 엄청난 불안이 조성된다. 이러한 상호작용 방식을 가리켜 '문화적 단서'cultural cues라고 하며 여기에는 말, 몸짓, 표정, 관습, 행동 규범 등이 포함된다. 이 문화적 단서는 무의식적이고 자연스러워 자국 문화에서는 생각조차 나지 않는다. 하지만 새로운 타문화로 가면 이러한 단서들이 갑자기 사라진다. 오버그에 따르면 "우리는 모두 마음의 평화와 효율성을 위해 수백 가지 단서에 의존하며 그중 대부분은 우리가 의식적으로 인식할 수 있는 수준의 것이 아니다."(1960, 177)

바로 여기에 문제가 있다. 상당수 무의식적으로 사용하던 문화적 단서가 새로운 문화에 들어가면 사라진다. 이러한 상황이 혼란스럽고 두렵고 심지어 화가 나기도 하지만 왜 그런 감정이 생기는지 알 수 없다. 문제가 정확히 무엇인지를 파악하지 못한다. 여기서 우리가 할 일은 혼란과 두려움, 분노의 감정을 인식한 다음 그 이유를 파악하는 것이다. 그렇게 불안의 원인을 이해한다면 새로운 문화에 압도되기보다 적응하고 극복하며 성장할 수 있다.

오버그는 브라질에서 연구를 수행하며 다음과 같은 점을 관찰했다. "낯선 문화에 들어가면 익숙한 단서의 전부 또는 대부분이 제거된다. 마치 물에서 나온 물고기와 같다. 아무리 마음이 넓고 선한 의지로 가득 차 있어도 일련의 단서가 무너지면 좌절감과 불안이 뒤따른다. 사람들은 대체로 좌절감에 거의 같은 방식으로 반응한다. 먼저 불편함을 유발하는 환경을 거부한다. 그리고 동시에 퇴행regression을 경험한다. 갑자기 가정환경이 엄청나게 중요해진다."(1960, 177-78) 가령 미국인이라면 그는 미국적인 모든 것을 비이성적으로 미화한다. 가정의 모든 어려움과 문제를 잊고 좋은 점만 기억하게 된다.

일반적으로 문화충격에 빠진 사람은 거부와 퇴행이라는 두 가지 반응을 동시에 보인다. 우선 자신에게 낯선 새로운 문화를 거부한다. 그리고 이 모든 고통을 야기하는 새로운 문화의 가장 명백한 매개체 혹은 원천을 자신이 함께 살고 일하고 섬기고 사역하는 현지인들이라 생각한다. 그들이 모든 좌절과 분노의 상징적인 원천이다. 그래서 현지인과 그들의 문화, 언어, 음식 등을 거부하는 경향을 보인다. 말로 표현하지는 않더라도 결국 "우리나라에서는 이런 식으로 하지 않아!"라고 생각하게 된다.

게다가 현지인과 현지 문화를 거부하며 퇴행의 경향까지 보인다. 어디로 퇴행하는가? 자신의 문화와 동족에게로 퇴행한다. 미국인이라면 같은 미국인과 어울리고 싶어 한다. 한국인이면 같은 한국인끼리 똘똘 뭉치려는 경향이 있다. 나는 이를 문화충격 현상에서 '자궁으로 돌아가는'back to the womb 단계라고 부른다. 뒤로 물러나 다시 안락한 장소를 찾기 원하는 것이다. 나는 브라질인, 케랄라 출신의 남인도인, 한국인 그리고 내가 일하며 연구한 거의 모든 문화권의 사람에게서 이러한 퇴행의 문제를 관찰했다. 이는 문화충격에 대한 일반적이고 보편적인 반응이다.

문제는 거부와 퇴행 모두 타문화권 사역에 매우 안 좋은 방식이라는 점이다. 현지인을 거부하고 자신의 문화와 비슷한 방식으로 회귀한다면 새로운 환경에서 성육신적으로 살아가기가 매우 어려워진다. 효과적인 타문화권 사역을 원한다면 두 가지 경향을 극복해야 할 것이다.

나는 파푸아뉴기니에서 처음이자 마지막으로 미국 선교사들과 함께한 독립기념일 파티를 잊지 못한다. 우리가 있던 곳은 파푸아뉴기니의 산악지대였지만 파티에는 독립기념일에 기대할 수 있는 전형적인 음식, 즉 수박, 핫도그와 햄버거, 감자 샐러드, 수제 아이스크림이 준비되어 있었다. 음식은 훌륭했지만 대화는 끔찍했다. 그곳에 모인 대다수가 현지 생활을 불평하며 고국에 대한 그리움을 이야기했다. 자신이 섬기려고 온 현지인들을 비하하고, 그들에 대한 부정적인 고정관념과 경멸 섞인 농담을 나누었다. 나는 이런 경험에 너무 충격을 받고 화가 나서 며칠 동안 감정을 추스르지 못했다. 나중에 알아보니 그들 대부분은 파푸아뉴기니에 온 지 6-12개월 되었고, 그 때문에 '문화충격의 위기 단계'에 빠져 있었다. 멜라네시아 문화와 현지인을 거부하고 미국적인 것이 더 낫다고 생각하는 퇴행의 반응을 보이고 있었던 것이다.

**문화충격을
유발하는 도전**

이제 우리는 문화충격을 유발하는 구체적인 요인과 사건에 주목하고자 한다.7 멕시코의 바하칼리포르니아주 엔세나다에서 민족지학 현장 연구 과정을 이끌던 애리조나주립대학교의 인류학자 마이클 윈켈만Michael Winkelman에 따르면 "문화충격은 인지적 과부하와 행동 부적응으로 인해 발생하고, 타문화 효과성intercultural effectiveness(문화적 배경이 다른 사람들과 성공적으로 의사소통하고 협력하며 관계를 유지하고 공동의 목표를 달성할 수 있는 개인의 능력—옮긴이 주)은 이해와 행동 적응에 기반하므로 문화충격은 사회적 학습 접근을 통해 가장 잘 해결할 수 있다. 이 접근은 새로운 태도와 인지적 정보를 행동 전략에 통합함으로써 문화충격을 극복하게 한다."(1994, 121)

---

7 이 부분에서 나는 *Anthropological Insights for Missionaries*(『선교와 문화인류학』)와 로스(Loss)의 *Culture Shock*(문화충격)에 실린 히버트의 논의를 주로 참고했다. 타문화권 사역에서 겪는 문화충격에 대해서는 Mayers 1974, 185-90; Smalley 1963에서 더 찾아볼 수 있다.

나는 문화충격을 일종의 질병으로 보는 오버그의 관점을 진단 틀로 사용할 것이다. 실제로 문화충격은 질병이라고 할 수 있다. 모든 질병이나 질환은 원인과 증상, 단계 그리고 그 심각성을 줄일 수 있는 방법이 존재한다. 이 장에서는 문화충격을 유발하는 일곱 가지 도전을 논의한다.

1. 개인적·사회적 정체성을 개발하고 일의 의미를 찾는 도전
2. 효과적인 의사소통의 도전
3. 다른 가치와 신념에 직면하는 도전
4. 오해를 풀어야 하는 도전
5. 새로운 일과와 생활 방식에 적응하는 도전
6. 비효율성에 직면하는 도전
7. 낯선 환경과 기후에서 생활하는 도전

오버그가 제안한 것처럼 문화충격이 직업병이라면 다른 질병과 마찬가지로 고유한 원인과 특정 증상이 있다. 문화충격이 발생했는지 어떻게 알 수 있는가? 때때로 우리는 좌절감과 외로움, 우울감이 느껴져도 문화충격을 잘 감지하지 못한다. 10장에서는 문화충격의 신호가 될 수 있는 몇 가지 증상을 살펴볼 것이다. 또한 오버그가 규명한 대로, 문화충격을 겪는 대다수가 거치는 네 가지 전형적인 단계를 논의할 것이다. 이어 11장에서는 문화충격을 치료하고, 그 트라우마를 줄일 수 있는 몇 가지 방법을 제시할 것이다. 먼저 문화충격을 유발하는 도전에 대해 살펴보자.

첫째, 개인적·사회적 정체성을 개발하고 일의 의미를 찾는 도전이다. 타문화에 들어갈 때 우리가 직면하는 주요 도전 중 하나는, 새로운 상황에서 자신의 정체성을 발견하는 것이다. 우리가 누구이며 어떤 사람이 되어

가고 있는지에 대한 우리의 감각은 우리 문화(민족, 사회) 안에서 형성된 것이다. 그러나 다른 문화로 들어가 상황이 급격하게 변하면 갑자기 내가 누구인지 알 수 없게 된다. 우리는 다른 사람과의 관계와 사회에서 차지하는 자신의 위치를 통해 사회적 정체감을 개발한다. 그 사회적 위치에 따른 행동은 다른 사람과 의미 있는 관계를 맺는 능력에 큰 영향을 미친다. 그런데 타문화 환경에서는 현지인이 우리에게 부여하는 사회적 위치를 통제할 수 없기에 상황이 훨씬 더 복잡하고 어렵다. 더 큰 문제는, 우리가 현지 사회에서 어떻게 인식되고 있는지 종종 깨닫지 못한다는 것이다.

우리는 우리를 파송한 사회에서 이해하고 긍정하는 방식대로 우리의 선교사 역할을 바라본다. 하지만 선교지에서는 이 역할이 매우 부정적으로 인식되거나 심지어 존재하지 않을 수 있다. 한 사회에서 우리가 차지하는 위치는 우리가 누구와 어떤 방식으로 관계를 발전시킬 수 있는지를 규정함으로써 기회를 제공하기도 하고 한계를 설정하기도 한다. 우리는 자문화에서 형성된 사회적 정체성을 통해 자존감의 많은 부분을 얻기 때문에 다른 문화에 들어갈 경우 혼란에 빠질 수 있다. 또 정체성을 확립하고 우리 자신뿐만 아니라 현지인들로부터 사회적 위치를 획득하기 위해 모든 것을 처음부터 다시 시작할 수 있다.

일전에 일본에서 어느 선교사를 인터뷰한 적이 있었다. 그는 교회 개척을 위해 파견되었는데, 일본 사회에 적응하는 과정에서 가장 힘든 건 자신의 정체성을 다루는 문제라고 말했다. 그가 그렇게 힘든 시간을 보낸 이유는, 일본 사회에 교회 개척자라는 역할이 존재하지 않았기 때문이다. 일본인들에게 자신을 교회 개척자라고 소개할 때면 멍한 시선을 받기 일쑤였다. 그는 일본인의 관점에서 뚜렷한 직업이 없었기에 정체성의 위기로 어려움을 겪었다. 또 직장 생활을 하는 대다수 일본 남성들과 관계를 발전시키기가 거의 불가능했기 때문에 문화충격을 겪고 목적의식을 조금씩 잃어갔다. 그래서 결국 그는 일본 남성들과 관계를 형성하고 그들의 공감을 얻을 수 있는 정체성을 개발하기 위해 스포츠클럽에 가입했다고 한다.

미국인은 대개 자기 정체성과 가치의 많은 부분을 자신이 하는 일에서 찾기 때문에, 정체성 개발은 그들에게 큰 도전이다. 대개 그들은 바쁜 것이 더 낫고 부유한 것이 가치 있다고 가정한다. 바쁘게 일하는 것은, 곧 자신이 중요한 사람임을 알리는 방식이 된다. 그러나 하나님 나라의 가치는 "우리가 무슨 일을 하는가?"가 아니라 "우리가 그리스도 안에서 어떤 존재인가?"에 초점을 맞춘다. 안타깝게도 미국 문화는 일에 너무 집중하고 존재에 소홀한 경향이 있다.

하나님은 우리의 세계관을 새롭게 함으로써(롬 12:2) 그분의 형상을 닮도록 우리를 부르시는데, 이는 행위보다 존재에 관한 것이다.[8] 타문화권 사역의 역설 중 하나는 선교사 파송 기관이 정체성보다 일을 기준으로 선교사를 선발한다는 것이다. 일보다 존재에 더 집중할 때 우리는 하나님의 뜻을 더 자연스럽게 행하게 될 것이고, 바쁘고도 충만하게 일할 수 있을 것이다. 우리의 정체성이 우리의 일과 너무 밀접하게 결합된다면 문화충격은 우리에게 매우 심각한 질병이 된다.[9]

둘째, 효과적인 의사소통의 도전이다. 문화충격을 유발하는 또 다른 중요한 요인은 언어적·비언어적 의사소통을 효과적으로 하지 못하는 것이다. 사람마다 언어 습득 능력이 다르고, 외국어마다 난이도가 제각각이

---

8 서구 선교단체의 정체성 형성에서 민족성과 문화가 어떤 역할을 했는지에 대해서는 Whiteman 2006을 참조하라. 이 글에서는 사회적 정체성과 영적 정체성 사이의 긴장에 대해서도 다루고 있다.
9 문화충격이 개인의 정체성에 미치는 영향에 대해서는 Cupsa 2018을 참조하라.

다. 또한 나이가 어릴수록 외국어를 여러 개 배우기가 쉽지만 성인이 되면 불협화음처럼 들리는 외국어 속에서 실제로 문장을 해독할 수 있을지 의문이 든다. 유창하게 말하고 깊이 이해하는 것은 고사하고 의미를 제대로 알아차릴 수 있을지 의심이 들면서 두려워진다. 우리는 사회적 존재이며, 언어는 타인과 소통하는 주요 수단 중 하나이다. 히버트는 이렇게 말한다. "어린 시절부터 우리는 말하고 몸짓하고 글을 쓰고 많은 대화를 나누었으며, 이러한 의사소통 과정은 의식하지 않아도 될 만큼 거의 자동화되었다. 하지만 새로운 세계에 들어가면 주된 소통 수단을 상실하게 되고 우리는 어린아이처럼 아주 간단한 말조차 하기 어려워하며 끊임없이 실수를 저지른다."(1985, 66)

문제는 우리가 어린아이가 아니며 성인, 특히 고도로 훈련되고 전문화된 성인에게는 이런 상황이 매우 큰 불안을 안겨줄 수 있다는 것이다. 나는 특히 한국에서 사역하는 미국 남성 선교사들에게서 이런 현상을 발견했다. 그들 중 상당수가 언어 학습을 매우 어려워했고 때로는 자신을 바보처럼 느끼며 수업 시간에 울음을 터뜨리곤 했다. "남자로서의 정체성을 상실하고 바보 같은 어린아이가 된 것 같다."면서 불안해했다. 실제로 우리는 어린아이와 같은 상태에 있다! 그러니 어린아이처럼 느껴지는 감정을 받아들여야 하며, 그렇게 보이고 행동하는 것을 부끄러워하지 말아야 한다. 도리어 어린아이와 같은 열린 마음을 가질수록 새로운 언어를 배우는 과정에서 충격에 더 잘 대처할 수 있을 것이다.

셋째는 다른 가치와 신념에 직면하는 도전이다. 사역을 위해 타문화권에 들어간 사람은 현지인의 삶을 관찰하고 그들과 상호작용하면서 '이내' 자신과 매우 다른 가치와 신념에 직면해 있음을 깨닫게 된다. 물론 그 차이는 사소하고 짜증나는 정도인데 예를 들어 미국인이 자신과 시간에 대한 이해와 사용 방식이 다른 현지인을 보며 "회의가 제시간에 시작되는 법이 없다."라고 말하는 식이다.[10] 그러나 어떤 경우에는 그들의 가치와 신념이 우리와 정반대이고 심지어 우리의 가장 소중한 가치와 신념을 공격하는 것처럼 보인다. 하나님의 사역에 동참하는 타문화권 증인으로서 우리는 삶에 반드시 있어야 한다고 여기는 확고한 가치관과 신념이 있다. 이와 다른 가치와 신념을 만날 때 우리는 평가적 혼란에 빠지고, 이는 문화충격의 주요 원인이 된다.

폴 히버트는 "가치관 차원에서 우리는 도덕성의 결핍으로 나타난 것, 즉 부적절한 복장, 가난한 자에 대한 무감각, 명백한 절도, 속임수, 뇌물 수수 등에 격분한다. 또한 사람들이 우리의 행동을 부도덕하다고 여긴다는 사실에 더욱 충격을 받는다."(1985, 70)라고 말한다. 어떻게 복음의 증인인 우리가 부도덕하다는 평가를 받게 되는가? 이것이야말로 평가적 혼란 아닌가! 우리는 그들이 '비도덕적으로' 행동한다고 여기며, 그들도 우리가 '비도덕적으로' 행동한다고 본다.

예를 들어 솔로몬제도에 살 때 우리는 음식을 나누지 않는다는 이유로 우리가 비도덕적인 사람으로 인식되고 있음을 알게 되었다. 멜라네시아인은 음식을 나눠 먹는데, 이는 그들 간의 평등을 나타내는 표시였다. 이 사실을 깨달은 우리는 우리 것을 나누기 시작했고, 결과적으로 먹고도 남을 만큼의 많은 음식을 돌려받았다. 많은 문화에서 음식의 교환은 사람들 간의 관계를 발전시키고 유지하는 가장 중요한 상징 중 하나이다. 이는 우리가 인생이라는 순례 여정을 함께 걸어가는 동료 인간임을 알려준다.

---

10   타문화권 사역에 관련된 가치관 차이를 훌륭하게 논의한 글로 B. Adeney 1995; Lingenfelter · Mayers 2016이 있다.

우리의 행동이 부도덕한 것으로 인식될 경우 곤경에 처할 수 있으므로 우리는 우리의 행동이 그곳 사람들에게 어떻게 인식되는지를 반드시 파악해야 한다. 예를 들어 나는 필리핀에서 개에게 말을 걸었다는 이유로 부도덕하게 행동했다고 간주된 어느 선교사를 알고 있다. 그는 근친상간으로 비난을 받았다. 개는 말을 하지 않기 때문에 필리핀인의 세계관에서 보면 개와 대화하는 것은 부자연스러운 행위, 즉 비인간적인 행위이다. 또한 근친상간도 부자연스럽고 혐오스러운 행위로 인식된다. 필리핀인의 인지 범주에서, 개와 대화하는 것과 근친상간은 같지는 않더라도 유사하다. 따라서 이 선교사는 자신이 개와 대화를 나누었을 뿐이라고 생각하겠지만 그것이 그의 사역에 어떤 영향을 미쳤을지 생각해보라!

때때로 가치관과 신념이 전혀 다른 사람들과 교류해야 하는 도전은 우리의 일상생활에 영향을 미치고 엄청난 스트레스와 불안을 조성할 수 있다. 이는 먼저 문화충격으로 나타나며, 이후 우리가 타문화를 편안하게 느끼게 될 때까지 문화 스트레스[11]로 지속된다.

넷째, 오해를 풀어야 하는 도전이다. 문화충격을 유발하는 네 번째 도전은 문화가 서로 다른 사람들 사이에서 빈번하게 발생하는 오해이다. 어릴 때 배운 정보와 본국 문화에서 습득한 지식은 새로운 환경에서 통하지 않는 경우가 있으며 이는 당혹감과 혼란을 초래한다. 마찬가지로 어떤 문화에 처음 들어갈 때 우리는 그 문화에 적합한 방식으로 행동하려면 무엇을 알아야 하는지 잘 모른다. 예를 들어 윌리엄 스몰리는 프랑스령 인도차

---

11 문화적 스트레스는 새로운 문화에 맞춰 생활 방식을 바꾸는 상황에서 발생한다. 이것은 일반적으로 문화충격에서 회복하는 데 걸리는 2년보다 훨씬 오래갈 수 있다. 문화충격은 현지 사회에서 문화적 단서를 완전히 상실함으로써 겪게 되는 문화적 혼돈을 특징으로 한다. 문화 스트레스에 관해서는 Dye 1974와 Spradley·Phillips 1972를 참조하라.

이나 반도에서 선교 활동을 하기 위한 준비의 일환으로 프랑스에서 프랑스어를 배운 경험을 다음과 같이 기술했다.

> 처음 프랑스어를 공부하기 위해 파리에 갔을 때 나를 비롯한 많은 미국인은 언제 어디서 악수해야 하는지 알기가 어려웠다. 우리가 보기에 그들은 시도 때도 없이 악수를 했고, 그건 매우 불필요하고 어리석게 느껴졌다. 우리는 프랑스 아이들이 매일 밤 잠자리에 들기 전에 부모와 악수를 한다는 등 우리가 들은 이야기를 주고받았다. 대개 프랑스 관습의 '괴벽함'을 강조하는 내용이었다. 이런 작고 사소한 악수 습관의 차이는 불안감을 일으키기에 충분했고, 다른 수백 가지 불확실성과 결합하여 많은 사람에게 문화충격을 주었다.(1963, 49)

타문화에 들어갈 때 우리는 그곳의 '모든 것'을 보며 '아무것'도 가정하지 않는다. 하지만 시간이 지나 그곳 문화에 익숙해지면 반대로 모든 것이 익숙하여 눈에 띄지 않으므로 '아무것'도 보지 않게 된다. 또한 '모든 것'을 가정한다. 가정assumption은 지식의 가장 낮은 형태이다. 자문화 내에서조차 많은 오해가 생기는 것은, 실제로 거짓되고 부정확한데도 우리가 그것을 진실하고 옳다고 가정하기 때문이다.

다섯째는 새로운 일과와 생활 방식에 적응하는 도전이다. 자문화 내에서의 일상은 큰 노력을 요하지 않고 불안을 유발하지도 않는다. 하지만 새로운 문화에서의 일상은 계속 방해를 받는 것처럼 보인다. 폴 히버트는 "자문화 안에서 우리는 쇼핑, 요리, 은행 업무, 세탁, 우편물 보내기, 치과 가기, 크리스마스트리 구매 등의 일을 효율적으로 하므로 일과 여가를 위한 시간을 확보한다. 하지만 새로운 환경에서는 단순한 일에도 더 많은 시간과 정신적 에너지를 쏟게 된다."(1985, 67)라고 언급한다.

솔로몬제도에 처음 갔을 때 우리 부부는 전기가 없었고 그나마 강에서 양동이 두 개에 물을 받는 게 최선이었다! 이렇게 새로운 일상을 시작한 지 3-4주 지나서 "생존을 위한 이 모든 일에 너무 많은 시간이 걸린다."라고 불평하던 기억이 난다. 예를 들어 강에서 옷을 세탁하는 '간단한' 일조차 몇 시간이 걸렸다. 음식 준비도 너무 귀찮아서 마을 사람들과 마찬가지로 하루에 한 끼만 요리했다. 로리는 내 불평에 "여보, 마을 사람들도 이만큼 시간을 쓰잖아. 우리가 여기에 왜 온 거야?"라고 말했다. 우리는 현지인들과 함께 살며 그들에게서 배우려고 그곳에 왔고, 그러기 위해서는 강에서 옷을 세탁하는 데 몇 시간을 들이는 등 그들처럼 사는 것이 유일한 방법이었다. 나는 속도를 늦추고 마을의 일상 리듬에 맞춰갔다. 평소 같으면 빠르고 쉽게 할 수 있는 일에 엄청난 시간을 소비하는 것, 즉 새로운 일상에 적응하는 것도 분명 문화충격을 야기하는 요인 중 하나였다.

타문화권 사역의 첫 해 혹은 첫 몇 달은 일상이 바뀌기 때문에 불편하고, 본래 하려던 '실질적인 일'을 할 시간이 거의 없다는 생각에 좌절이 느껴질 수 있다. 모든 것이 생존을 위한 일이고, 사역을 위한 시간은 거의 없다. 때로는 새로운 환경에서 본국의 생활 방식을 그대로 재현하려고 애쓰기 때문에 일상의 변화에 더 큰 좌절이 느껴지기도 한다. 내가 아는 어느 선교사는 본국에서 먹던 스파게티 소스를 찾을 수 없어 매우 실망했다. 라구 소스를 선호했지만 가게에서 찾을 수 있는 것은 프레고 소스뿐이었다. 그녀는 새로운 도시에서 '원하는' 스파게티 소스를 찾기 위해 거의 온종일 여러 가게를 돌아다녔다고 내게 말했다.

여섯째는 비효율성에 직면하는 도전이다. 미국인은 효율성에 높은 가치를 둔다. 업무와 집안일을 보다 효율적으로 하기 위해 노동력과 시간을 절약하는 장치를 개발해왔다. 또한 미국인은 '투자 수익률'Return on Investment, ROI을 기준으로 활동의 성공과 실패를 평가하곤 한다. 즉 목표를 달성하기 위해 얼마나 많은 시간과 돈, 자원, 에너지를 소비했는지 무의식적으로 계산하는 것이다. 효율성에 대한 이러한 관심은 사람보다 과제를 중심으로 삼게 한다.(Lingenfelter·Mayers 2016, 67-79) 타문화권에서 생활할 경우 '고국'에서와 달리 더 많은 활동에 더 많은 시간을 들여야 하므로 정서적인 피로와 좌절을 느끼게 된다. 동시에 현지인의 일과 생활 방식을 '비효율적인' 것으로 간주하여 매우 쉽게 비판적이 된다.

일곱째, 낯선 환경과 기후에서 생활하는 도전이다. 농촌 출신의 선교사는 외국의 대도시 생활을 어렵게 느낄 수 있다. 몇 세대 전만 해도 대부분의 타문화권 사역이 농촌의 선교 기지를 중심으로 이뤄졌지만 오늘날에는 점점 대도시에서 이루어진다. 나는 마닐라가 처음인 한 노부부가 그곳의 덥고 습한 기후와 혼잡한 교통으로 인해 힘들어하던 것을 기억한다. 그들과의 인터뷰에서 내가 빨간색, 파란색, 노란색의 화려한 필리핀 국기를 언급하자 그 아내는 "내가 마닐라에서 보는 색은 콘크리트 회색뿐이에요."라며 불만에 찬 목소리로 대답했다. 그녀는 환경에 대한 적대감과 환멸을 표출하면서 문화충격의 두 번째 단계로 접어들고 있었다.

마닐라나 방콕 같은 아시아의 여러 대도시에서 조사한 결과, 미국인들이 가장 불만을 느끼는 것 중 하나는 혼잡한 교통체증이다. 그들의 일상은 사역을 위해 도시의 한 지점에서 다른 지점으로 이동하는 데 얼마나 시간이 걸리는지를 기준으로 정해진다. 대만에서 나는 혼잡한 교통체증으로 힘들어하던 어느 선교사가 "정지 신호는 단지 제안일 뿐이지요."라고 말하는 것을 들은 적이 있다.

9장 요약

이 장 서두에서 언급한 어느 여성 선교사의 이야기로 돌아가보자. 그녀는 대학 1학년 때 자신에게 무슨 일이 일어났는지 20년 가까이 의문을 갖고 있었다. 그녀는 미국 문화에 적응하지 못했고, 그녀가 보기에 출석 교회의 예배는 자신이 선교사 자녀로 자란 곳의 활기찬 예배에 비하면 죽은 것 같았다. 그녀는 단순한 향수병 이상의 감정을 느꼈다. 점점 더 우울해졌고 때때로 미쳐가는 것만 같았다. 하지만 하나님의 은혜로 첫해를 버텨내고, 결국 완전히는 아니지만 미국 대학 생활에 적응했다. 이후 내게서 문화충격이라는 일시적인 직업병에 관해 듣고서 비로소 자신에게 무슨 일이 일어났는지 이해하게 되었다. 새로운 나라에 왔다는 초기의 설렘이 사라진 후 얼마나 많은 사람이 이러한 문화충격을 경험하는가? 이 장에서 문화충격을 유발하는 요인을 살펴봤으니 이제 다음 장에서는 문화충격의 증상과 단계를 알아볼 것이다. 이를 통해 우리는 우리 자신과 다른 사람이 겪는 문화충격을 식별할 수 있게 될 것이다.

10장 문화충격의 증상과 단계

외국인의 발바닥은 좁다.
(외국인은 이동의 자유가 제한되어 항상 불안정하며 매우 제한된 흔적만을 남긴다.)

– 우간다와 콩고의 루그바라족의 속담

"솔직히 말하자면 우리는 도착한 후 지난 2년 동안 문화충격을 전혀 겪지 않았어요. 마치 영원한 허니문을 온 것 같고 이곳이 정말 마음에 듭니다." 젊은 의료 선교사가 내게 말했다.

나는 "문화충격을 예상했지만 놀랍게도 아무런 증상이 없었다."라는 그의 이야기를 다소 회의적으로 들으며 가만히 앉아 있었다. 그는 자신의 삶이 그 어느 때보다 좋아졌다고 말했다. 동남아시아에 온 이래로 이전보다 성취감을 느끼고 하나님과 더 가까워졌다는 것이다. 그의 아내 역시 "아직까지는 다른 가족들과 달리 문화충격이라는 지뢰를 피해서 잘 지내고 있는 것 같다."라고 말하며 남편의 이야기를 확인해주었다. 나는 그들 부부의 성취를 축하하면서 처음 2년 동안 문화충격 증상이 없는 것은 매우 드문 일이며 그들이 오랫동안 허니문 단계를 유지할 수 있기를 바란다고 말했다. 그런데 얼마 지나지 않아 문제가 생겼다. 그는 현지 언어로 치러야 하는 의사국가고시 시험에서 불합격했다. '허니문'은 끝났고 그는 문화충격의 늪에 깊이 빠져들었다.

문화충격의 증상

그렇다면 문화충격을 경험하고 있는지 어떻게 알 수 있는가? 이 직업병의 증상에는 어떤 것이 있는가? 이제 그 주제로 넘어가보자. 다음은 문화충격을 겪을 때 나타나는 13가지 증상이다.

1. 좌절감, 외로움, 혼란, 우울함, 짜증, 불안감, 무력감
2. 설명할 수 없이 눈물이 남
3. 식수, 음식, 식기, 침구에 대한 과도한 염려
4. 현지인과의 신체 접촉에 대한 두려움
5. 사소한 어려움에 대한 과민 및 과잉 반응
6. 식습관 변화 또는 식욕 상실
7. 수면 습관의 변화와 불면증 또는 심한 졸음
8. 유머 감각 상실
9. 피로와 무기력
10. 외로움, 상실감 또는 무력감, 특히 취약한 느낌. 한때 즐기던 일에 대한 동기 상실, 정체성 상실, 주어진 일을 완수할 수 없다는 무력감과 그에 따른 우울증
11. 건강에 대한 집착과 공포심, 속임수나 강도에 대한 과도한 두려움, 음식의 안전에 대한 과도한 우려, 청결에 대한 집착, 새로운 경험을 잘 헤쳐 나갈 수 있을지에 대한 의심
12. 이유 없는 통증이나 수면장애, 만성질환 재발, 설명할 수 없는 컨디션 저하
13. 자신에 대한 회의와 소명에 대한 의문

폴 히버트에 따르면 "문화충격의 진짜 문제는 우리가 정상적으로 기능하고 있다고 생각하지만 실제로는 감지되지 않은 채 심리적 왜곡이 일어난다는 것이다. 이러한 왜곡은 현실에 대한 우리의 인식을 뒤틀고 몸에 혼란을 일으킨다."(1985, 71) 우리는 문화충격의 광범위한 증상 목록 가운데 타문화 상황에서 생기는 스트레스와 신체적 질병 그리고 심리적·영적 우울증이라는 세 가지 주요 증상에 초점을 맞출 것이다.

타문화 상황에서 생기는 스트레스

어느 정도의 스트레스가 과도한 것일까? 일정 수준의 스트레스는 오히려 건강하고 필요하다. 우리는 매일 일을 하면서 스트레스를 받는데, 그런 상황에서도 일을 계속하는 이유는 부정적인 스트레스보다 긍정적인 보상이 더 크기 때문이다. 자문화를 떠나 타문화로 이주하게 되면 우리는 매일 사용하는 언어의 변화, 일상의 변화, 사회적 정체성과 사회적 위치의 변화 등으로 인해 스트레스를 받는다. 어느 정도가 과도한 스트레스인지는 사람마다 다르다. 심리학자들은 삶의 변화를 경험할 때 발생하는 스트레스 문제에 주목했으며 미국 스트레스연구소 American Institute of Stress는 1967년 정신과 의사인 토머스 홈즈 Thomas Holmes와 리처드 레이 Richard Rahe가 만든 '홈즈-레이 스트레스 척도' Holmes-Rahe Stress Inventory를 홈페이지에 게시했다.[1] 그들은 스트레스가 질병을 유발할 수 있는지를 확인하기 위해 5,000명이 넘는 환자의 의료 기록을 조사했는데, 이 척도는 그 외 집단과 타문화권 대상으로도 검증되었다. 그들의 이론에 따르면 삶의 다양한 경

---

[1] 이 목록은 미국 스트레스연구소 웹사이트에서 확인할 수 있다.(https://www.stress.org/holmes-rahe-stress-inventory)

험이 스트레스를 유발하며, 그런 스트레스는 경험 후 최대 1년 이상 지속될 수 있다. 다음 척도를 보면서 지난 1년 동안 타문화 상황에서 어떠한 삶의 변화를 겪었는지 확인하고, 그에 따른 스트레스 점수를 합산해보라.

홈즈-레이 스트레스 목록

스트레스 유발 사건	점수
1. 배우자의 사망	100
2. 이혼	73
3. 배우자와의 별거	65
4. 구금(감옥이나 기타 시설)	63
5. 가까운 가족 구성원의 사망	63
6. 심각한 개인 상해 또는 질병	53
7. 결혼	50
8. 직장에서의 해고	47
9. 배우자와의 화해	45
10. 은퇴	45
11. 가족 구성원의 건강 또는 행동의 주요 변화	44
12. 임신	40
13. 성적인 어려움	39
14. 새로운 가족 구성원의 합류	39
15. 주요 사업 재조정	39
16. 재무 상태의 중대한 변화	38
17. 친한 친구의 사망	37
18. 직업 변경	36
19. 배우자와의 말다툼 횟수의 큰 변화	35
20. 융자나 대출	31
21. 융자나 대출에 대한 압류	30
22. 직장에서의 책임 변화	29

스트레스 유발 사건	점수
23. 자녀의 독립(집을 떠남)	29
24. 시댁이나 처가(배우자 가족)와의 문제	29
25. 뛰어난 개인적 성취	28
26. 배우자의 취업 또는 퇴직	26
27. 정규교육의 시작 또는 중단	26
28. 생활 조건의 중대한 변화	25
29. 개인 습관의 수정	24
30. 상사와의 문제	23
31. 근무 시간이나 조건의 주요 변화	20
32. 거주지 변경	20
33. 새로운 학교로의 전학	20
34. 평소 여가 활동의 종류 및 양의 중대한 변경	19
35. 교회 활동의 중대한 변화	19
36. 사회 활동의 중대한 변화	18
37. 대출받음	17
38. 수면 습관의 주요 변화	16
39. 가족 모임 횟수의 주요 변화	15
40. 식습관의 주요 변화	15
41. 휴가	13
42. 주요 휴일	12
43. 경미한 법 위반	11

출처: Holmes and Masuda 1974, 52.

이 척도에 따르면 당신의 스트레스 점수는 얼마인가? 총 점수와 건강의 관계는 삶의 단계마다 다를 수 있다. 토머스 홈즈와 미노루 마쓰다 Minoru Masuda는 "삶의 변화와 질병 취약성"이라는 제목의 논문에서 다양한 삶의 변화로 인해 발생하는 스트레스를 추정할 수 있는 대략적인 척도를 개발했다.(1974) 그들의 연구에 따르면 150점 이하인 사람 중 33퍼센트는 향후 2년 이내에 심각한 질병에 걸릴 가능성이 낮았다. 또 150점 이상인 사람의 50퍼센트와 300점 이상의 80퍼센트는 향후 2년 이내에 심각한 질병에 걸릴 가능성이 있었다.(1974, 52) 이러한 수치로 볼 때 대부분 선교사는 자신의 건강에 관심을 가져야 한다. 300점이 훨씬 넘는 선교사들도 드물지 않기 때문이다.

홈즈와 마쓰다의 연구는 문화적 차이를 고려하지 않은 것으로, 내가 생각하기에 선교사들은 첫 1-2년 동안 더욱 심한 스트레스를 경험할 가능성이 크다. 이쯤 되면 타문화권 사역이 매우 큰 스트레스를 동반하는 소명이라는 사실을 분명히 알 수 있다. 제임스 스프레들리와 마크 필립스 Mark Phillips는 "문화와 스트레스: 정량적 분석"이라는 논문에서 제2언어의 학습이 문화충격과 큰 스트레스를 유발한다고 지적한다.(1972) 또한 타문화권 사역 경험과 관련하여 스트레스를 유발할 수 있는 33가지 문화 재적응 항목을 다음과 같이 제시한다.

1. 음식의 종류
2. 의복의 종류
3. 사람들의 시간 엄수 태도
4. 불쾌함을 유발하는 것에 대한 생각
5. 사용 언어(해당 언어에 대한 능력이 제한되어 있다고 가정)
6. 사람들의 야심/야망 정도
7. 사람들의 개인 청결도
8. 일반적인 삶의 속도
9. 개인 사생활 보장의 정도

10. 재정 상태

11. 오락 및 여가 활동 유형

12. 부모가 자녀를 대하는 방식

13. 가족 구성원들 사이에서 느끼는 친밀감과 책임감

14. 신체 접촉의 양(만지거나 가까이 서 있는 등)

15. 일상 대화에서 다루지 말아야 할 주제

16. 같은 인종의 사람 수

17. 미혼 남녀 간의 친근감과 친밀감 정도

18. 여성의 자유와 독립성 정도

19. 수면 습관(수면 시각과 시간, 수면 방식)

20. 일반적인 생활수준

21. 우정에 관한 생각(친구에 대한 느낌과 행동 방식)

22. 나와 종교가 같은 사람의 수

23. 사람들이 격식을 차리는 정도

24. 사회적 접촉의 기회

25. 사람들이 나의 좋은 의도를 오해하는 정도

26. 지역사회의 사람 수

27. 재미에 관한 생각

28. 슬픔에 관한 생각

29. 사람들이 친절과 환대를 표현하는 정도

30. 사람들이 관계 속에서 감정이나 표현, 행동을 자제하는 정도

31. 식사 습관(시간, 양, 방법 등)

32. 이용하는 교통수단의 종류

33. 사람들이 물질적 소유를 관리하는 방식(1972, 522)

안식년 중 나는 동아시아에서 첫 임기 혹은 두 번째 임기를 보내고 있는 수백 명의 선교사를 인터뷰하면서 그들에게 문화충격을 겪는 동안 비정상적인 특이 행동을 경험한 적이 있는지 질문했다. 그들 중 상당수가 설명할 수 없는 분노를 느낀 적이 있다고 인정했다. 또 많은 부부가 이 시기에 결혼 생활에서도 스트레스와 갈등을 겪었다고 이야기했다. 한 남성 선교사는 문화충격의 스트레스를 해소하기 위해 빵을 굽기 시작했다고 말했다. 함께 생활하는 가족이나 현지인에게 화풀이하는 것보다 반죽을 치대는 것이 더 낫다고 생각했기 때문이다.

신체적 질병

문화충격의 또 다른 증상은 신체적 질병이다. 아내, 어린 아들과 함께 에큐메니컬연구소의 선교 사역을 위해 파푸아뉴기니의 고지대에 갔던 때가 기억난다. 그곳에 도착한 이래로 6개월이 넘도록 우리 가족 중 적어도 한 명은 거의 매일 아팠던 것 같다. 심각한 병은 아니어도 매우 성가셨다. 그렇게 자주 아픈 것과 관련하여 현지의 여러 설명이 있었지만 나는 문화충격의 증상 중 하나를 경험한 것이었다고 확신한다.

히버트는 높은 스트레스가 대체로 신체적 질병, 특히 만성두통과 궤양, 요통, 고혈압, 심장마비, 만성피로 등으로 이어진다고 지적한다.(1985, 72) 새롭고 낯선 환경에서 병에 걸리면 불안감이 커질 수 있고, 불안감은 문화충격의 주요 증상이다. 내가 여기서 불안을 언급하는 이유는, 불안을 제대로 다루지 않을 경우 그것이 결국 신체적 질병으로 이어지기 때문이다. 문화충격 연구의 선구자인 칼레르보 오버그는 불안의 증상을 다음과 같이 제시한다.

1. 과도한 손 씻기

2. 식수, 음식, 식기와 침구에 대한 과도한 걱정

3. 현지인과의 신체 접촉에 대한 두려움

4. 넋을 잃고 멍하니 먼 곳을 향하는 시선

5. 무력감

6. 그곳에 먼저 와 있던, 나와 같은 문화권의 사람에게 의존하려는 욕구

7. 지연이나 사소한 문제에 대한 발작적 분노

8. 현지 언어 학습에 대한 지연 및 노골적인 거부

9. 사소한 통증 및 피부 문제에 대한 큰 우려

10. 속임수, 강도 또는 부상에 대한 과도한 두려움

11. 익숙한 것에 대한 향수병(1960, 178)

심리적·영적 우울증

선교사가 경험하는 심리적·영적 우울증은 종종 타문화 적응 단계에서 가장 힘들고 침체된 시점에 나타난다.[2] 즉 스트레스의 가장 심각한 결과는 실패감에 뒤따르는 우울증일 때가 많다. 새로운 문화에서 살아가며 겪는 혼란과 긴장, 부담감은 선교사를 우울증에 걸리기 쉬운 상태로 만든다. 이는 많은 타문화권 증인들이 새로운 곳에서 사역하는 초기에 직면하는 심각한 문제이다. 게다가 이들은 실패의 감정을 동료 선교사나 현지 그리스도인과 나누기를 두려워하기 때문에 종종 문제를 악화시킨다.

나는 타문화 적응을 연구하는 인류학자이면서 동시에 선교사들을 위

---

2 영적 우울증은 "자신의 영성이나 목적의식의 상실, 하나님과의 관계 단절에서 비롯되는 깊은 슬픔 혹은 공허함"으로 묘사되었다.(Lewis 2023)

한 목회자의 역할도 하게 되었다. 이는 내가 선교단체의 일원이 아닌 데다 그들이 보고의 의무 없이 자유롭게 고민을 나누며 신뢰할 수 있는 외부인이었기 때문이다. 나는 '선교사들의 고민'에 놀랐지만 그들은 이러한 고민을 공감하며 함께 대화하고 이해해주는 대상이 필요했다. 심리적·영적 우울증의 형태로 문화충격을 경험하고 있다면 주저하지 말고, 특히 당신이 함께 살고 섬기는 사람들 가운데에서 상담과 목회적 지원을 구하라.

실패의 감정을 나누기가 두렵고, 목회자나 상담자가 없다고 느껴지는 것도 충분히 힘든데, 우리 중 상당수가 선교사의 일반 이미지에서 비롯된 비현실적 기대로 힘들어한다. 요즘은 선교 사역 기간이 훨씬 짧아져서 선교사에 대한 일반적 이미지가 다소 변화하고 있지만, 내가 어렸을 때만 해도 선교사는 영적 피라미드의 최상층 부류로 인식되었다. 평신도와 목회자보다 더 영적인 존재로 여겨졌다. 그뿐 아니라 선교사는 "큰 어려움을 겪는 열정적 개척자, 죄를 짓지 않는 성화된 성도, 뛰어난 설교자, 영혼 구령자, 의사, 모든 장애물을 극복하는 사역자"(Hiebert 1985, 73)로 인식되기도 했다. 이것이 선교사 전기에서 흔히 볼 수 있는 이미지이다. 그런데 여기에 문제가 있다. 우리 대다수는 고국을 떠나 새로운 곳에 도착하면 어떻게든 선교사의 모든 덕목에 부합한 사람이 될 것이라고 생각한다. 하지만 막상 그곳에 터전을 잡고 사역을 시작하면서 우리는 떠날 때와 똑같은 사람이라는 것을 깨닫게 된다. 우리 자신이 이상적이고 비현실적인 선교사 이미지에 한참 못 미친다는 사실을 절감하게 된다.

초인적인 선교사가 아니라 평범하고 지극히 인간적인 선교사임을 깨달을 때 우리는 종종 우울증에 걸리고 때로는 그 정도가 심해진다. 히버트는 "안타깝게도 우리가 실패하고 있다고 생각되면 자존감을 유지하기 위해 더 열심히 일할 것이다. 그러나 실패에 대한 두려움 자체가 우리의 에너지를

그림 10-1 기대와 수행 사이의 긴장

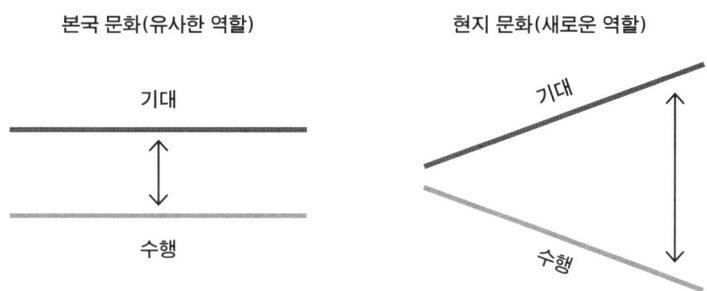

약화하기 때문에 문제를 배가시킬 뿐이다. 우리는 결함이 있는 실패자이기에 하나님을 섬기기에 적합하지 않다는 결론을 내린다."(1985, 74)라고 언급한다. 그리고 그런 일이 시작되면 우리는 정말 곤경에 처하게 된다.

타문화권 사역에서 비현실적인 기대로 인해 추동되는 이 이슈는 기대와 수행 사이의 긴장을 드러내는데 그림 10-1이 이러한 긴장을 잘 보여준다.

우리는 자문화에서도 기대와 실제 수행 사이에 약간의 긴장을 느끼며 살아간다. 가령 모든 일을 제시간에 끝내지 못하거나, 끝내더라도 원하는 만큼 완벽하게 못하는 경우가 있다. 나 역시 집필을 완료하거나 훈련, 강연 등을 준비하는 데 한 달 정도 늦어지는 경우가 자주 있다. 복음을 전하러 타문화권으로 갈 때에는 기대와 수행 사이의 긴장감이 더 커진다. 왜냐하면 선교사는 거의 모든 것을 성취할 수 있는 미덕의 모범으로 여겨져 높은 기대치를 받지만 실상은 언어를 유창하게 구사하지 못하고 새로운 문화의 미묘한 뉘앙스를 이해하지 못해서 수행 능력이 빈번하게 떨어지기 때문이다. 타문화권에서의 의사소통 문제는 이러한 긴장을 더 악화한다.

나는 아프리카에서 어느 젊은 선교사와 나눴던 대화를 기억한다. 그는 미국에서 신학교에 다닐 때 바쁘다는 이유로 개인 전도에 시간을 내지 못한 것을 후회한다고 했다. 당시에는 자신이 더 큰 일을 준비하는 중이니 복음전도 활동은 선교사가 된 후에 해도 된다고 스스로 합리화했다. 그런데 막상 선교지에 와서 언어를 배우고 현지인과 관계를 맺는 게 더디게 진행되자 그는 큰 좌절을 느끼고 있었다. 자신이 왜 신학교에서 그 많은 시간을 허비하며 복음전도를 미뤄왔는지 속으로 자문했다.

안타깝게도 실현되지 않은 기대는 더 심각한 문화충격을 유발한다. 이 책을 읽는 독자는 적어도 이제 "아무도 내게 알려주지 않았어."라고 말할 수 없을 것이다. 왜냐하면 내가 이렇게 말해주고 있기 때문이다. 이는 많은 사람이 겪게 되는 경험 중 일부이다. 어떤 사람은 심각한 문화충격을 겪을 수 있고, 또 어떤 사람은 그것이 가벼운 질병처럼 지나갈 것이다. 내가 인터뷰한 어느 여성은 블랙홀에 빠진 듯한 문화충격을 겪었다며 점점 더 깊이 가라앉는 기분이었다고 말했다. 그녀는 완전히 절망 상태에 빠져 있었는데, 미국을 떠나기 전 내가 진행한 선교사 훈련 오리엔테이션에 참석해서 문화충격에 관한 내용을 기록한 노트를 발견했다. 그리고 그 노트를 다시 읽으면서 자신이 생각한 만큼 미친 게 아니라 지극히 정상임을 알게 되었다. 문화충격의 증상을 파악하는 것은 회복을 위한 중요한 첫걸음이다. 우리는 이제 일반적인 문화충격의 단계를 살펴볼 것이다.

문화충격의 단계

인류학자 오버그가 제안한 것처럼 문화충격이 직업병이고 명확한 원인과 가시적인 증상을 갖고 있다면 대부분의 질병과 마찬가지로 그것도 건강과 회복으로 나아가는 식별 가능한 단계를 거칠 것이다.

오버그는 문화충격의 과정을 네 단계로 구분한다.(1960, 178-79) 첫 번째는 허니문honeymoon 단계로, 며칠 또는 몇 주에서 최대 6개월까지 지속될 수 있다. 두 번째는 현지 사회에 대한 적대감hostility과 공격적인 태도aggressive attitude가 나타나는 시기로, 위기에 해당하는 단계라 볼 수 있다. 세 번째는 적응adjustment과 방향 전환reorientation 및 점진적 회복gradual recovery의 단계이다. 그리고 마지막은 적응adaptation과 수용acceptance의 단계이다. 히버트는 오버그의 모델을 바탕으로 문화충격의 과정을 관광객tourist, 환멸disenchantment, 결심과 해소resolution and resolve, 적응adjustment and adaptation 이렇게 네 단계로 구분했다.(1985, 74-77) 나는 이 두 가지 모델을 결합하여 관광객과 허니문, 적대감과 환멸, 결심과 해소, 적응 단계로 구성된 그림 10-2를 만들었다. 이제 각 단계를 논의하고, 각 단계가 일반적으로 지속되는 기간을 살펴볼 것이다. 이 모델이 모든 사람의 경험을 100퍼센트 설명해주지는 않지만 문화충격이라는 질병으로 고통을 겪는 대다수 사람에게 적용될 것이다.

그림 10-2는 우리가 자신의 문화만 아는 단일 문화에서 시작한다는

그림 10-2 문화충격의 단계

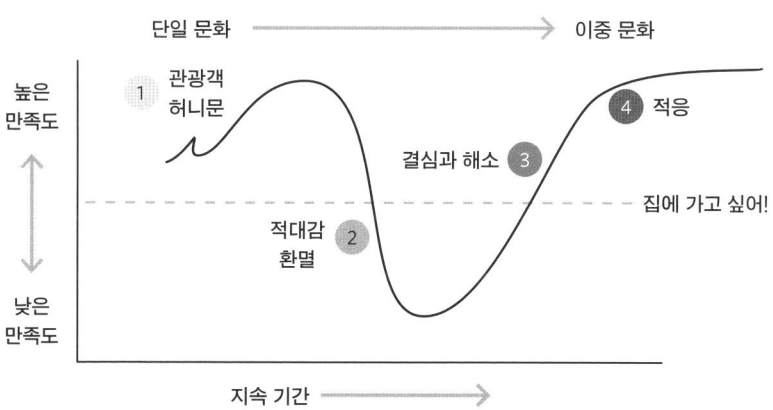

사실을 보여준다. 물론 우리가 세계관이라는 깊은 차원에서 우리 자신의 문화를 얼마나 잘 알고 있는지는 논란의 여지가 있다. 하나의 문화만 알고 있는 사람은 실제로 그 어떤 문화도 제대로 안다고 말할 수 없기 때문이다. 타문화 적응과 사역의 장기적인 목표는 이중 문화인이 되는 것이며, 이에 대해서는 14장에서 자세히 논의할 것이다. 문화충격의 모든 단계를 거치면서 우리는 이중 문화인이 되어가는 것이다.

그림 10-2는 우리가 높은 수준의 만족도를 가지고 타문화에 들어갔지만 얼마 지나지 않아 현지 문화에 대한 흥분과 매력이 사라지고 차츰 만족도가 감소한다는 것을 보여준다. 새로운 문화에 들어온 직후 만족도가 잠시 하락하는 구간을 볼 수 있는데, 이는 원래 그림에 없었지만 어느 선교사 후보생의 제안에 따라 추가된 것이다. 그와 그의 가족은 장시간의 비행 후 출입국 관리소와 세관을 지나면서 혹시라도 통과되지 못하면 어쩌나 하는 두려움과 불안을 느끼며 짧은 만족도 하락을 경험했다고 한다.

이 그림에서 높은 만족도와 낮은 만족도의 중간을 가로지르는 점선을 볼 수 있는데 나는 이것을 '집에 가고 싶어! 선'line of homesickness이라고 부른다. 만족도가 낮아져서 이 선 아래로 내려가면 새로운 문화에 있기보다 집으로 돌아가고 싶어지기 때문이다.

문화충격으로 인해 비참하고 우울한 기분이 드는 것은 정상이며 시간이 지나면 트라우마가 끝날 텐데 이러한 사실을 아는 것은 위안이 된다. 우리가 겪는 것은 지극히 정상적인 현상이다. 이 기간에 일기를 써서 나중에 자신이 겪은 일을 반추하고 이해해보는 것도 좋은 생각이다. 문화충격이 정상적인 현상이라는 것을 인식함으로써 우리는 문화충격을 미래의 사역을 준비하는 긍정적인 경험으로 바꿀 수 있다. 나는 처음 몇 년간 타문화에 어떻게 적응하느냐가 남은 기간의 사역에 영향을 미치며, 문화충격에 대응하는 방식이 첫 몇 년을 형성한다고 확신한다. 이제 문화충격의 네 단계를 알아보자.

1단계: 관광객 및 허니문

타문화 적응의 첫 번째 단계는 관광객과 허니문 시기로 부르는데, 그 이유는 새롭고 낯선 모든 것에 매료되어 멋지고 신나게 보내는 시기이기 때문이다. 우리는 새로운 곳에 있다는 사실에 흥분하며 이러한 기분은 SNS 게시물이나 가족, 친구에게 보내는 이메일에 고스란히 반영된다. 이 단계에서 우리는 종종 "현지인들을 사랑한다."라고 말하며 새로운 문화의 긍정적인 측면만 보게 된다.

이 관광객 단계는 몇 주에서 최대 6개월까지 지속될 수 있다. 물론 극적인 예외도 있다. 일본에 있는 한 선교사는 자신의 관광객 시기가 나리타 공항에서 도쿄 시내까지 가는 45분만 지속되었으며 그 이후로는 내리막길이었다고 내게 말했다. 필리핀의 한 선교사 가족은 "화이트먼 박사님, 우리는 당신이 약속한 관광객 단계를 전혀 경험하지 못했어요."라고 불만 섞인 목소리로 말했다. 반면 2년 동안 관광객과 허니문 단계를 즐긴 동남아시아의 한 의료 선교사는 적응 형태의 또 다른 예외를 보여준다.

일주일에서 열흘 정도 진행되는 단기 선교의 문제점 중 하나는 참가자 대부분이 관광객 단계에만 머물다가 돌아간다는 것이다. 나는 단기 선교를 대여섯 번 다녀와서 이제 자신이 타문화권 사역의 역동성에 대해 전문가라고 생각하는 사람들을 봤다. 하지만 안타깝게도 그들은 실제로 관광객 단계와 단일 문화의 시각에 머물러 있으며 배움의 자세도 갖추지 못한 상태였다. 대다수는 2-3개월의 관광객 단계를 지나고 나면 두 번째 단계로 접어든다.

2단계: 적대감과 환멸

적대감과 환멸이라고 부르는 두 번째 단계는 많은 사람이 문화충격이라고 인식하는 시기이기도 하다. 이때는 새로운 것에 대한 매력이 줄어들거나 완전히 사라진다. 히버트에 따르면 "이 단계는 우리가 거처를 마련하고 생활을 스스로 책임지며 지역사회에 공헌하기 시작할 때 찾아온다. 바로 이때 좌절과 불안이 생긴다. 언어의 문제, 장보기의 어려움, 교통 문제, 세탁물이 뒤섞이는 문제 등이 발생한다. 우리는 식수, 음식, 침구류의 청결에 대해 걱정하고 사기나 강도를 당할까 봐 두려워한다. 또한 외로움을 느낀다. 처음에 우리를 따뜻하게 맞아주던 사람들이 이제 각자의 일터로 돌아가고 우리의 고충에 무관심한 듯하기 때문이다. 그 결과는 환멸이다."(1985, 75)

더 이상 낯선 문화는 흥분되고 흥미로운 것이 아니다. 이제 현지의 삶은 여러모로 고통스럽고 괴로운 일이 된다. 우리는 통제력을 잃은 것처럼 쉽게 불안을 느끼고 적대적으로 변할 수 있다. 이러한 불안감을 유발하는 것은 종종 현지인과 현지의 환경이다. 우리는 우리가 섬기려는 바로 그 사람들에 대해 불평하기 시작하고 잠시만이라도 그곳에서 벗어나기를 원한다. 또한 현지 문화를 부정적으로 희화화하는 고정관념을 갖는다. 미국 출신 선교사는 미국인들과 어울리고, 한국 출신 선교사는 한국인들과 함께 현지인에 대한 불평을 늘어놓는다.

우리는 문화충격의 부정적인 양상에 무의식적으로 빠져들고 있으면서도 자신에게 무슨 일이 일어나고 있는지 깨닫지 못할 수 있다. 만족도가 차츰 떨어지고 '집에 가고 싶다.'라는 생각이 자주 들면서 선교지로 온 것이 옳은 결정인지, 하나님의 부르심을 제대로 들은 것인지 의문을 품게 될 수 있다. 물론 이러한 위기 중에도 가끔은 이방인이 아니라 그 사회의 원래 구성원인 것처럼 편안하게 느껴지는 좋은 날도 있지만 전반적으로는 좌절감, 소외감, 긴장, 당혹감이 쌓여간다. 집에 가고 싶어도 당연히 갈 수가 없다. 포기하기에는 너무 많은 시간과 돈, 기도를 투자해왔기 때문이다. 흔히 선교사가 명예를 간직한 채 귀국할 수 있는 방법으로 은퇴, 사망, 질병 등을 언급하는데, 실제로 어떤 선교사는 이 단계에서 병에 걸려 고국으로 돌아간다.

적대감과 환멸의 단계는 전 세계 대부분 지역의 대다수 사람에게 보통 6-12개월 지속된다. 하지만 내가 동아시아 지역에서 연구한 바에 따르면 그곳 선교사의 상당수가 문화충격의 전 주기를 훨씬 길게 경험하며 특히 적대감과 환멸의 단계는 12개월 넘게 겪었다. 남미 등의 지역보다 아시아에서 활동하는 선교사가 적응에 더 어려움을 겪는 이유는 아마도 아시아 언어와 문화가 그만큼 습득하고 이해하기가 어렵기 때문일 것이다. 문화충격의 두 번째 단계를 잘 극복하면 선교지에 머물면서 보람 있고 열매 맺는 사역을 하게 되지만, 그렇지 못하면 신경쇠약이 오기 전에 사역을 중단하고 집으로 돌아가게 될 것이다.[3]

3단계: 결심과 해소

다시 웃기 시작한다는 것은 전환기를 지나 회복의 길로 나아가고 있다는 좋은 신호이다. 비참한 기분을 느끼고 있더라도 우리는 현지 단어를 몇 개라도 더 외우려 하고, 새 문화와 언어를 익히기 위해 스스로 밖으로 나와서 돌아다닌다. 물론 문제는 여전하다. 그러나 우리는 "웃으면서 견뎌

---

3 문화충격의 감정적·심리적 영향에 대해서는 Ward·Bochner·Furnham 2001을 참조하라. 저자들은 보다 긍정적인 접근 방식을 취하면서 문화충격을 구성하는 세 가지 주요 요소로 정서(affect), 행동(behavior), 인지(cognition)를 제시한다.

내자."라는 자세로 도망치지 않고 끝까지 버티리라 결심한다. 이 단계에서 선교사는 자신의 삶과 소명을 숙고하며 다음과 같은 사실을 기억해야 한다. "하나님이 나를 이곳으로 부르셨다. 성령께서 나를 위로하며 살아남게 하실 것이다. 예수님은 우리와 함께하겠다고 약속하셨다. 하나님은 나를 여기에 버리려고 지금껏 인도하신 게 아니다." 이 세 번째 단계에서 우리는 새로운 문화에 머물며 배우고 성장할 수 있는 무언가가 필요하다. 소명감이나 목적의식이 없는 사람은 대개 타문화의 폭풍을 견디지 못하고 조기에 짐을 싸서 집으로 돌아간다.

문화충격의 단계 중 대부분은 '위기'에 주목하지만 그에 못지않게 결심과 해소 단계에서의 대응도 매우 중요하다. 히버트는 "이 단계에서 현지 문화, 현지인과 어떠한 관계를 맺는지가 특히 중요한데, 이 시점에서 우리가 형성하는 적응 양상이 지속되기 때문이다. 만일 우리가 감사하고 수용하는 긍정적 태도를 개발한다면 이는 곧 현지 문화를 배우고 현지인과 하나 될 수 있는 토대를 놓은 셈이다."(1985, 76)라고 말한다.

그림 10-2에서 우리는 많은 사람이 2단계(적대감과 환멸)의 최저점에서 하향세를 멈추고 절망의 구덩이에서 빠져나오는 것을 볼 수 있다. 이러한 전환의 경험은 다양한 사건에서 비롯될 수 있다. 가령 사회적·문화적·언어적 장벽을 넘어 좋은 현지인 친구를 발견하거나 어느 날 현지 언어로 첫 설교를 무사히 마친 사실에 스스로 놀랄 수도 있다. 또는 준비가 부족하거나 자격이 없다고 느끼는 일을 요청받을 수 있고, 그 과정에서 우리가 새로운 문화에서 일어나는 일을 생각보다 잘 이해하고 있음을 발견할 수 있다. 나는 우리가 심리적·영적 한계에 다다를 때 하나님께서 이러한 전환의 경험을 우리 삶에 자주 허락하신다고 확신한다.

세 번째인 결심과 해소의 단계에서는 사람들에 대한 부정적인 비판이 농담으로 바뀌기 시작한다. 그리고 어느새 우리 자신과 우리가 처한 어려움에 대해서도 농담을 하고 있다.(Oberg 1960, 179) 나는 유머가 타문화 생활에서 정신건강의 좋은 지표라고 늘 믿어왔다. 멜라네시아에 살 때 아내와 나는 웃음이 멈추면 귀국할 시간으로 생각하자고 합의했다. 웃음이 멈춘다는 건 우리가 타문화권 사역에서 더 이상 기쁨을 찾을 수 없음을 시사한다. 안타깝게도 나는 전 세계를 방문하며 수년간 웃음을 잃은 채 살아가는 선교사들을 만났다. 그들은 좀처럼 행복이나 만족을 느끼지 못하고, 현지인과 동료 선교사, 파송 단체 혹은 후원자와 갈등을 빚으며, 가는 곳마다 자신의 고통을 전이시키는 사람들이다. 그러므로 웃음이라는 개념을 타문화 적응의 지표나 지침으로 활용하라. 당신은 이제 웃고 있는가?

세 번째인 결심과 해소 단계에서도 우리는 여전히 자민족중심주의를 품고 현지인과 그들 문화에 대해 우월감을 느끼는 경우가 많다. 성육신적 동일시가 아직 일어나지 않았거나 큰 열매를 맺지 못한 상황일 것이다. 하지만 우리는 현지인과 하나가 되기 위한 길에 들어서서 서서히 진전을 이뤄가고 있다. 아직 성육신적 동일시에 이르지 못한 이유는, 우리가 현지인보다 낫다는 의식이 여전하기 때문이다. 그들에게서 얼마나 많은 것을 배울 수 있는지 발견하는 단계에 이르지 못한 셈이다.

또한 세 번째 단계에서 일어나는 일 중 하나는 우리보다 나중에 오는 사람들을 맞아들이게 되면서 우리가 더 이상 '신참'이 아님을 깨닫게 되는 것이다. 그들에게 현지 사회에서 어떻게 살아야 하는지를 알려주는 것은 기쁜 일이다. 왜냐하면 우리도 이곳에 도착한 이래로 얼마나 많은 것을 배웠는지를 문득 떠올리게 되기 때문이다. 무언가를 배우는 가장 좋은 방법은 다른 사람에게 그것을 가르치는 것이며, 이 원리는 타문화 상황에서도 유효하다. 새로운 선교사에게 현지 사회 곳곳을 보여줌으로써 우리는 자신감을 얻고 현지인과 현지 문화에 동화된 자기 자신을 볼 수 있다. 이 단계는 일반적으로 6개월에서 12개월 정도 지속된다. 이 단계의 좋은 점은 시간이 지날수록 현지 생활이 나빠지지 않고 좋아진다는 것이다. 그리고 결국에는 네 번째이자 마지막인 적응 단계로 넘어간다.

4단계: 적응

문화충격의 전체 주기를 거치다보면 마침내 네 번째이자 마지막인 적응 단계에 도달할 것이다. 이 단계에 도달했음을 어떻게 알 수 있을까? 현지의 새로운 문화가 집처럼 편안하고 소속감도 느껴진다면 우리가 마침내 문화충격의 주기를 통과하고 새로운 삶의 방식에 적응했다는 사실을 의미한다. 하지만 문화충격의 주기를 통과했다고 해서 더 이상 도전이나 어려움이 없다는 의미는 아니다.

문화충격의 위기는 종종 문화적 스트레스의 경험으로 발전하며 이는 쉽게 사라지지 않는다. 따라서 새로운 문화에 완전히 적응하는 데는 평균 2년 정도 소요되는 문화충격 주기보다 훨씬 더 오랜 시간이 필요하다. 안타깝게도 어떤 사람들은 타문화권 사역을 하는 내내 문화적 스트레스를 안고 살아간다.

적응 단계에서 우리는 문화적 차이를, 단지 세상을 살아가고 인식하는 또 다른 방식으로 받아들이게 된다. 즉 '사람마다 제각각'이라는 사고방식을 갖고서 현지인과 그들 문화에 대해 훨씬 관용적인 태도를 보이는 것이다. 현지에서 살아가는 것이 더 이상 불안하지 않다. 물론 여전히 긴장되는 순간이 존재하지만 그것은 문화적 단서를 완전히 이해해야만 사라지는 것이고, 타문화권 사역의 첫 1-2년 동안 그런 일은 거의 일어나지 않을 것이다. 전 세계 여러 지역에서는 3-4년이 지나도 불가능할 수 있다.

네 번째인 적응 단계는 온전한 성육신적 동일시의 출발점으로, 이는 수년간의 효과적이고 보람 있는 타문화권 사역으로 이어질 가능성이 크다. 이제 우리는 현지인의 음식과 음료, 관습을 받아들일 뿐 아니라 실제로 그것을 즐기며, 고국으로 돌아가면 오히려 현지 문화를 그리워하게 된다.

김영윤Young Yun Kim은 인간이 새롭고 다양한 문화적 상황에 적응할 수 있도록 어떻게 설계되었는지를 다음과 같이 이야기한다. "모든 새로운 경험, 특히 이방인이 낯선 환경에서 겪는 급격하고 혼란스러운 경험은 새로운 학습과 성장으로 이어진다. 결국 인간 정신의 고유한 특성은 적응성인데, 이는 도전에 직면하고 그 과정에서 새로운 지식과 통찰을 습득하는 능력을 말한다. 타문화 적응 상황은 이방인으로 하여금 언어와 사회규범처럼 이전에 당연시하던 많은 가정과 도구가 더 이상 적절하지 않다는 사실을 깨닫게 함으로써 심오하고 포괄적인 도전을 제기한다."(2001, 45-46) 우리는 적대감과 환멸의 단계에서 깊은 무력감을 갖게 되더라도 우리에게 적응력이 있음을 기억하고 희망을 품을 수 있다. 사람마다 문화충격의 단계를 통과하는 정도가 다르겠지만 누구나 타문화 적응 기술을 배울 수 있다.

이로써 문화충격의 네 단계를 모두 살펴보았다. 다음 장에서는 문화충격의 치료법을 설명할 텐데, 그에 앞서 몇 가지를 추가하고자 한다. 나는 종종 아이들도 어른과 같은 문화충격의 단계를 거치는지에 대해 질문을 받곤 한다. 아이들도 문화충격을 겪지만 더 빨리 현지 언어를 습득하고 문화를 이해하며 친구를 사귀기 때문에 어른보다 더 빠르게 단계를 통과한다. 그리고 만족도 하락도 부모만큼 큰 폭으로 겪지는 않는다. 우리는 자녀들도 문화충격을 경험할 수 있음을 인지하고 그들에게 그 과정과 단계를 잘 설명해줘야 한다.

문화충격은 한 번만 겪는 것일까? 그러면 좋겠지만 현실은 그렇지 않다. 만일 본국으로 돌아가 1년간 사역한 뒤 다시 선교지로 온다면 문화충격을 또 한 번 겪게 될 것이다. 실제로 선교사들은 두 번째 사역 기간의 문화 적응이 첫 번째보다 더 힘들다는 이야기를 하곤 한다. 아마도 그것은 이미 문화충격을 경험한 터라 문화 차이에 대한 심리적·영적 준비를 충분히 하지 않았기 때문일 것이다. 안타깝게도 이는 우리에게 잘못된 자신감을 주고, 새로운 문화충격 주기를 촉발할 수 있다. 일반적으로 두 번째 문화충격은 빨리 지나가고 우울증과 낙담도 덜한 편이다.

역문화충격

사람들이 잊고 있는 또 다른 유형의 문화충격이 있다. 그것은 우리가 본국으로 돌아갈 때 겪는 문화충격이다. 이 문화충격은 우리가 인식하지 못하거나 준비되지 않은 상태에서 갑자기 우리를 강타하며 사로잡는다. 집을 떠나 있던 몇 년 동안 무슨 변화가 일어났는가? 모든 것이 변했다! 확실히 우리의 본국 문화가 바뀌었다. 옷차림이 달라지고, 인간관계도 달라지고, 파송 교회와 후원 교회 등 많은 것이 달라졌다. 하지만 더 중요한 것은 우리가 변했다는 것이다. 우리는 새로운 언어를 구사하고, 확장된 세계관을 갖고, 새로운 인간관계를 맺고, 하나님 나라를 향하는 가치관으로 변화되었을 것이다. 따라서 우리는 변화된 사람이 되어 전과 달라진 본국 문화로 돌아오는데, 이것이 바로 문화충격을 야기하는 결정적인 원인이 된다.

우리는 집에 돌아와서 들뜬 마음으로 가족, 친구들과 우리의 경험을 나누려 하지만 대화를 시작하고 5분이 지나면 그들은 지난달 할인 행사에서 구입한 새 소파를 보여주거나 다른 일상적인 주제에 관해 이야기하기 원한다. 그들은 우리의 경험이나 다른 세계에 별로 관심이 없는 듯하다. 우리 또한 그들의 사고가 너무 지엽적이고 편협해보여서 견딜 수가 없다!

브리슬린R. W. Brislin과 반부렌H. VanBuren은 "그들은 다시 집으로 돌아갈 수 있을까?"라는 흥미로운 제목의 논문(1974)에서 현지 문화의 의미 체계를 쉽게 흡수한 사람일수록 자신의 본국 문화에 재진입하는 데 큰 어려움을 겪을 것이라고 주장한다. 또한 귀국 준비도 재진입 경험에 영향을 미치는데, 즉 귀국을 잘 준비한 사람일수록 재진입의 어려움이 덜하다는 것이다. 따라서 성육신적으로 현지 문화에 잘 적응한 사람은 본국에 돌아왔을 때 한동안 비참한 기분을 느낀다는 역설적 보상을 받는다. 만일 우리가 현지 문화에 잘 적응하지 못한다면 아마도 본국에 돌아와서는 큰 트라우마 없이 쉽게 일상으로 돌아갈 것이다.[4]

이러한 역문화충격의 원인은 무엇이며, 역문화충격이 새로운 문화에서 겪는 문화충격보다 더 심한 이유는 무엇인가? 귀국하면 우리는 문화충격의 네 단계를 다시 거치게 된다. 우선 비행기에서 내리는 순간 관광객 단계의 흥분을 느낀다. '집'에 돌아와 기쁘고 가족과 친구, 후원자들에게 타문화권 사역의 경험을 이야기할 수 있기를 기대한다. 어떤 사람에게는 안락함을 느끼는 관광객 단계가 꽤 오랫동안 지속되지만 어떤 사람에게는 혐오스럽게 느껴지는 본국 문화의 특정 양상을 직면하는 순간 관광객 단계가 갑작스럽게 끝난다. 미국인의 경우 그 양상은 선택지가 너무 많은 대형마트이거나 상대적으로 지루하고 생기가 없는 예배일 수 있다. 또 신문이나 텔레비전 뉴스에서 국제 소식이 거의 보도되지 않는 현실일 수도 있다.

---

4 재입국에 관한 심층 연구는 Greenwood 1992를 참조하라.

이처럼 역문화충격이 불가피하다는 점을 고려할 때 우리는 4년간 타문화권 사역을 한 후 1년간 본국에서 사역하는, 소위 안식년이라 불리는 표준적인 선교 정책을 재고해봐야 할 것이다.(안식년 혹은 본국 사역 기간은 선교단체마다 차이가 있다.—옮긴이 주) 본국에 머무는 1년 내내 관광객 단계를 유지하기란 거의 불가능하다. 오늘날에는 본국의 사역 기간을 3개월 미만으로 잡는 경우가 많다. 1년의 안식년은 선교사가 본국으로 돌아오기 위해 몇 달간 배를 타야 했던 19세기의 유물이다. 과거에 비해 짧지만 빈번하게 본국을 방문하는 오늘날의 방식은, 현지의 선교 사역을 덜 방해하고, 본국에 돌아와 문화충격 2단계에 빠질 위험도 줄인다. 즉 본국에서의 기간을 전부 관광객 단계로 보내는 게 가능하다. 나는 아프리카에 있을 때 어느 선교사의 자녀가 "커서 안식년 선교사가 되고 싶어요!"라고 말하는 것을 들은 적이 있다.

일반적으로 역문화충격을 극복하는 데는 1-2년이 걸린다. 보통 적응에 도달할 때까지 우리는 모든 단계를 거치는데, 그 과정에서 흥미롭지만 불편한 깨달음을 얻게 된다. 즉 본국 문화에 완전히 적응할 수 없다는 사실이다. 본국 문화에는 타문화를 경험한 우리의 가치관과 맞지 않는 측면이 있다. 나는 파푸아뉴기니를 떠나 미국으로 돌아와 켄터키주 윌모어에 있는 애즈베리신학교의 E. 스탠리 존스 세계선교대학원에서 강의를 한 적이 있다.

당시 나는 약 2년 동안 역문화충격의 모든 단계를 거쳤지만 그 기간이 끝날 무렵 내가 어디에도 완전히 속하지 못한다는 사실을 깨달았다. 나는 더 이상 100퍼센트 미국인이 아니었고, 멜라네시아와 아프리카, 아시아의 여러 나라에서 멋진 경험을 했음에도 그곳 사람이 되지 못했다. 하지만 멜라네시아에서 타문화를 경험하며 완전히 새로운 정체성을 얻게 되었는데 바로 내 자신을 미국 자유감리교회의 교인이 아닌, 세계 시민이자 하나님 나라의 자녀로 인식하게 된 것이었다. 말하자면 국가와 교단에 대한 나의 충성심은 하나님 나라의 자녀라는 더 넓고 깊은 정체성 이해보다 우선순위에서 뒤로 밀렸다.

문화충격의 고통을 겪어가는 과정에서 우리에게 주어지는 좋은 소식은, 시간이 지나면 이 역시 지나간다는 것이며 처음에 가정했듯 우리가 무능한 괴짜가 아니라 지극히 정상적인 인간이라는 사실이다. 또한 문화충격의 기간을 단축하고 그 심각성을 줄일 수 있는 몇 가지 치료 전략이 있다는 것이다. 다음 장에서 우리는 문화충격의 부정적 영향을 줄이기 위해 우리가 할 수 있는 네 가지 방법을 논의할 것이다.

10장 요약

타문화권 증인은 선교지의 삶을 영위할 때 문화충격을 경험한다. 문제는 자신에게 무슨 일이 일어나고 있으며 왜 그렇게 우울하고 짜증이 나는지, 심지어 자신이 섬기는 현지인에게 왜 적대감이 느껴지는지 모른다는 것이다. 하지만 문화충격의 증상을 인식하고 이를 극복하기 위한 단계를 이해한다면 우리는 문화충격에 대처할 준비를 보다 효과적으로 할 수 있을 것이다.

이 장에서 우리는 문화충격의 세 가지 주요 증상인 스트레스 증가, 신체적 질병, 심리적·정신적 우울증을 집중적으로 살펴봤다. 이러한 증상들은 우리 몸 안에서 서로 연결되어 있지만 스트레스가 신체적 질병과 우울증의 원인이 되므로 나는 타문화에서 살아갈 때 급격히 증가하는 스트레스에 중점을 두었다. 또한 독자들이 과거에 겪었거나 현재 겪고 있는 문화충격의 증거로 어떤 증상이 있는지 파악할 수 있도록 그 목록을 함께 제시했다.

더불어 나는 문화충격을 받은 사람이 일반적으로 2년에 걸쳐 네 단계를 겪게 된다고 언급했다. 타문화에 처음 들어간 초기에는 흥분과 놀라움을 느끼는 관광객 단계를 경험한다. 새로운 광경과 소리를 즐기고, 낯선 음식을 시도하고, 다양한 모험을 하며 모든 것을 받아들인다. 멋진 시간이지만 대개는 몇 주에서 길어야 몇 달 지속될 뿐이다. 이어서 처음과는 정반대인 두 번째 단계에 들어간다. 이제 우리는 새로운 모든 것에 환멸을 느끼며 우울증에 빠질 수 있다. 우리의 마음과 정신과 신체가 큰 충격을 받으므로 이 단계를 가리켜 '문화충격'이라고 부른다. 보통 이 시기는 6개월에서 12개월 정도 지속된다.

세 번째 단계는 결심과 해소의 단계이다. 시간이 지남에 따라 우리는 새로운 문화에서의 삶에 점점 만족하며 우리와 "함께하겠다."라는 예수의 약속이 있기에 생존할 수 있음을 기억한다. 우리는 현지 언어를 더 많이 배우고, 현지 문화의 뉘앙스를 더 잘 이해하고, 현지인 친구를 사귀며 문화적 역량을 갖추기 시작한다.⁵ 또한 하나님께서 우리를 이 사역에 부르셨고 결코 버리지 않으실 것임을 상기하는데, 이는 회복탄력성resilient을 갖추는 데 도움이 된다. 1년 정도 지나면 대부분 네 번째 적응 단계로 넘어간다. 우리는 편안함을 느끼기 시작하며 현지 문화에 우리가 속해 있다고 확신하게 된다. 그리고 새로운 환경에 적합한 생활 방식을 터득하고, 시간이 지남에 따라 이중 언어를 구사하는 이중 문화인이 된다. 새로운 문화에 편안함을 느낀다면 네 번째 단계에 도달한 셈이다.

이 장 마지막에서는 선교지를 떠나 본국 문화로 돌아갈 때 겪게 되는 역문화충격을 설명하고 그에 대응하는 방법의 중요성을 논의했다. 현지 문화를 잘 파악하고 공감한 사람일수록 역설적이게도 본국 문화 재적응에 더 큰 어려움을 겪는 '보상'을 받는다. 그럼에도 불구하고 우리는 시간이 지나면 이러한 역문화충격을 극복할 수 있다. 이미 현지 사회에서 문화충격을 경험하며 비슷한 증상과 단계를 거쳤기 때문이다. 문화충격에 관한 좋은 소식은 우리가 그것을 극복할 수 있다는 것이다. 다음 장에서 우리는 타문화권 증인들이 경험하는 문화충격이라는 직업병에 어떻게 대처할지를 논의할 것이다.

---

5 타문화 상황에서 문화적 역량을 습득하는 데 유용한 문화 지능의 개발에 관해서는 David Livermore(2009, 2015, 2022)의 연구를 참조하라.

11장 문화충격의 치료법

> 오랫동안 앉아 있으면 덤불 속에 있는 소[1]를 죽일 기회가 생긴다.
> (인내심은 보상받을 것이다.)
>
> – 가나 브을서족의 속담

내가 주장했듯이 만일 문화충격이 직업병이고, 그것이 대개는 뚜렷하게 구분되지만 때로 겹치는 네 단계를 거치며 그에 따른 증상이 분명하다면 타문화 상황에서 겪는 문화충격은 분명 치료와 관리 방법이 존재할 것이다. 칼레르보 오버그는 문화충격에 관한 획기적인 논문에서 다음과 같은 결론을 내렸다. "'문화충격을 가능한 한 빨리 극복하기 위해 무엇을 할 수 있는가?' 이에 대한 답은 '현지인을 알아가는 것'이다."(1960, 182) 이 책에서 나는 현지인과 연결되는 방법으로, 성육신적 동일시의 개념을 제시했다. 성육신적 동일시는 타문화권 사역을 위한 견고한 성서적 모델일 뿐 아니라 우리 자신과 타인을 이해하고 함께 살아가는 데 유용한 인류학적 접근 방식이다.

인류학자 마이클 윈켈만은 "문화충격은 문화 간 접촉 경험의 고통에

---

[1] 'bush cow'를 말하며 이는 단순히 '농가의 소'가 아니라 아프리카 정글이나 덤불 지역에 사는 민첩하고 희귀한 야생동물을 의미한다. —옮긴이 주

서 비롯되기 때문에 개인이 효과적으로 의사소통을 하며 타문화에 적응하는 능력은 문화충격을 줄이는 데 도움이 되어야 하며, 특히 문화충격의 주요 양상인 스트레스 반응, 의사소통 문제, 단절된 대인관계 및 사회적 관계를 줄이는 데 도움이 되어야 한다."(1994, 125)라고 지적한다. 문화충격의 어려움을 극복하기 위해서는 '타문화 효율성'intercultural effectiveness이 필요하다. 여기에는 "스트레스에 대처하는 능력, 효과적으로 의사소통하는 능력, 대인관계를 구축하는 능력, 타문화를 이해하고 그것에 적응하는 능력, 다양한 사회 시스템을 다루는 능력"(125) 등이 포함된다.

비록 누가 타문화 효율성을 잘 발휘할 것인지를 계산할 수 있는 공식은 없지만, 개인이 타문화에서 성공적일 수 있는지를 파악하는 데 도움이 되는 연구가 있다. 소냐 만츠Sonja Manz는 "문화충격의 원인과 결과 및 해결책: 국제적 경험"에서 개인의 타문화 효율성을 평가하는 기준을 여덟 가지 차원에서 제시한다.(2003, 6; Apfelthaler 1999, 111)

1. 자민족중심주의: 자문화를 고수하고 현지 문화를 거부하려는 태도로 인해 적응이 위태로워진다.
2. 타문화 경험: 문화충격과 적응 과정을 겪어본 사람이 적응을 더 쉽게 하는 것으로 나타난다.
3. 인지적 유연성: 외국인에 대한 태도와 생각, 환경에 대해 열린 마음은 문화충격의 영향을 줄여준다.
4. 행동의 유연성: 자신의 행동을 변화시킬 수 있는 능력은 문화화acculturation에 긍정적인 요소이다.
5. 일반적인 타문화 지식: 전반적인 문화 차이에 대한 인식은 적응을 촉진한다.

6. 구체적인 타문화 지식: 특정 문화에 관한 구체적인 지식은 문화충격을 감소시킨다.

7. 적절한 행동: 현지 문화에 맞게 행동을 조정하는 능력은 적응을 더 쉽게 만든다.

8. 대인관계 기술: 언어적·비언어적 의사소통 기술과 그에 따른 적절한 반응 능력은 효율적인 적응을 지원한다.

폴 히버트는 문화충격을 관리하고 이 어려운 직업병을 극복하기 위한 주요 방법을 다음과 같이 제시한다.(1985, 80-85)

1. 불안에 대한 인식
2. 새로운 문화 학습
3. 신뢰 구축
4. 스트레스 대처

이 네 가지 방법을 차례로 살펴보자.

불안에 대한 인식

우리는 자신의 불안을 인지하고 파악하여 이름을 붙일 수 있어야 한다. 새로운 상황을 두려워하는 것은 그 안에 내포된 불확실성 때문이며, 이는 지극히 정상적인 감정이다. 그러나 시간이 지나면서 두려움이 불안으로 변한다면 여기에서 문제가 시작된다. 히버트는 불안을 "막연하고 알 수 없는 위험에 대한 불안과 공포"라고 말한다.(1985, 81) 문화충격에서 가장 해로운 부분은 구체적인 두려움이 아니라 불안감이다. 불안이 결국 우울증으로 이어질 수 있기 때문이다. 하지만 불안을 정확히 인식하고 파악한다면 그것을 잘 다룰 수 있다. 우리는 종종 이러한 불안에 대해 다음 세 가지 사실을 발견한다.

첫째, 우리의 불안 중 상당수는 근거가 없는 것이다. 불안을 느끼는 데에는 사실상 근거가 없는 경우가 많다. 예를 들어 이민을 준비하는 부모는 자녀의 건강이나 교육, 안정 등에 대해 합당한 관심을 가질 수 있지만 때로 이러한 관심이 근거 없는 불안으로 발전하기도 한다. 나는 어느 선교사 가족이 탄자니아의 화장실에 휴지가 없다는 말을 듣고는 불안한 마음으로 여행 가방에 휴지를 가득 채워서 갔다는 이야기를 들은 적이 있다. 하지만 다르에스살람(탄자니아의 최대 도시이자 주요 항구도시—옮긴이 주)에 도착한 그들은 화장실 휴지를 곳곳에서 살 수 있음을 알게 되었다. 물론 그들이 좋아하는 브랜드는 아니었지만 화장실 휴지를 분명 구할 수 있었다!

둘째, 우리가 새로운 문화에 적응하며 현지인과 동일시하는 법을 배울 때 불안은 상당히 사라진다. 물론 시간이 걸릴 것이다. 불안의 많은 부분은 지식의 부족에서 비롯되며 우리는 결국 우리가 머물 곳에 대해 근거 없는 가정을 세운다. 가정은 가장 낮은 형태의 지식이라는 것을 기억하라. 우리가 새로운 문화에서 언어를 배우며 생존 방법을 파악한다면 우리가 걱정하던 많은 것이 사라지고 불안도 줄어들 것이다.

셋째, 우리가 현지 상황에 더 적합한 삶의 방식을 배워갈 때 불안은 점차로 사라질 것이다. 우리가 추구하는 생활 방식, 필요하다고 생각하는 물건, 거주해야 한다고 생각하는 집, 우리 아이들을 보내야 한다고 믿는 학교 등으로 인해 불필요한 불안이 얼마나 많이 생기는지 생각해보면 놀라울 따름이다. 나는 서구에서 가장 가난한 나라 중 한 곳으로 간 선교사를 알고 있다. 그는 DVD 플레이어, 텔레비전, 스테레오, 노트북, 전자레인지,

전동 깡통 따개를 비롯한 여러 전자기기를 가지고 갔다. 그곳에 도착해 현지의 극심한 빈곤을 보게 된 그는 자신의 물건이 도둑맞을까 봐 두려워서 지역 주민을 자기 집에 들이지 않았다. 혹시라도 그들이 집에 있는 물건을 보고 소문을 내서 도둑맞을 수도 있었기 때문이다. 그는 현지 문화에 적합한 생활수준으로 살지 않은 탓에 불안을 키우는 결과를 초래했다. 자신의 물건을 보호하는 데 지나치게 신경을 쓰느라 효과적인 사역을 할 감정적 여유가 없었다. 타문화권 선교지에 너무 많은 물건을 가지고 가는 것은 심각한 문제 중 하나이다. 우리가 가진 것들이 결국 우리를 소유하게 된다. 가지고 있는 것을 보호하는 데 많은 시간과 에너지가 소모되고 불필요한 불안이 초래되기 때문이다.

문화충격이 무엇이고 그것이 어떻게 진행되는지를 안다면 우리는 우리가 지극히 정상이라는 사실을 깨닫고 불안감을 직면하여 대처할 수 있을 것이다. 궁극적으로 불안은 신체적 질병의 형태로 오기 때문에 우리는 그것을 감출 수 없다. 불안을 의식 수준으로 끌어올리고 그것에 대해 대화하며 대처해야 한다. 이런 점에서 타문화 상담 cross-cultural counseling 은 큰 도움이 될 수 있다.

새로운 문화 학습

이 책의 서두에서 나는 타문화권 사역을 효과적으로 수행하기 위해서 새로운 문화를 배우는 것이 중요하다고 강조했다. 새로운 문화를 배우는 것은 문화충격을 치료하는 데에도 매우 유용한 방법이다. 여기서 우리는 현지 언어를 배우는 것과 현지 문화를 배우는 것을 구분해야 한다. 많은 선교단체가 문화보다 언어를 배우는 데 더 큰 관심을 둔다. 현지 문화 학습의 중요성은 언급조차 하지 않는 경우가 많고 설령 언급해도 진지하게 다루지 않는다.

내가 생각하기에 이런 현상이 발생하는 이유 중 하나는 우리가 타문화권 증인으로서 전해야 할 중요한 메시지가 있다고 믿기 때문이다. 그래서 우리는 현지인의 마음과 정신에 그 메시지를 전달하기 위해 현지 언어를 배우는 것을 목표로 삼는다. 안타깝게도 우리는 현지 문화를 이해하는 것 또한 중요하다는 사실을 잘 인식하지 못한다.

문화를 제대로 이해하지 못한 상태에서는 아무리 현지 언어를 능숙하게 구사하더라도 의사소통에 여전히 어려움이 있을 수밖에 없다. 의사소통의 효율성을 극대화하려면 언어를 유창하게 구사할 뿐 아니라 현지 문화를 심층적으로 이해해야 한다. 언어 학습은 필수이지만 첫 단계에 불과하다.

이 책의 목표 중 하나는 타문화권 사역을 준비하는 사람들이 긍정적인 태도를 육성함으로써 새로운 장소에 도착할 때 미지의 세계를 두려워하기보다 앞으로 배우게 될 새로운 세계에 대해 기대와 설렘을 갖게 하는 것이다. 만일 기대보다 두려움이 크다면 우리는 현지인 대신 우리 자신과 비슷한 사람들하고만 어울리려고 할 것이다. 새로운 문화에 들어갈 때, 그곳에서 무슨 일이 일어날지 잘 모르므로 두려움을 느끼는 게 정상이다. 그러나 우리가 새로운 문화에 대해 조금씩 배워간다면 두려움이 줄어들고 머지않아 그것에 적응하게 될 것이다. 그렇게 자신감이 생기면 더더욱 현지 문화에 참여하기 위해 에너지를 쏟을 것이고 참여할수록 더 큰 자신감이 생기면서 긍정적인 사이클이 강화될 것이다.

새로운 언어와 문화를 배우는 가장 좋은 방법은 무엇인가? 우선은 현지로 가기 전 본국 문화에서 정규 수업을 듣거나 현지인과 현지 문화에 대한 책, 기사, 동영상 등의 자료를 가능한 한 많이 접하는 것이 도움이 된다. 하지만 무엇보다 가장 좋은 학습 방법은 현지로 뛰어들어 현지인의 삶에 적극적으로 참여하는 것이다. 우리는 우리 문화의 사람들과 어울리며 모국어인 첫 번째 언어와 문화를 배웠고, 이것은 동일하게 두 번째 언어와 문화를 배우는 방법이기도 하다. 물론 그것이 생각만큼 쉽지 않을 수 있다. 이 시기에 문화충격을 겪게 되고 그 영향으로 현지 문화에서 벗어나려는 마음이 생기기 때문이다.

프랑스어권 국가에서 사역하기 위해 프랑스에서 언어 공부를 하던 어느 선교사가 생각난다. 3개월간 공부하면서 어떻게 지내는지 물었더니 그녀는 아무것도 배우지 않은 것 같고 공황 상태에 빠져 힘들다고 말했다. 나는 그녀에게 하루 일과가 어떠한지 물었다. 그리고 대화를 시작한 지 몇 분 만에 무엇이 가장 큰 문제인지 알 수 있었다. 그녀는 어학원이 끝나면 안전하고 편안한 자신의 아파트로 돌아왔다. 밖에 나가 프랑스인들과 교류하는 것이 '너무 힘들게' 느껴졌던 것이다. 나는 그런 생활 패턴을 깨뜨려야 프랑스어로 생각하고 꿈꿀 만큼 프랑스어를 자유롭게 구사할 수 있을 것이라고 말했지만 안타깝게도 그녀는 그렇게 하지 못했다.

나는 솔로몬제도의 산타이사벨섬에 있는 누라하게 마을에서의 첫날을 결코 잊지 못한다. 나는 내성적인 성격이라 잡담을 나누는 게 정말 힘들었다. 사실 불가능에 가까웠다. 낯선 문화에서 잘 모르는 언어로 잡담을 하려니 더욱 큰 스트레스가 몰려왔다. 나는 어느새 현장 조사를 직접 하기보다 현장 조사 방법을 다룬 책을 읽으며 예측 가능한 방식의 안전지대에 머물렀다. 다행히 아내가 개입했다.

아내는 내가 어떤 상태인지를 일깨우면서 오두막에서 나와 마을 주민들과 대화하며 교류하도록 격려했다. 그렇게 하는 것은 정말 고통스러웠지만 나는 서서히 현지 문화를 이해해가며 언어를 열심히 배웠다. 인류학적 현장 조사를 위해 수년간 훈련하고 준비해온 나에게도 이 일은 참으로 두려운 경험이었다. 그러나 다행히도 마을 주민의 삶에 참여하면서 자신감이 생기고 그들과 소통할 수 있는 더 많은 에너지를 얻었다. 마침내 나는 책을 내려놓고 마을 주민에게 직접 배우기 시작했는데 그러한 경험은 문화충격을 극복하는 데 매우 유용했다.

신뢰 구축

신뢰 구축은 문화충격을 치료할 수 있는 세 번째 방법이다. 히버트는 새로운 문화를 배우는 것만으로는 충분하지 않다고 지적한다. 우리가 새로운 문화를 배워가더라도 그곳 사람들은 여전히 우리를 의심의 눈으로 바라볼 수 있다.(1985, 83) 마빈 마이어스는 그의 책 Christianity Confronts Culture: A Strategy for Cross-Cultural Evangelism(문화와 직면하는 기독교: 타문화권 복음전도를 위한 전략)에서 신뢰 구축의 중요성에 대해 말한다. 그는 문화충격을 극복하고 효과적인 타문화권 사역을 전개하는 데 절대적으로 중요한 '신뢰라는 선행 질문'Prior Question of Trust, PQT에 대해 설명한다.(1974, 31-35)

우리는 연약해지고 vulnerable, 일관성을 유지하고, 약속한 것을 이행함으로써 신뢰를 구축한다. 사람들과 신뢰를 쌓는 방법 중 하나는 우리의 물건, 돈, 자녀 그리고 우리의 삶을 그들에게 맡기는 것이다. 나는 지역 주민들과 신뢰를 쌓을 기회가 거의 매일 주어진다고 믿는다. 때때로 그 기회는 예기치 않게 찾아온다.

솔로몬제도의 누라하게 마을에 살던 어느 날 예상치 못한 기회가 우리 부부에게 찾아왔다. 마을 성공회 교회의 교리 교사인 이웃 주민이 찾아와, 도보로 2시간 거리에 있는 어느 교회에서 일일 행사가 열리는데 세 살 된 우리 아들을 데려가도 괜찮냐고 말했다. 우리는 아들에게 가고 싶은지 물었고, 아들은 기꺼이 가겠다고 했다. 그래서 그 주민은 우리 아들을 등에 업고 정글 속으로 사라졌다. 그날 아들은 인생 최고의 시간을 보냈지만, 우리는 그 경험이 엄청난 신뢰를 쌓는 데 도움이 되었다는 사실을 깨닫지 못했다. 아들을 이웃에게 맡긴 행위는 그와 우리 부부 사이에 큰 신뢰를 만들어냈다.

그로부터 3주 후 신뢰를 쌓을 수 있는 또 다른 기회가 주어졌다. 아들이 마을 아이들과 놀다가 구강 칸디다증(입 안에 곰팡이균이 과도하게 증식해서 생기는 감염병—옮긴이 주)에 걸리고 말았다. 증세가 점점 심해져 아들이 아무것도 먹거나 마시지 못하자 마을 사람들은 걱정하기 시작했다. 며칠 후 남자 몇 명이 찾아와서 "우리에게 치료법이 있습니다. 세 가지 잎을 섞어서 만드는 전통 물약이 있는데 매번 이 병을 치료하는 데 유용해요. 우리가 약을 만들어 선생님 아들에게 주면 어떨까요?"라고 말했다. 나는 "걱정해주셔서 감사하지만 아들은 괜찮을 것 같습니다."라고 대답했다. 다음 날 아들의 상태가 더 심해졌는데도 나는 여전히 그들의 '약'을 받아들이기를 주저했다. 그들이 두 번째로 제안했을 때에도 나는 정중하게 거절했다. 하지만 그들의 세 번째 제안을 받으며 나는 주님께서 이 마을 사람들을 신뢰하는 것에 관해 우리에게 무언가를 가르치시려는 것임을 깨닫고 그들의 약을 받기로 했다. 그들은 약을 준비하기 위해 해당 식물을 찾으러 정글로 들어갔다. 그리고 몇 시간 후 전통 물약을 가지고 돌아와, 천에 스며들어 있는 액체를 짜서 세 숟가락을 아들에게 먹였다. 내가 "왜 세 숟가락입니까?"라고 묻자 그들은 "잘 모르시겠습니까? 성부와 성자와 성령을 위한 겁니다."라고 대답했다.

결국 아들은 너무 아프고 약해져서 삼위일체라는 이름의 전통 물약 세 숟가락으로도 치료되지 않았기에 우리는 두 시간 거리에 있는 병원으로 가서 현대 의학의 도움을 받아야 했다. 하지만 그 경험이 어떤 결과를 낳았는지 아는가? 우리 부부와 마을 공동체 사이에 이루 말할 수 없는 신뢰가 생겼다. 나는 하나님께서 우리의 믿음을 시험하고, 우리와 마을 사람들의 신뢰 관계를 돈독하게 하려고 그 일에 개입하셨다고 확신한다.

스트레스 대처

문화충격은 엄청난 스트레스를 유발한다. 이를 치료하고 새로운 환경에 적응하는 방법 가운데 하나는 우리가 스트레스를 받고 있음을 인식하고 적절하게 대처하는 것이다. 스트레스를 방치하면 신체적 혹은 정신적인 병에 걸릴 수 있으므로 이를 결코 무시해서는 안 된다. 웨인 다이는 타문화권 사역에서 스트레스가 생기는 요인과 이에 대처하는 방법에 관한 유용한 글을 썼으며 이를 도식화된 공식으로 다음과 같이 표현했다.(그림 11-1)

그림 11-1 스트레스 증가와 감소 요인

$$\frac{참여 \times 가치관 차이 \times 좌절감 \times 기질 차이}{수용 \times 의사소통 \times 정서적 안정감 \times 내면의 영적 자원} \times 미지의 요인 = 문화적 스트레스의 양$$

다이는 선 위에 있는 요인들, 즉 참여와 가치관 차이, 좌절감, 기질 차이 등이 어떻게 타문화권에서의 삶에 스트레스를 증가시키는지 설명한다. 선 아래에는 스트레스의 양을 감소시키는 요인들이 있다. 비록 이 공식은 수학적 정확성이 부족하지만 스트레스를 증가시키는 요인을 발견하고 수용, 의사소통, 정서적 안정감, 내면의 영적 자원을 통해 스트레스를 감소시키는 방법을 개발하는 데 유용하다. 이제 우리는 이 공식에 나오는 각 요소를 간략히 살펴볼 것이다.

스트레스 증가 요인

참여^{Involvement}. 사람들과의 관계는 어느 정도 스트레스를 동반하게 마련이지만 다른 언어와 문화권의 사람들과 관계를 맺을 때에는 훨씬 많은 스트레스가 유발된다. 대개 이런 스트레스에 대한 반응은 뒤로 물러나 현지인들과의 상호작용을 회피하는 것이다. 이것이 찰스 태버^{Charles Taber}가 말한 '선교사의 게토'^{missionary ghettos}가 생겨나는 주된 이유일 것이다. 스트레스 상황에서 우리는 우리와 비슷한 사람들과 함께하고 문화적·종교적으로 다른 사람들과는 거리를 두기 원한다.

그러나 복음을 살아내고 선포하는 것을 목표로 하는 타문화권 증인이라면 현지인과 교류하는 것 외에 다른 선택의 여지는 없다. 톰^{Tom Brewster}과 베티 브루스터^{Betty Brewster}는 현지인과의 관계 형성 및 현지 문화 참여의 중요성을 강조하며 타문화를 배워가는 실질적 방법에 관해 유용한 글을 쓴 바 있다.(1972)

가치관 차이^{Difference in values}. 본국 문화와 새로운 문화 사이의 가치관 차이가 클수록 우리가 경험하는 스트레스도 증가한다. 여기서 말하는 가치관 차이는 비성서적 가치관과 성서적 가치관의 충돌을 말하는 게 아니다. 우리에게 가장 큰 어려움을 주는 가치관의 차이는 청결, 책임감, 시간 활용, 사생활에 대한 이해 등과 같은 문화적 가치이다.

다른 문화의 가치관과 비교해 자신의 가치관을 발견하도록 돕는 유용한 자료로는 셔우드 링겐펠터^{Sherwood Lingenfelter}와 마빈 마이어스의 *Ministering Cross-Culturally: A Model for Effective Personal*

Relationships(문화적 갈등과 사역: 인간관계와 성육신)가 있다. 그들은 이 책에서 시간 지향성time orientation 대 사건 지향성event orientation, 과제 지향성task orientation 대 사람 지향성person orientation, 이분법적 사고dichotomistic thinking 대 총체적 사고holistic thinking, 지위 중심status focus 대 성취 중심achievement focus, 위기 지향성crisis orientation 대 비위기 지향성non-crisis orientation, 취약성 은폐concealment of vulnerability 대 취약성 노출willingness to expose vulnerability 등 여섯 가지의 가치 쌍을 대비한다. 또한 부록에 48문항의 기본 가치 검사표를 수록하여 사람들이 자신의 지향성을 파악할 수 있도록 돕는다. 문화 간 가치의 차이는 복잡하여 다루기가 어렵고 무의식적으로 우리에게 영향을 미칠 수 있다.

예를 들어 미국과 호주는 겉보기에 비슷한 문화권이지만 근본적인 가치관이 상당히 다를 수 있다. 겉으로 유사하다고 속도 그럴 것이라 기대하면 그 차이에 더 큰 스트레스를 받을 수 있다. 시간 엄수, 개인의 청결, 사생활 보호 같은 가치가 우리 문화에서는 강하게 작동하지만 다른 문화에서는 그렇지 않다면 이런 가치의 차이가 우리의 적응을 더 어렵게 만들고 문화충격을 유발할 것이다.

좌절감Frustration. 우리는 게임의 규칙을 모르는 데에서 오는 문화적 좌절, 사람들과의 관계에서 오는 개인적 좌절, 새로운 삶의 방식에 적응하는 과정에서 오는 좌절 등을 경험할 수 있다. 대개 확고한 계획과 비현실적인 목표를 품고 선교지에 올수록 좌절을 더 쉽게 겪게 된다. 목표 달성에 방해가 되는 상황, 가령 업무의 중단이나 오해 등이 빈번하게 발생하기 때문이다.

또한 우리는 새로운 사역과 생활 터전에 맞지 않는 삶의 방식으로 인해 좌절을 많이 느낀다. 사실 타문화권이라는 환경 자체가 많은 좌절을 동반하게 마련이다. 안타깝게도 좌절감이 커질수록 우리는 현지 문화와 현지인에 대해 부정적인 태도를 갖고 새로운 문화의 학습 및 적응을 거부하게 된다. 그리고 이는 악순환의 고리로 이어진다.

기질 차이 Difference in temperament. A형이나 B형 기질 그리고 마이어스-브릭스의 열여섯 가지 성격 유형 등으로 알 수 있듯이 사람은 저마다 기질과 성격이 다르고 이에 따라 타문화 상황에서도 서로 다른 반응을 보일 수 있다. 우리의 성격과 현지인의 기본적인 성격 차이가 클수록 문화 적응이 더 어려워지고 그로 인한 문화적 스트레스도 가중된다.

이제 타문화권 사역에서 스트레스를 줄여주는 네 가지 요인을 살펴보기로 하자.

스트레스 감소 요인

수용 Acceptance. 만일 우리가 현지 문화를 타당한 삶의 방식으로 받아들일 수 있다면 스트레스가 줄어들 것이다. 하지만 현지인이 그들 문화를 유지한 채 예수를 받아들일 수는 없다고 생각한다면 아마 우리는 현지 문화를 받아들이지 못하고 스트레스도 줄일 수 없을 것이다. 앞에서 언급했듯이 일단 새로운 문화에 들어가면 스트레스가 생긴다. 하지만 현지 문화를 타당한 것으로 수용하고 현지인을 가치 있는 존재로 받아들인다면 스트레스가 감소할 것이다.

수용은 인지적(또는 지적인) 차원과 정서적(또는 감정적) 차원을 모두 포함한다. 지적인 수용이란 현지의 문화적 관습과 가치가 우리 것과 마찬가지로 그들의 상황에서 타당하다고 보는 것이다. 이를 위해서는 건전한 문화상대주의가 있어야 한다. 건전한 문화상대주의는 교육을 통해 얻을 수 있으며, 여기에 문화인류학이 큰 도움을 줄 수 있다. 수용은 인지적 차원보다 정서적 또는 감정적인 차원이 훨씬 어렵다. 실제로 많은 사람이 머리로는 타인을 받아들여도 마음으로는 그렇게 하기가 어렵다고 말한다. 우리는 누군가가 우리를 인지적으로 수용하지만 감정적으로는 수용하지 않을 때 어떤 기분인지 잘 알고 있다.

의사소통 Communication. 가치관의 차이가 문화적 스트레스를 증가시킨다면 소통은 이를 줄일 수 있는 좋은 방법이다. 소통은 가치관의 차이에 의식적으로 집중하여 이를 분석하고 사고와 행동을 조정하여 대처할 수 있게 해준다. 사람들은 스트레스의 원인으로 고립을 자주 언급하지만 실제로 살펴보면 모든 사람으로부터 완전히 고립되는 경우는 없다. 아마 많은 사람과 매일 접촉하지만 언어와 가치관, 관심사를 공유하면서 자신을 편안하게 드러내고 진정으로 소통할 수 있는 사람이 없다는 이야기일 것이다.

웨인 다이는 파푸아뉴기니에 거주하던 한 외국인이 그곳에 방문한 사람에게 다음과 같이 말했다고 전한다. "몇 달 만에 대화 상대를 만났네요. 정말 반갑습니다."(1974, 67) 그 외국인은 매일 수십 명의 현지 학생을 가르치고 있었고 종교적·문화적 배경이 다른 서구인 10명과 불과 1.5킬로미터 이내에 살고 있었지만 그 누구도 정서적으로 그에게 '사람'이 아니었다. 소통이 없으면 고립감은 거의 견딜 수 없을 정도로 커질 수 있다. 현지인과의 소통은 고립감을 완화할 뿐 아니라 상호 이해를 바탕으로 스트레스와 좌절을 줄여주고 수용을 돕는다.

정서적 안정감 Emotional security. 문화적 차이에 적응하는 데 있어서 결정적이지는 않지만 중요한 개인적 자질은 건강한 자아 개념이다. 우리는 건강한 자아 개념과 이에 수반되는 정서적 안정감을 바탕으로 자유롭게 탐구하고, 위험을 감수하며, 새로운 문화로 모험을 떠나서 새로운 언어를 배울 수 있다. 정서적 안정감이 클수록 타문화에서 불가피하게 겪는 좌절감과 스트레스를 더 쉽게 다룰 수 있을 것이다. 우리는 대개 '우리가 어떤 사람인지'보다 '우리가 무슨 일을 하는지'에서 자아상을 도출한다. 그러나 후자는 정체감을 구축하기에 부적절한 토대이다. 좋은 소식은, 예수의 제자로서 우리의 정서적 안정감은 하나님의 형상대로 창조된 하나님의 자녀라는 정체성에 있다는 것이다.

내면의 영적 자원Inner spiritual resources. 그리스도와 성령의 능력은 스트레스를 감소시키는 데 중요한 요소이다. 우리는 "그의 신기한 능력으로 생명과 경건에 속한 모든 것을 우리에게 주셨으니"(벧후 1:3)라는 말씀에서 그 능력을 발견한다. 그리고 빌립보서 4장 13절은 "내게 능력 주시는 자 안에서 내가 모든 것을 할 수 있느니라"라고 말한다. 영적 자원은 우리의 성격과 기질을 바꾸지는 못하지만 우리와 현지인의 기질 차이에서 발생하는 스트레스에 더 잘 대처하도록 도와줄 것이다.

다이의 공식Dye's formula은 타문화권 사역에서 경험할 수 있는 문화적 스트레스의 정도를 평가하고 개인적인 성찰을 하는 데에도 매우 유용한 도구이다. 스트레스를 다루는 것은 문화충격을 완화할 수 있는 핵심적인 치료법이다.

**문화충격에 관한
마지막 생각**

타문화권 사역의 불가피한 요인 중 하나로 논의되는 문화충격은 항상 부정적인 것으로 여겨진다. 문화충격의 단계와 증상을 살펴보면 그럴 만하다. 정서적으로나 육체적으로 우리를 고통스럽게 하고 때로는 당혹감과 혼란을 주기 때문이다. 하지만 나는 문화충격을 겪는 것 또한 타문화권 증인에게 긍정적인 경험이 될 수 있다고 생각한다. 어떻게 그럴 수 있는가?

우선 문화충격의 경험은 우리가 전적으로 하나님께 의존하고 있음을 상기시킨다. 또한 앞으로 어렵고 힘든 시기를 이겨낼 수 있는 회복력을 강화한다. 나는 문화충격을 여러 번 경험했는데, 그때마다 더 강해지고 미래의 사역을 더 잘 준비하게 되었다. 그림 11-2는 문화충격에 대한 여러 요소를 담고 있는 것으로, 나는 타문화권 증인들을 가르치고 훈련할 때 이 그림을 종종 사용했다.

2장에서 살펴본 것처럼, 우리는 우리가 성장한 문화의 산물이다. 따라서 타문화에 들어갈 때 우리는 우리의 문화적 짐을 가져가게 된다. 이러한 짐에는 생활 방식과 정체성, 가치관, 관계 양상, 일상 등이 포함되며 이는 역으로 우리의 정체성과 목적을 설명해주는 것이기도 하다.

새로운 문화에서 문화적 차이를 어떻게 다뤄야 하는지는 매우 중요하다. 우리는 생소한 문화 속에서 좌절과 혼란, 긴장, 당혹감을 불가피하게 경험하게 된다. 그러나 우리가 성육신적 동일시라는 접근 방식으로 사람들과 개방적이고 수용적인 신뢰 관계를 맺는다면 관찰, 경청, 질문을 대처 전략으로 삼을 가능성이 더 크다. 이러한 전략은 현지인들로부터 배우고 그들과 관계를 맺어가는 데 유익한 인류학적 도구이다. 효과적인 타문화권 사역을 통해 얻고자 하는 결과가 친밀한 교감과 이해라는 점을 생각해 보라. 공감과 이해로 타문화에 적응한다면 문화충격은 훨씬 빨리 극복할 수 있을 것이다.

안타깝게도 우리는 (우리 문화와 삶의 방식이 다른 문화보다 낫다고 믿는) 자민족중심주의 때문에 문화 차이에 대해 두려움과 의심, 편견을 품고 접근할 때가 많다. 그러한 감정은 타문화에서 살아갈 때 당연히 겪게 되는

그림 11-2 문화적 경계 넘기

사람은 자신이 성장한 문화적 배경과 매우 흡사한 모습으로 성장하며 형성된다.
만일 우리의 문화적 배경이 '정사각형'이라면 정사각형으로 형성되고 '원형'이라면
원형으로 형성되는 것이다.

자문화의 안전지대에서 벗어나 타문화로 들어갈 때 우리는 문화적 짐을 안고 들어간다.
그리고 그곳에서 '둥근 구멍에 들어가기 힘든 네모난 말뚝'처럼 느껴질 수 있다.

접근 방식	해외 생활의 실제	대처 전략	결과
개방성 수용 신뢰	좌절감 혼란 긴장 당혹감	관찰 경청 질문	관계 이해
의심 편견 두려움		비판 합리화 후퇴	소외 고립
	(불가피함)	(반응)	

(문화 차이 / 적응성)

그러나 우리는 현지 문화에 적합하게 스스로를 맞춰 적응할 수 있다. 어떤 사람은 전환기를
효과적으로 통과하여 점차 현지인들과 동일시된다. 반면 어떤 사람은 적응에 실패하여
오히려 현지인들이 그에게 맞춰야 하는 상황이 되기도 한다.

적응 방법을 배우는 사람들

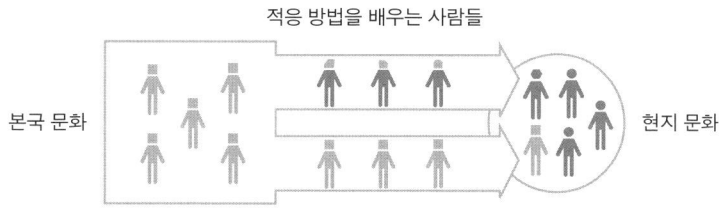

본국 문화 / 현지 문화

적응 방법을 배우지 못하는 사람들

11장 문화충격의 치료법

것이지만 결국 우리는 비판과 합리화, 철수를 대처 전략으로 선택함으로써 우리가 섬기는 현지인들로부터 소외되고 고립될 것이다. 안타깝게도 나는 실제로 현지 문화에 적응하지 못해 사역에 어려움을 겪는 선교사를 다수 관찰하고 인터뷰해왔다.

수년 동안 선교사들의 타문화 적응에 대해 인터뷰하고 연구하면서 나는 문화충격에 대한 치료법이 마련되면 선교사들이 더 빠르고 쉽게 적응할 수 있다는 사실을 발견했다. 이는 결국 타문화 적응과 스트레스에 대처하는 토대가 되는 것이다.

복음으로 타문화를 효과적으로 건너기 위해 히버트의 연구를 응용해볼 것을 추천한다. 이제 타문화권 증인이 자신이 살아가고 섬기는 현지 문화에서 어떻게 적응하는지를 논의하며 이 장을 마무리하고자 한다.(1985, 76)

첫 번째 적응 방식은 현지 사회에 살지만 사회문화적으로 고립된 상태를 유지하는 것이다. 가령 미국인이라면 현지인과 거리를 유지하면서 미국인만의 공간인 게토를 만들어 대부분의 시간을 다른 미국인들과 보내는 것이다. 전 세계에 퍼져 있는 미군 기지가 대표적인 예이다.

20년간 세계 곳곳에 있는 여러 기지를 전전하며 복무하면서도 사회문화적으로 미국을 떠나지 않고 살 수 있다. 심지어 문화적으로 '완전히 밀봉된' 군용기나 군함으로 이 기지에서 저 기지로 이동하기 때문에 현지 문화와 현지인을 만나거나 현지 언어를 배울 필요가 전혀 없다. 나는 이런 형태의 문화 적응 방식을 미국인뿐 아니라 다른 나라 사람에게서도 목격했다.

마찬가지로 타문화권 증인도 선교 기지에 주로 머물다가 가끔 현지 문화에 뛰어드는 형태로 사역을 진행할 수 있다. 비록 19세기나 20세기 초의 전형적인 선교 기지가 이제는 존재하지 않지만 선교사들은 여전히 소셜미디어를 통해 자신과 비슷한 사람들과 '어울리면서' 과거와 같은 문화적 기지를 구축할 수 있다.

물론 이렇게 하면 선교를 효과적으로 수행하기가 어렵다. 혹자는 선교사가 현지인들과 분리된 선교 기지에서 살아야 한다고 주장하지만 나는 그런 주장 대부분이 근거가 없다고 생각한다. 만일 저렴한 주거지가 없다는 이유로 선교단체가 우리를 선교 기지에 배치했다면 우리는 그곳을 나와서 현지인의 삶과 가정 그리고 그들 문화 속으로 들어갈 모든 기회를 잡아야 한다. 현지인들로부터 자신을 고립시키는 '적응' 형태는 거의 혹은 전혀 효과가 없다.

적응의 두 번째 형태는 우리의 과거를 거부하고 현지인으로 사는 것이다. 지금까지 독자들은 이것이야말로 성육신적 접근이라고 생각했을지 모르지만, 나는 아니라고 단호하게 주장한다! 실제로 현지인처럼 살기 위해 노력하는 선교사는 찾아보기가 어렵지만, 가끔 어떤 선교사는 자신이 그렇게 산다고 생각하기도 한다.

아마도 가장 좋은 예는 찰스 폭스Charles Fox 박사 일 것이다. 그는 성공회 멜라네시아선교회 소속인 뉴질랜드인으로 솔로몬제도에서 70년간 사역을 했는데, 여러 멜라네시아 언어를 유창하게 구사하고 현지인들을 사랑하며 그들과 자신을 동일시하는 선교사 중 선교사였다. 나는 그의 저술(1910, 1924, 1958, 1962)을 모두 읽었으며 1977년 2월에는 뉴질랜드 네이피어에서 98세의 폭스를 직접 만나 인터뷰했다. 6개월 뒤인 1977년 10월 1일 그는 99번째 생일을 맞았고 28일 후인 성 시몬과 성 유다의 날에 세상을 떠났다.

이날은 멜라네시아선교회의 복음전도와 선교를 담당하는 멜라네시아

형제단Melanesian Brotherhood의 창립 기념일이었기에 찰스 폭스가 그날 세상을 떠난 것은 의미 깊게 다가왔다.[2] 폭스는 멜라네시아형제단에 가입한 유일한 유럽인이었던 것이다. 그의 시신은 솔로몬제도로 운구되었고 나와 아내는 감사하게도 그의 장례식에 참석할 수 있었다. 인터뷰 당시 폭스는 자신이 어떻게 솔로몬제도 주민이 되었는지를 힘주어 말했다. 이후 나는 뉴질랜드에서 기록 연구 조사를 마친 뒤 솔로몬제도 곳곳을 다니며 현지인들에게 물어보았다.

"폭스 박사가 솔로몬제도 사람이 되었습니까? 그가 여러분 같았나요?" 사람들은 종종 웃으면서 말했다. "아니, 그렇지 않습니다. 그는 언제나 영국식 감자 요리와 아이스크림을 좋아하는 뉴질랜드인이었어요. 하지만 다른 어떤 유럽 선교사들보다 우리와 더 가까웠습니다. 우리는 그런 그를 사랑했지요." 폭스가 70년 동안 타문화권 사역을 해도 현지인처럼 될 수 없었다면 우리가 7년(2022년 기준으로 선교사의 평균 사역 기간) 혹은 17년이나 27년 후에 현지인처럼 될 가능성은 얼마나 되겠는가?

결국 원주민이 되려는 이런 종류의 '적응'은 효과가 없다. 만일 우리가 우리의 정체성을 부정한다면 현지인을 위한 문화적 가교와 외부인으로서 우리가 갖는 효율성은 떨어질 것이다. 원주민이 되려는 노력은 타문화 적응의 도전을 해결하는 방법이 분명히 아니다.

세 번째 적응 방식은 '구획화'compartmentalization이다. 구획화란 우리가 서로 다른 세계에 살면서 그것들을 마음속으로 분리한다는 의미이다. "로마에 가면 로마법을 따르라."라는 격언이 이 개념을 잘 반영해준다. 그러

---

[2] 멜라네시아 선교의 토착 복음전도 운동인 멜라네시아형제단(Melanesian Brotherhood)에 대해서는 Whiteman 194-98을 참조하라. 공감 능력이 뛰어난 선교사 찰스 폭스(Charles Fox)에 대해서는 Whiteman 1983, 214-17을 참조하라.

나 구획화는 임시방편에 불과하며 최선의 해결책인 네 번째 방법으로 이어지지 않는다.

네 번째 적응 방식은 현지 문화와 우리 자신을 동일시하며 일종의 통합을 이루는 것이다. 이렇게 한다면 우리는 문화적 조현병 cultural schizophrenia 환자가 아니라 이중 문화인이 된다. 우리는 14장에서 이중 문화인이 되는 과정을 자세히 다룰 것이다. 그림 11-2는 우리가 타문화권 증인으로서 복음으로 문화의 경계를 효과적으로 건너려면 함께 살아가고 섬기는 사람들과 친밀한 교감과 이해를 형성해야 함을 상기시킨다. 개방적이고 수용적인 신뢰의 태도로 문화 차이를 다룰 때 그러한 일이 일어날 것이다. 우리가 그렇게 할 수 있도록 하나님께서 도와주시길 간구한다.

11장 요약

인류학자 칼레르보 오버그는 이 장의 서두에서 문화충격에서 벗어나는 가장 좋은 방법은 현지인들을 알아가는 것이라고 일깨운다. 그래서 나는 문화충격으로 인해 쇠약해진 상태를 극복하고 함께 살아가는 사람들을 알아가는 데 도움이 되는 네 가지 치료법을 제안했다. 즉 불안을 인식하고, 새로운 문화를 배우며, 현지인들과 신뢰를 쌓고, 스트레스를 직면하여 대처하는 것이다. 또한 나는 문화충격의 경험이 종종 고통스러울 수 있지만 이는 우리가 전적으로 하나님께 의존하고 있음을 상기시킨다는 점에서 긍정적인 경험이 될 수 있다고 언급했다. 더불어 문화충격의 경험은 미래에 닥칠 어려움이나 도전적인 상황에 대처하는 회복력을 강화할 수 있다. 마지막으로 우리는 타문화권 증인들이 타문화에서 살며 적응하기 위해 시도하는 네 가지 방식을 간략하게 살펴보았는데, 그중에서 성육신적 동일시를 통해 일종의 통합을 이루는 것만이 문화충격에 지속적으로 대처할 수 있는 치료법이라는 결론을 얻었다.

4부 결론

새로운 문화로 들어가는 사람이라면 누구나 문화충격을 겪게 마련인데, 이는 타문화권 증인이 불가피하게 맞닥뜨리는 주된 도전이다. 수년 동안 나는 교육과 훈련을 진행하며 이 주제에 많은 시간을 할애해왔다. 그 이유는 문화충격이 상당히 광범위한 문제이고, 타문화권 증인들이 예상보다 일찍 귀국하는 주요 원인 중 하나였기 때문이다. 또한 나는 선교사의 타문화 적응을 연구하는 과정에서 많은 선교사가 문화충격으로 인해 현지 사회에 부정적 태도를 갖고 심리적·정신적 우울증에 빠지게 되었음에도 그 사실을 제대로 인지하지 못한다는 사실을 발견했다. 지난 몇 년 동안 나는 문화충격의 내용과 증상 및 극복 방법을 배운 덕분에 첫 사역 기간을 무사히 마칠 수 있었다는 내용의 편지와 이메일을 여러 선교사로부터 받았다. 따라서 나는 이 책에서 문화충격이라는 주제에 상당한 지면을 할애해야겠다고 느꼈다. 이제 이 책의 마지막 부분에서 우리는 어떻게 하면 효과적인 타문화권 증인이 될 수 있는지를 중점적으로 살펴볼 것이다.

5부

효과적인 의사소통 능력 향상

Growing into Effective Communicators

12장   문화적 차이 발견

아주 작은 것이 원숭이의 꼬리를 잡는다.
(무언가를 단계적으로 차근차근 해나가면 목표를 달성할 수 있다.)

- 가나 브을서족 속담

우리는 산타이사벨섬의 행정 중심지에 있는 진료소에서 누라하게 마을로 돌아오는 길이었다. 무덥고 습한 날씨에 정글을 가로질러 두 시간이나 되는 길을 가야 했지만 아무도 서두르지 않았다. 집으로 돌아갈 시간은 충분했다. 나는 일행 중 한 명이 매우 아파서 마을 사람들과 함께 진료소에 다녀오는 길이었고, 우리는 걸으며 이야기를 나누었다.

그들의 대화를 듣고 있던 나는 그들이 질병의 원인에 대해서 의학적으로는 이해하고 있지만 마술적인 해석도 곁들이고 있음을 알게 되었다. 솔로몬제도 사람들은 몇 세대에 걸쳐 성공회 교인이 되어왔기에 당연히 헤드헌팅과 마술에 대한 믿음 및 행위도 사라졌으리라 생각했는데, 그들의 이런 생각이 정말로 놀라웠다. 그래서 나는 "치유를 위해 마술 의식을 치르십니까?"라고 물어보았다. 그들은 내 직설적인 질문에 놀라워했다. 나중에 알게 된 사실이지만 마술은 사람들이 교회에서 절대 말하지 않는 주제였다. 그들은 내 질문에 대해 "당신은 마술을 믿습니까?"라고 되물었다.

순간 나는 그들의 질문에 대한 내 대답이 매우 중요하다는 것을 알아했다. 만약 내가 "아닙니다. 그건 어리석은 미신일 뿐이에요."라고 답한다면 대화는 더 이상 진행되지 않을 것이고, 나는 마을 사람들의 일상 가운데 기독교가 어떤 기능을 하는지 연구하려는 목적을 달성하지 못할 것이었다. 나는 그들의 질문에 진실하게 대답해야 하지만 동시에 그들이 초자연적인 세계에 대한 자신의 이해를 안전하고 자유롭게 말하도록 해야 했다. 그래서 나는 이렇게 대답했다. "진짜 마법이 있다고 믿지만 직접 마법을 쓰지는 않습니다. 나는 여러분이 마법을 어떻게 생각하고 행하는지 더 알고 싶습니다." 그러자 그들 중 한 명이 약간 긴장한 듯한 웃음을 지으며 뜻밖의 대답을 했다. "만일 당신이 우리의 마법을 좋아한다면 조상신에 대한 우리의 경험담도 정말 좋아할 것입니다."

그들과 함께 마을로 돌아가는 길에 나눈 짧은 대화는 영적 세계에 대한 그들의 이해와 그것이 성공회와 어떻게 연결되는지를 알게 되는 기회였다. 나는 안전하고 수용적인 환경을 만들어 그들이 자신들의 삶과 문화에 관해 더 많이 이야기할 수 있도록 신뢰의 가교를 놓아야 했다. 나는 적절한 순간에 올바른 태도와 올바른 말을 할 수 있게 해주신 하나님께 감사했다. 그런 만남과 대화가 가능했던 것은 내가 인류학자로서 이 장의 주제인 문화적 차이를 발견하는 방법을 배웠기 때문이다.

나는 이 책에서 문화적 차이를 이해하는 것이 사람들과 관계를 맺고 상호작용을 하는 데 매우 중요하다고 주장해왔다. 우리는 문화적 차이로 인해 종종 궁지에 몰리고 사역을 효과적으로 진행하지 못한다. 그렇다면 이처럼 중요하고 때로 미묘한 문화 차이를 어떻게 발견할 수 있는가? 이를 위해서 우리는 경청하고 정확하게 관찰하고 통찰력 있게 질문하는 방법을 배워야 한다. 또한 정확한 관찰과 좋은 질문, 기록 등으로부터 정확하고 신뢰할 만한 결론을 도출할 수 있어야 한다.

이 장에서는 타문화의 현지인과 연결되기 위한 '참여 관찰'이라는 훌륭한 인류학적 연구 방법을 다룰 것이다. 또한 민족지학 연구를 수행하고 훌륭한 민족지학자가 되어가는, 타문화권 증인의 삶의 방식을 살필 것이다. 여기에는 좋은 질문을 하고, 경청하고, 관찰하고, 기록하는 등의 활동을 포함한다. 마지막으로 우리는 문화상대주의의 관점과 태도의 중요성을 논의할 것이다. 문화상대주의는, 다른 문화권 사람들의 눈으로 세상을 바라보며 자민족중심주의를 극복하는 데 필요한 관점이다.

타문화권 사역을 위한 인류학적 접근은 자문화와 타문화를 발견하고 분석하는 데 유용한 도구들을 제공하는데, 우리는 두 가지 모두를 배워야 한다. 즉 우리는 우리 자신의 문화와 세계관을 이해하고, 그것이 타자를 바라보는 방식과 성서를 읽고 해석하는 방식, 예수의 제자가 되는 방식에 어떠한 영향을 미치는지 이해해야 한다. 동시에 우리는 타문화의 성격이 어떠한지, 그들의 사회적 위치와 성별, 경제적 지위, 역사가 그들의 정체성을 어떻게 형성하는지를 파악해야 한다.

세계화와 도시화가 진행되고 있는 오늘날, 타문화권 증인들은 모든 곳에서 모든 곳으로 이동하고 있으므로 그들이 대면하는 문화는 항상 변화하며 때로는 급격히 변한다. 서구에서 비서구로 향하는 '일방적' 선교는 더 이상 존재하지 않는다. 키마 파추아우Kima Pachuau는 이런 현실을 다음과 같은 말로 강조한다. "1960년대 선교의 개념이 '서구 교회의 해외 사역'에서 '세계 교회의 세계 선교'로 변화하던 무렵 거의 같은 시기에 아프리카, 아시아, 라틴아메리카의 그리스도인이 본격적으로 선교적 노력에 참여하기 시작한 사실은 매우 흥미롭다."(2018, 150)

나는 이 책이 전 세계의 다양한 문화에서 사역하는 증인들을 준비시키고 격려하는 데 유용하게 사용되기를 간절히 바란다. 선교 활동은 모든 곳에서 모든 곳으로 향하고 있으며 선교의 상황은 자주 변화하기 때문에, 타문화권 사역을 준비하기 위해서는 단순히 특정 사람과 특정 장소에 관한 지식을 축적하는 것 이상이 필요하다.

타문화권 증인은 방대한 지식을 습득하기보다 현지 문화를 발견하며 이해하고, 현지 종교를 심층적으로 탐구하고, 현지 사회와 그 구성 요소(3장에서 논의한 이념, 경제와 기술, 사회적 관계)의 상호작용을 분석하고, 현지 사회문화 안에서 자신의 위치를 발견하는 방법을 배워야 한다.

인류학자 마이클 린키비치는 "타문화권 증인의 교육과 훈련에서 선교학적 지식은 꼭 필요하지만 그것만으로 충분한 준비가 될 수 없다."(2020)라고 주장한다. 즉 공식적인 훈련을 통해 배우는 역사적·문화적 내용만으로는 미래의 선교사들이 불가피하게 직면하는 도전과 현지 문화의 변화에 대비할 수 없다는 것이다. 그는 "만일 내 학생들을 현지 문화의 모든 상황에 대비시킬 수 없다면 나는 교육 내용을 줄이고 민족지학과 역사 분석을 위한 비판 능력을 훈련할 것이다. 즉 그들 스스로 해결할 수 있도록 연구 방법을 가르치는 것이다."(343)라고 말한다. 인류학 분야는 인간에 관한 독특하고 총체적인 관점을 제공하며 다양한 문화적 상황에서 인간을 탐구하는 연구 방법을 개발해왔다. 우리는 인류학에서 문화적 차이를 발견하기 위해 주로 사용하는 방법인 '참여 관찰'부터 시작해보겠다.

참여 관찰

인류학 분야가 처음 발전한 19세기 중반에서 후반까지 인류학자들은 주로 탐험가나 선교사, 식민지 관리 등으로부터 보고서를 수집해 이국적인 지역과 사람들에 관한 정보를 얻었다. 이런 '탁상공론식'의 사회 이론가들은 연구 대상이 되는 곳에 실제로 가서 살려고

하지 않았다. 그러나 1914년 제1차 세계대전이 발발한 시기에 인류학자 브로니슬라프 말리노프스키가 뉴기니로 가면서 이러한 냉담한 연구 방식이 바뀌기 시작했다. 폴란드 출신인 그는 영국 시민권이 없었기에 인류학 박사학위를 받았던 영국으로 돌아갈 수 없었다. 이에 따라 호주 정부는 그가 멜라네시아의 트로브리안드제도 주민들과 수년 동안 살 수 있도록 허락해주었고, 그는 현지인의 삶에 참여하여 관찰하고 자료를 수집한 결과물로 1922년 *Argonauts of the Western Pacific*(서태평양의 아르고나우트)이라는 영향력 있는 민족지를 출간했다. 여기서 말리노프스키는 참여 관찰이라는 개념을 중요한 연구 방법으로 도입했는데, 이는 장기간 특정 문화에 들어가 그들의 일상 활동에 참여하는 것을 포함한다. 미국에서는 미국 인류학의 아버지라고 불리는 프란츠 보아스Franz Boas가 마거리트 미드Margaret Mead, 알프레드 크로버Alfred Kroeber와 같은 자신의 학생들을 자신이 연구하고 있는 문화로 보내 현지인들과 함께 생활하게 했다.[1]

인류학자 케네스 게스트Kenneth Guest는 "참여 관찰을 수행하는 민족지학자는 시간이 지남에 따라 현지인들과 깊은 관계를 맺고 현지 공동체의 삶에 직접 관여하게 된다."(2018, 79)라고 언급한다. 참여 관찰은 타자의 관점에서 세상을 보고 이해하게 해주는 인류학 연구 방법으로, 특히 타문화권 증인에게 적합한 방식이다. 현지인의 삶에 참여하여 중요한 문화 차이를 발견하게 하기 때문이다. 하웰과 패리스는 참여 관찰이 문화적 차이

---

[1] 참여 관찰과 민족지학적 인터뷰에 대한 보다 정교하고 실용적인 접근법 중 하나는 제임스 스프레들리(James P. Spradley)가 저술한 *The Ethnographic Interview*(『문화기술적 면접법』, 시그마프레스)와 *Participant Observation*(『참여관찰법』, Cengage Learning)에 사용된 구성 요소 분석 방법이다. 이 책들은 현지인에 대한 민족지학 작성 과정을 단계별로 안내하는 실용적인 자기 학습 핸드북이다.

를 이해하는 데 왜 중요한지를 다음과 같이 강조한다. "참여 관찰과 그에 관련한 방법들은 문화인류학이 얼마나 소규모 사례들, 즉 마을, 동아리, 이웃, 교회, 가족 등에 초점을 두는지를 분명하게 보여준다. 인류학자는 삶의 다양한 측면을 활용하여 상황에 대한 총체적 이해를 도출한다. 이러한 총체적 이해는 출산 관습에서 경제, 전쟁, 예술에 이르기까지 인간 삶의 모든 부분이 서로 연결되어 있다고 가정한다."(2019, 13)

인류학자 해리 월코트 Harry Wolcott는 민족지학 연구에 관한 중요한 저서에서 "참여 관찰은 자연스럽게 일어나는 사건에 대한 직접적 경험에 근거한다. 오늘날 우리는 한때 유행하던 객관성을 더 이상 가장하지 않아도 된다. 오히려 우리의 주관성을 최대한 인식하고 드러냄으로써 현장 연구를 개인적 경험의 가능성으로 최대한 확장할 수 있다."(2008, 49)라고 언급한다. 인류학자 캐슬린 드월트 Kathleen DeWalt와 빌리 드월트 Billie DeWalt는 "현장에서 배우는 것의 상당 부분은 암묵적이다. 참여 관찰은 일종의 문화화 과정이다. 연구자는 전체 큰 틀과 세부 사항을 흡수함으로써 현지인의 일상생활과 사건의 구조, 사회구조, 기대와 가치 등을 점차 이해하게 된다."라고 말하며 참여 관찰의 자연스러움을 강조한다.(2011, 80) 참여 관찰은 타문화권 증인이 문화 차이를 발견하는 데 이상적이고 자연스러운 방법으로 보인다. 인류학자들은 문화 차이를 이해하기 위한 문화 참여의 다양한 수준과 그에 상응하는 제한 요소를 확인했다. 오른쪽 표에서 볼 수 있듯이 참여의 범위는 비참여에서 완전한 참여까지이다.[2]

타문화권 증인이 현지에서 문화 차이를 발견하려고 노력할 때 어느 정

---

2 이 표는 위키피디아의 '참여 관찰' 항목에 근거한다. Emerson·Fretz·Shaw 2001도 참조하라.

참여 관찰

유형	참여 수준	제한 사항
비참여	연구자가 연구 대상 집단이나 연구 분야와 접촉하지 않는다.	연구자는 새로운 정보가 나올 때 관계를 구축하거나 질문할 수 없다.
수동적 참여	연구자는 방관자 역할만 한다.	이 때문에 관계를 구축하고 현장에 몰입할 수 있는 능력이 제한된다.
중간 정도 참여	연구자는 '내부자'와 '외부자'의 역할 사이에서 균형을 유지한다.	이는 적절한 개입과 거리 두기의 균형을 가능하게 하여 객관성을 유지할 수 있게 한다.
적극적인 참여	연구자는 완전한 이해를 위해 기술과 관습을 완전히 수용함으로써 집단의 일원이 된다.	이 방법을 통해 연구자는 연구 대상에 더 많이 관여할 수 있다. 연구자가 연구 집단에 대한 심층적인 이해를 추구하면서 현지인처럼 될 위험이 있다.
완전한 참여	연구자는 연구 대상에 완전히 통합되어 있다.(즉 연구 대상이 되는 특정 집단의 일원이다.)	모든 수준의 객관성을 잃을 위험이 있다. 이로 인해 분석 결과와 대중에게 제시된 내용의 신뢰성이 위태로워질 수 있다.

도의 개입이 가장 적합한가? 이 질문은 다음과 같이 바꿔서 제시할 수 있다. "어느 정도의 참여 수준이 가장 성육신적인가?"

하웰과 패리스는 우리 부부가 경험한 바를 다음과 같이 잘 포착한다.

> 기독교 인류학자에게 참여 관찰은 영적 실천이 될 수 있다. 인류학적 연구는 결코 멀리 있거나 분리된 것이 아니다. 예수의 사역과 마찬가지로 인류학적 연구는 현지인과 친밀해지고, 그들의 언어를 말하고, 그들의 음식을 먹고, 그들의 결혼식과 장례식에 참여하고, 그들의 관심사를 돌보는 것을 포함한다. 어떤 의미에서 예수는 참여 관찰을 하시는 하나님으로 묘사될 수 있다. 하나님은 예수 안에서 우리 가운데 오셔서 우리의 삶을 경험하셨다. 물론 인류학자가 자신만의 독특한 정체성을 유지하

듯이, 예수 역시 우리의 인간성을 온전히 공유했으나 여전히 신적인 타자(Other)였다. 비록 인류학자는 예수처럼 한 상황에서 다른 상황으로 '성육신'하지 않을지라도 타자의 세계에 최대한 온전히 참여함으로써 누구에게도 이해와 사랑으로 가까이 다가갈 수 있다. 예수의 삶과 사역은 현장 연구를 수행하는 인류학자에게 놀라운 영감을 준다.(2019, 24)

**좋은 민족지학자가
되는 법**

참여 관찰은 인류학에서 민족지ethnography 작성을 위한 주요 방법이며 민족지 연구는 타문화권 사역에서도 필수적이다. 어떤 사람은 민족지 조사에 타고난 재능이 있는 것처럼 보이지만 민족지 연구는 누구나 배울 수 있는 기술이다. 문화 차이를 발견함으로써 효과적인 타문화권 증인이 되기 위해서 우리는 훌륭한 민족지학자가 되어야 한다. 민족지학자로서 활동할 때 우리는 사람들의 평범한 일상을 탐구하는데, 이러한 접근 방식은 인위적이고 부자연스러운 환경 가운데 수행하는 설문조사나 질문지 응답, 실험 등과 크게 대조된다. 인간은 환경이 조작될 때 다르게 행동하기 때문에 민족지학자는 현지인들과 함께 살아가며 그들의 평범한 일상에 참여하는 방식을 취한다.

선교학자 그레그 오케슨Gregg Okesson은 수상작인 그의 책 *A Public Missiology: How Local Churches Witness to a Complex World*(공적 선교학: 지역 교회는 어떻게 복잡한 세계에 증언하는가)에서 "교회에 관한 연구"에 한 장을 할애한다. 그는 회중 연구를 위한 민족지학 접근법이 신자들의 암묵적인 일상 신학을 이해하는 데 특히 적합하다고 지적한다. 명시적 신학으로서 조직신학은 창조, 죄, 선택, 구속, 종말론 등의 교리를 다루며 신조와 신앙 진술로 체계화된다. 이것은 우리가 신학교에서 배우는 것이다. 타문화권 증인들도 사람들이 사회에서 신학을 어떻게 실천하는지 이해해야 한다. 우리는 책이나 강의가 아닌, 사람들과 함께 살아가는 민족지학 연구를 통해 이를 가장 잘 발견할 수 있다. 오케슨에 따르면 "민족지학의 기본적인 목표는 지속적이고 집중적인 관찰을 통해 상황을 그 내부로부터 이해하고, 여기서 얻어진 모든 데이터에 현지인들이 의미를 부여할 수 있게 하는 것"(163-64)이다. 이어서 그는 연구 조사할 구체적인 분야와 정보 수집을 위한 실용적인 방법을 제안한다.

민족지학은 시간과 자원이 제한된 상황에서 특정 지역에 거주하는 특정 민족의 문화를 가능한 한 많은 문화적 요소를 중심으로 기술하는 방식이다. 인류학자들은 가능한 한 문화의 많은 측면을 발견하고 이해하기 위해 1-2년을 현장에서 보낸다. 앞서 언급했듯이 나와 아내는 초기 현장 연구를 위해 솔로몬제도에 살면서 기독교와 선교사들이 그곳 주민에게 미친 영향을 연구하고 있었다. 우리는 150여 명의 주민으로 이뤄진 작은 마을에 살았다. 이 마을은 산기슭에 있는 정글을 개간하여 만든 곳으로, 산타이사벨섬의 해안에서 약 1.6킬로미터 내륙 쪽에 위치해 있었다. 비록 내 연구의 초점은 솔로몬제도 주민에게 끼친 성공회의 영향에 맞춰져 있었지만 우리는 가능한 한 모든 것을 관찰하고 마을 생활에 적극적으로 참여했다. 또한 일과가 끝날 무렵에는 등유 램프 아래에서 그날 알게 된 내용을 에르메스 휴대용 타자기로 기록했다. 물론 그곳에 대한 민족지학을 완벽하게 쓸 만큼 충분히 배우지는 못했다. 그러나 우리는 참으로 멋진 경험을 했고 누리하게 마을에서의 삶을 사랑했다. 가능한 한 많은 양상을 관찰하고 기록하는 총체적 접근 방식을 취함으로써 마법이 왜 계속적으로 행해지는지, 성찬식에 참여하는 것이 어떻게 마나(영적 힘)를 얻는 방법으로 이해되며 해석되는지, 부모가 자녀를 왜 그리고 어떻게 훈육하는지, 조상신이 마을의 삶에 왜 실제적이고 중요한 것으로 여겨지는지 등 솔로몬제도 주민들의 다양한 삶의 양상을 발견할 수 있었다.[3]

어느 날 밤 내가 그날 관찰한 내용을 타이프로 기록하고 있을 때 마을 성공회 예배당에서 아침과 저녁 기도를 인도하는 교리 교사가 우리 집을 방문하여 이야기를 시작했다. 그리고 한 시간쯤 후 자리에서 일어나며 이렇게 말했다. "이제 집에 가도 괜찮을 것 같습니다." 나는 그에게 무슨 뜻인지 물어봤다. 그는 이렇게 대답했다. "내 아내의 여동생이 갓 태어난 아기와 함께 우리 집에 와 있어요. 나는 정글에서 막 나왔기 때문에 내 몸에 영들이 달라붙어 있습니다. 그 영들은 갓 태어난 아기를 공격하는 것을 좋아하는데, 나는 그 영들이 당신을 괴롭히지 않을 것을 알기 때문에 집에 가기 전에 먼저 당신 집에 들러서 그들을 떨쳐버리기로 했습니다." 나는 그 마을의 문화를 발견하기 위해 참여 관찰을 실행하고 있던 터라 그 에피소드를 통해 많은 것을 배울 수 있었다.

복음이 일주일에 한 번 드리는 예배만이 아니라 삶의 모든 영역과 관련된다고 믿는다면 우리는 현지 사회를 가능한 한 많이 이해하고 복음이 현지인의 삶 어디에서 연결되거나 연결되지 못하는지 발견해야 한다. 민족지학 연구를 타문화권 사역의 일부로 삼고 수행하는 것은 이러한 발견에 큰 도움이 될 것이다.

민족지학 연구에 참여하는 것은 과학적 기법인 동시에 예술적 행위이기도 하다. 저명한 인류학자 해리 월코트는 그의 획기적인 책 *The Art of Fieldwork*(현지 조사라는 예술)에서 "현장 조사는 다른 사람들과 공유할

---

3 이 민족지학 연구는 내 저서인 *Melanesians and Missionaries*(1983)에 잘 나타난다.

수 있는 수준의 이해를 얻기 위해 연구자가 개인적으로 깊이 관여한다는 특징이 있다."라고 언급한다. 이어서 그는 때때로 이러한 개인적인 관여가 매우 도전적이고 힘들 수 있다면서 "이러한 관여는 설사나 짐 분실 같은 사소한 방해에서 개인적 실패나 절망에 이르기까지 많은 불편과 어려움을 동반할 수 있다. 하지만 개인의 고통과 희생의 정도는 현장 조사의 가치를 판단하는 데 반영되지 않는다."(2005, 58)라고 말한다.

훌륭한 민족지학자가 되는 것은 실습과 좋은 지침을 통해 우리가 연마할 수 있는 기술이다. 타문화권 증인은 더 나은 민족지학자가 됨으로써 사역의 효율성을 꾀할 수 있을 것이다. 왜냐하면 훌륭한 민족지학자가 될수록 함께 살며 섬기는 사람들의 문화에 더 깊이 참여하여 그들의 세계관을 이해할 수 있기 때문이다. 관습, 예절, 적절한 옷차림, 현지 문화에서 사용하는 인사법 등에 초점을 맞춘 관광 가이드나 국가 소개서는 흥미롭고 유용하겠지만 결국에는 피상적인 정보에 그친다. 우리는 타문화권 증인으로서 표면적인 행위의 이면으로 들어가 사람들의 머리와 마음에 감춰진 것을 발견하기 원한다.

이는 때때로 어렵고 시간이 걸리는 일이다. 케네스 게스트는 다음과 같은 현명한 조언을 한다. "훌륭한 민족지학자는 인내심과 유연성 그리고 예상치 못한 사건에 대한 개방성을 가져야 한다. 때로 한 장소에 가만히 앉아 있는 것이 최고의 연구 조사 전략이 될 수 있다. 왜냐하면 그런 전략은 계획되지 않은 사건들과 예상치 못한 사람들을 관찰하고 경험할 기회를 제공하기 때문이다."(2018, 78)

문화 규칙을 아직 잘 모르는 낯선 상황에서 우리는 무엇이 중요하고 중요하지 않은지 우선순위를 정해야 한다. 대개 낯선 상황에 처음 놓이면 우리는 모든 것을 보고 아무것도 가정하지 않는 경향이 있다. 그러나 상황에 익숙해지면 더 많은 것을 가정하고 훨씬 덜 보게 된다. 이러한 관찰의 차이는 관광객과 민족지학자에게서 볼 수 있다. 관광객은 현지인이 무엇을 생각하고 가정하는지 전혀 알지 못하고, 알려는 의지도 없으며, 알 필요도 없다. 관광객은 많은 사진을 찍고 다양한 문화적 체험을 즐길 뿐 자신이 보는 것의 의미를 파악하는 데 시간을 할애하지 않는다. 관광객의 목표는 가능한 한 많은 것을 보고 남기는 것이다.

이와는 대조적으로 타문화권 증인인 우리의 목표 중 하나는 문화를 충분히 배워 현지 문화의 가정을 이해하는 것이다. 우리는 보고 있는 것을 민감하게 인식하기를 원한다. 그리고 상황에 익숙해져서 모든 것을 보는 능력이 무감각해질까 봐 경계한다. 훌륭한 민족지학자는 현지인들에게 익숙한 것을 새로운 방식으로 볼 수 있으면서 동시에 현지인들이 가정한 바를 이해한다. 선교사가 민족지학자가 아닌, 관광객처럼 행동한다면 선교 사역을 준비하고 실천하는 과정에서 큰 결함이 드러날 것이다.[4]

타문화권 증인으로서 우리는 거의 아는 게 없는 외부인으로서 문화에 들어가지만 우리의 목표는 우리가 보는 것 이면에 있는 전제, 가정 등을 이해하는 것이다. 우리는 문화를 점점 더 깊이 이해하게 되더라도 성급한 판단과 잘못된 가정을 하지 않도록 주의해야 한다. 타문화에서는 말할 것 없고 자문화에서도 가정은 가장 낮은 수준의 지식이라는 점을 기억하라.

마지막으로, 훌륭한 민족지학자의 중요한 자질 중 하나는 호기심이다.

---

4 이것은 많은 단기 선교의 문제 중 하나인데, 자원봉사자들이 타문화에 대한 준비와 이해 없이 선교지에 가서 결국 관광객처럼 행동하는 것이다. 로버트 프리스트는 단기 선교에 대한 이러한 관광객 형태의 접근 방식에 대응하기 위해 *Effective Engagement in Short-term Missions*(2008)를 편집·출간했다. 단기 선교에 관한 유용한 안내 지침은 Livermore 2006을 참조하라.

우리는 현지 공동체로 들어갈 때 어린아이와 같은 호기심과 경이로움, 경외심을 품고 있어야 한다. 호기심이 고양이를 죽일 수 있다는 속담이 있지만 호기심은 훌륭한 민족지학자에게 없어서는 안 될 필수 요소이다.

일전에 나는 인도네시아 자카르타 해안가에서 서부 자바의 반둥까지 3시간 동안 차를 타고 가서 해발 약 760미터의 울창하고 아름다운 파라향안 산맥에 오른 적이 있다. 미국인 선교사들과 함께 여행하는 중이었는데 처음 보는 풍경과 농사 형태, 마을 등 많은 것이 궁금해서 그들에게 수십 개의 질문을 던졌고 내 스스로도 관찰한 것을 직관적으로 연결해보았다. 다음 날 나는 한 선교사 부부의 선교 경험과 타문화 적응에 관한 인터뷰를 진행했다.

그들은 내가 전날 그렇게 많은 질문을 던지고 관찰 내용을 정리하여 연결고리를 만들어낸 것에 놀랐다고 말했다. 그러면서 "어떻게 그렇게 짧은 시간에 많은 것을 알아냈습니까? 우리는 당신이 몇 시간 만에 알아낸 것을 몇 년에 걸쳐 발견했어요."라고 말했다. 당시 나는 "아마도 모든 것에 호기심이 많은 데다 인류학자로서 관찰 훈련을 많이 받았기 때문이겠지요."라고 대답했던 기억이 난다.

좋은 질문 던지기와 경청하기

문화 차이를 발견하고 이해하기 위해서 우리는 상대가 안전하다고 느끼는 환경을 조성하고 좋은 질문을 던지는 법을 배워야 한다. 친밀감을 형성하는 것은 절대적으로 중요하며, 이는 기술인 동시에 예술적 행위이기도 하다. 기자가 던지는 질문을 보면 대개 누가(who), 무엇을(what), 언제(when), 어디서(where), 왜(why), 어떻게(how)가 들어간다. '예'나 '아니오'로 답할 수 없는 개방형 질문이라는 점을 주목하라. 문화 차이를 배우

고 이해하려는 타문화권 증인에게 이 여섯 가지 질문은 좋은 출발점이 될 수 있다.⁵

해리 월코트는 그의 저서 *Ethnography: A Way of Seeing*(민족지: 세상을 보는 하나의 방식)에서 민족지학 연구 과정에서 사용할 수 있는 다양한 인터뷰 방식을 설명한다. 여기에는 일상 대화, 생애사 질문, 핵심 정보 제공자 인터뷰, 반 구조화 및 구조화 인터뷰, 설문지 등이 포함된다.(2008, 54-62) 그는 정보를 수집할 수 있는 가장 중요한 방법으로 일상적인 대화를 꼽으며, 이 방법을 개발한 이유를 다음과 같이 언급한다. "나는 학생들이 다양한 접근 방식을 인식하고, 특정 정보를 획득할 뿐 아니라 친밀한 관계를 유지하는 데 끊임없이 주의를 기울이기 위해 장단점을 평가할 수 있기를 원했다.

직접적인 질문은 항상 특정 위험을 수반하며 현장 조사에서 추출적 요소를 강조하는 경향이 있다. …더욱이 필요한 정보를 정확히 얻을 수 있을지 몰라도 이후 더 많은 정보를 얻을 기회는 상실할 수 있다."(54-55) 직접적인 질문은 정보 제공자를 방어적으로 만들 수 있으므로 개방형 질문이 바람직하다.

좋은 개방형 질문은 문화 차이를 발견하는 출발점이지만 그보다 중요한 것은 경청하는 능력이다. 문화 차이를 발견하려면 말하는 것보다 듣는 것이 중요하다. 인류학자 케네스 게스트는 다음과 같은 사실을 관찰했다.

---

5 스탠 누스바움(Stan Nussbaum)은 그의 저서 *Breakthrough*에서 훌륭한 현장 질문에 관한 매우 유용한 내용에 한 장을 할애했다!(2007, 75-89) 그는 우리가 던지는 질문에 대해 다섯 가지 기준을 제시한다: (1) 우리가 연구 중인 분석적 질문에 답하기 위해 꼭 필요한가? (2) 응답자에게 그 질문이 명확하게 이해되는가? (3) 피상적이지 않고 본질을 찌르는가? (4) 편향되어 있지 않은가? (5) 위협으로 느껴지지 않은가? 그의 책은 또한 훌륭한 질문을 작성하기 위한 실습지와 유익한 조언을 제공한다.

성공적인 민족지학자는 반드시 숙련된 청자聽者여야 한다. 우리는 대화에 많은 시간을 할애하며 그것의 대부분은 말보다 경청과 관련된다. 좋은 질문을 하고 답변을 주의 깊게 듣는 능력은 필수적이다. 숙련된 청자는 언어적 답변뿐 아니라 비언어적 답변까지 모두 듣는데, 우리는 이것을 제로zeros 혹은 침묵silence이라고 한다. 제로란 말로 표현되지 않는, 혹은 눈에 보이지 않는 이야기나 그림 등의 요소를 말한다. 가령 대화에서 생략된 핵심 내용이나 대화 장소에 없는 핵심 인물 등이다. 침묵은 공개적으로 이야기하거나 드러내기에는 너무 민감할 수 있는 주제에 대한 통찰을 제공한다.(2018, 78)

소그룹, 마을, 교회, 기업, 조직 또는 다른 형태의 사회 활동에 대한 민족지학적 기술ethnographic description을 이끌어내는 인류학적 연구는 좋은 대화를 통해 이뤄진다. 어떤 사람은 천성적으로 대화에 능통하지만 그렇지 않은 대부분의 경우는 좋은 대화법을 배워야 한다. 이는 문화 차이를 이해하는 데 필수적이다. 셀레스트 헤들리Celeste Headlee는 흥미로운 테드TED 강연에서 더 나은 대화를 위한 열 가지 기본 규칙을 제안한다. 나는 이 규칙이 민족지학 연구와 문화 차이의 발견에 매우 유용하다고 확신한다.

1. 다중작업multitask(멀티태스킹)을 하지 말고 집중하라. 순간에 집중하라. 다른 생각을 하지 말라.
2. 거만하게 행동하지 말라. 무엇이든 배울 게 있다고 생각하며 모든 대화에 참여하라. 누구나 어떤 분야의 전문가이다.
3. 개방형 질문을 활용하라. '누가, 무엇을, 언제, 어디서, 왜, 어떻게'라는 질문으로 시작하라. 예를 들어 "그건 어땠나요?", "기분이 어땠나

요?"라고 물어보라.

4. 흐름을 따라가라. 아이디어가 떠오르더라도 상대방의 말을 끊지 말고 흐름을 이어가라. 대화 중 다른 것에 마음을 빼앗기지 말라.

5. 모른다면 모른다고 말하라. 신중하고 조심하는 방향이 낫다.

6. 자신의 경험을 상대방의 경험과 동일시하지 말라. 예를 들어 상대방과 마찬가지로 당신 역시 가족을 잃은 경험이 있더라도 그것을 언급하지 말라. 당신의 경험과 상대방의 경험은 결코 같을 수 없다.

7. 같은 말을 반복하지 말라. 거들먹거리는 것처럼 보이거나 지루하게 들릴 수 있다.

8. 잡다한 말을 피하라. 날짜와 같은 세부 사항은 대부분의 사람에게 중요하지 않다. 그들은 당신 이야기의 세부 사항이 아니라 당신 자체에 관심이 있다

9. 경청하라. 이것이 가장 중요하다. 경청은 당신이 개발할 수 있는 가장 중요한 기술이다.

10. 간략하게 말하라. 상대방에게 관심과 호기심을 가지라. 입을 다문 채 마음은 열고 놀랄 준비를 하라.(Headlee 2015)

종교와 문화적 차이를 이해하기 위해 사람들에게 질문하고 그들의 이야기를 들을 때 판단을 유보하는 것이 중요하다. 우리의 과제 중 하나는 우리가 섬기는 문화에서 하나님이 이미 일하고 계신 곳을 찾는 것이다. 우리의 또 다른 과제는, 사람들이 하나님의 목적을 위해 자신의 종교적·문화적 구조를 구속하도록 돕는 것이다. 우리는 자신의 종교와 문화에 뿌리내린 사람들에 대해 '관용의 해석학'을 개발해야 한다. 이것이 이 장의 마지막에서 논할 상대주의가 중요한 이유이다.

문화 차이를 관찰하고 기록하기

솔로몬제도에서 현장 연구를 수행할 당시 나는 항상 뒷주머니에 펜과 노트를 갖고 다니며 보고 들은 것을 틈틈이 기록했다. 가끔은 한두 단어를 적기도 했는데, 저녁에 돌아와 그날 관찰한 내용을 기록할 때면 그 간단한 단어만으로도 기억을 되살리기에 충분했다. 마을 사람들은 때때로 내 노트에 적힌 내용에 흥미를 보였고, 내가 무언가를 적어놓으면 그것이 중요하다는 것을 깨달았다.

이후로 그들은 나와 함께 활동하는 동안 "화이트먼, 펜과 노트를 꺼내서 이것을 적어두세요. 중요한 겁니다."라고 말하곤 했다. 이처럼 관찰 내용을 간단하게 메모하는 것만으로도 교감과 신뢰가 쌓였고 나는 '교회에서 절대로 들을 수 없는' 많은 것을 배울 수 있었다.

세계적으로 유명한 성서 번역가 유진 나이다는 전 세계적으로 200개가 넘는 번역 프로젝트에 참여했으며 *Customs and Cultures: Anthropology for Christian Missions*(관습과 문화: 기독교 선교를 위한 인류학)라는 책도 출간한 바 있다. 나는 그에게서 어떻게 그 영향력 있는 책을 집필하게 되었는지 들었다.

그는 늘 8×13센티미터 가량 되는 노트를 한 권 지니고 다니며 현지 문화와 언어, 종교에 관해 관찰한 내용을 기록했다고 한다. 한번은 브라질에서 성서 번역 워크숍을 두 번 진행할 예정이었는데 도착한 후 첫 번째 워크숍이 취소되었다는 소식을 들었다. 그래서 그는 자신이 모아둔 노트를 꺼내 6주 동안 타문화권 선교를 위한 인류학의 가치를 다룬 가장 중요한 초기 책 중 하나를 저술하게 된 것이다.

다음은 우리가 경험한 것을 관찰하고 기록할 때 따를 수 있는 간단한 공식이다.

1. 무엇을 보는가?
2. 무엇을 듣는가?
3. 무슨 일이 일어나고 있는가?
4. 무엇을 생각하는가?
5. 무엇을 느끼는가?

최근 수십 년 동안 '반영성'reflexivity(성찰 혹은 재귀성)의 개념이 인류학 연구에 도입되었다. 우리는 거의 불가능한 '완전한 객관성'이라는 허울 뒤에 숨으려 하지 말고, 우리의 관찰 내용과 더불어 우리 자신의 주관적인 경험을 기록해야 한다. 그렇게 함으로써 우리는 관찰 대상에 대한 우리의 무의식적인 편견과 자민족중심주의를 무시하거나 덮는 대신 그것을 드러내어 쉽게 다룰 수 있다.

현장 기록

현장 기록은 민족지학의 일부이며 타문화권 증인에게 유용하게 사용될 수 있다. 현장 기록은 사회환경 안에서 일어나는 극적인 사건뿐 아니라 일상적인 장면에 초점을 맞춰 대화와 관찰, 경험 등을 기록된 텍스트로 바꾸는 과정에서 나오는 초안이다. 이 기록은 잘 다듬어진 문장이 아니다. 에머슨Emerson과 그의 동료들은 "현장 기록에는 집중을 위한 시간이 필요하다. 때로 민족지학자는 몇 분 동안 일어난 일을 기록하는 데 몇 시간을 들이기도 한다.

그는 누가 어떤 순서로, 무엇을 말했는지를 떠올리고 그 모든 내용을 단어와 일관된 문단으로 표현하기 위해 노력한다."(2011, 48)라고 말한다. 경험상 관찰에는 1시간이 소요되고 관찰한 내용을 기록하는 데 1시간이 추가로 소요된다.

현장 기록은 관찰과 참여 후 가능한 한 빨리 하는 게 좋다. 에머슨과 그의 동료들은 이렇게 말한다. "시간이 지남에 따라 사람들은 경험을 잊고 단순화한다. 관찰한 지 며칠 후에 작성된 기록은 풍부하고 미묘한 세부 사항이 삭제되거나 요약되는 경향이 있다. …현장을 떠난 직후에 기록하면 민족지학자의 참여 경험과 흥분이 담긴, 더 신선하고 상세한 기억을 남길 수 있다."(49)

현장 기록은 추상적이고 일반적인 내용보다 구체적이고 자세한 내용에 주의를 기울이는 것이 중요하다. 에머슨과 그의 동료들은 "민족지학자의 주된 목적은 현지 사회와 현지인을 묘사하는 것이다. 그러나 종종 초보 연구자의 기록을 보면 풍성하고 생생한 세부 내용이 빠져 있다."(2011, 57)라고 말한다.[6]

초기의 많은 선교사는 관찰력이 뛰어난 사람들이었고, 일반적인 고정관념과 달리 현지 문화를 파괴하려고도 하지 않았다. 그들은 현지인에게 예수의 이야기를 전하고자 했기 때문에 그곳 문화를 발견하고 기록하는 데 많은 시간과 관심을 쏟았다. 일부 선교사는 이 일을 매우 잘 수행하여 민족지학과 인류학의 발전에 크게 공헌했고 효과적인 사역을 오랫동안 이어갔다.

일례로 호주 출신의 선교인류학자 앨런 티페트는 선교사 62명의 민족지학 기록을 모아 700페이지 분량의 책 *The Ways of the People: A Reader in Missionary Anthropology*(사람들의 방식: 선교인류학 선집)를 편찬했다. 선교 초창기의 이러한 기록 중 일부는 인류학의 발전에 공헌했

---

[6] 현장 기록에 대한 추가 지침과 실습에 대해서는 Kirner·Mills 2020을 참조하라.

으며, 이 글들은 민족지학 연구가 타문화권 사역에 얼마나 큰 영향을 주었는지 보여준다.[7]

**문화상대주의의
중요성**

문화 차이를 발견하고자 할 때 중요한 관점이 바로 문화상대주의이다. 문화상대주의는 다른 사람들과 정직하고 성실하게 교류하며 편견과 선입견 없이 문화 차이를 발견하는 데 도움을 줄 수 있다. 문화상대주의는 인류학 분야에서 나온 가장 대표적인 관점 중 하나이다. 문화상대주의의 선구자들은 인종차별적 사고와 편견, 즉 인류는 문명의 진화 단계가 제각기 다른 여러 인종 집단으로 나뉜다는 주장과 수세기에 걸쳐 싸웠다.

프란츠 보아스는 20세기 초반에 학생들과 함께 문화상대주의 개념을 발전시킨 초기 개척자 중 하나이다. 문화상대주의는 특정 민족의 가치와 신념, 행동이 그들의 문화적 상황에서 이해되어야 한다고 주장한다. 이는 자문화를 바탕으로 타문화를 인식하고 판단하는 것을 방지하는 방책이기도 하다. 사실 우리 모두는 본능적으로 자문화를 기준으로 삼아 타문화를 인식하고 판단하며, 특별히 타문화와 타종교인들과 접촉하지 않은 경우에는 더욱 그렇게 한다. 문화상대주의는 오만이 아니라 겸손과 자기 성찰을 장려하는, 무의식적이고 암묵적인 편견과 자민족중심주의에 대한 유용한 해독제이다.

---

7   선교가 인류학에 기여한 사례와 그 반대의 경우에 대한 추가 사례는 Whiteman 1985를 참조하라.

비록 일부 그리스도인은 문화상대주의가 윤리·도덕적 상대주의로 이어지고 도덕적 절대성에 대한 확신을 약화한다고 믿으며 바로 부정적인 반응을 보일 수 있지만 문화상대주의 개념은 타문화권 증인에게 매우 유용하다. 문화상대주의적 관점은 윤리적 상대주의가 아니다. 케네스 게스트는 민족지학 연구를 수행할 때 문화상대주의적 관점을 채택하는 것이 중요하다고 강조한다. 그는 "민족지학자는 연구 대상인 사람과 장소에 대해 열린 마음으로 시작해야 한다. 우리는 현지에 도착하기 전에 이미 우리 안에 형성되었을 수 있는 편견을 경계해야 하며, 현장에 도착한 후에는 판단을 유보해야 한다. …우리는 연구 대상의 눈을 통해 세상을 볼 수 있는가? 우리는 그들의 의미 체계와 내부 논리를 이해할 수 있는가? 인류학 전통은 우리가 다른 사람들의 이야기를 정확하게 듣고 전달하고자 한다면 문화상대주의의 관점에서 출발해야 한다."라고 주장한다.(2018, 78) 문화상대주의가 민족지학을 연구하는 인류학자에게 중요한 관점이라면, 현지인들과 함께 살아가며 그들에게 복음을 전하는 타문화권 증인에게는 얼마나 더 중요하겠는가?

19세기 멜라네시아 선교사들을 연구하는 동안 나는 안타깝게도 타인을 관찰할 때 판단을 유보하는 능력과 문화상대주의적 태도가 부족한, 폐쇄적인 선교사들을 발견했다. 예를 들어 남부 뉴헤브리디스(오스트레일리아 북동 남태평양상의 군도—옮긴이 주)에서 사역하던 장로교 선교사들은 멜라네시아의 잠재적 회심자들을 매우 부정적인 용어로 묘사했다. 가령 1875년 연례 보고서에서 "우리는 매우 열악하고 저급한 종족 가운데서 일하고 있습니다."(New Hebrides Mission 1875, 19)라고 언급한 것이다. 원주민인 뉴헤브리디언에 대한 부정적 묘사는 애그너스 와트(Agnus Watt) 선교사의 다음 말에서 더 생생하게 나타난다. "오, 만일 여러분이 이곳에 있다면 완전히 알몸으로 살아가는 비참하고 추잡한 이교도의 야만적인 모습을 보았을 겁니다. 그러나 그들은 불멸의 존재이고 구원받을 영혼을 가지고 있어요. 그들은 타락했지만 결국 예수님으로 말미암아 구원을 받을 수 있습니다."(Watt 1896, 90-91)

나는 이 장을 시작하며 솔로몬제도에서 지내던 초기에 내가 어떤 검증을 받았는지 이야기했다. 이 검증은 내가 인류학자로서의 훈련과 타문화권 증인으로서의 경험을 문화상대주의적 관점과 얼마나 잘 통합했는지를 보여주었다. 마을 사람들이 "당신은 마법을 믿습니까?"라고 물었을 때 나는 그 질문에 대한 내 대답이 매우 중요하다는 것을 알았다. 나는 솔직하게 대답하되, 대화를 중단시키지 않고 계속 이어가는 방식으로 대답해야 했다.

나는 마을 사람들과 함께 생활하는 동안 자주 검증을 받았고, 그때마다 문화상대주의적 관점을 채택함으로써 솔로몬제도의 성공회 신자들이 보수적인 미국 기독교 배경과는 매우 다른 관점을 갖고 있음을 확인할 수 있었다. 그들의 관점은 내 관점과 달랐고, 그렇다고 틀린 것이 아니었다. 그럼에도 불구하고 나는 아내로부터 "우리는 이 사람들을 관찰하고 이해하려고 여기에 있는 것이지, 그들을 우리처럼 만들려고 온 것이 아니다."라는 말을 여러 번 들어야 했다.

린디 백케스 Lindy Backues는 인류학과 선교에서의 문화상대주의 활용에 대한 탁월한 글을 쓰며 다음과 같이 주장한다. "기독교의 내적 논리는 '전파'가 아니라 '번역'이라는 점을 고려할 때 복음은 주변 환경의 옷을 입으며 그 과정에서 지역의 상황을 존중한다. 말씀이 육신이 되신 것처럼 복음은 '이웃에게 들어가' 그들의 표현 양식에 따라 소통하고 참여한다.(요 1:14 참고) 따라서 이러한 내적 논리로 말미암아, 여기서 검토된 기독교의 다양성은 다원주의와 문화적 상대성을 위한 중요한 공간을 제공한다."(2017, 123)

12장 요약

이 장에서 나는 타문화에 복음을 전하려는 우리가 발전하려면 문화 차이를 발견하는 것이 매우 중요하다는 점을 강조했다. 그리고 문화인류학이라는 도구가 타문화권 증인들로 하여금 선교 현지에서 문화 차이를 발견하고 이해하도록 하는 매우 적합한 방법이라고 이야기했다. 참여 관찰은 함께 살아가며 의도적이고 집중적인 관찰을 수행하는 자연스러운 방식이다. 우리는 좋은 민족지학자가 되기 위해 좋은 질문을 제기하고 경청하고 관찰하고 기록하는 법을 배운다. 이 모든 과정에서 나는 특히 문화 상대주의가 판단을 유보하고, 미성숙한 가정을 피하고, 타문화권 증인으로서 자민족중심주의를 극복하는 데 도움이 되는 중요한 관점임을 주장했다.

13장 　 문화적 짐 인식

개코원숭이는 자신의 민둥 엉덩이를 볼 수 없기에
다른 사람의 결점을 보고 비웃는다.
(사람들은 눈에 띄는 자신의 결점을 쉽게 간과하고 다른 사람을 비판한다.)

- 에티오피아 오로모족의 속담

나는 르완다인들이 내게 붙여준 별명을 알게 된 날을 결코 잊지 못한다. 당시는 중앙아프리카에서 2년간의 자원봉사 선교 사역을 마치기 몇 달 전이었다. 별명은 그 사람의 성격과 특징을 표현하곤 한다. 르완다인들은 나를 '브와나 이치퉁구'Bwana Itsitungu라고 불렀는데 그 의미는 '스스로 돌볼 줄 아는 사람'이다. 그런데 그들이 내게 붙여준 별명은 칭찬이었을까, 아니면 불평이었을까?

미국 백인 중산층 남성인 나는 독립적이고 자립적이어야 한다는 가치관을 갖고 성장했으며, 열두 살에 아버지를 잃었기에 그런 가치관을 더욱 중요하게 여기고 있었다. 그러나 르완다인들은 나를 스스로 모든 것을 해결하는 자립적인 사람이라 여겼기 때문에 나와 더 깊은 개인적 관계를 맺는 것을 어려워했다. 나는 그들에게 이런 메시지를 보내고 있었다. "여러분의 도움은 필요하지 않습니다."

나는 마음이 무너져 울음을 터뜨렸다. 중앙아프리카에서 보낸 시간이 모두 실패처럼 느껴졌다. 오랫동안 품고 있던 문화적 습속(이하 '문화적 짐'으로도 표현한다.—옮긴이 주)이 나를 넘어뜨렸다. 당시 나는 겨우 스물네

살이었다. 앞으로 60년이 넘도록 타문화권 사역을 하게 해달라고 하나님께 간구하고 있었기에 다시는 스스로 돌볼 줄 아는 사람을 뜻하는 '브와나 이치퉁구'로 불리고 싶지 않았다. 그날부터 지금까지 나는 늘 성공적이진 않았지만 다른 사람들과 상호 의존적인 삶을 살아가려고 노력해왔다. 이 책의 집필도 좋은 예이다. 혼자서는 이 책을 쓸 수 없었다. 우리의 문화적 습속은 무의식적일 때가 많다. 우리 안에 있는 문화적 습속을 인식하고 세계관적 전제를 발견할 수 있는 하나의 방법은 속담을 살펴보는 것이다. 타문화의 속담은 그곳 문화를 들여다보는 창문을 제공하며, 자문화의 속담은 거울과 같이 우리의 암묵적인 세계관 속 전제를 명시적·의식적 행동으로 드러내준다.

스탠 누스바움Stan Nussbaum은 타문화에 들어가는 사람이 자신의 문화적 습속을 인식할 수 있도록 *American Cultural Baggage: How to Recognize and Deal with It*(미국인의 문화적 습속: 그것을 인식하고 극복하는 방법)이라는 책을 썼다. 이 책에서 그는 우리가 자문화 안에 있다면 자신의 세계관이나 문화를 인식하지 않고도 잘 지낼 수 있다고 말한다. 즉 미국인이라면 미국 문화 안에서 미국적 방식으로 일을 처리하며 이러한 과정은 자동으로 이뤄진다는 것이다.

그러나 "다른 문화 환경에 들어가면 그런 방식이 잘 통하지 않는다. 우리는 무의식적으로 수많은 문화적 습속을 갖고 있었음을 갑자기 깨닫게 되고 그것이 항상 문제를 일으킨다. 우리는 우리 안에 어떠한 기대가 있었음을 인식조차 못하고 있다가 현지인이 그 기대에 부응하지 못하면 분노한다. 또 미국식으로 일을 처리하다가 현지인에게 웃음거리가 되거나 회피 대상이 된다."(9)

누스바움은 그의 책에 미국인의 삶을 위한 235개의 핵심 속담을 수록

하고 이를 바탕으로 미국 문화의 '십계명'을 제시한다. 그의 책은 미국인이 반복해서 읽어볼 만한 가치가 있으며, 미국을 잘 알지 못하는 독자에게는 미국인을 더욱 잘 이해할 수 있는 자료로 기능한다.

1. 성공은 논쟁의 여지가 없는, 매우 높은 가치이다. 미국의 모든 어린이가 어릴 적부터 성공의 중요성을 배운다. 성공이 잘못된 방식으로 이루어지더라도, 성공 자체가 성공의 수단보다 중요하기 때문에 문제가 없다.
2. 자기 방식대로 살라. 자유와 사생활 보호는 미국인에게 중요한 가치이다. 누군가의 삶의 방식은 그 사람의 문제이며, 타인이 간섭하거나 비판해서는 안 된다. 그러므로 타자에 대한 관용이 매우 중요하다.
3. 재미있으면 시간 가는 줄 모른다. 재미있게 지내는 것은 미국인, 특히 젊은이와 은퇴자에게 중요한 이상이다. 그들은 재미있는 일을 하거나 재미있는 곳에 가는 데 많은 시간을 할애한다. 재미만 있다면 시간 가는 게 그리 중요하지 않다.
4. 쓰러질 때까지 쇼핑하라. 미국인에게 쇼핑은 일종의 오락이며 많은 사람이 특별히 구매할 게 없더라도 쇼핑한다. 이 말은 미국이 궁극적인 소비사회임을 잘 보여준다.
5. 일단 행동하라. 이것은 어느 신발 제조업체가 로고에 사용하는 슬로건이다. 규제나 허가, 힘든 계획 수립과 같은 장애물을 극복하고 행동하라는 내용을 강조한 것이다.
6. 젊음은 한순간이다. 미국인은 젊음을 매우 중요하게 여긴다. 성인이 되어 책임을 짊어지고 자유를 제한받기 전에 재미있고 다양한 경험을 하라고 강조한다.

7. 그만하라! 미국인의 인권 옹호와 불의에 대한 저항은 권리 주장으로 이어진다. 이 문구는 인종차별과 총기 폭력, 권리를 짓밟는 행위에 반대하는 시위에서 종종 표출된다.
8. 규칙은 깨지게 마련이다. 이 문구는 개인주의와 자율적인 사고를 강조한다. 더 나은 아이디어나 계획이 있다면 구식으로 보이는 '규칙'에 얽매이지 말고 실행하라는 의미이다.
9. 시간은 돈이다. 돈처럼 시간도 낭비해서는 안 되는 상품이다. 미국인은 시간을 아끼고 사고 팔며, 빈둥거린다는 비난을 싫어한다.
10. 하늘은 스스로 돕는 자를 돕는다. 대부분 미국인의 세계관에 깊이 각인된 말이다. 미국인은 경제적·교육적·사회적으로 더 나은 삶을 위해 노력하지 않는 사람을 부정적으로 평가한다. 또한 삶의 질을 개선하기 위해 스스로 노력하지 않는 사람은 하나님뿐 아니라 다른 사람들도 그를 도와서는 안 된다고 여긴다.

사람들과 함께 사역하기 전에
자신을 알라

이 책 전반에 걸쳐서 나는 사람들의 삶의 방식과 가치관, 세계관, 신념 등을 이해하고 알아가는 가장 좋은 방법이 그들 삶을 그대로 받아들이는 것이라고 강조했다. 그러나 우리 자신의 '숨겨진' 가치관과 세계관, 신념은 종종 타문화의 사람들과 온전히 관계를 맺는 데 장애가 된다. 우리가 미국, 케냐, 인도, 프랑스, 한국, 중국 등 어느 나라 출신이든, 복음을 가지고 효과적으로 타문화에 들어가려면 우리 자신의 가치관과 세계관, 신념을 밝혀야 한다. 다음은 그렇게 해야 하는 다섯 가지 이유이다.

1. 우리의 가치관과 세계관과 신념은 타문화에서의 우리 행동에 영향을 미치고, 현지인과 맺는 관계의 종류와 질을 좌우한다.
2. 그것들은 현지인과 그들의 문화 및 언어를 인식하는 방식에 영향을 미친다.
3. 그것들은 현지인을 수용하는 우리의 능력에 영향을 미친다.
4. 그것들이 늘 성서적이거나 기독교적인 것은 아니다. 우리는 그것들을 아무런 비판 없이 내면화하고 '기독교 국가' 혹은 '기독교 문화'에 살고 있다는 신화에 안정감을 느낀다.
5. 그것들을 인식할 때 우리는 우리 삶의 방식에 얽매이지 않은 기독교 복음을 나누게 될 것이다. 다시 말해 하나님 나라와 아메리칸 드림이 항상 일치하는 것은 아니다!

문화적 짐이란 무엇인가

문화적 짐이란 우리가 타문화에 들어갈 때 무의식적으로 가져가는 행동, 물건, 태도, 가치, 신념이다. 이러한 것은 우리가 자문화에 있을 때에는 적절할 수 있지만 타문화권 증인으로서 타문화에 들어갈 때에는 우리 삶과 사역을 방해하는 무거운 짐이 될 수 있다. 문제는 우리가 갖고 들어간 짐의 대부분이 무의식적이라는 점이다. 따라서 우리는 그것을 의식의 수면 위로 끌어올려 수용하거나 수정, 변경할 수 있어야 한다.

나는 단기 선교 여행을 떠나는 사람들에게 두 개의 여행 가방을 가져가라고 권하곤 한다. 하나는 필요한 물건을 담은 가방이고, 또 하나는 완전히 빈 가방이다. 왜 이런 이상한 제안을 하는가? 여기서 빈 가방이란 기념품이나 장신구를 채울 가방이 아니라, 현지 문화에서 배우고 경험한 모든 것을 상기시켜줄 무언가를 가득 채울 가방이다. 즉 하나님의 선교 현장에서 발견하는 것들, 새로 맺는 관계 그리고 애초에 우리가 가져간 문화적 짐에 대한 비판적 관점 등을 가득 담아오라는 권면이다. 내 제안을 실제로 받아들이는 사람은 매우 드물지만 '빈 여행 가방'의 관점은 우리가 어떠한 문화적 짐을 갖고 있는지를 인식하게 한다는 점에서 중요하다.

왜 나는 자립과 자급이라는 문화적 짐을 짊어지고 있다는 사실을 몰랐는가? 그리고 내가 의식하지 못하는 사이에 이 짐은 어떻게 아프리카인으로 하여금 나와 거리를 두게 했는가? 우리는 현지인들과 교류하며 함께 살기 전까지 우리 자신의 문화적 짐을 거의 인식하지 못한다. 이는 우리의 가치관과 세계관, 신념이 현지인들과 소통하고 복음을 살아내는 데 장벽이 될 수 있음을 보여준다.

견고한 개인주의와 자립정신은 미국의 지배적인 가치이지만, 이 두 가지 강점이 제대로 검토되지 않으면 타문화권 사역에서 두 배의 약점으로 작용할 수 있다. 실제로 그런 일이 내게 일어났다. 나는 문화적 짐을 무겁게 지고 있었고, 아프리카식 별명의 의미를 알게 되었을 때에야 비로소 그 사실을 깨달았다.

앞으로 논의할 문화적 짐에 관한 사례와 이야기의 대부분은 내가 속한 미국과 서구 세계관을 어쩔 수 없이 반영할 것이다. 그러나 문화적 짐의 문제는 모든 타문화권 증인이 직면하는 문제이다. 모든 사람은 타문화 환경에서의 행동에 영향을 미치는 자신의 가치관과 세계관, 신념을 이해하는 데 어려움을 겪는다. 사실 자신의 세계관을 제대로 이해하지 못할수록 자민족중심주의 경향을 보일 가능성이 크다. 그리고 동질적인 사회에 있던 사람일수록 보다 자민족중심주의 경향을 띤다. 우리는 효과적인 타문화권 증인이 되겠다는 의지를 강하게 표명하지만 실제로 우리 자신의 문화적 짐에 눌려 있다.

우리는 자문화에 관해 많은 정보를 가지고 있을지 모르지만 현실의 본질에 대해 우리가 갖고 있는 전제는 거의 인식하지 못한다. 우리의 무의식적 세계관이 인식의 수준에 도달하지 않았고, 또한 우리의 세계관과 비교하거나 대조할 다른 세계관이 없기 때문이다. 그러므로 타문화에 살면서 발생하는 오해를 풀기 위해서는 우리 자신을 깊고 철저하게 이해하는 것이 중요하다. 자기 이해는 인류학을 연구하는 중요한 이유 중 하나이다. 타문화 사람들이 살고 생각하는 방식에 대해 배우는 것은 분명히 흥미롭지만 무엇보다 중요한 인류학의 장점은 우리의 문화가 우리를 어떻게 형성했는지 이해하는 것이다. 인류학자들은 단일 문화만 아는 사람은 사실상 문화를 알지 못한다고 말한다. 우리는 우리와 다른 문화 속에서 살아가며 그곳 사람들과 신뢰와 이해의 관계를 구축할 때 비로소 문화적 거울을 통해 우리 자신을 바라보게 되고, 우리 안에 깊이 내재된 가치관과 세계관, 신념을 발견할 수 있다.

미국인들 가운데 공통으로 존재하는 독립심과 자립정신이라는 문화적 짐이 그들의 신학 그리고 하나님과의 관계에 대한 그들의 이해에 영향을 미칠 수 있을까? 나는 그렇다고 생각한다. 목사이자 내 학생이던 랄프 새터Ralph Satter는 왜 미국 신자들이 하나님의 은혜를 이해하고 그 은혜를 일상에서 받아들이는 데 어려움을 겪는지 의문을 가졌다. 그리고 박사학위 논문을 통해 개인주의, 행동주의, 자립정신이라는 세 가지 지배적 가치가 하나님의 은혜를 값없는 선물로 이해하는 데 방해가 된다는 결론을 내렸다.(Satter 1991) 하나님의 은혜는 우리가 노력해서 얻어낼 수 있는 것이 아니다. 실제로 새터가 목회하는 교회의 신자들은 미국의 지배적인 세계관으로 말미암아 하나님의 값없는 선물인 은혜를 온전히 받아들이고 이해하는 데 어려움을 겪고 있었다.

'삶의 방식'이라는
문화적 짐

새로운 문화에서도 본국의 생활 방식을 그대로 유지하려고 할 때마다 우리는 엄청난 문화적 짐을 가져오게 된다. 1992년 홍콩에서 재키 풀링거Jackie Pullinger와 했던 인터뷰가 기억난다. 그녀는 1966년 열아홉 살의 어린 나이에 홍콩의 악명 높은 구룡성채(세계에서 인구밀도가 가장 높은 지역 중 하나로 위생과 안전 문제가 심각하던 곳이다. 마약, 매춘, 도박, 조직범죄 등이 성행한 곳으로 악명 높았다.—옮긴이 주)에서 마약중독자를 위한 사역을 시작했는데 이 이야기(그녀의 이야기는 Pullinger 2007에 실려 있다.)는 전설과도 같이 전해진다. 재키는 성스데반선교회를 설립했고, 세계 각국의 자원봉사자들이 그녀의 사역을 도우러 왔다. 그녀는 인터뷰에서, 미국인인 내가 듣기에는 거북할 수 있겠지만 자신이 경험한 바에 따르면 홍콩에서의 생활과 성스데반선교회 사역을 가장 힘들어하는 사람은 미국인이라고 말했다. 반면 가장 잘 적응하는 사람은 공동체 생활에 익숙한 영국의 기숙학교 출신이었다. 그들은 자신의 문화적 짐을 덜 가져온 것 같았다.

그러나 이런 어려움을 겪는 사람은 미국인뿐만이 아니다. 예를 들어 음식은 누구에게나 중요한 삶의 요소인데, 만일 우리가 '본국'에서 먹던 음식을 타문화에서 구할 수 없는 경우 이는 문화적 짐이 되어 우리가 현지 문화에 적응하고 복음으로 문화적 경계를 효과적으로 건너는 데 방해가 될 수 있다. 일례로 한국인 선교사들은 매일 김치를 먹지 않고 어떻게 살아남을 수 있을지 고민할 수 있다. 나는 애즈베리신학교에서 첫 학기를 보내는 외국인 유학생들이 기숙사에서 직접 요리하는 모습을 기억한다. 그들은 학교 식당에서 나오는 미국 음식을 먹기 어려워했고, 억지로라도 먹으면 배탈이 난다고 내게 말하곤 했다. 아마도 배탈이 나는 이유는, 생리적 혹은 조리의 문제가 아니라 문화적 측면에서 기인했을 것이다. 결국 그들은 신학교 생활이라는 미국 문화에 점점 더 적응하면서 학교 식당의 음식을 견딜 수 있게 되었다.

'재산'이라는 문화적 짐

대다수의 비서구 문화권 사람들은 토지나 제품 같은 소유물에 대해 보다 집단주의적 접근 방식을 취한다. 데이비드 마란즈 David Maranz는 그의 책 *African Friends and Money Matters*(아프리카 친구들과 돈 문제)에서 서양인이 아프리카인과의 관계에서 재산과 돈의 사용에 대해 오해를 일으키는 많은 문화적 요소를 다음과 같이 지적한다. "많은 [아프리카] 사람들은 어떤 물건이 거의 혹은 아예 사용되지 않는다면 그것을 '여분' surplus이라고 생각하는 경향이 있다. 만약 그 물건을 갖지 못한 사람이 있다면, 그것을 가진 사람이 없는 사람에게 일부라도 주어야 한다고 생각한다. 이것은 개인 물건이나 돈, 건물, 토지, 장비 등에 적용될 수 있다."(80)

이어서 마란즈는 아프리카 친구의 말을 인용한다. "실제로 사용하고 있지 않은 모든 것은 '사용 가능한' available 것으로 간주된다. 친척이든 친구이든 그가 어떤 물건을 필요로 한다면 그에게 그 물건에 대한 소유권이 있다고 생각하는 것이다. 따라서 서구적 사고의 영향을 크게 받지 않고 아

프리카의 이상을 따르는, '이중 문화적'이지 않은 진정한 아프리카인은 이 관습을 따른다."(81)

이러한 아프리카 문화에서 사적 소유물을 기꺼이 공유하지 않는 미국인은 극도로 인색한 사람으로 인식된다. 선교학자 제이 문은 자신과 가족이 살던 가나의 브을서족 마을 이야기를 들려주었다. 그곳 사람들은 누군가에게 사적 소유물이 있다는 사실을 함께 기뻐했지만 어디까지나 그 소유물이 공적으로 사용될 수 있는 한에서였다. 예를 들어 어떤 사람이 무선 라디오를 구매했다면 그것을 크게 틀어 온 마을 사람이 함께 즐길 수 있어야 좋은 일인 셈이다.[1]

세 살 된 아들과 함께 파푸아뉴기니에서 살 때 우리 부부는 사적 소유에 관한 문제에 직면했다. 어느 날 우리는 아들 제프리의 매치박스 장난감 자동차 Matchbox car(성냥갑 크기의 작은 장난감 자동차—옮긴이 주)로 인해 멜라네시아인 이웃들과 약간의 갈등을 겪었다. 제프리는 장난감 자동차를 가지고 동네 아이들과 놀려고 나갔다가 얼마 지나지 않아 울면서 집으로 돌아왔다. 자동차 바퀴와 문이 다 뜯겨나가 원래의 모습이 거의 남아 있지 않았다.

우리는 아마도 아이들에게 자기 장난감이 없는 것이 문제의 원인이라고 결론을 내렸다. 그래서 전형적인 미국인처럼 사적 소유에 가치를 부여하는 사고방식의 영향을 받아, 동네 아이들에게 장난감 자동차를 하나씩 주기로 했다. 우리는 아이들이 각자 자기 자동차를 갖게 되었으므로 그것을 더 잘 관리할 것이라고 생각했다. 제프리는 품에 한가득 자동차들을 안고 친구들에게 나눠주려 다시 밖으로 나갔다. 그러나 그 '해결책'은 효과가

---

1 그는 2022년 10월 28일에 내게 이렇게 말했다.

없었다. 얼마 되지 않아 장난감 자동차가 다시 망가져버린 것이다.

나는 이 딜레마에 관해 세 살 먹은 아들과 매우 성숙한 대화를 나눴다. 나는 아들에게 물었다. "우리가 이 마을에서 사는 데 가장 중요한 것은 무엇이라고 생각하니? 이웃과 사이좋게 친구로 지내는 것이니, 아니면 장난감 자동차를 망가뜨리지 않는 일이니?" 제프리는 잠시 생각한 후에 순수하고도 지혜롭게 대답했다. "음, 나는 장난감 자동차를 좋아하지만 친구들과도 사이좋게 지내고 싶어요. 장난감보다 친구가 더 소중하다고 생각해요." 그것으로 문제가 해결되었고 장난감 자동차는 더 이상 문제가 되지 않았다.

제프리는 그날 중요한 교훈을 얻었고, 나는 내 마음에 견고하게 자리 잡은 미국인의 세계관—사적 소유의 중요성—을 직면하게 되었다. 문제는, 사유 소유가 우리를 쉽게 사로잡을 수 있고 우리가 그 소유로 인해 스스로 감옥에 갇힐 수 있다는 점이다. 오해하지 않기를 바란다. 사적 소유는 그것을 다른 사람들과 기꺼이 나누는 한, 좋은 것이다.

우리 모두에게는 버리지 못하는 물건들이 있다. 많은 미국인 선교사는 타문화로 떠날 때 되도록 많은 물건을 가져가고 싶어 한다. 본국의 주방용품이나 가전제품 등을 많이 가져갈수록 현지 생활이 편해지고 사역의 효율성도 높일 수 있다고 생각한다. 그러나 우리가 조심하지 않으면, 이런 물건들이 우상이 되고 우리는 그것 없이 살 수 없다고 생각할 수 있다.

파푸아뉴기니로 이사할 준비를 하면서 나는 이런 문제에 직면해야 했다. 미국에서 공부할 때 나는 벽지 대신 책으로 벽을 가득 채울 만큼 책을 '숭배'하는 경향이 있었다. 당시 나는 3,000권의 책과 학술지를 소장하고 있었고, 그 모든 것이 사역에 꼭 필요하다고 '믿었다.' 전자레인지를 꼭 가져가려는 선교사를 쉽게 놀렸지만 책은 포기할 수 없었다. 사역하는 데 책이 꼭 필요하다고 생각했기 때문이다. 결국 나는 다른 사람들을 위해 책을 많이 남겨두긴 했지만 여전히 필요할 것이라고 확신하는 수백 권의 책은 가져갔다.

선교사들은 자신이 소유한 많은 물건을 기꺼이 포기할 수 있다고 말한다. 하지만 그들의 자녀들이 좋아하는 장난감이나 책, 게임 등을 포기하라고 요구하는 것은 옳은 일인가? 선교사 가족들에게는 다음과 같이 질문을 바꿔 개별적으로 물어야 한다. "여러분의 물건은 여러분이 현지인과 자신을 동일시하며 그들과 관계를 맺어가는 데 도움이 될까요, 아니면 걸림돌이 될까요?" 성육신적 동일시는 선교사 당사자만의 일이 아니다. 온 가족이 타문화에서 살아가는 방식이다. 그리고 그렇게 살아갈 때 우리는 현지인과 관계를 맺음으로써 얻게 되는 유익이, 우리가 포기한 것보다 훨씬 많다는 것을 곧 깨닫게 된다. 여기서 우리의 목표는, 현지인과 관계를 맺는 데 방해가 되지 않도록 우리의 물건을 잘 관리하는 것이며, 선교지에서 우리 삶의 방식을 고수하기보다 현지인과 좋은 관계를 맺는 데 우리의 소유물을 사용하는 것이다.

'절대적 진리'라는
문화적 짐

절대적 진리에 대한 우리의 견해는 타문화권 사람들을 이해하고 그들과 관계를 맺는 데 방해가 될 수 있다. 많은 미국인에게 '타협'이라는 단어는 긍정적이기보다 부정적인 의미를 지닌다. 그들에게 타협은 진리를 지키지 못하는 약함의 표현일 수 있다. 게다가 우리가 우리 자신의 개인적 관점을 '기독교적'이라고 여긴다면, 우리와 다른 관점의 사람들을 향한 태도와 행동을 쉽게 정당화할 수 있고 다른 관점을 이해하지 못한 채 판단해버릴 수 있다.

인류학자 콘래드 아렌스버그 Conrad Arensberg와 아서 니호프 Arthur Niehof는 매우 유익한 책 Introducing Social Change: A Manual for Americans Overseas(사회 변화 입문: 해외 미국인을 위한 지침)[2]에서 "미국의 문화적 가치"라는 장을 통해 미국인이 사회문화적 변화를 시도할 때 극복해야 할 문화적 짐을 보여준다. 이 책은 주로 지역 개발 실무자를 위한 것이지만 변화의 대행자인 타문화권 증인에게도 매우 유용하다. 저자들은 '문화적 짐'이라는 용어를 사용하지 않지만 다음과 같이 말한다.

"미국인이 타문화 상황에 적용하는 사고방식 중 가장 위험한 경향은 원칙에 근거해 이분법적 판단을 내리는 것이다. 인도-유럽 언어 집단의 구조는 이런 종류의 범주화를 촉진하는 것 같다. [그러므로] 미국과 서구 사회의 원칙에는 도덕적-비도덕적, 합법적-불법적, 옳고-그름, 성공-실패, 깨끗한 것-더러운 것, 현대적-유행에 뒤떨어진, 문명화된-원시적, 개발-저개발, 실용적-비실용적, 내향적-외향적, 세속적-종교적, 기독교적-이교적이라는 이분법적 판단이 통용된다."(159-60)

원칙에 입각한 이분법적 사고는 미국인을 배타적인 태도로 몰아가는 것 같다. 한 입장을 수용하면 다른 입장은 거부하는 식이다.[3] 또한 이러한 이분법적 사고방식은 가치의 양극화를 초래한다. 이 장을 쓰고 있는 지금도 미국의 정치 영역에서는 이런 현상이 벌어지고 있다. 아렌스버그와 니호프는 우리가 왜 이러한 문화적 짐을 타문화 상황으로 가져가는지 이해

---

2 이 책은 1964년 초간본 출간 이후 여러 차례 재인쇄되었으며 2017년에 제2판이 간행되었다.
3 사회 과학자이자 문화 정보 전문가인 데이비드 리버모어(David Livermore)는 그의 저서 Digital, Diverse & Divided에서 다양한 세계를 만나고 관여하며 우리를 분열시키는 문화적 장벽을 돌파하는 방법에 대해 매우 실용적인 지침을 제시한다.(Livermore 2022)

하는 데 도움을 준다.

"미국인을 비롯한 평균적인 서구인은 수치나 불명예, 조롱, 부적절함에 대한 두려움이 아니라 옳고 그름의 원칙에 따라 개인 생활 및 공동체의 법과 질서를 유지한다. [그들은] 보편적이고 비인격적인 용어로 [자신의] 행동을 범주화해야 한다고 느낀다. 다른 고려 사항과 무관하게 '법은 법'이고 '옳은 것은 언제나 옳다.'"(1964, 161)

이러한 이분법적 사고를 가진 미국인은 두 가지 모순된 생각을 아무런 어려움 없이 동시에 품고 있는 타문화 사람을 만날 때 많은 좌절과 정신적 고통을 느낄 수 있다. 예를 들어 불교와 힌두교에는 공식적인 주요 신학에서 파생된 신앙과 함께 수많은 지역의 민간신앙이 동시에 존재한다. 즉 불교, 힌두교, 이슬람 종교 문화에 속한 사람들은 공식 종교 외에도 다양한 민간신앙을 실천하기 때문에 '순수한' 형태의 불교, 힌두교, 이슬람의 사례를 찾기 어렵다.

기독교도 이러한 현상에서 예외가 아니다. 예를 들어 제이미 불라타오 신부는 필리핀의 '분열된 기독교'split-level Christianity 현상을 언급한다. 이는 한 사람 안에 일관되지 않은 두 가지 이상의 사고 및 행동 체계가 공존하는 현상을 말한다.(1966) 분열된 기독교는 필리핀인이 개인 구원이나 궁극적인 운명 같은 이슈에 답하기 위해 기독교를 선택하지만 자녀가 아프거나 아내가 유산한 이유, 가뭄이 들어 농작물이 말라죽는 이유 등 일상적인 문제에 대해서는 기독교를 답으로 여기지 않고 있음을 보여준다. 이는 필리핀인이 위기 상황에서 왜 주술이나 전통적인 관습에 의지하는지를 설명해준다. 그들이 나쁜 그리스도인이라서가 아니라 적어도 공식적인 기독교에서 일상 문제에 대한 답을 찾지 못하기 때문에 그런 것이다. 그리고 이는 결과적으로 영적 이슈와 세속적 이슈를 분리하는 '분열된 기독교'

그림 13-1 분열된 기독교

분열된 기독교
━━━━━━━━━━━━━━
궁극적인 운명 등의 영적 이슈

의 신앙 형태로 나타난다. (그림 13-1)

필리핀 형제자매들을 향해 나쁜 그리스도인이라고 손가락질하기 전에 우리도 그처럼 분열된 기독교의 신앙 형태를 갖고 있는 건 아닌지 살펴봐야 한다. 미국인은 마술이나 주술을 비웃곤 하지만 그 대신 과학과 의학을 의지해 일상의 관심사를 다룬다.

한번은 일본을 여행하다가 어느 침례교 선교사의 안내로 신사神社에 가서 흥미로운 광경을 목격한 적이 있다. 그 신사 안에는 작은 목판에 소원을 적어놓고 사제의 기도를 받는 곳이 있었다. 소원은 일본어와 영어로 적혀 있었다. 나는 선교사에게 물었다. "여기에 적힌 소원들을 목록으로 작성해서 이 사람들에게 복을 내려달라고 하나님께 기도하면 어떨까요? 이들은 분명히 절실한 필요를 갖고 있고, 자신이 아는 최선의 방법으로 초자연적인 도움을 구하고 있으니까요." 그가 내 제안을 진지하게 받아들였는지 모르지만 그렇게 했기를 바란다. 국가고시에서 좋은 성적을 거두기를 바라는 이들의 절실한 필요에 부응하는 더 좋은 방법이 또 어디에 있겠는가?

앞서 언급했듯이 미국인에게 '타협'이라는 단어는 자신의 권리를 포기하고 강한 신념을 갖지 않는 것으로 해석될 수 있기에 부정적으로 인식되는 경향이 있다. 하지만 많은 아시아인에게 타협은 긍정적인 개념으로 인식된다. 사람과 사람, 인간과 자연 그리고 인간과 초자연적 세계 사이의 균형과 조화를 이루기 위해 타협하는 것이 바로 삶이라고 생각하기 때문이다.

실로 진리는 존재하며 모든 진리는 하나님의 진리이지만 우리는 우리의 언어와 문화를 통해 진리를 이해하고 표현한다. 이를 인식하지 못하면 우리는 진리에 대한 우리의 이해를 전하고 있으면서도 하나님의 진리를 전한다고 착각하게 된다. 실제로 이 진리는 절대적인 것이 아니라 문화적으로 정의되고 이해되는 진리이다.

1장에 나오는 "이 책의 구조"에서 언급했듯이 때때로 우리의 기독교 신앙은 성서적 가치만큼이나 우리의 문화적 신념과 가치에 의해 형성되고 영향을 받는다. 예를 들어 "하나님 앞에서 모든 사람은 그리스도와 연합된 한 지체로서 평등하다."(갈 3:28)라는 성서의 가르침에도 불구하고, 인도의 그리스도인은 카스트 계급에 따른 차별을 여전히 고수한다.

또 다른 예는 미국에서 시작되었지만 지금은 전 세계로 확산된 '건강과 부의 복음'health and wealth gospel이다. 이 '복음'은 개인주의와 번영이라는 미국의 두 가지 지배적인 가치를 하나님 축복의 증거로 활용한다. 성서는 "자기 십자가를 지고 나를 따르라"(마 16:24)라는 예수의 명령을 통해 고난의 가치를 강조하지만 이는 부와 명예를 추구하라고 부추기는 미국의 지배적인 문화에 의해 상실되거나 질식되어버린다.

13장 요약

이 장에서 우리는 타문화에 들어가는 사람은 누구나 자신의 문화적 짐을 지니고 간다는 점을 살펴봤다. 1971년 르완다에 살 때 나는 아프리카인들이 내게 '스스로 돌볼 줄 아는 사람'을 뜻하는 '브와나 이치퉁구'를 별명으로 지어줬다는 사실을 알기 전까지 독립심과 자립정신이라는 내 문화적 짐을 인식하지 못했다. 문화적 짐은 케냐에서 사역하는 인도 북동부 출신의 선교사, 파푸아뉴기니에 사는 독일 선교사, 윈난성 리수족 가운데 사는 한족 또는 인도네시아에 사는 미국인 선교사가 짊어질 수 있다. 타문화권 증인은 자문화 안에서 적절하던 신념과 태도, 삶의 방식이 타문화에서는 아무런 도움이 되지 않고 도리어 문화적 짐으로 작용한다는 사실을 발견하게 된다. 따라서 우리는 복음으로 문화를 건너갈 때 우리가 어떠한 문화적 짐을 짊어지고 다니는지 반드시 인식해야 한다.

이 책은 전 세계 곳곳의 선교지에서 섬기는 사람들을 위해 집필한 것이다. 나는 특히 미국 독자들을 위해 미국인의 가치와 문화적 형태에 관한 추가 자료를 제공한다. 이 자료들은 신학 교육과 훈련 과정에서 미국 동료나 교회를 통해 무의식적으로 영향을 받은 비서구 타문화권 증인에게도 큰 유익이 될 것이다.

* 미국인의 가치와 문화적 형태에 관한 추가 자료

Althen, Gary. 2022. *American Ways: A Guide for Foreigners in America*. Boston: Intercultural Press.
Hiebert, Paul G. 1985. "Cultural Assumptions of Western Missionaries." In *Anthropological Insights for Missionaries*, 111–37. Grand Rapids: Baker.
Nussbaum, Stan. 2005. *American Cultural Baggage: How to Recognize and Deal with It*. Maryknoll, NY: Orbis Books.
Stewart, Edward C. 1972. *American Cultural Patterns: A Cross-Cultural Perspective*. Boston: Intercultural Press.

14장   문화적 경계를 효과적으로 건너기 위한 전략

빨리 가고 싶으면 혼자 가고, 멀리 가고 싶으면 함께 가라.

- 가나 속담

지금까지 배운 모든 것을 바탕으로 나는 문화적 경계를 건너는 데 가장 중요한 실천적 조언을 제시하고자 한다. 지난 45년의 타문화권 사역에서 얻은 중요한 지혜를 하나 나누겠다.

    시애틀에 있던 우리 부부는 모든 재정을 끌어모아 솔로몬제도로 향했다. 그리고 그곳에서 현지 성공회 선교의 사회문화적 영향을 연구하는 현장 조사를 1년간 수행했다. 멜라네시아 성공회선교회는 우리를 환영했고, 산타이사벨의 더들리 투티Dudley Tuti 주교는 우리가 누라하게 마을에 살도록 배려해주었다. 제2차 세계대전 당시 미국과 일본 간에 치열한 전투가 벌어졌던 과달카날섬의 수도 호니아라에서 우리는 모기장, 가스버너, 고무 매트리스를 샀고 마을 사람들이 대나무와 사고야자잎으로 지어준 집에 그것들을 놓았다. 또한 마을에 쥐가 많다는 말을 듣고 호니아라에서 새끼 고양이 한 마리를 데려왔다. 말라리아를 옮기는 모기를 퇴치하기 위해 집에 디디티(DDT) 살충제를 뿌렸다가 모기뿐 아니라 고양이도 전부 죽어버린 터였다.

우리는 과달카날에서 산타이사벨까지 12시간 동안 배를 타고 이동하며, 평화 봉사단원들에게서 배운 멜라네시아 공용어 몇 가지를 연습했다. 현지 언어와 관습을 모르고, 덥고 습한 열대기후에서 생존하는 법도 모르기 때문에 전적으로 현지인의 선의에 의존해야 했다. 마을에 도착한 날, 나는 정말로 그곳 사람들을 대상으로 민족지학 연구를 수행할 수 있을지 불안해졌다. 마을 사람의 안내를 받아 외곽으로 가서 골짜기에 있는 학교를 내려다보던 기억이 난다.

로리와 나는 그곳 생활이 어떻게 전개될지 불안한 마음으로 걱정하며 서 있었는데 그때 갑자기 정글에서 크고 밝은 앵무새 두 마리가 우리의 머리 위로 날아오다가 사라졌다. 그 순간 나는 하나님이 환대와 위로의 표징으로 그 앵무새들을 보내셨다고 여겼다. 그리고 로리에게 "우리는 괜찮을 거야."라고 말했다. 그곳에서 우리는 생존에 필요한 것을 배우며 성공회가 그곳에 미친 영향을 발견하게 될 것이다.

몇 주 만에 우리는 편안한 마음으로 밖에 나가서 체케 홀로$^{\text{Cheke Holo}}$라는 현지 언어를 점점 더 많이 배우기 시작했다. 우리는 마을 사람들에게 입양된 기분이었다. 우리가 도착한 후 누라하게에서 여자 아기가 태어났는데 그들은 그 아기의 이름을 로리로, 그다음에 태어난 남자 아기를 대럴이라고 이름 붙였다.

우리가 순조롭게 현지에 적응하고 이렇게 편안함을 느낀 이유는 무엇일까? 우리는 의식하지 못한 사이에 현지인들과 유대감을 형성했던 것이다. 당시는 톰과 베티 브루스터$^{\text{Tom and Betty Brewster}}$가 타문화에서 관계를 형성하기 위한 단기 전략으로서 '유대감'이라는 개념을 제시하기 전이었다.

전 세계를 돌아다니며 이 책을 쓰고 그 내용을 살아내는 것은 일생의 모험이었다. 문화인류학과 선교학의 영향을 크게 받은 타문화권 증인으로서 나는 전 세계에서 이뤄지는 하나님의 선교에 동참하며 그 속에서 큰 기쁨(때로는 고통)을 경험해왔다. 이 책에 담긴 개념과 성서적 통찰, 개인의 이야기 등은 전 세계 수천 명의 사람들과 함께 나눈 것이다. 독자들이 이 책을 읽으며 자신의 타문화권 사역을 돌아보고 도전과 격려, 희망을 얻게 되리라 기대한다.

다양한 문화적 경계를 건너는 현실에 직면하면 우리는 압도당하는 기분을 느낄 수 있다. 회복탄력성[1]과 하나님의 부르심에 대한 확신이 없다면 사역을 포기하고 다른 직업을 찾게 될 것이다. 이 책의 마지막 장은 타문화권 사역자가 단순히 생존하는 데 머물지 않고 번영할 수 있는 두 가지 전략을 제시한다.[2] 첫 번째는 선교 현지에 도착하자마자 시작되는 단기 전략으로, 현지 문화 및 현지인과 유대감을 형성하는 과정이다. 두 번째는 평생 지속될 수도 있는 장기 전략으로, 이중 문화인이 되는 과정이다.

나는 홍콩에서 사역하는 남침례교 선교사 조지 윌슨(George Wilso)을 인터뷰한 적이 있다. 그는 한 주 후에 광둥어로 연설할 예정이라서 언어 교사에게 원고를 검토받았다고 말했다. 나는 깜짝 놀라며 물었다. "홍콩에서 25년을 살면서 누구보다 중국어를 잘 구사하는데도 교정이 필요한가요?" 그는 웃으며 대답했다. "광둥어와 중국 문화를 배우는 것은 평생에 걸쳐 노력할 일이에요. 아직도 배울 게 많습니다." 조지 윌슨은 진정으로 이중 문화인이 되어 있었다. 또한 인터뷰에서 그는 미국에서 홍콩으로 오는 젊

---

1 타문화권 증인의 회복탄력성(resilience)에 관한 연구는 Whiteman·Edwards·Savelle·Whiteman 2020, 65-75; Whiteman·Whiteman 2022, 27-29; K. Whiteman 2023a, 2023b를 참조하라.
2 카리사 앨머(Carissa Alma)의 저서 *Thriving in Cross-Cultural Ministry*(2011)를 읽어보라. 인도인들과 유대 관계를 맺고 인도에서 이중 문화인이 된 그녀의 이야기를 읽어보라.

은 선교사들에게 가장 중요한 자질은 겸손이라고도 말했다. 겸손하지 않으면 배우는 자가 되지 못하기 때문이다. 아마도 겸손은 이중 문화인이 되는 핵심 요소 중 하나일 것이다.

소속감의 방식으로서의 유대감

고故 토머스 브루스터E. Thomas Brewster와 그의 아내 엘리자베스Elizabeth Brewster는 유대감(결속)의 개념에 관한 글을 남겼는데3 내가 보기에 이는 선교지와의 동일시라는 주제와 관련하여 지난 30-50년 동안 가장 중요한 선교학적 돌파 중 하나이다. 이 유대감 개념은 1982년 브루스터 부부가 제안한 이래로 선교운동에 매우 긍정적인 영향을 미쳤지만 항상 명확하게 이해되거나 올바르게 실천된 것은 아니었다. 나는 현지인과 유대감을 형성하는 것이 불가능하다고 생각하는 많은 선교사를 만났다. 그들 중에는 설령 가능하더라도 선교사가 시도할 일은 아니라고 주장하는 사람도 있었다.

오랜 시간 동안 복음으로 문화를 건너가려고 준비하는 수천 명의 선교사를 훈련하는 과정에서 나는 그들 대부분이 유대감 형성 과정에 관해 배우기를 열망하지만 실제로 가족과 함께 유대감을 형성하는 것을 두려워한다는 사실을 발견했다. 어떤 사람은 선교 현장에서 이미 사역하고 있던 동료 선교사의 만류로 시도조차 못하는 경우도 있었다. 그럼에도 불구하

---

3 그들이 저술한 소책자 *Bonding and the Missionary Task: Establishing a Sense of Belonging*(1982a)은 2009년에 "유대감이 만들어내는 차이"(The Difference Bonding Makes)라는 제목의 요약된 장으로 재인쇄되었다.(이 글은 『세계선교원론 3부-타문화적 고려』 12장-1항 "결속"에 실렸으며 GMF Press에서 2004년에 번역 출간했다. — 옮긴이 주)

고 아내와 나는 사역 현장에서 유대감의 힘을 확실히 경험했다. 우리는 솔로몬제도에서 그랬듯이 현지인과 유대감을 형성할 때도 있었고 슬프게도 그렇지 못할 때도 있었다. 두 사역 현장의 차이는 낮과 밤의 차이처럼 컸다. 현지인과 유대감을 형성한 경우에는 우리 삶과 사역이 더 만족스럽고 효과적이었으나 유대감을 형성하지 못한 경우에는 그 반대였고 현지인들로부터 단절되고 소외된 느낌을 받았다.

다음 글에서 나는 브루스터 부부가 제시한 유대감 형성의 과정을 설명하고, 유대감에 대한 일부의 반대 의견과 의구심을 다룰 것이다.

유대감 형성 과정

선교 사역에 적용되는 유대감 개념은 신생아의 상황을 통해 설명될 수 있다. 아기는 부모와 유대감을 형성할 수 있도록 심리적으로나 생리적으로 준비된 상태이다. 브루스터 부부에 따르면 "출생은 본질적으로 새로운 문화, 즉 새로운 시각, 새로운 소리, 새로운 냄새, 새로운 위치, 새로운 환경, 새로운 존재 방식으로 들어가는 문이다. 출생이라는 특별한 시기에 아기는 특정 상황과 새로운 자극에 반응할 수 있는 특별한 능력을 갖추고 있다."(2009, 465)

한두 세대 전만 해도 그리고 일부 지역에서는 오늘날에도 병원 출산이 두 가지 이유로 유대감 형성을 방해한다. 첫째, 산모에게 투여되는 진통제나 마취제로 인해 산모와 아기 모두 멍한 상태에 빠지곤 한다. 둘째, 출산 후 아기는 대개 가족에게서 격리되어 즉시 신생아실로 보내진다.

정상적인 유대 관계가 형성되지 않으면 어떤 일이 일어나는가? 거부감이 생길 수 있다. 실제로 연구 결과에 따르면 미숙아로 태어나 즉시 인큐베이터로 옮겨져서 부모와 유대 관계를 맺을 기회가 거의 없던 아기의 경우 아동학대가 훨씬 더 많이 발생한다.[4] 약물을 사용하지 않는 자연분만, 남편과 함께 분만실에 들어가는 출산 방식은 이러한 유대감 형성 과정의 결함을 개선하는 데 도움이 되었다.

그렇다면 이것이 선교 사역과 무슨 관련이 있는가? 효과적인 타문화권 사역을 위해서는 사람들과 친밀한 관계를 구축하는 것이 필수인데, 유대감은 초기부터 이러한 관계를 촉진하는 역할을 한다.

새로운 문화에 대한 신생아의 적응과 새로운 타문화에 대한 성인의 적응 사이에는 중요한 유사점이 있다. 타문화권 증인이 새로운 문화에 들어갈 때 그들의 심리적 에너지와 영적 준비 상태는 대개 가장 높은 수준이다. 갓 태어난 신생아처럼 그들은 누군가와 유대감을 형성할 준비가 되어 있다.

현지인과 유대감을 형성할 것인가, 아니면 자기와 비슷한 사람들하고만 어울리며 그들과 함께 안전한 선교 기지에 머물 것인가? 브루스터 부부는 타이밍이 중요하다고 말한다.(2009, 466) 타문화권 증인이 유대감을 형성할 준비가 되어 있는 상태는 단기간만 지속된다. "선교사가 현지인들 가운데 소속감을 확립하려면 첫 몇 주를 어떻게 보내는지가 매우 중요할 수 있다. 신생아실의 아기가 부모가 아닌 간호사와 유대감을 형성하는 것은 드문 일이 아니다. 새로운 선교사도 현지인이 아닌, 현지에 있는 외국인과 유대감을 형성해버릴 수 있다."(466)

아기의 경우 최대한의 유대감을 형성할 기회는 출생 직후 2-3시간 이내이다. 선교사도 새로운 나라에서 보내는 첫 2-3주 동안 그러한 기회를

---

4 브루스터 부부는 유대감의 결여와 아동학대 문제에 관한 논의에서 클라우스(Klaus)와 켄넬(Kennell)의 1976년 연구에 의존하고 있다.(2-10) *Bonding and Birth*, n.d도 참조하라.

얻게 된다. 만일 신임 선교사가 현지인과 유대감을 형성하지 못하면 무슨 일이 일어나는가? 유대감이 없으면 새로운 문화적 상황에서 안정감과 소속감, 편안함을 느끼기가 어려울 것이다. 또한 실제로 외부에서 들어온 이방인이기에 그렇게 느낀다. 결과적으로 그는 현지인과 의미 있는 관계를 점점 추구하지 않게 되고 효과적인 사역도 기대할 수 없게 된다. 더욱이 선교사와 현지인 사이에 유대감이 형성되지 않으면 이는 현지인에 대한 거부 심지어 학대로도 이어질 수 있다. 브루스터는 즉시 뛰어들어야 한다고 말한다. "점진적인 방식으로 타문화에 들어가기 원하는 사람은 더 큰 장애물에 직면하게 되고 실제로 현지인들과 어우러지는 경험을 못할 수도 있다. 바로 뛰어들어 내부자의 관점에서 삶을 경험하는 것이 더 낫다."(2009, 466-67)

나는 많은 선교사 후보생에게 타이밍의 중요성과 유대감 형성에 관해 가르쳐왔다. 한번은 강의를 듣던 어느 여자 후보생이 눈에 띄게 동요하며 걱정하는 표정으로 손을 들고 물었다. "현지에 도착해 짐 정리를 하고 커튼을 달고 루틴을 좀 정한 후에 유대감을 형성해도 될까요? 그러면 더 준비된 마음으로 아프리카인들과 시간을 보낼 수 있을 것 같습니다." 이에 나는 이렇게 답했다. "제가 걱정하는 것은, 집 정리하고 가정생활이 안정될 때까지 기다리면 현지인과 유대감을 형성하기에 너무 늦어질 수 있다는 점입니다." 그 말을 들은 그녀는 난처한 표정으로 눈시울을 붉히며 강의실을 나갔다. 나는 의미 있는 삶의 방식을 격려하기 위해 그렇게 말한 것인데, 오히려 그녀에게 당혹감과 두려움을 준 것 같아 마음이 아팠다. 나는 그녀의 상황을 계속 지켜봤고, 안타깝게도 내가 예상한 대로 그녀의 가족은 몇 년 후에 미국으로 돌아갔다.

나는 신임 선교사가 현지로 들어갈 때 동료 선교사가 아닌 현지인에게 공항에 마중을 나오도록 조율할 것을 권한다. 그리고 도착하자마자 현지인 가족과 함께 생활할 것을 추천한다. 처음 며칠 동안은 동료나 외국인 선교사의 도움을 받지 않는 편이 좋다. 처음부터 현지 사회에 의존하는 것이 중요하기 때문이다. 이상적인 현지인 가족은 신임 선교사가 그곳에 온 이유를 이해하고 그의 기독교적 헌신과 사역을 지지해주는 가족이다. 또한 신임 선교사의 유대감 형성에 자신들이 어떠한 역할을 하는지 이해하는 가족이다. 만일 신임 선교사의 모국어가 영어이고 현지인 가족이 영어를 제2외국어로 사용한다면 가능한 한 영어를 사용하지 않는 편이 좋다. 처음부터 현지인의 억양을 듣는 것이 중요하기 때문이다. 언어는 사회적 상황에서 학습되는 것이며 특히 유대감 형성은 언어 학습에 크게 기여한다.[5]

자녀가 있는 선교사 가족이 현지인 가족과 함께 지내는 경우는 어떠한가? 협소한 공간에서 지내야 하는 어려움이 발생할 수 있고 또한 현지인 가족의 한정된 생활비에 큰 부담을 줄 수 있다. 나는 현지인 가족에게 비용을 미리 제공하여 음식과 필수품을 사게 하는 방안을 제안한다.

현지인 가족과 얼마나 오래 머물러야 하는가? 내 경험상 3-4주 머물 수 있으면 이상적이고 "길수록 좋다." 아마도 언어에 대한 이해도를 높이고, 새로운 일상에 적응하고, 개괄적으로나마 현지 문화를 이해하고, 무엇보다 현지인 가족과 지속적인 우정을 쌓는 데 충분한 시간이 될 것이다.

유대감은 항상 잘 형성되는가? 나는 35년 넘게 선교사들에게 유대감을 확보하라고 권장해왔으며 실제로 그렇게 하면 대부분 긍정적인 결과를 얻었다.

---

[5] Brewster·Brewster 1982b를 참조하고, 매우 효과적이고 실용적인 언어학습 가이드인 *LAMP: Language Acquisition Made Practical*(1984)을 참조하라.

만일 초기에 유대감을 형성하지 못하면 어떻게 될까? 나중에라도 다시 시도할 수 있는가? 브루스터 부부는 "일정 기간 해외에 살면서 소속감을 키우지 않고 언어도 잘 배우지 않는 선교사가 자신의 방향성을 바꿀 수 있겠는가?"라고 묻는다.(1982a, 14) 가능은 하겠지만 그런 일이 자주 일어나지 않으며 쉽지도 않을 것이다. 물론 의도적으로 노력한다면 가능한 일이다. 그들은 다음과 같이 권장한다. "현지인들과 관계를 맺는 것이 가능하며 바람직하다는 사실을 인정하라. 그리고 관계 형성에 대한 결단을 내리고 이를 이행하겠다는 약속을 한 다음 날짜를 정해, 선교 공동체와 그 밖에 영향을 받을 수 있는 사람들에게 변화의 범위 및 의미를 알리라."(21) 안타깝게도 늦은 시기에 유대 관계를 형성하는 일은 자주 일어나지 않는다. 브루스터 부부는 다음과 같이 말한다.

"지난 10년 동안 우리는 70개 이상의 나라를 다니면서 여러 곳의 선교 현장을 관찰할 수 있었다. 그리고 그중 극히 일부의 선교사만 현지인들과 관계를 맺으며 유대감을 형성하고 있음을 발견했다. 우리는 '유대감'과 '동일시'가 같은 것이 아님을 분명히 하고자 한다. 아마 선교사의 90퍼센트 이상은 자신이 현지인과 동일시하고 있다고 말하겠지만 실제로 현지인과 함께할 때 편안함을 느끼는 선교사는 극소수에 불과하다. 유대감과 동일시는 분명히 다르다. 유대감을 느끼는 선교사는 일반적으로 현지인과의 관계 속에서 사회적 필요도 충족된다고 느끼는 사람이다."(18-19)

유대감은 복음으로 문화의 경계를 건너는 데 많은 이점을 제공한다. 앞서 언급했듯이 유대감은 언어 학습을 촉진할 뿐만 아니라 문화충격을 극복하는 데 큰 도움이 된다. 더 중요한 것은 유대감이 선교사에게 학습자의 자세를 취해야 한다는 사실을 더 강하게 인식시킨다는 것이다. 이러한 자세는 성공적인 타문화권 사역의 필수 요소인 겸손을 촉진한다.

유대감에 대한 반대

모든 선교사가 유대감이라는 개념에 열정적으로 동의하는 것은 아니며 일부는 도리어 완전히 반대한다. 나는 유대감을 반대하는 사람들에게서 다음과 같은 변명을 자주 듣곤 한다. "우리는 친밀감을 형성할 현지인 가족을 찾을 수 없었습니다. 시간이 너무 많이 걸려요." 하지만 그들의 반대 이유를 자세히 살펴보면 그들이 현지인과 유대감을 형성한 적이 전혀 없는 사람들임을 발견하곤 한다. 따라서 그들은 유대감 형성을 실천하려는 선교사에게 위협을 느끼는 것이었다.

플린트 밀러Flint Miller는 동아시아에서 사역하는 남침례교 선교사들을 대상으로 박사학위 논문을 쓰면서 젊은 신임 선교사일수록 대체로 현지인과 유대 관계를 맺고 성육신적 삶의 방식을 준비하며 그것을 기꺼이 시도하려는 경향이 있음을 발견했다. 그러나 그들은 그들보다 먼저 선교지에 왔으나 현지인과 유대 관계를 전혀 맺지 않는 동료 선교사에게서 반박을 받았고, 때로는 선교 행정가들로부터도 '그러한 급진적 동일시'를 지지받지 못했다.(1996) 밀러는 현지인과의 유대감을 거부하는 선교사들의 태도를 다음과 같이 묘사한다.

"우리 선교사들은 지구 반대편에서 와서 언어를 배우고 열심히 일합니다. …우리는 분명히 '동일시'하고 있는 것입니다! 평소 이렇게 일하면 되지 않나요? 현재의 사역으로 충분하지 않습니까? 이 이상으로 현지인과 더 동일시해야 하나요? 동일시를 깊게 한다고 크게 달라집니까? 특히 문화적 차이가 큰 (하층민 같은) 사람들과 동일시한다는 것은 대다수 서구 선교사에게 과도한 요구입니다."(516-17) 안타깝게도 현지인과 유대감을 형성하는 단기 전략을 실행하지 않는다면 이중 문화인이 되는 장기 전략은 더욱 달성하기가 어려워질 것이다.

**이중 문화인 되어가기: 다른 사람들과
관계 맺는 장기 전략**

타문화권 증인이 현지인과의 유대감 형성에 성공하면 그는 이중 문화인이 되는 첫걸음을 내딛은 셈이다. 이중 문화인은 둘 이상의 문화를 자신의 정체성에 통합한 사람이므로 그 문화들 가운데에서 소속감과 편안함을 느낀다. 또한 대다수의 이중 문화인은 둘 이상의 언어를 유창하게 구사한다.

그러나 타문화에 산다고 해서 모두 이중 문화인이 되는 건 아니다. 어떤 사람은 타문화에서 25년 이상 살면서도 첫 해의 경험을 25번 반복할 수 있다. 이민자 중에도 이중 문화인이 되기를 회피하는 사람이 있다. 그들은 본국 출신의 동족과 같은 동네에 살면서, 현지 언어를 배우고 낯선 문화로 진입하는 모험을 피한다.

해외에 있는 주재원도 마찬가지이다. 그들은 굳이 이중 문화인이 되려고 하지 않으며 대개 '좋은 동네'에서 거주한다. 성서학교나 신학교, 병원, 선교 게스트하우스 등 기관 사역을 하는 선교사 그리고 행정, 기술 지원 분야에서 활동하는 선교사도 자신의 '일'이 현지 문화와 깊게 연결되지 않는다고 생각하기에 이중 문화인으로 살지 않는 경우가 종종 있다. 그러나 타문화권 사역을 효과적으로 하려는 사람이라면 이중 문화인의 삶은 선택이 아니라 필수이다.

이중 문화인이 될 때 우리는 본국 문화로부터 어느 정도 분리되어, 문화적 신념과 실천을 한 문화에서 다른 문화로 번역할 수 있다. 즉 우리는 한 문화에서 다른 문화로 넘나들며 아이디어와 생산품을 전달하는 문화 중개인이나 무역업자가 되는 것이다. 돈 라슨Don Larson은 선교사들이 맡았던 역할이 너무 자주 그들에게 권력과 지위를 부여했지만 현지인에게는 부정적으로 인식되었다고 말한다. 그래서 그는 선교사들이 현지인에게 보다 긍정적으로 인식되고 수용될 수 있도록 역할을 전환해야 한다고 제안한다. 가령 가르치는 자에서 배우는 자로, 판매자에서 교환자로, 비판자에서 스토리텔러로 말이다.(Larson 1978)

11장에서 언급했듯이 폴 히버트는 우리가 이중 문화인이 되기 위해서 두 개의 세계를 마음에 품고 살아가며 어떻게든 그 둘을 화해시켜야 한다고 말한다.(1985, 105) 그는 두 세계를 살아가는 선교사들의 네 가지 접근 방식을 관찰했다.

첫 번째는 현지 문화를 거부하는 것이다. 현지 문화를 진지하게 받아들이지 않을뿐더러 그것을 원시적인 것으로 낙인찍고 그 안에서 긍정적인 요소를 전혀 찾지 않은 채 자신과 비슷한 사람들에게 둘러싸여 살아가는 것이다. 이에 대해 히버트는 "우리는 집과 (선교사) 주거지 내에서 우리만의 문화를 재구성하여 외딴 바다에 안전한 섬을 만들 수 있다."(1985, 105)라고 말한다.

나는 아시아에서 사역하는 선교사들의 타문화 적응에 관한 연구를 하면서 이러한 거부 중심의 접근 방식을 택한 어느 선교사를 만났다. 그녀는 선교 기지 안에서만 생활하며 한국 문화로 나아가지 않았다. 당연히 언어를 배우거나 문화를 이해하지도, 다른 한국인과 친밀한 우정을 쌓지도 못했다. 스스로 만든 감옥에 갇힌 셈이었다. 반면 그녀의 남편은 선교 기지를 벗어나 한국 문화에 잘 적응했고 한국인들과 의미 있는 관계를 발전시켰다. 그리고 이러한 차이는 그들의 결혼 생활에 큰 스트레스를 초래했다.

두 번째는 첫 번째 방식과 정반대로 자신이 성장한 문화에 등을 돌리고 '원주민이 되기 위해' 노력하는 것이다. 하지만 우리는 원주민 태생이 아니므로 이는 애초에 가능하지 않다. 또한 자국의 언어와 문화와 세계관을 내면 깊숙이 발전시켰기 때문에 아무리 노력해도 그것을 제거할 수 없다. 나는 선교사 중에서 원주민이 되려고 시도하는 경우를 거의 본 적이 없지만 몇몇 인류학자가 시도했다가 실패한 사례는 알고 있다.

호주의 선교 인류학자인 앨런 티페트는 그의 고전적인 저서 *Solomon Islands Christianity: A Study in Growth and Obstruction*(솔로몬제도 기독교: 성장과 저해 요인 대한 연구)에서 호주 감리교 선교부의 사역과 멜라네시아 성공회선교부의 사역을 비교했다. 그에 따르면 감리교는 자민족중심적이고 복음과 현지 문화를 연결하려는 노력을 거의 기울이지 않았지만 성공회는 보다 성육신의 방식으로 솔로몬제도 주민들과 관계를 맺었다. 11장에서 소개한 찰스 폭스는 멜라네시아 성공회선교부의 선교사로서, 진정한 이중 문화인의 훌륭한 사례이다. 하지만 그는 솔로몬제도에서 70여 년 동안 사역을 하면서도 그곳 주민이 되지 않고 99세에 세상을 떠날 때까지 뉴질랜드인으로 남았다.

나는 내게 훈련을 받고 가족과 함께 중앙아시아에서 무슬림 대상으로 사역한 어느 선교사를 기억한다. 그는 내게 무슬림에게 복음을 전하기 위해서는 자신이 무슬림이 되어야 한다는 결론에 도달했다고 말했다. 하지만 예상한 대로 무슬림과 동일시하려는 그의 전략은 효과가 없었고 그의 시도는 선교단체의 승인과 지지를 받지 못했다. 그는 얼마 지나지 않아서 본국으로 돌아갔다. 나는 가끔 원주민이 되려고 애쓰는 미국인을 보았고, 그런 미국인을 현지인이 어떻게 생각하는지도 들은 적이 있다. 내가 알게 된 것은 원주민이 되려는 외부인은 존중받지도, 환영받지도 못한다는 사실이다.

그는 정체성의 혼란을 겪는 것처럼 보이기 때문에 현지인들로부터 자주 동정의 대상이 된다. 따라서 현지 문화를 거부하거나 혹은 자문화를 거부하고 원주민이 되려는 두 가지 방식은 두 세계에서 살아가는 과제에 적절한 해결책이 아닌 것으로 밝혀졌다. 특히 타문화권 증인에게는 더욱 부적절하다.

두 세계에서 살아가는 도전에 대한 세 번째 방식은 '구획화'compartmentalization이다.(Hiebert 1985, 106-107) "로마에 가면 로마인처럼 행동하라."라는 말은 구획화의 본질을 잘 담고 있는 말이다. 그러나 장기적으로 볼 때 이 방식은 만족스럽거나 효과적이지 않다. 히버트는 "한 문화에서 다른 문화로의 끊임없는 이동은 혼란과 불안전을 초래하며, 극단적으로는 정체성 위기와 문화적 조현병으로 이어질 수 있다."(107)라고 주장한다.

고故 릭 러브Rick Love는 9·11 테러 이후 세계화되고 다원화된 세상에서 기독교 사역이 정체성과 구획화 측면에서 어떠한 어려움에 직면하게 되었는지 말한다. "이러한 상호 연결성과 세계화는 우리가 보다 많은 도전에 직면해 있다는 사실을 의미한다. 즉 우리는 (주요 선교 현장인 무슬림 세계에서) 복음을 제시하고, (복음을 듣는 세속적인 세계에서) 복음을 수호하며, (교회 내에서) 복음을 위해 선교사를 모집하는 세 가지 일을 동시에 해야 한다."(2008, 32-33) 우리는 세 부류의 서로 다른 청중과 소통하며 그들을 세 개의 서로 다른 정체성으로 구분하지만 이 청중은 서로 분리된 채 존재하지 않는다.

만일 우리가 선교사라는 진정한 정체성을 위장하여 비즈니스 플랫폼이나 다른 역할을 통해 입국한다면 대개 성공하지 못할 것이다. 오히려 이중성으로 비난받게 되고, 이로 말미암아 "예수가 길이요 진리요 생명"이라는 우리의 메시지는 희석되거나 부정될 것이다. 구획화는 세계화와 인터넷으로 특화된 오늘날에는 효과가 없는 게 분명하다. 그렇다면 더 나은 해결책이 있을까?

바로 네 번째 방식인 '통합'integration이다. 히버트는 "장기적이고 가장 깊은 수준에서 우리는 우리 안에 있는 두 문화의 통합을 위해 노력해야 한다. 그러려면 모든 문화 속에 있는 참되고 선한 것을 받아들이고, 동시에 거짓되고 악한 것을 비판할 수 있는 메타문화적 틀을 갖춰야 한다."(1985, 107)라고 말한다. 나는 여기에 "우리 자신의 문화에 대해서도 마찬가지이다."라고 덧붙이고 싶다. 릭 러브는 또한 다음과 같이 진술한다.

> 핵심 정체성은 '진실성'integrity과 '통합'integration을 의미하며 두 단어 모두 '온전하게 하다'라는 라틴어 어근에서 유래했다. 진실성은 내면의 확신과 외적인 행동 사이의 일관성을 의미한다. '하나님 안에 있는 진리'(시 61:7)를 소유할 때 우리는 진실한 길을 걷게 될 것이다. 정직, 신실함, 속임 없음, 순수함은 이에 대한 또 다른 묘사이다. 우리는 우리 자신을 어떤 상황에서는 선교사로, 또 어떤 상황에서는 구호 활동가나 교사, 사업가라고 여겨서는 안 된다. 이는 정체성의 분열일 뿐 아니라 영성의 분열, 즉 영적인 일은 세속적인 일보다 더 중요하다는 잘못된 이분법적 이해이다.(2008, 35)

이중 문화인이 되는 것은 깊은 문화적 참여가 필요한 장기 전략이다. 앞서 나는 우리 부부가 솔로몬제도 주민들과 유대감을 형성한 경험을 언급했지만 첫 1년은 이중 문화인으로 살지 못했다. 진정한 이중 문화인이 되려면 훨씬 많은 시간을 투자하며 그들 삶에 깊이 관여해야 했던 것이다.

이중 문화인의 한계

"현지 문화에 얼마만큼 동화되어야 할까?" 동일시의 한계에 대한 질문은 타문화 적응에 관한 논의에서 자주 등장한다.[6] 매우 이질적인 문화에 적응하는 데에는 한계가 있지 않은가? 우리의 사역과 우리 자신을 위험에 빠뜨리지 않기 위해서는 일정한 한계를 분명하게 지켜야 할까? 이는 많은 타문화권 증인들이 가장 먼저 고민하는 질문이다.

4장에서 언급했듯이 나는 양심을 저버리지 않고 온전한 정신을 유지할 수 있는 선에서 최대한 현지인과 동일시하라고 제안한다. 그러나 때로는 우리의 양심이 더 확장되고 단련되어야 한다. 웨인 다이는 *Toward a Cross-Cultural Definition of Sin*(죄에 대한 타문화적 정의)에서, 로버트 프리스트는 *Missionary Elenctics: Conscience and Culture*(선교 변증학: 양심과 문화)에서 특정 시간과 장소에서 형성된 양심과 모든 문화에서 보편적으로 적용되는 양심의 원칙을 구분하는 유익한 지침을 제시한다. 프리스트는 "선교사들은 자신의 양심이 형성되는 데 문화가 어떠한 역할을 하는지 이해해야 하며, 초월적인 성서의 도덕 진리에 근거한 양심의 가책과 문화적 의미에 의해 형성된 양심의 가책을 구별하도록 도움을 받아야 한다."(1994, 306)라고 주장한다.

온전한 정신을 유지하려면 무엇이 필요한가? 나는 솔로몬제도의 한 성서 번역가가 외딴 섬의 매우 단순한 환경에서 살던 것을 기억한다. 그녀는 만일 생존을 위해 X, Y, Z가 필요하다면 하나님이 그것들을 공급해주신다고 주장했는데, 생존을 위해 필요한 물건 중 하나는 그녀가 가장 좋아하는 샴푸였다.(나는 타문화에 적응하고 온전한 정신을 유지하는 데 몇 가지 물

---

6 해리어트 힐의 초기 논문(1990), 맥엘하논(McElhanon)의 답변(1991), 힐의 반론(1993), 캔 베이커(Ken Baker, 2002), 토드 빌링스(J. Todd Billings, 2012) 그리고 가장 최근에는 베르딘 반 덴 토렌-레커커커(Berdine van den Toren-Lekkerkerker)와 베노 반 덴 토렌(Benno van den Toren, 2015)이 때로는 상당히 부정적인 비판과 함께 이 대화에 기여했다.

건이 필요하다고 말하는 선교사에 대해 전혀 문제 삼지 않는다. 하지만 생존을 위해 A부터 Z까지 모든 것이 필요하고 여기에 몇 가지가 더 있어야 한다고 주장하는 선교사에 대해서는 문제가 있다고 본다.) 그녀는 자신이 좋아하는 샴푸를 주님께서 기적적으로 공급해주셨다고 내게 말했다. 사르밧 과부의 기름병(왕상 17:8-16)처럼 그녀의 샴푸 통이 결코 비지 않았다는 것이다.

이중 문화인이 되기 위한 열쇠, 우정

타문화에서 이중 문화인이 되어 그곳 사람들과 의미 있는 관계를 맺으려면 무엇을 할 수 있는가? 현지 사회에서 편안함을 느끼고, 언어를 배우고, 현지 문화를 이해하고 현지인들과 상호작용할 때 사용할 수 있는 여러 기술이 있다. 적극적 경청, 피드백 제공, 말뿐 아니라 감정 파악하기, 100퍼센트 집중하여 대화하기 등이 여기에 속한다. 그리고 이러한 기술보다 중요한 것은 현지인을 친구로 삼는 것이다. 우정을 맺는 능력은 사람마다 다를 텐데, 이 능력이 뛰어난 선교사일수록 현지인과 문화를 뛰어넘어 우정을 나누면서 점차 이중 문화인이 될 가능성이 크다.

타문화권 증인을 대상으로 이중 문화인이 될 수 있는 능력을 측정한다면 아마도 종 모양의 분포 곡선을 그릴 수 있을 것이다. 한쪽 끝에는 문화에 쉽게 적응하고, 깊은 우정과 의미 있는 관계를 형성하며, 별 어려움 없이 소속감을 느끼는 사람들이 위치한다. 11장에 나온 찰스 폭스가 바로 이러한 유형의 사람이다. 여행하면서 나는 이런 유형의 타문화권 증인을 많이 만나지 못했다. 반대쪽 끝에는 이중 문화인이 되지 않고, 성육신적 방식을 채택하지 않으며, 현지인과 우정을 쌓지도 않고, 현지 음식과 환대를 거부하며 외부인으로 살아가는 사람들이 위치한다. 자신이 좋아하는 중국 음식은 오렌지뿐이라고 말한 대만의 침례교 선교사도 이 범주에 속한다. 안타깝게도 나는 이런 유형의 선교사를 너무 많이 만났다. 특히 학교나 병원, 선교 본부 같은 기관에서 일하고, 현지 언어를 배우지 않아도 그럭저럭 역할을 수행하는 선교사들은 현지 문화에 적응하지 못하고 이중 문화인이 되기도 어렵다. 하지만 대부분의 타문화권 증인은 이 두 곡선의 중간 어디쯤 속한다. 우리는 우정을 쌓기 위해 노력하고 하나님께서 이 사역으로 우리를 부르셨음을 진심으로 확신해야 한다.

선교 역사학자 데이나 로버트Dana Robert의 연구 덕분에 선교지에서 쌓아가는 우정의 중요성이 새롭게 주목받고 있다. 로버트는 "다른 사람과의 깊은 관계를 통해 하나님의 임재는 구체적인 실재가 된다. 우정은 삶의 가장 어려운 상황에서도 흔들리지 않는 하나님의 사랑을 전한다. 죽음, 질병, 사회적 소외, 일상의 평범한 고난도 친구의 존재와 기도를 통해 변화될 수 있다. 그리고 그 친구가 다른 문화나 민족 출신이라면 '우리와 함께 하시는 하나님'의 의미가 더욱 깊어질 것이다."(2019, 56)라고 언급한다.

로버트의 책에는 선교 사역을 수행하고 이중 문화인이 되는 과정에서 우정이 얼마나 중요한 역할을 하는지에 대한 사례로 가득하다. 가령 로버트는 캐나다 장로교 선교사인 캐롤라인 맥도널드Caroline Macdonald가 일본인 죄수들과 친구가 되어 결국 교도소 개혁을 이뤄낸 이야기를 들려준다. 그는 맥도널드의 전기 작가인 마거리트 프랭Margaret Prang의 말을 인용하여 캐롤라인 맥도널드의 놀라운 삶을 이렇게 요약한다. "맥도널드의 지성과 교육, 모험 정신 등이 그녀의 삶을 형성했지만 무엇보다 그 삶을 특별하게 해준 결정적인 요소는 우정을 맺는 탁월한 능력이었다. 그녀는 사회문화적 차이를 존중해야 하지만 그것이 궁극적으로는 중요하지 않다는 깊은 신념이 있었다. 그녀에게 본질적인 현실은 '인간의 본성은 모두 하나'라는 것이었다."(Robert 2019, 63) 로버트에 따르면 "우정을 맺는 맥도널드의 탁월한 능력은 외국인이 일본어를 유창하게 구사하고 일본 문화를 비판하지 말아야 한다는 그녀의 주장에 잘 표현되어 있다."(63)

우정은 상대방의 문화를 이해하는 창이 될 수 있다. 서로 갈라질 수 있는 차이를 뛰어넘어 상호 관계를 발전시켜갈 때 우리는 상대방 문화의 가장 깊은 부분을 알게 되고 동시에 우리 자신의 편견과 문화적 전제도 발견하게 된다. 인류학자들은 언어와 문화를 배우기 위해 '핵심 정보원'과의 관계를 발전시키라고 말한다. 물론 이러한 정보원이 좋은 출발점은 될 수 있지만 우리는 단순히 정보를 얻기 위해 참된 우정을 추구해서는 안 된다. 우정은 하나님 나라, 정의와 평등의 원칙 그리고 상대방과 서로 알아가려는 열망에 대한 헌신에서 비롯되어야 한다.

성서 번역가이자 선교학자인 해리어트 힐Harriet Hill은 Lifting the Fog on Incarnational Ministry(성육신적 사역의 안개 걷어내기)라는 도발적인 제목의 논문에서 타문화권 증인이 현지인들과 관계를 맺을 때 성육신적 공감incarnational empathy을 발전시킬 것을 권장하며 이렇게 말한다. "그렇다면 성육신적 공감을 어떻게 개발할 수 있는가? 고려해볼 수 있는 유망한 관계 모델 중 하나는 우정이다. 여러 면에서 우정은 사람들과의 관계를 정직하게 묘사하는 역할을 한다. …우정은 서로의 차이를 인정하면서도 존경과 수용의 분위기 속에서 상호 풍요로움을 추구한다. 우정은 거의 모든 문화에서 형성되며 때로는 친족 관계보다 친밀하다. 또한 사역에도 매우 적합한 형태이다."(266) 이어서 힐은 타문화 우정의 일곱 가지 특징을 설명한다.(1993, 266-68)

1. 타문화 우정은 의도적이어야 한다. 본국 문화에서는 자신과 비슷한 사람에게 자연스럽게 끌리지만 타문화에서는 의도적인 노력이 필

요하다.

2. 타문화 우정은 가까운 곳에서 형성된다. 우리가 섬기는 사람들과 가까이 살면 그들 공동체에 정기적으로 방문하며 관계를 발전시켜가기가 더 수월하다.

3. 타문화 우정은 차이점과 공통점을 모두 존중한다. 인류학은 차이를 발견하는 도구와 관점을 제공하지만 우리는 공통된 인간성도 추구하고 기뻐해야 한다.

4. 타문화 우정은 경제적 상황을 넘어선다. 특히 부유한 국가 출신의 타문화권 증인의 경우, 종종 경제적 장벽을 넘는 것이 문화적 장벽을 넘는 것보다 큰 도전으로 다가온다. 우리의 경제적 수준에서 비롯된 생활 방식 때문에 우리는 우리가 섬기는 사람들로부터 멀어질 수 있다.

5. 타문화 우정은 상호 취약성 vulnerability 을 요구한다. 진정한 우정은 두 사람이 깊고 자유롭게 마음을 나누고, 필요와 약점을 기꺼이 드러내며, 기쁨과 슬픔을 서로 나누는 것이다.

6. 타문화 우정은 선택적이어야 한다. 어떤 문화에서든 일반적으로 의미 있는 관계는 소수의 사람하고만 형성된다. 벤자민 프랭클린 Benjamin Franklin 은 "모든 사람에게 예의를 갖추고, 많은 사람과 친하게 지내며, 극소수와 친밀하게 지내라."라고 말했다. 현지 사회의 모든 사람과 가장 친한 친구가 될 수 없으므로, 우리는 선택적으로 관계를 맺고 성령의 인도하심을 신뢰해야 한다.

7. 타문화 우정은 유연해야 한다. 선교사는 성격, 삶의 방식, 사회적 역할에 근거하여 다양한 방식으로 우정을 쌓아야 한다. 목표는 우정이지만 그것을 달성하는 방법은 사람과 상황에 따라 다르다.

현지인과 풍부하고 의미 있는 유대감을 형성하고 현지 사회에서 이중 문화인이 되려는 목적은 무엇인가? 윌리엄 레이번이 식민지 시대 선교 말기에 *Practical Anthropology*(현장 인류학)에 처음 기고한 글은 오늘날에도 여전히 유효하다. 그는 그 글에서 이렇게 주장한다. "선교사 동일시의 기초는 현지인이 외국인을 편하게 느끼도록 만들거나 선교사의 물질주의적 양심(서구 출신의 선교사가 자신이 가진 부나 생활 수준, 소비 방식 등으로 인해 가난한 현지인들 앞에서 느끼는 죄책감 혹은 도덕적 불편함을 말한다.—옮긴이 주)을 덜어주기 위한 것이 아니라 함께 소통하고 교제하는 것이다. 우리는 소통과 교제를 통해 바울이 "하나님 아는 것을 대적하여 높아진 것을 다 무너뜨리고 모든 생각을 사로잡아 그리스도에게 복종하게 하니"(고후 10:5)에서 말한 '장애물'을 찾아낸다."(1978, 760)

14장 요약

> 나는 독자들이 이 장을 통해 "빨리 가고 싶으면 혼자 가고, 멀리 가고 싶으면 함께 가라."라는 가나 속담의 지혜를 얻었기를 바란다. 이중 문화인이 되기 위해서 우리는 타문화적 관계와 우정이 필요하며, 효과적이고 지속적인 타문화권 사역의 기쁨을 경험하려면 함께 살아가며 섬기는 사람들 속에서 이중 문화인이 되어야 한다.

5부 결론

이제 우리는 이 책의 막바지에 이르렀다. 독자들이 이 책을 읽는 과정에서 인류학적 지혜를 얻었기를 바란다. 마지막 부분인 "효과적인 의사소통 능력 향상"에서 나는 복음으로 문화를 건너는 데 동반되는 도전과 보람에 대해 집중적으로 살펴봤다. 좋은 소식은 타문화권 증인이 실제로 사역을 전개해가며 현지 문화에 대한 이해와 문화적 역량을 키워갈 수 있다는 것이다. 안타깝게도 오늘날 많은 선교사는 현지의 문화와 언어, 세계관을 보다 온전하고 깊게 이해할 수 있을 만큼 오래 머무르지 않는다.

이 책의 주요 주제는, 효과적이고 장기적인 사역을 위해 의미 있는 관계를 발전시켜야 하며 여기에는 시간과 의지가 필요하다는 것이다. 우리는 이러한 관계를 형성하기 위해 공동체 안에 존재하는 문화적 차이를 반드시 이해해야 한다.

12장에서는 함께 살아가는 사람들 안에서 문화적 차이를 발견할 수 있는 여러 실용적인 기술과 인류학적 도구를 살펴보았다. 이러한 기술들은 모든 타문화권 증인이 배울 수 있는 것들이다. 나는 '참여 관찰'이라는 인류학적 연구 방법을 언급하면서, 타문화권 증인이 현지 사회의 언어와 문화를 배우는 데 적합한 도구라고 제안했다. 타문화권 증인은 훌륭한 민족지학자가 되어 배운 것을 기록하고, 좋은 질문을 제기하고, 정확한 관찰을 하며, 그것을 올바로 해석할 수 있어야 한다. 우리는 새로운 문화에 호기심을 가질 때 문화적 차이를 발견할 수 있다. 하지만 그 과정에서 판단을 유보하고 우리 안에 있는 편견과 선입견을 자각해야 한다. 즉 문화상대주의의 자세를 취함으로써 우리와 다른 상대방의 문화를 섣불리 판단하지 말고 그들의 행동을 그들이 처한 삶의 정황에서 이해할 수 있다.

우리는 현지에서 문화적 차이를 발견할 뿐 아니라 우리 자신의 문화적 짐도 드러내야 한다. 이는 13장의 주제였으며, 여기서 우리는 우리가 지닌 가정과 세계관, 곧 타자에 관해 성급한 판단과 잘못된 가정을 하게 만드는 요소를 밝혀내는 문제를 다루었다. 우리의 생활 방식은 타문화권 사역을 방해하거나 촉진할 수 있는데, 우리는 이 사실을 자각하지 못할 때가 많다. 우리가 자주 깨닫지 못한 채 새로운 문화 안으로 가져가는 문화적 짐의 일부는, 우리의 신앙이 때로는 성서적 가치보다 문화적 가치와 세계관에 의해 더 깊이 형성되어 있다는 사실을 보여준다.

마지막으로 14장에서 나는 모든 타문화권 증인이 현지인과 깊고 의미 있는 관계를 발전시키기 위해 두 가지 전략을 채택할 것을 제안했다. 첫 번째는 유대감 형성으로, 이는 비행기에서 내려 새로운 문화에 발을 들여놓는 순간부터 시작되는 단기 전략이다. 두 번째는 이중 문화인이 되는 것이다. 이중 문화인은 두 개 이상의 세계를 자기 내면에 통합하여 그 안에서 살아가는 법을 배운 사람이다. 그들은 두 세계 사이를 자유롭게 오가며 그 안에서 모두 소속감과 편안함을 느낄 수 있다. 이는 다른 사람들과 의미 있는 관계를 발전시키고 복음을 품은 채 효과적으로 문화를 넘나들게 한다는 점에서 타문화권 증인에게 이상적인 자세이다.

결론   **'선교사의 명상'으로 초대하며**

나는 내 강의나 세미나에 참가하는 사람들에게, 수업의 마지막 몇 분 동안 읽어줄 내용이 수업 내내 내가 가르쳐온 내용보다 더 중요하다고 말한다. 우리가 아무리 많은 인류학적 지혜를 소유한다 해도 타문화권 사역의 본질적인 요소를 놓친다면 부름받은 목적 자체를 놓친 것이다. 그래서 나는 전 세계를 다니며 강의와 훈련을 할 때 마무리하던 방식으로, 이 책을 끝맺으려고 한다. 바로 '선교사의 명상'Meditations of a Missionary 으로 초대하는 것이다.

> 내가 섬기는 사람들의 방언을 하고, 열정적인 복음전도자처럼 감동적인 설교를 하더라도, 인류학적인 지혜를 타고나더라도, 외과 의사로서 탁월한 의술을 발휘한다 해도, 농업 전문가로서 우수 품종의 쌀을 재배한다 해도, 교사로서 사람들을 사로잡는 강의를 한다 해도, 사랑이 없으면 내 메시지는 공허합니다.
>
> 내가 회의와 집회 때 외교적인 지도력과 행정 능력을 발휘한다 해도,

많은 기금을 모금할 능력이 있더라도, 사랑이 없으면 아무 쓸모가 없습니다.

　내 소유를 가난한 사람들에게 나누어준다 해도, 내 형제자매들이 상호 의존적인 그리스도의 제자가 되도록 돕지 않는다면 나는 아무것도 성취할 수 없습니다.

　선교사의 삶과 사역 속에 참된 사랑이 있다면 그 사랑은 오래 참으며 세워줍니다. 지위와 명성을 추구하지 않습니다. 유능한 현지인 지도자가 세워지면 기뻐하고 그를 시기하지 않습니다. 사랑은 토착 지도자를 양성하려고 노력합니다. 사랑은 자기를 자랑하지 않습니다. 사랑은 감동을 주려고 조바심을 내지 않습니다. 사랑은 현지인과 자신을 동일시하려고 노력하며, 결코 거만하거나 자민족중심적인 태도를 보이지 않습니다.

　진정한 사랑은 얕보지 않습니다. 사랑은 다른 사람의 실수를 퍼뜨리지 않습니다. 사랑은 기쁨과 슬픔, 실패와 성공을 잘 견딥니다. 사랑은 의견이 다르거나 문화적 차이가 있을 때 혹은 분명치 않은 소문이 퍼질 때 쉽게 동요하지 않습니다. 사랑은 험담하지 않고 최선을 다해 신뢰합니다.

　진정한 사랑은 동역입니다. 사랑은 현지인 지도자 없이 성공하는 것보다 그들과 함께 실패하는 것을 훨씬 낫게 여깁니다. 사랑은 성마르지 않습니다. 사랑은 상처받은 감정과 실망감을 절대로 숨기지 않습니다. 사랑은 결코 이해를 가로막지 않으며 진실을 나누기를 기뻐합니다.

　사랑은 열린 마음을 유지합니다. 사랑은 새로운 방법을 기꺼이 시도합니다. 사랑은 과거에 집착하지 않고 새로운 비전을 제시합니다. 사랑은 필요할 때 과감하게 옛 방식을 바꾸고자 합니다. 사랑은 선교사의 자국 문화에서 오랫동안 검증되어온 형태를 현지 사회의 문화적 맥락에 맞춰 유연하게 조정할 수 있습니다. 만일 우리가 적응하고 변화할 준비를 하지 않는다면 낡은 체제의 옹호자만 있을 뿐 새로운 목소리는 없을 것이며, 제도적 관리인만 있을 뿐 진리를 추구하는 사람은 없을 것이고, 수많은 설교자만 있을 뿐 예언자는 없을 것입니다. 우리는 고용한 정원사로 하여금 값비싼 장비로 정원을 깔끔하게 정돈하게 할 수 있지만 그 덤불 안에서 불꽃이 타오르게 하지는 못할 것입니다.

아이 같이 신뢰하는 사랑은 절대로 실패하지 않습니다. 큰 조직도, 막대한 지원을 받는 학교도 사라질 수 있습니다. 그러나 그곳에서 학생들이 그리스도께로 나아가는 지혜를 얻지 못한다면 그런 교육은 차라리 정부에 맡기는 편이 나을 것입니다. 왜냐하면 "길이요 진리요 생명이신" 그분이 없다면 우리의 지식은 항상 불완전하기 때문입니다. 다른 욕망 없이 오로지 신뢰하는 사랑은 절대로 실패하지 않습니다.

우리는 전환기에 서 있습니다. 탈식민주의와 포스트모던 시대가 도래했습니다. 우리가 어디로 가고 있는지 그리고 세계화된 선교와 복음화가 어떻게 될지 아는 사람이 있습니까? 우리는 그저 막연하게 예측할 뿐입니다.

기독교 선교 초기에 그리스도의 복음을 전파하는 방법은 단순하고 때로는 순진했으며 권위는 소수의 사람에게만 있었습니다. 그러나 한 세기 넘게 선교 사역이 성장한 오늘날, 우리는 기존의 의존적인 방식을 버려야 합니다. 모든 종족 집단의 토양 깊숙한 곳에서 새롭고 활기찬 주님의 토착 교회가 개척되어야 합니다. 자립적이고 자치적이고 자전적인 교회, 자신학화self-theologizing를 이루는 교회 말입니다.

그러나 어떤 일이 일어나든, 변화의 바람이 어디서 불어오든, 이것만은 확실합니다. 주님은 모든 문화, 모든 종족, 모든 시대에 증인을 남겨놓으셨습니다. 비록 지금 모든 것이 혼란스럽고 당혹스럽고 때로 절망적으로 보일지라도 하나님은 창조와 구속과 역사를 통해 그분의 계획을 완성하고 계십니다.

이것을 확신하십시오. 모든 조직과 제도는 사라지겠으나 어려운 처지에 놓인 사람들에게 도움을 베풀고, 십자가에서 죽으시고 다시 살아나신 생명의 주 예수 그리스도의 구원의 사랑을 선포하는 우리의 선교는 절대로 사라지지 않을 것입니다. 이 세상에는 오직 믿음, 소망, 사랑이라는 항구적인 진리가 있습니다. 그중에 제일은 사랑입니다.[1]

---

1 이것은 내가 쓴 "한 선교사의 묵상"(Meditations of a Missionary)이라는 글을 약간 수정하여 폴 히버트에게 보낸 것이다. 그는 이것을 그의 저서 『선교와 문화인류학』과 *Anthropological Insights for Missionaries*(1985)에서 사용했다.(297-98) 베이커 출판사의 자매 출판부인 베이커 아카데믹의 허락을 받아 사용한다.

옮긴이의 글 # 한국교회 선교의 회복을 기대하며

복음과 문화의 관계에 대한 탐구는 다양한 스펙트럼을 통해 지평 융합을 이루는 신학적 작업이며 이러한 작업에서 문화인류학을 선교에 적용하는 것은 필수적인 과제이다. 나는 1994년 3월 애즈베리신학교 E. 스탠리 존스 세계선교대학원의 선교학 박사 과정 필수과목 중 하나인 '선교 문화인류학'을 수강하면서 대릴 화이트먼 교수를 만났다. 기독교 윤리학 석사 과정에서 리처드 니버의 그리스도와 문화의 관계를 탐구하며 교회의 삶과 신학에서 문화의 중요성을 어렴풋이 깨닫기는 했다. 하지만 사회과학의 한 분야인 문화인류학 관점에서 신학뿐 아니라 선교와 선교사의 삶을 고찰하며 선교 현장의 이야기를 풀어놓는 대릴 화이트먼 교수의 유창한 강의는 세 시간이 짧게 느껴질 정도로 깊은 감동과 흥분을 안겨주었다. 이후 나는 그의 지도를 받으며 선교 문화인류학적 관점에서 "한국 선교사 훈련과 타문화 적응 간의 상관관계"라는 주제의 학위 논문을 작성했고 그의 삶과 사역의 발자취 및 학자의 열정을 지켜봤다. 박사 과정을 마칠 즈음 나는 탁월한 강연자인 화이트먼 박사에게 타문화권 증인이자 인류학자,

선교학 교수로서 축적한 이론과 경험을 모아 책을 집필하면 좋겠다고 제안했다.

이 책의 원제목은 "복음으로 문화를 건너다"Crossing Cultures with the Gospel로, 여기서 '건너다'Crossing라는 단어는 단순히 넘어서고 극복한다는 차원이 아니라 현지 문화에 참여하여 그곳 사람들과 자신을 동일시하고 유대감을 형성한다는 성서적·신학적·인류학적 개념을 담고 있다. '효과적인 기독교 증언을 위한 문화인류학의 지혜'라는 부제는 이 책이 45년에 걸친 저자의 타문화권 경험에서 우러난 '지혜'임을 말해준다.

저자는 박사 과정 중이던 자신의 제자 제이 문Jay Moon과 역할을 바꾸는 방식을 통해, 아프리카 속담에 담긴 인류학적 지혜를 여러 장의 화두로 삼았다. 이는 복음과 문화의 관계에 대한 이해가 궁극적으로 사람이 되신 하나님의 모습을 이해하고 삶의 현장에서 예수 그리스도의 '성육신적 동일시'를 구현하는 것임을 설명하려는 그의 시도와 맞닿아 있다. 성육신적 동일시는 하나님을 알아가고 그분의 형상으로 창조된 인간과 인간이 살아가는 문화 및 사회라는 창조세계를 이해하는 데에서 출발한다. 그러므로 복음을 들고 타문화권으로 건너가 그곳에서 살아가는 성육신적 삶의 방식은, 타문화권 증인에게 필수적이다. 삼위일체 하나님의 존재 방식(사랑, 교제, 소통, 내주 등)은 선교사뿐 아니라 모든 그리스도인의 관계와 의사소통 방식을 결정하는 시금석이다. 화이트먼 박사는 성육신과 문화, 세계관 등의 이해를 통해 타문화권 증인이 겪는 문화충격과 이를 극복하고 효과적으로 복음을 증언하기 위한 적실한 모델을 이 책에서 명료하게 제시한다.

지난 26년 동안 서울신학대학교에서 선교학을 가르치고 국내외의 많은 신학교와 선교단체, 지역 교회에서 강의와 훈련을 진행하면서 나는 주로 찰스 크래프트와 폴 히버트의 저서를 교재로 사용했다. 이제 화이트먼 박사의 책을 번역하여 한국교회와 선교학계, 선교단체 및 훈련 기관, 선교사 지망생들에게 소개할 수 있어 그 기쁨은 이루 말할 수 없다. 이 책은 단순히 선교학 이론을 서술하는 데 그치지 않고 실제로 타문화권에서 복음의 증인이자 선교사 훈련가로 살아간 실천가의 지혜를 소개하고 있다. '백인'이라는 뜻의 성을 갖고 있는 그는 흥미롭게도 이 책에서 선교학자이자 실천가로서 '백인의 짐'white man's burden에 관한 선교적 통찰을 다양한 경험을 들어 이야기한다. 이는 한국교회와 한국 선교사들이 문화적 짐과 자민족중심주의를 성찰하고 이를 극복하여 효과적인 타문화권 증인으로 성장할 수 있도록 인류학적 지혜를 제공할 것이다.

한국에 개신교 선교사가 파송된 지 140여 년이 지난 오늘, 한국교회는 변화하는 문화적 상황 속에서 고난과 박해, 부흥과 성장 그리고 성장의 정체와 쇠퇴를 겪어왔다. 타문화권 선교의 놀라운 성장을 이룬 한국교회는 급격한 문화 변화 속에서 아노미 현상을 경험하고 있으며 이는 교회와 선교의 지속가능성에 대한 의문과 불확실성을 제기한다. 이러한 시점에 나는 화이트먼 박사의 책을 번역하며 30년 전 애즈베리신학교 시절 그의 강의실로 다시금 소환되어 40대 후반의 젊은 교수이던 그의 열정적이고 생동감 넘치던 강의를 회상하는 기쁨을 누렸다. 이 책을 통해 한국교회가 선교의 활력을 되찾고 초대교회 그리스도인처럼 담대하게 복음을 증언하는 타문화권 증인이 되기를 바란다. 끝으로 이 책의 번역을 통해 동역할 기회를 준 대한기독교서회에 깊이 감사드린다.

최형근
2025년 7월
서울신학대학교 연구실에서

참고문헌

Achebe, Chinua. 1959. *Things Fall Apart*. Greenwich, CT: Fawcett Publications, Inc. (『모든 것이 산산이 부서지다』, 민음사, 2008.)

Adeney, Bernard T. 1995. *Strange Virtues: Ethics in a Multicultural World*. Downers Grove, IL: InterVarsity.

Adeney, Miriam. 2002. *Daughters of Islam: Building Bridges with Muslim Women*. Downers Grove, IL: InterVarsity. (『이슬람의 딸들』, IVP, 2004.)

_____. 2009. *Kingdom without Borders: The Untold Story of Global Christianity*. Downers Grove, IL: InterVarsity.

_____. 2015. "Why Cultures Matter." *International Journal of Frontier Missiology* 32 (2): 93-97.

Alma, Carissa. 2011. *Surviving Thriving in Cross-Cultural Ministry*. Lexington: Pavilion Books.

Althen, Gary. 2002. *American Ways: A Guide for Foreigners in America*. 2nd ed. Yarmouth, ME: Intercultural Press.

Anderson, Gerald H., ed. 1998. *Biographical Dictionary of Christian Missions*. New York: Macmillan Reference. (『선교역사와 신학』, 서로사랑, 1998.)

_____. 2009. "Prevenient Grace in World Mission." *In World Mission in the Wesleyan Spirit*, edited by Darrell Whiteman and Gerald Anderson, 43–52. American Society of Missiology Series 44. Franklin, TN: Providence House.

Anderson, Linda E. 1994. "A New Look at an Old Construct: Cross-Cultural Adaptation." *International Journal of Intercultural Relations* 18 (3): 293–328.

Anderson, Tawa J., W. Michael Clark, and David K. Naugle. 2017. *An Introduction to Christian Worldview: Pursuing God's Perspective in a Pluralistic World*. Downers Grove, IL: IVP Academic.

Apfelthaler, Gerhard. 1999. *Interkulturelles Management: Die Bewltigung kultureller Differenzen in der internationalen Unternehmenstätigkeit*. Vienna: Manz Verlag Schulbuch.

Arbuckle, Gerald A. 1990. *Earthing the Gospel: An Inculturation Handbook for Pastoral Workers*. London: Geoffrey Chapman.

Arensberg, Conrad M., and Arthur H. Niehoff. 1964. *Introducing Social Change: A Manual for Americans Overseas*. Chicago: Aldine.

Azadipour, Shiva. 2019. "Personality Types and Intercultural Competence of Foreign Language Learners in Education Context." *Journal of Education and Health Promotion* 8 (236). https://www.ncbi.nlm.nih.gov/pmc/articles/PMC6904958/.

Backues, Lindy. 2017. "Humility: A Christian Impulse as Fruitful Motif for Anthropological Theory and Practice." In *On Knowing Hu-*

manity: Insights from Theology for Anthropology, edited by Eloise Meneses and David Bronkema, 101–36. New York: Routledge.

Bailey, Kenneth E. 2005. *The Cross and the Prodigal: Luke 15 through the Eyes of Middle Eastern Peasants*. 2nd ed. Downers Grove, IL: InterVarsity. (『십자가와 탕자』, 킹덤북스, 2013.)

―――. 2008. *Jesus through Middle Eastern Eyes: Cultural Studies in the Gospels*. Downers Grove, IL: IVP Academic. (『중동의 눈으로 본 예수』, 새물결플러스, 2016.)

―――. 2011. *Paul through Mediterranean Eyes: Cultural Studies in 1 Corinthians*. Downers Grove, IL: IVP Academic. (『지중해의 눈으로 본 바울』, 새물결플러스, 2017.)

Baker, Ken. 2002. "The Incarnational Model: Perception or Deception?" *Evangelical Missions Quarterly* 38 (1): 16–24.

Barna, George, and Mark Hatch. 2001. *Boiling Point: How Coming Cultural Shifts Will Change Your Life*. Glendale, CA: Regal Books. (『교회 폭발!』, 쉐키나, 2010.)

Barna Research Group. 2009. "Changes in Worldview among Christians over the Past 13 Years." March 9, 2009. https://www.barna.com/research/barna-survey-examines-changes-in-worldview-among-christians-over-the-past-13-years/.

Baxter, L. A. 2004. "Relationships as Dialogues." *Personal Relationships* 11 (1): 1–22.

Baxter, L. A., and B. M. Montgomery. 1996. *Relating: Dialogues and Dialects*. New York: Guilford.

Beech, Geoff. 2018. "Shame/Honor, Guilt/Innocence, Fear/Power in Relationship Contexts." *International Bulletin of Mission Research* 42 (4): 338-46.

Berger, Peter L., and Thomas Luckmann. 1966. *The Social Construction of Reality: A Treatise in the Sociology of Knowledge*. New York: Anchor Books. (『실재의 사회적 구성』, 문학과지성사, 2013.)

Billings, J. Todd. 2004. "Incarnational Ministry and Christology: A Reappropriation of the Way of Lowliness." *Missiology* 32, no. 2: 187-201.

_____. 2012. "The Problem with 'Incarnational Ministry.'" *Christianity Today* July-August, 58-63. https://www.christianitytoday.com/ct/2012/july-august/the-problem-with-incarnational-ministry.html.

Black, J. Stewart, and Hal Gregersen. 1999. "The Right Way to Manage Expats." *Harvard Business Review*, March-April. https://hbr.org/1999/03/the-right-way-to-manage-expats.

Blue, Ron, with Michael Blue. 2016. *Master Your Money: A Step-by-Step Plan for Experiencing Financial Contentment*. Chicago: Moody.

Bonding and Birth. n.d. "About Marshall and Phyllis Klaus." Accessed March 2, 2023. https://www.bondingandbirth.org/marshall-and-phyllis-klaus.html.

Bradley, Keith. 1994. *Slavery and Society at Rome*. Cambridge: Cambridge University Press.

Brewster, E. Thomas, and Elizabeth S. Brewster. 1972. "Involvement as a Means of Second Culture Learning." *Practical Anthropology* 19 (1): 27-44.

Brewster, Elizabeth S., and E. Thomas Brewster. 1982a. Bonding and the Missionary Task: Establishing a Sense of Belonging. Pasadena,

　　　　　 CA: Lingua House.

_____. 1982b. *Language Learning Is Communication–Is Ministry*. Pasadena, CA: Lingua House.

_____. 1984. *LAMP: Language Acquisition Made Practical; Field Methods for Language Learners*. Pasadena, CA: Lingua House.

_____. 2009. "The Difference Bonding Makes." In *Perspectives on the World Christian Movement*, edited by Ralph D. Winter and Steven C. Hawthorne, 465–69. 4th ed. Pasadena, CA: William Carey Library. (『퍼스펙티브 2』, 예수전도단, 2010.)

Brightman, Robert. 1995. "Forget *Culture: Replacement, Transcendence, Relexification*." *Cultural Anthropology* 10 (4): 509–46.

Brislin, R. W., and H. VanBuren. 1974. "Can They Go Home Again?" *International Educational and Cultural Exchange* 9:19–24.

Brown, Robert McAfee. 1984. *Unexpected News: Reading the Bible with Third World Eyes*. Louisville: Westminster John Knox. (『뜻밖의 소식』, 한국신학연구소, 2002.)

Bruner, Edward M. 1956. "Cultural Transmission and Cultural Change." *Southwestern Journal of Anthropology* 12, no. 2 (Summer): 191–99. Reprinted in *Readings in Anthropology*, edited by Jesse Jennings and Edward A. Hoebel, 338–42. New York: McGraw-Hill, 1966.

Bulatao, Jaime C. 1966. *Split-Level Christianity*. Manila: Ateneo de Manila University Press.

Burnett, David. 1992. *Clash of Worlds: A Christian's Handbook on Cultures, World Religions, and Evangelism*. Nashville: Oliver Nelson Books.

Carey, William. 1792. *An Enquiry into the Obligation of Christians to*

Use Means for the Conversion of the Heathens. Reprinted in *Perspectives on the World Christian Movement*, edited by Ralph Winter and Steven Hawthorne, 312-18. 4th ed. Pasadena, CA: William Carey Library, 2009. (『이교도 선교 방법론』, 야스미디어, 2021.)

Carroll, John B. 1956. *Language, Thought and Reality: Selected Writings of Benjamin Lee Whorf*. Cambridge, MA: MIT Press.

Conklin, Harold. 1955. "Hanunóo Color Categories." *Southwestern Journal of Anthropology* 11 (4): 339-44.

Conn, Harvie M. 1984. *Eternal Word and Changing World: Theology, Anthropology, and Mission in Trialogue*. Phillipsburg, NJ: Presbyterian and Reformed. (『영원한 말씀과 변천하는 세계』, CLC, 1992.)

Corbett, Steve, and Brian Fikkert. 2009. *When Helping Hurts: How to Alleviate Poverty without Hurting the Poor ··· and Yourself*. Chicago: Moody.

Costas, Orlando. 1982. "Contextualization and Incarnation: Communicating Christ amid the Oppressed." In *Christ Outside the Gate: Mission beyond Christendom*, 3-20. Maryknoll, NY: Orbis Books. (『성문 밖의 그리스도』, 한국신학연구소, 1990.)

Cozens, Simon. 2018. "Shame Cultures, Fear Cultures, and Guilt Cultures: Reviewing the Evidence." *International Bulletin of Mission Research* 42 (4): 326-36.

Crown Financial Ministries. 2007. *Crown Biblical Financial Study*. Knoxville: Crown Financial Ministries. (『크라운 성경적 재정교육』, 예수전도단, 2009.)

Cupsa, Iona. 2018. "Culture Shock and Identity." *Transactional Analysis Journal* 48 (2): 181-91.

deNeui, Paul H., ed. 2017. *Restored to Freedom from Fear, Guilt, and Shame: Lessons from the Buddhist World*. Pasadena, CA: William Carey Library.

DeWalt, Kathleen M., and Billie R. DeWalt. 2011. *Participant Observation: A Guide for Fieldworkers*. 2nd ed. Walnut Creek, CA: AltaMira.

Donne, John. 2014. *Holy Sonnets with an introduction by John Daniel Thieme*. Newton, NJ: Vicarage Hill.

Donovan, Vincent. 1978. *Christianity Rediscovered*. Maryknoll, NY: Orbis Books. (『선교사보다 앞서 가신다!』, 가톨릭출판사, 2012.)

Dye, T. Wayne. 1974. "Stress-Producing Factors in Cultural Adjustment," *Missiology* 2 (1): 61-77.

_____. 1976. "Toward a Cross-Cultural Definition of Sin." *Missiology* 4 (1): 27-41.

Edgerton, Robert. 1992. *Sick Societies: Challenging the Myth of Primitive Harmony*. New York: Free Press.

Ekechi, F. K. 1971. "Colonialism and Christianity in West Africa: The Igbo Case, 1900-1915." *Journal of African History* 12 (1): 103-15.

Elmer, Duane. 2002. *Cross-Cultural Connections: Stepping Out and Fitting In around the World*. Downers Grove, IL: IVP Academic. (『문화의 벽을 넘어라』, 행복우물, 2012.)

Elmer, Vickie. 2013. "More Than 40% of Managers That Are Sent Abroad Fail." *Quartz*, June 4. https://qz.com/90816/more-than-40-of-managers-that-are-sent-abroad-fail.

Emerson, Robert M., Rachel I. Fretz, and Linda L. Shaw. 2001. "Participant

Observation and Fieldnotes." In *Handbook of Ethnography*, edited by Paul Atkinson, Amanda Coffey, Sara Delamont, John Lofland, and Lyn Lofland, 356-57. Thousand Oaks, CA: Sage.

———. 2011. *Writing Ethnographic Fieldnotes*. 2nd ed. Chicago: University of Chicago Press.

Feldman, Daniel C., and Holly B. Tompson. 1992. "Entry Shock, Culture Shock: Socializing the New Breed of Global Managers." *Human Resource Management* 31 (4): 345-62.

Fikkert, Brian, and Kelly M. Kapic. 2019. *Becoming Whole: Why the Opposite of Poverty Isn't the American Dream*. Chicago: Moody.

Fischer, Michael M. J. 2007. "Culture and Cultural Analysis as Experimental Systems." *Cultural Anthropology* 22 (1): 1-65.

Flanders, Christopher, and Werner Mischke, eds. 2020. *Honor, Shame, and the Gospel: Reframing Our Message and Ministry*. Littleton, CO: William Carey.

Fox, Charles E. 1910. *An Introduction to the Study of Oceanic Languages*. Norfolk Island: Melanesian Mission Press.

———. 1924. *Threshold of the Pacific: An Account of the Social Organization, Magic and Religion of the People of San Cristoval in the Solomon Islands*. London: Kegan Paul.

———. 1958. *Lord of the Southern Isles, Being the Story of the Anglican Mission in Melanesia 1849-1949*. London: A. R. Mowbray.

———. 1962. *Kakamora*. London: Hodder & Stoughton.

Fox, Richard G., and Barbara J. King, eds. 2020. *Anthropology beyond Culture*. New York: Routledge.

Frost, Michael. 2014. *Incarnate: The Body of Christ in an Age of Disengagement. Downers Grove, IL: IVP Books. (『성육신적 교회』, 새물결플러스, 2016.)

Frost, Michael, and Alan Hirsch. 2003. *The Shaping of Things to Come: Innovation and Mission for the 21st-Century Church*. Peabody, MA: Hendrickson. (『새로운 교회가 온다』, IVP, 2023.)

Frost, Michael, and Christina Rice. 2017. *To Alter Your World: Partnering with God to Rebirth Our Communities*. Downers Grove, IL: IVP Books. (『일주일 내내 교회로 살아가기』, 새물결플러스, 2020.)

Garrison, David. 2014. *A Wind in the House of Islam: How God Is Drawing Muslims around the World to Faith in Jesus Christ*. Monument, CO: WIGTake Resources.

Geertz, Clifford. 1973. *The Interpretation of Cultures*. New York: Basic Books. (『문화의 해석』, 까치글방, 2009.)

Georges, Jayson. 2017. *The 3D Gospel: Ministry in Guilt, Shame, and Fear Culture*. Columbia, SC: Time Press.

_____. 2019. *Ministering in Patronage Cultures: Biblical Models and Missional Implications*. Downers Grove, IL: IVP Academic.

Georges, Jayson, and Mark D. Baker. 2016. *Ministering in Honor-Shame Cultures*. Downers Grove, IL: IVP Academic.

Germann, W. 1869. *Genealogy of the South Indian Gods: A Manual of the Mythology and Religion of the People of Southern India. Including a Description of Popular Hinduism*. Madras: Higginbotham.

Goodenough, Ward. 1971. *Culture, Language, and Society. An Addison-Wesley Module in Anthropology* 7. Reading, MA: Addison Wesley.

_____. 1981. *Culture, Language, and Society*. 2nd ed. Menlo Park, CA:

Benjamin/Cummings.

Gordon, S. D. 1906. *Quiet Talks about Jesus*. New York: A. C. Armstrong.

Greenwood, Allan W. 1992. "Coping with Cross-Cultural Re-entry Stress." MA thesis, University of British Columbia.

Grunlan, Stephen A., and Marvin K. Mayers. 1979. 2nd ed., 1988. *Cultural Anthropology: A Christian Perspective*. Grand Rapids: Zondervan.

Guder, Darrell. 2004. *The Incarnation and the Church's Witness*. Eugene, OR: Wipf & Stock.

Guest, Kenneth J. 2018. *Essentials of Cultural Anthropology: A Toolkit for a Global Age*. 2nd ed. New York: Norton.

Guthrie, George. 1966. "Cultural Preparation for the Philippines." In *Cultural Frontiers of the Peace Corps*, ed. Robert B. Textor, 357-67. Cambridge, MA: MIT Press.

Haas, J. W. 2016. *Public Speaking in a Global Context*. 2nd ed. Plymouth, MI: Hayden-McNeil.

Hall, Edward T. 1959. *The Silent Language*. Greenwich, CT: Fawcett. (『침묵의 언어』, 한길사, 2013.)

Haughey, John C. 1973. *The Conspiracy of God: The Holy Spirit in Us*. Garden City, NJ: Doubleday.

Hay, Rob, Valerie Lim, Detlef Blocher, Jaap Ketelaar, and Sarah Hay. 2007. *Worth Keeping: Global Perspectives on Best Practices in Missionary Retention*. World Evangelical Fellowship Missions Commission, Globalization of Mission Series. Pasadena, CA: William Carey Library.

Headlee, Celeste. 2015. "10 Ways to Have a Better Conversation." Filmed May 2015. TED video, 11:21. https://www.ted.com/talks/celeste_

headlee_10_ways_to have_a_better_conversation.

Herskovits, Melville. 1955. *Cultural Anthropology*. New York: Knopf.

Hiebert, Paul G. 1978. "Form and Meaning in Contextualization of the Gospel." In *The Word among Us: Contextualizing Theology for Mission Today*, edited by Dean Gilliland, 101-20. Dallas: Word.

_____. 1983. *Cultural Anthropology*. 2nd ed. Grand Rapids: Baker Books.

_____. 1985. *Anthropological Insights for Missionaries*. Grand Rapids: Baker Books. (『선교와 문화인류학』, 죠이북스, 2018.)

_____. 2008. *Transforming Worldviews: An Anthropological Understanding of How People Change*. Grand Rapids: Baker Academic. (『21세기 선교와 세계관의 변화』, 복있는사람, 2010.)

Hill, Harriet. 1990. "Incarnational Ministry: A Critical Examination." *Evangelical Missions Quarterly* 26 (2): 196-201.

_____. 1993. "Lifting the Fog on Incarnational Ministry." *Evangelical Missions Quarterly* 29 (3): 262-69.

Hirsch, Alan. 2006. *The Forgotten Ways: Reactivating the Missional Church*. Grand Rapids: Brazos. (『잊혀진 교회의 길』, 아르카, 2020.)

History.com. 2022. "Rwandan Genocide." Originally posted October 14, 2009. Updated April 19, 2022. https://www.history.com/topics/africa/rwandan-genocide.

Holmes, Thomas H., and Minoru Masuda. 1974. "Life Change and Illness Susceptibility." In *Stressful Life Events: Their Nature and Effects*, edited by Barbara Dohrenwend and Bruce Dohrenwend, 45-72. New York: Wiley.

Horizon Unknown. 2019. "5 Stages of Culture Shock—How to Recognize,

Overcome and Enjoy a Culture Shock." Posted February 16, 2019. https://horizonunknown.com/5-stages-culture-shock-how-to-overcome/.

Hovey, Kevin George. 2019. *Guiding Light: Contributions of Alan R. Tippett toward the Development and Dissemination of Twentieth-Century Missiology*. American Society of Missiology Monograph Series 38. Eugene, OR: Pickwick.

Howell, Brian M., and Jenell Williams Paris. 2019. *Introducing Cultural Anthropology: A Christian Perspective*. 2nd ed. Grand Rapids: Baker Academic.

Huffman, Douglas S., ed. 2011. *Christian Contours: How a Biblical Worldview Shapes the Mind and Heart*. Grand Rapids: Kregel.

Hull, Brian, and Patrick Mays. 2022. *Youth Ministry as Mission: A Conversation about Theology and Culture*. Grand Rapids: Kregel Academic.

Hunt, Peter. 2018. *Ancient Greek and Roman Slavery*. Chichester, UK: Wiley-Blackwell.

Hunter, George G. 2000. *The Celtic Way of Evangelism: How Christianity Can Reach the West… Again*. Nashville: Abingdon.

International Relations EDU. n.d. "The 7 Symptoms of Culture Shock – Identifying Them and Getting Ahead of the Problem." https://www.internationalrelationsedu.org/the-7-symptoms-of-culture-shock-indentifying-them-and-getting-ahead-of-the-problem/.

Jeyaraj, Daniel. 2005. *Genealogy of the South Indian Deities: An English Translation of Bartholomäus Ziegenbalg's Original German*

    Manuscript with a Textual Analysis and Glossary. New York: RoutledgeCurzon.

_____. 2006. *Bartholomaus Ziegenbalg: The Father of the Modern Protestant Mission*. Delhi: Indian Society for Promoting Christian Knowledge.

Johnson, C. Neal. 2009. *Business as Mission: A Comprehensive Guide to Theory and Practice*. Downers Grove, IL: InterVarsity.

Johnson, Todd M., and Gina A. Zurlo, eds. 2020. *World Christian Encyclopedia*. 3rd ed. Edinburgh: Edinburgh University Press.

Just, Arthur A., Jr. 2003. *Luke: Ancient Christian Commentary on Scripture*. Downers Grove, IL: InterVarsity. (『교부들의 성경 주해 신약성경 4』, 분도출판사, 2011.)

Kairos Central America: A Challenge to the Churches of the World. (1988). 3rd ed. New York: Circus.

Kearney, Michael. 1984. *World View*. Novato, CA: Chandler and Sharp.

Keener, Craig. 2011. *Miracles: The Credibility of the New Testament Accounts*. Grand Rapids: Baker Academic. (『오늘날에도 기적이 일어날 수 있는가?』, 새물결플러스, 2022.)

Kim, Young Yun. 2001. *Becoming Intercultural: An Integrative Theory of Communication and Cross-Cultural Adaptation*. Thousand Oaks, CA: Sage.

Kirby, Jon P. 1995. "Language and Culture Learning IS Conversion… IS Ministry." *Missiology* 23 (2): 131-43.

Kirner, Kimberly, and Jan Mills. 2020. *Doing Ethnographic Research: Activities and Exercises*. Thousand Oaks, CA: Sage.

Klaus, John H., and Marshall H. Kennell. 1976. *Maternal Infant Bonding*. St.

Louis: Mosby.

Kluckhohn, Clyde. 1949. *Mirror for Man: The Relation of Anthropology to Modern Life*. New York: McGraw-Hill.

Kluckhohn, Clyde, and W. H. Kelly. 1945. "The Concept of Culture." In *The Science of Man in the World Crisis*, edited by Ralph Linton, 78-105. New York: Columbia University Press.

Koyama, Kosuke. 1990. "The Role of Translation in Developing Indigenous Theologies—an Asian View." In *Bible Translation and the Spread of the Church: The Last 200 Years*, edited by Philip C. Stine, 95-107. New York: Brill.

Kraft, Charles H. 1979. *Christianity in Culture*. Maryknoll, NY: Orbis Books. (『기독교와 문화』, CLC, 2006.)

_____. 1991. *Communication Theory for Christian Witness*. Rev. ed. Maryknoll, NY: Orbis Books. (『기독교 커뮤니케이션론』, CLC, 2021.)

_____. 1996. *Anthropology for Christian Witness*. Maryknoll, NY: Orbis Books. (『기독교 문화인류학』, CLC, 2005.)

_____. 2005. *Christianity in Culture*. Rev. 25th anniv. ed. Maryknoll, NY: Orbis Books. (『기독교와 문화』, CLC, 2006.)

_____. 2008. *Worldview for Christian Witness*. Pasadena, CA: William CareyLibrary.

Kraft, Marguerite. 1978. *Worldview and the Communication of the Gospel*. Pasadena, CA: William Carey Library.

Kroeber, A. L. 1917. "The Superorganic." *American Anthropologist* 19 (2): 163-213.

Kroeber, A. L., and Clyde Kluckhohn. 1952. *Culture: A Critical Review of*

　　　　Concepts and Definitions. New York: Vintage Books.

Lai, Patrick. 2015. *Business for Transformation: Getting Started*. Pasadena, CA: William Carey Library.

Lane, Harlan. 1979. *The Wild Boy of Aveyron*. Cambridge, MA: Harvard University Press.

Langmead, Ross. 2004. *The Word Made Flesh: Towards an Incarnational Missiology*. Lanham, MD: University Press of America.

Larson, Donald N. 1978. "The Viable Missionary: Learner, Trader, Storyteller." *Missiology* 4 (2): 155-63.

Lévy-Bruhl, Lucien. 1910. *How Natives Think*. Reprinted 1985. Princeton: Princeton University Press.

_____. 1923. *Primitive Mentality*. Reprinted 1978. New York: AMS.

Lewis, Julian. 2023. "Spiritual Depression: Signs, Causes, Coping, and Treatment."
ZellaLife (blog), January 26, 2023. https://www.zellalife.com/blog/spiritual-depression-signs-causes-coping-and-treatment/.

Lingenfelter, Sherwood, and Julie Green. 2022. *Teamwork Cross-Culturally: Christ-Centered Solutions for Leading Multinational Teams*. Grand Rapids: Baker Academic.

Lingenfelter, Sherwood, and Marvin K. Mayers. 2016. *Ministering Cross-Culturally: A Model for Effective Personal Relationships*. 3rd ed. Grand Rapids: Baker Academic. (『문화적 갈등과 사역』, 죠이북스, 2005.)

Linton, Ralph. 1936. *The Study of Man*. New York: Appleton Century Crofts.

Livermore, David. 2006. *Serving with Eyes Wide Open: Doing Short-Term Missions with Cultural Intelligence*. Grand Rapids: Baker Books.

_____. 2009. *Cultural Intelligence: Improving Your CQ to Engage Our Multicultural World*. Grand Rapids: Baker Academic.

_____. 2015. *Leading with Cultural Intelligence: The Real Secret to Success*. 2nd ed. New York: American Management Association. (『문화지능 CQ 리더십』, 꿈꿀권리, 2017.)

_____. 2022. Digital, *Diverse & Divided: How to Talk to Racists, Compete with Robots, and Overcome Polarization*. Oakland, CA: Berrett-Koehler.

Loss, Myron. 1983. *Culture Shock: Dealing with Stress in Cross-Cultural Living*. Winona Lake, IN: Light & Life.

Love, Rick. 2008. "Blessing the Nations in the 21st Century: A 3D Approach to ApostolicMinistry." *International Journal of Frontier Missiology* 25 (1): 31-37.

Lupton, Robert D. 2012. *Toxic Charity: How Churches and Charities Hurt Those They Help, and How to Reverse It*. New York: Harper-Collins.

Luzbetak, Louis. 1970. *The Church and Cultures: An Applied Anthropology for the Religious Worker*. Techny, IL: Divine Word Publications. Originally published 1963.

_____. 1988. The Church and Cultures: New Perspectives in Missiological Anthropology. Maryknoll, NY: Orbis Books. (『문화인류학』, 한국로고스연구원, 1993.)

Maclachlan, Matthew. 2017. "7 Tips to Take the Shock Out of Culture Shock." Learnlight. Accessed September 5, 2022. https://www.communicaid.com /cross-cultural-training/blog/top-tips-overcoming-culture-shock/.

Malinowski, Bronislaw. 1922. *Argonauts of the Western Pacific: An Account of Native Enterprise and Adventure in the Archipelagoes of Melanesian New Guinea*. London: Routledge & Sons. (『서태평양의 항해자들』, 민속원, 2024.)

———. 1944. *A Scientific Theory of Culture and Other Essays*. Chapel Hill: University of North Carolina Press.

Manning, Jimmie. 2014. "A Constitutive Approach to Interpersonal Communication Studies." Communication Studies 65:432-40.

Manz, Sonja. 2003. "Culture Shock—Causes, Consequences and Solutions: The International Experience." https://www.grin.com/document/108360.

Maranz, David E. 2015. *African Friends and Money Matters*. 2nd ed. Dallas: SIL International.

Marx, Elisabeth. 2001. *Breaking through Culture Shock: What You Need to Succeed in International Business*. London: Nicholas Brealey.

Mayers, Marvin K. 1974. *Christianity Confronts Culture: A Strategy for Cross-Cultural Evangelism*. Grand Rapids: Zondervan. Revised edition published 1987.

Mbiti, John. 1979. "The Gospel in the African Context." In *Toward Theology in an Australian Context*, edited by Victor C. Hayes, 18-26. Bedford Park: Australian Association for the Study of Religion.

McElhanon, Kenneth. 1991. "Don't Give Up on the Incarnational Model." Evangelical Missions Quarterly 27 (4): 390-93.

Mead, Margaret. 1928. *Coming of Age in Samoa*. New York: William Morrow.

Mehrabian, Albert. 1971. "Nonverbal Communication." Nebraska Symposium on Motivation 19:107-61.

_____. 1981. *Silent Messages: Implicit Communication of Emotions and Attitudes*. Belmont, CA: Wadsworth.

_____. 2008. *Communication without Words*. 2nd ed. New York: Routledge.

Mejudhon, Ubolwan. 1994. "The Way of Meekness: Being Thai and Christian in the Thai Way." DMiss diss., Asbury Theological Seminary.

Miller, Flint. 1996. "Mixed Messages: A Study of Southern Baptist Missionaries in East Asia and Their Attempt to Interpret and Apply the Concept of Ministering Incarnationally." DMiss diss., Asbury Theological Seminary.

Mischke, Werner. 2015. *The Global Gospel: Achieving Missional Impact in Our Multicultural World*. Scottsdale, AZ: Mission ONE.

Moon, W. Jay. 2017. *Intercultural Discipleship: Learning from Global Approaches to Spiritual Formation*. Grand Rapids: Baker Academic.

Moon W. Jay, and W. Bud Simon. 2021. *Effective Intercultural Evangelism: Good News in a Diverse World*. Downers Grove, IL: InterVarsity.

Moreau, Scott, Evvy Hay Campbell, and Susan Greener. 2014. *Effective Intercultural Communication: A Christian Perspective*. Grand Rapids: Baker Academic.

Muller, Roland. 2000. *Honor and Shame: Unlocking the Door*. Self-published, Xlibris Corporation.

Myers, Bryant. 2017. *Engaging Globalization: The Poor, Christian Mission, and Our Hyperconnected World*. Grand Rapids: Baker Academic.

Naugle, David. 2002. *Worldview: The History of a Concept*. Grand Rapids:

Eerdmans.

Nehrbass, Kenneth. 2016. *God's Image and Global Cultures: Integrating Faith and Culture in the Twenty-First Century*. Eugene, OR: Cascade Books.

Newbigin, Lesslie. 1986. *Foolishness to the Greeks: The Gospel and Western Culture*. Grand Rapids: Eerdmans. (『헬라인에게는 미련한 것이요』, IVP, 2005.)

New Hebrides Mission. 1875. *Twelfth Annual Report of the New Hebrides Vessel Day Spring: 1875*. Sydney: S. T. Leigh.https://cataloguenlagovau/Record/8542109.

Nicotera, Anne Maydan. 2009. "Constitutive View of Communication." In *Encyclopedia of Communication Theory*, edited by Stephen W. Littlejohn and Karen A. Foss, 175–78. London: Sage.

Nida, Eugene. 1954. *Customs and Cultures: Anthropology for Christian Missions*. New York: Harper & Brothers.

Nussbaum, Stan. 2005. *American Cultural Baggage: How to Recognize and Deal with It*. Maryknoll, NY: Orbis Books.

―――. 2007. *Breakthrough! Steps to Research and Resolve the Mysteries in Your Ministry*. Colorado Springs: GMI Research Services.

Oates, Lynette. 1992. *Hidden People: How a Remote New Guinea Culture Was Brought Back from the Brink of Extinction*. Sutherland, NSW: Albatross Books.

Oberg, Kalervo. 1960. "Culture Shock." *Practical Anthropology* 7 (4): 177–82.

Okesson, Gregg. 2020. *A Public Missiology: How Local Churches Witness to a Complex World*. Grand Rapids: Baker Academic.

Opler, Morris. 1945. "Themes as Dynamic Forces in Culture." *American Journal of Sociology* 51:198-206.

Osmer, Richard. 2021. *The Invitation: A Theology of Evangelism*. Grand Rapids: Eerdmans.

Ott, Craig. 2022. "Talking about Cultural Differences in an Age of Globalization and Hybridization: Between Obelix and Stephen Colbert." *Missiology* 50:63-77.

Pachuau, Lalsangkima. 2018. *World Christianity: A Historical and Theological Introduction*. Nashville: Abingdon.

Paracletos. 2015. "The Sad Facts about Missionary Attrition." Posted March 25, 2015. https://paracletos.org/the-sad-facts-about-missionary-attrition/.

Pearce, W. B., and W. E. Cronen. 1980. *Communication, Action, and Meaning: The Creation of Social Realities*. New York: Praeger.

Pike, Eunice, and Florence Cowan. 1959. "Mushroom Ritual versus Christianity." *Practical Anthropology* 6 (4): 145-50.

Prang, Margaret. 2002. *A Heart at Leisure from Itself: Caroline Macdonald of Japan*. Vancouver: University of British Columbia Press.

Priest, Robert J. 1994. "Missionary Elenctics: Conscience and Culture." *Missiology* 22 (3): 291-315.

―――. 2008. *Effective Engagement in Short-term Missions: Doing It Right*. Pasadena, CA: William Carey Library.

Pullinger, Jackie. 2007. *Chasing the Dragon: One Woman's Struggle against the Darkness of Hong Kong's Drug Dens*. Grand Rapids: Chosen.

Reyburn, William D. 1978. "Identification in the Missionary Task." In *Readings in *Missionary Anthropology II*, edited by William A. Smalley, 746–60. Pasadena, CA: William Carey Library. Originally published in Practical Anthropology 7, no. 1 (1960).

Richards, E. Randolph, and Richard James. 2020. *Misreading Scripture with Individualist Eyes: Patronage, Honor, and Shame in the Biblical World*. Downers Grove, IL: IVP Academic. (『개인주의를 넘어서는 성경읽기』, 성서유니온, 2022.)

Richards, E. Randolph, and Brandon J. O'Brien. 2012. *Misreading Scripture with Western Eyes: Removing Cultural Blinders to Better Understand the Bible*. Downers Grove, IL: InterVarsity. (『성경과 편견』, 성서유니온, 2016.)

Robert, Dana. 2019. *Faithful Friendships: Embracing Diversity in Christian Community*. Grand Rapids: Eerdmans.

Rosenthal, Paul. 2009. "The Concept of the Paramessage in Persuasive Communication." *Quarterly Journal of Speech* 58, no. 1: 15–30.

Russell, Mark L. 2010. *The Missional Entrepreneur: Principles and Practices for Business as Mission*. Birmingham, AL: New Hope.

Rynkiewich, Michael. 2011. *Soul, Self, and Society: A Postmodern Anthropology for Mission in a Postcolonial World*. Eugene, OR: Cascade Books.

―――. 2020. "The Challenge of Teaching Mission in an Increasingly Mobile and Complex World." *International Bulletin of Mission Research* 44 (4): 335–48.

Sanneh, Lamin. 2009. *Translating the Message: The Missionary Impact on Culture*. Revised and expanded edition. Maryknoll, NY: Orbis Books.

Sapir, Edward. 1921. *Language: An Introduction to the Study of Speech*. NewYork: Harcourt, Brace.

──────. 1929. "The Status of Linguistics as a Science." *Language* 5 (4): 207-14. http://www.jstor.org/stable/409588.

Satter, Ralph. 1991. "Discovering the Gift of God: The Impact of American Worldview on Salvation by Grace." DMiss diss., Asbury Theological Seminary.

Sears, Andrea. 2020. "New Data Confirms That Team Conflict Is One of the Primary Factors in Missionary Attrition." *A Life Overseas* (blog). Posted February 18. https://www.alifeoverseas.com/new-data-confirms-that-team-conflict-is-one-of-the-primary-factors-in-missionary-attrition/.

Sigman, S. J. 1992. "Do Social Approaches to Interpersonal Communication Constitute a Contribution to Communication Theory?" *Communication Theory* 2:347-56.

Silverman, Sydel. 2020. Foreword to *Anthropology beyond Culture*, edited by Richard G. Fox and Barbara J. King, 1-4. New York: Routledge.

Simons, Gary. 2023. Ethnologue: Languages of the World. 26th ed. https://www.ethnologue.com.

Sire, James W. 2015. *Naming the Elephant: Worldview as a Concept*. 2nd ed. Downers Grove, IL: IVP Academic.

──────. 2020. *The Universe Next Door: A Basic Worldview Catalog*. 6th ed. Downers Grove, IL: IVP Academic.

Slocum, Marianna. 1988. *The Good Seed*. Orange, CA: Promise.

Smalley, William A. 1963. "Culture Shock, Language Shock, and the

Shock of Self-Discovery," *Practical Anthropology* 10 (2): 49-56. Reprinted in 1978 in *Readings in Missionary Anthropology II*, edited by William Smalley, 693-700. Pasadena, CA: William Carey Library.

―――, ed. 1967. *Readings in Missionary Anthropology*. Tarrytown, NY: Practical Anthropology.

―――. ed. 1978. *Readings in Missionary Anthropology II*. Pasadena, CA: William Carey Library.

Spradley, James P. 2016a. *The Ethnographic Interview*. Long Grove, IL: Waveland.

―――. 2016b. *Participant Observation*. Long Grove, IL: Waveland. (『참여관찰법』, Cengage Learning, 2009.)

Spradley, James P., and David McCurdy. 1975. *Anthropology: The Cultural Perspective*. Long Grove, IL: Waveland.

Spradley, James P., and Mark Phillips. 1972. "Culture and Stress: A Quantitative Analysis." *American Anthropologist* 74 (3): 518-29.

Starke, John. 2011. "The Incarnation Is about a Person, Not a Mission." The Gospel Coalition. May 16. https://www.thegospelcoalition.org/article/the-incarnation-is-about-a-person-not-a-mission/.

Steffen, Tom, and Mike Barnett, eds. 2006. *Business as Mission: From Impoverished to Empowered*. Pasadena, CA: William Carey Library.

Stewart, Edward. 1972. *American Cultural Patterns: A Cross-Cultural Perspective*. Chicago: Intercultural Press.

Stewart, Louise, and Peter A. Leggat. 1998. "Culture Shock and Travelers." *Journal of Travel Medicine* 5:84-88.

Stine, Philip C. 2004. *Let the Words Be Written: The Lasting Influence of Eugene A. Nida*. Atlanta: Society of Biblical Literature.

Strelan, John G. 1977. *Search for Salvation: Studies in the History and Theology of Cargo Cults*. Adelaide, Australia: Lutheran Publishing House.

Taber, Charles R. 1971. "The Missionary Ghetto." *Practical Anthropology* 18 (5): 193-96.

―――. 1990. "Review of The Church and Cultures: New Perspectives in Missiological Anthropology, by Louis J. Luzbetak, SVD." *Missiology* 18:103-4.

Talman, Harley, and John Travis, eds. 2015. *Understanding Insider Movements: Disciples of Jesus within Diverse Religious Communities*. Pasadena, CA: William Carey Library.

Taylor, John V. 1963. *The Primal Vision*. Philadelphia: Fortress.

Taylor, William D. 1997. Too Valuable to Lose: Exploring the Causes and Cures of Missionary Attrition. World Evangelical Fellowship Missions Commission, Globalization of Mission Series. Pasadena, CA: William Carey Library. (『잃어버리기에는 너무 소중한 사람들』, 죠이선교회, 1998.)

Thomas, William I., and Dorothy S. Thomas. 1928. *The Child in America: Behavior Problems and Programs*. New York: Knopf.

Tiénou, Tite. 1991. "The Invention of the 'Primitive' and Stereotypes in Mission." *Missiology* 19 (3): 295-303.

―――. 2016. "Reflections on Michael A. Rynkiewich's 'Do Not Remember the Former Things.'" *International Bulletin of Mission Research* 40 (4): 318-24.

Tippett, Alan R. 1967. *Solomon Islands Christianity: A Study in Growth and Obstruction*. New York: Friendship Press.

_____. 1971. *People Movements in Southern Polynesia*. Chicago: Moody.

_____. 1980. *The Transmission of Information and Social Values in Early Christian Fiji, 1836-1905*. Canberra, Australia: St. Mark's Library.

_____. 2013. *The Ways of the People: A Reader in Missionary Anthropology*. Pasadena CA: William Carey Library.

Towler, Sonya. 2020. "How Much of Communication Is Really Nonverbal?" Premier Global Services, Inc. March 30. https://www.pgi.com/blog/2020/03/how-much-of-communication-is-really-nonverbal/.

Tylor, Edward Burnett. 1871. *The Origins of Culture. Vol. 1 of Primitive Culture*. New York: Harper & Row. Reprinted 1958.

USDA. 2022. "Rural Classifications." USDA Economic Research Service. Last updated November 29, 2022. https://www.ers.usda.gov/topics/rural-economy-population/rural-classifications/.

van den Toren-Lekkerkerker, Berdine, and Benno van den Toren. 2015. "From Missionary Incarnate to Incarnational Guest: A Critical Reflection on Incarnation as a Model for Missionary Presence." *Transformation: An International Journal of Holistic Mission Studies* 32 (2): 81-96.

van der Zee, Karen, and Jan Pieter van Oudenhoven. 2013. "Culture Shock or Challenge? The Role of Personality as a Determinant of Intercultural Competence." *Journal of Cross-Cultural Psychology* 44 (6): 928-40.

Walls, Andrew F. 1996. "The Gospel as Prisoner and Liberator of Culture."

In *The Missionary Movement in Christian History: Studies in the Transmission of Faith*, 3-15. Maryknoll, NY: Orbis Books. (『세계 기독교와 선교 운동』, IVP, 2018.)

Walton, John H., and Craig S. Keener, eds. 2016. *NIV Cultural Backgrounds Study Bible*. Grand Rapids: Zondervan.

Ward, Colleen, Stephen Bochner, and Adrian Furnham. 2001. *The Psychology of Culture Shock*. 2nd ed. New York: Routledge.

Watt, Agnus. 1896. *Twenty-Five Years' Mission Life on Tanna*, New Hebrides. Edinburgh: John Menzies.

Weiss, Gerald. 1973. "A Scientific Concept of Culture." *American Anthropologist* 75 (5): 1376-1413.

Wells, Samuel. 2018. *Incarnational Mission: Being with the World*. Grand Rapids: Eerdmans.

Whelchel, Michael. 1996. "The Relationship of Psychological Type to the Missionary Calling and Cross-Cultural Adjustment of Southern Baptist Missionaries." DMiss diss., Asbury Theological Seminary.

Whiteman, Darrell L. 1983. *Melanesians and Missionaries: An Ethnohistorical Study of Social and Religious Change in the Southwest Pacific*. Pasadena, CA: William Carey Library.

_____. 1985. *Missionaries, Anthropologists, and Cultural Change*. Studies in Third World Societies 25. Williamsburg, VA: Department of Anthropology, William and Mary College.

_____. 1990. "Bible Translation and Social and Cultural Development." In *Bible Translation and the Growth of the Church: The Last 200 Years*, edited by Philip C. Stine, 120-41. Leiden: Brill, 1990.

_____. 1992. "The Legacy of Alan R. Tippett." *International Bulletin of*

Missionary Research 16:163-66.

_____. 1993. "Presenting the Lamb of God in a Country with No Sheep." *Mission Advocate: A Publication of the Mission Society for United Methodists* (Summer): 2-3.

_____. 1994. "Alan R. Tippett 1911-1988: Anthropology in the Service of Mission." In *Mission Legacies: Biographical Studies of Leaders of the Modern Missionary Movement*, edited by Gerald H. Anderson, Robert T. Coote, Norman A. Horner, and James M. Phillips, 532-38. Maryknoll, NY: Orbis Books.

_____. 1997. "Contextualization: The Theory, the Gap, the Challenge." *International Bulletin of Missionary Research* 21 (1): 2-7.

_____. 2003. "Anthropology and Mission: The Incarnational Connection." Third Annual Louis J. Luzbetak Lectures on Mission and Culture, Catholic Theological Union. Reprinted in *Mission and Culture: The Louis J. Luzbetak Lectures*, edited by Stephen B. Bevans, 59-98. Maryknoll, NY: Orbis Books, 2012.

_____. 2005. "'Incarnational Identification': Reflections on Philippians 2:5-8." *Faith in Action Study Bible: Living God's Word in a Changing World*. Grand Rapids: Zondervan.

_____. 2006. "The Role of Ethnicity and Culture in Shaping Western Mission Agency Identity." *Missiology* 34 (1): 59-70.

_____. 2010. "Response to Paul G. Hiebert: The Gospel in Human Context: Changing Perceptions of Contextualization." In *MissionShift: Global Mission Issues in the Third Millennium*, edited by David J. Hesselgrave and Ed Stetzer, 114-28. Nashville: B&H Academic.

_____. 2018. "Shame/Honor, Guilt/Innocence, Fear/Power: A Missiological Response to Simon Cozens and Geoff Beech." *International Bulletin of Mission Research* 42 (4): 348-56.

_____. 2019. Review of Incarnational Mission: Being with the World, by Samuel Wells. *Missiology* 47 (1): 85.

_____. 2021. "Contextualization: A Passing Fad, a Syncretistic Danger, or a Biblical Model?" *Doon Theological Journal* 18 (2): 21-39.

_____. 2023a. "Why Is Christianity Perceived as a Foreign Religion?" In *Leave the Farm and Follow Me: Festschrift in Honour of Rev. Dr. Graham Whitfield Houghton: Essays on Theology and Mission*, edited by Richard Howell, 385–406. Farrukh Nagar, India: Caleb Institute.

_____. 2023b. "The Conversion of a Missionary: A Missiological Study of Acts 10." *Missiology* 51 (1): 19-30.

_____. 2023c. "My Pilgrimage in Mission." *International Bulletin of Mission Research* 47 (4): 536-47.

Whiteman, G., E. Edwards, A. Savelle, and K. Whiteman. 2020. "How Do Missionaries Become Resilient?" In *Relentless Love: Living Out Integral Mission to Combat Poverty, Injustice, and Conflict*, edited by Graham Joseph Hill, 65-75. Carlisle, UK: Langham Global Library.

Whiteman, Geoff, and Heather Pubols, eds. 2023. *Essentials for People Care and Development*. Wheaton, IL: Missio Nexus.

Whiteman, Geoff, and Kriss Whiteman. 2022. Supporting Today's Global Workers Toward Missional Resilience. *EMQ* 58 (2): 27-29.

Whiteman, Kristina. 2023a. "A Treasured History: Listening to and Learning from Global Workers' Stories of Resilience." PhD diss., Asbury Theological Seminary.

_____. 2023b. "A Treasured History: Stories of Resilience." In G. Whiteman and Pubols, *Essentials for People Care*, 17-31. Wheaton, IL: Missio Nexus.

Wikipedia. S.v. "Participant Observation." Last modified January 2, 2023, 19:29. https://en.wikipedia.org/wiki/Participant observation.

William, J. D. n.d. *Bartholomeus Ziegenbalg: First Protestant Missionary to India*. Nasik, India: Genesis Books.

Winkelman, Michael. 1994. "Culture Shock and Adaptation." *Journal of Counseling & Development* 73:121-26.

Winter, Ralph D., and Steven C. Hawthorne, eds. 2009. *Perspectives on the World Christian Movement*. 4th ed. Pasadena, CA: William Carey Library.

Wolcott, Harry. 2005. The Art of Fieldwork. 2nd ed. Walnut Creek, CA: AltaMira.

_____. 2008. *Ethnography: A Way of Seeing*. 2nd ed. Lanham, MD: AltaMira.

World Evangelicals. 2003. "US Report of Findings on Missionary Retention." December. http://www.worldevangelicals.org/resources/rfiles/res3 95 link_1292358708.pdf.

Wright, N. T. 1992. *The New Testament and the People of God*. Minneapolis: Fortress. (『신약성서와 하나님의 백성』, 크리스천다이제스트, 2003.)

Wu, Jackson. 2019. *Reading Romans with Eastern Eyes: Honor and Shame in Paul's Message and Mission*. Downers Grove, IL: IVP

Academic.

Yale, Brandie. 2017. "Understanding Culture Shock in International Students." *Academic Advising Today* 40 (4). https://nacada.ksu.edu/Resources / Academic-Advising-Today/View-Articles/Understanding-Culture-Shock-in-International-Students.aspx.

Yamamori, Tetsunao, and Kenneth Eldred, eds. 2003. *On Kingdom Business: Transforming Missions through Entrepreneurial Strategies*. Carol Stream, IL: Crossway Books. (『킹덤 비즈니스』, 죠이선교회, 2008.)

Yavetz, Zvi. 1988. *Slaves and Slavery in Ancient Rome*. New Brunswick, NJ: Transaction.

Zahniser, A. H. Mathias. 1997. *Symbol and Ceremony: Making Disciples across Cultures*. Monrovia, CA: MARC.

Ziegenbalg, Bartholomäus. 1984. *Genealogy of the South-Indian Gods: A Manual of the Mythology and Religion of the People of Southern India. Including a Description of Popular Hinduism*. New Delhi: Unity Book Service.

Zurlo, Gina A., Todd M. Johnson, and Peter F. Crossing. 2020. "World Christianity and Mission 2020: Ongoing Shift to the Global South." *International Bulletin of Mission Research* 44 (1): 8-19.

색인

* 원고와 논문, 설교 제목은 쌍따옴표로 표시했습니다.
* 국내에 번역, 출간된 책은 한글판 제목과 출판사명을 괄호 안에 병기했습니다.

가정
    가정에 근거한 결론 90-92
    가정에 근거한 오해 232-34
    무의식으로서의 가정 98-99
    문화적 영향과 가정 86-87, 87-92, 98-99
    민족지학 연구에서의 가정 302-304
    세계관에 숨겨진 가정 159-61, 319-20, 357
    지식의 가장 낮은 형태인 가정 234, 270
    타문화 이해 303-304

가치
    가치관 차이와 그로 인한 스트레스 330
    문화적 짐으로서의 가치 322-24, 326, 328
    미국인의 가치관 88, 160-61, 173-74, 230, 235-36, 317, 319-20, 332

개방형 질문 305-307

개별적 특성, 특수성 77

개인적 관계
    개인적 관계에서의 우정 351-55
    문화충격과 개인적 관계 228-29, 274-75, 281-82
    사역으로서의 개인적 관계 40, 192-93
    삶의 방식과 개인적 관계 186-87
    선교사의 개인적 관계 182, 187-88
    유대감과 개인적 관계 338-44, 357
    이중문화주의와 개인적 관계 337-44, 357
    자아 개념과 개인적 관계 181-82

재산과 개인적 관계 327-28
참여 관찰에서의 개인적 관계 297-98, 300-301, 303-304
타문화권 의사소통에서의 개인적 관계 187-88, 355-57
개인적 영역 207-208
개인적 주체성 46, 79, 82
개인주의 112, 320, 322-23, 332
거부와 퇴행 224-27
게르만 128
격언 160, 286
겸손 111, 116, 125, 189, 191-92, 312, 338, 343
경제와 기술 70-73, 95, 296
경청 282, 305-308, 315
고든 108
고수케 고야마 84
고정관념 32, 46-47, 73, 79, 156, 227, 254
공간의 사용 206-211, 223
공적 영역 207
교회 개척가 65, 217
구성요소 분석 297n1
구원 105, 121-22, 135, 138, 143, 194, 314, 330
구획화 286-87, 348
"그들은 다시 집으로 돌아갈 수 있을까?" (브리슬린·반부렌) 261

그레그 오케슨 300-301
기능적 통합 70-71
기독교
　분열된 기독교 165, 330-31
　기독교 교파 136n6, 137
　명목상 기독교 142, 163, 203
　문화 상대주의와 기독교 312-14
　유럽 문화와 기독교 128-29
기독교 교파 136n6, 137-39, 141
기독교 세계관 159
기술의 발전 12, 80, 89-90
기후 228, 236, 336
긴장과 기대 249
김영윤 259
나이지리아 92, 144n9
내면의 영적 자원 276, 281
내부자 운동 164
누라하게
　누라하게 마을 주민과의 상호 반응 273-74, 293-94
　누라하게 마을 주민의 사랑 275, 336
　누라하게 마을에 수용됨 273-76
　누라하게에서의 정체성 272-74
　누라하게의 성육신 60, 122, 275
　누라하게의 은혜 122-23
다니엘 제야라즈 129n4
다윗 99, 139n8
단기 선교 157, 253, 304n4

대럴 구더 106
대럴 화이트먼
    대럴 화이트먼의 경력 25-31, 40-41, 54, 138n7, 217-18
    대럴 화이트먼의 문화상대주의 314
    대럴 화이트먼의 문화적 짐 317-18, 322
    대럴 화이트먼의 별명 317, 322
    대럴 화이트먼의 세계관 170-71
    대럴 화이트먼의 신체적 질병 246
    대럴 화이트먼의 역문화충격 262-63
    대럴 화이트먼의 호기심 304-305
    대럴 화이트먼의 훈련 사역 27-28, 31, 103-105, 184-85
대만 문화 65, 236
대안성 77, 79-80
대처 전략 282-84
대화 기술 306-308
더들리 투티 335
데스 오츠·젠 오츠 172
데이나 로버트 352
데이비드 리버모어 62n7, 329n3
데이비드 마란즈 325
데이비드 맥커디 43, 61
데이비드 헤셀그레이브 88
도널드 맥가브란 143
도널드(돈) 라슨 118n8, 345
독일어와 독일 문화 80, 129

돈과 소유 72-73, 245, 325-28
두려움 113-14, 271-74
라민 사네 85, 93
라틴 아메리카 문화 295
랄프 린튼 77
랜돌프 리처즈 86, 136, 160
러시아 문화 208-209
레슬리 뉴비긴 193n2
레이 버드휘스텔 180n1
로버트 맥카피 브라운 173
로버트 에머슨 310-11
로버트 에저튼 76
로버트 프리스트 50, 304n4
론 블루 72
루시앙 레비-브륄 91
루이스 루즈베탁 11-12, 29-30, 41, 42n2, 98
르완다 26-27, 317-18, 333
리버모어 329n3
리처드 레이 241
리처드 오스머 193
릭 러브 348-49
린디 백케스 314
마거리트 프랭 352
마리안나 슬로컴 69
마법/마술 149, 293-94, 301, 314, 331
마빈 마이어스 30, 107n3, 274, 277
마이런 브롬리 61

마이어스-브릭스 성격 유형 지표 222, 223n5,
마이크 콜번·샌디 콜번 149n12
마이클 린키비치 30, 43, 133n5, 296
마이클 윈켈만 216n2, 227, 267
마이클 프로스트 107
마자테코족의 언어와 신념 201
마크 필립스 244
마티아스 자나이저 175
막스 뮐러 128n3
"말라바리안 신들의 계보"(지겐발그) 128, 129n1
맥스 워런 44, 143
멜라네시아 문화
    멜라네시아 문화에서 복음을 전할 때 발생한 오류 130-31
    멜라네시아 문화에서의 마술과 영들 168, 170, 293-94, 301-302
    멜라네시아 문화에서의 번역 198-99
    멜라네시아 문화에서의 음식 교환 232
    멜라네시아 문화의 기술 90
    멜라네시아의 문화적 형식 197-99
    멜라네시아의 핵심 문화와 유동성 영역 80
    문화충격과 멜라네시아 문화 226-27
    세계관과 멜라네시아 문화 155-57, 165, 169-72
멜라네시아 성공회 155, 205, 335
멜라네시아 성공회선교부 335, 347
멜라네시아 형제단 285-86, 286n2
멜바 마가이 203
명시적 신학 300-301
모세 170
목소리 톤 180n1
몸짓 언어 180, 180n1
몽족 언어와 세계관 147-48
무슬림 복음전도 133, 164, 179-80, 347
문화
    다른 사람에 대한 태도에 미치는 문화의 영향 87-92
    개인적 문화 참여 77-79
    개인적 행위와 문화의 영향 45-48, 81
    공유된 문화 44, 56-60, 62, 67
    문화 간 가교를 놓는 능력에 대한 문화의 영향 53-54
    문화 분석 77
    문화 습득 43
    문화에 대한 비판 45-48
    문화에 대한 오용 45-47
    문화에 반영된 죄성 63, 92, 94
    문화의 기능적 통합 70-74, 93-94
    문화의 동질성 16, 218, 322
    문화의 사회적 상황 62-66
    문화의 안정과 역기능 59, 63
    문화의 역동적 특성 43-44, 95
    문화의 영향 95-97

문화의 영향에 대한 인식 98-99, 318
문화의 정의 42-45
문화의 창조 45
문화적 가정에 대한 문화의 영향 44
　-48, 98-99
문화적 내용의 범주 77, 79, 95
미국 문화 59, 71, 74-75, 86-88,
　161, 230, 318-19
복음과 문화의 관계 92-97
세계관과 문화 165-68
세계화와 도시화가 문화에 미치는 영향
　64-65, 74-77, 81-82, 115, 295
　-96
시스템으로서의 문화 70-72
신앙과 신학에 대한 문화의 영향 65,
　79-81, 202, 356-57
실재에 대한 인식에 미치는 문화의 영향
　82-87
양심에 미치는 문화의 영향 350
원시 문화 87-89
인간 본성의 이해에 미치는 문화의 영향
　86-87
인간 창조와 관련된 문화 53
인간의 필요와 문화 55-56
정신적 지도로서의 문화 58-67
타문화 사역을 위한 문화 이해 58-
　59, 60-61, 95-99
하나님이 선물로 주신 문화 44, 63,
　92-94
학습된 문화 48-56
핵심 문화 79-81, 97

문화 차이
　문화 차이 대 유사성 277-79
　문화 차이 발견과 문화상대주의 307-
　　308, 314, 356-57
　문화 차이 발견에 대한 인류학적 접근
　　165, 190, 193-94, 224-25,
　　296-300
　문화 차이 발견을 위한 기술 185, 356
　　-57
　문화 차이 발견을 위한 태도 356-57
　문화 차이 발견의 중요성 294-96
　문화 차이에 대한 성육신적 접근 113-
　　14, 171-72, 267, 281-82, 298-
　　300
　문화 차이에 대한 총체적 이해 297-98
　문화충격의 심각성과 문화 차이 220-21

문화 충돌 40

문화 학습 192, 269, 271

문화 혼종화 이론 47

문화상대주의 279, 295, 312-14

"문화와 스트레스"(스프레들리·필립스)
　244

문화의 구체화 45-48

문화의 본질화 45-47

문화의 획일화 45-46, 115

문화적 단서 134, 225, 233n11, 258
문화적 본성 87, 97
문화적 스트레스 258, 276, 279-81
문화적 이상 74-77, 82, 95
문화적 짐
    아이들이 겪는 문화충격 259
    무의식적인 문화적 짐 318
    문화적 짐 이해의 중요성 321-23
    문화적 짐에 대한 인식 317-23, 333, 356-57
    문화적 짐과 연관된 문제 138-39, 321-23, 333
    문화적 짐에 대한 정의 321
    문화적 짐으로서의 삶의 방식 324
    문화적 짐으로서의 재산 325
    문화적 짐으로서의 가치관과 세계관 357
    문화충격과 문화적 짐 282-83
    미국인의 문화적 짐 317-21, 324-32
    신학적 신념과 문화적 짐 328-30
문화적 형식 197, 199-201, 203, 210-11
문화적 형태 92
문화충격
    긍정적 경험으로서의 문화충격 252, 272, 282, 287
    낡은 정신적 지도 59
    문화적 단서의 결핍과 문화충격 225
    문화충격과 문화적 스트레스 233n11, 258, 276, 279-81
    문화충격에 대한 기본 반응 225-27, 268
    문화충격의 만연함과 필연성 216-20, 281-82
    문화충격의 심각성 220-24
    문화충격의 원인 224, 227-36
    문화충격의 정의 216-20
    문화충격의 증상 240-50
    역문화충격 260-63
    직업병으로서의 문화충격 217, 220, 228, 237, 240, 269-71
문화충격과 효율성 228-29, 234-36
문화충격에 관한 칼레보 오버그의 이론
    문화충격 극복 269-80
    문화충격에 대한 반응 224-27
    문화충격의 단계 250-60
    문화충격의 증상 240-50
    직업병 같은 문화충격 217, 220, 228, 237, 240, 267
문화충격에 대한 오해 해소 228-36
문화충격의 극복
    문화충격과 불안에 대한 인식 269-71
    문화충격과 새로운 문화 학습 271-74
    문화충격과 스트레스 대처 276-77
    문화충격과 신뢰 구축 274
    문화충격과 현지 사회와의 유대감 344
    성육신적 동일시와 문화충격 267, 269

-70, 281-82, 286-88

타문화 효과와 문화충격 267-69

태도와 문화충격 255-58, 278-82

문화충격의 단계

"문화충격: 새로운 문화 환경에 대한 적응"(오버그) 216

문화충격의 단계 중 결심과 해소 255-58

문화충격의 단계 중 관광객 및 허니문 217, 239, 251, 253

문화충격의 단계 중 적대감과 환멸 251, 254-56

문화충격의 단계 중 적응 258-60

히버트와 오버그의 문화충격 단계 250-60

문화화 42, 56, 82, 268, 298

미국

가치 쌍 278

보편성 77

미국 농업 인구 202n2

미국 문화의 기능적 통합 71

미국에 관한 자료 333

미국의 문화 49, 54, 57-59, 92, 74, 78, 87, 92, 168, 200, 202-203, 207-208

소비사회 319

미국선교학회 10, 23, 28n3, 30n8

미국인(북미인) 문화적 짐 317-21, 325-32

미국 그리스도인의 기도 173-74

미국인과 문화적 형식 197, 202-203

미국인을 위한 정체성 개발 230

미국인의 가치 235-36, 317-20, 329, 332

미국인의 공간 사용 208-10

미국인의 농장 거주와 농촌 거주 202n2

미국인의 동질성 168

미국인의 양자택일적 사고 73, 85-86, 330

미국인의 종교와 세계관 160, 168-69, 173-74

미노루 마쓰다 243-44

미리엄 애드니 46, 63n8, 164n6

민족지학 연구 295, 298, 301-302, 306, 312-13

민족지학 연구에 필요한 시간 303-305, 307, 310-11

문화상대주의의 중요성 312-14

민족지학 연구를 위한 기술 141, 303, 307

민족지학 연구를 위한 정신 313

민족지학 연구에서의 객관성과 주관성 298-99, 310

민족지학 연구의 중요성 300-304

바돌로매 지겐발그 127

바울

바울과 성육신적 동일시 111, 120-22, 142
바울의 문화적 상황과 서신 99, 111
바울의 복음전도의 복합적 결과 142-43
바울의 삶의 방식 대 정체성 120
바울의 세계관과 회심 174-75

반부렌 261

반영성(성찰 혹은 재귀성) 310

방글라데시 세계관 157

번역
번역과 복음 전파 69, 93, 128, 172
번역에서의 문제 147-48, 201-202

베드로 24, 109, 170

벤자민 리 워프 166

벤자민 프랭클린 354

복음
미국식 복음 203
복음과 문화의 관계 92-96, 136-40, 323
복음에 관한 태도와 신념 183-85
복음에 대한 문화적 연계 302-303
복음에 대한 반응 144-45, 177
복음에 대한 이원론적 접근 73
복음의 공격 193-94, 193n2, 210
잘못 전달된 복음 129-31, 142-43, 147-49, 155-58, 210-11, 271-72

복음전도 40, 55, 77, 165, 174, 186, 193-94

복음전도를 위한 문화적 상황
메시지의 내용과 복음전도를 위한 문화적 상황 132-34
문화적 짐과 복음전도를 위한 문화적 상황 138-39
복음전도를 위한 문화적 상황에 대한 성서의 예 98-99, 107-11, 174-75, 209-10, 314
사회적 역할과 복음전도를 위한 문화적 상황 56-66, 118n8, 156-58, 228-31, 345

복음주의 전통 73

본국 사역 262

본능적 행위 48-50

부활 113, 149, 170

분열된 기독교 165, 330-31

브라이언 하웰 30, 43, 297, 299

브라이언트 마이어스 81

브랜든 오브라이언 86, 136, 160

브로니슬라프 말리노프스키 55, 56n6, 297

브리슬린 261

비누마리엔족 172

비언어적 의사소통 138, 180, 193, 195, 230, 269

비즈니스 선교 64, 348

비판적 분석 296

비효율성 직면 228, 234-36

빈센트 도노반 138

빌리 드월트 298

사랑 352, 358-61

사무엘 웰스 118

사생활 244, 277, 319

사울 139n8, 171

사피어-워프 가설 167

사회

    문화적 이상과 사회 74-77, 82, 95

    사회 구성원 62, 67

    사회에 대한 정의 62-63

    사회에 대한 하나님 나라의 청사진 63

    사회의 기능적 통합 70-71

    사회적 안정감과 역기능 64-65, 69, 74-75

    사회적 관계 70-74, 78, 95, 220, 296

사회적 역할 64-66, 118n8, 156, 228-30, 345-46

사회적 영역 207-208

사회적 진화 이론 89-91

산타이사벨 39, 59, 122, 155, 273, 293, 335-36

삶의 방식

    관계와 삶의 방식 186-88

    불안감과 삶의 방식 269-71

    삶의 방식 대 정체성 120-22

    삶의 방식으로서의 파라메시지 186-88

'삶의 방식'이라는 문화적 짐 324-25

"삶의 변화와 질병 취약성"(토머스 홈즈·미노루 마쓰다) 243

선교사

    선교사들의 관계 182, 192, 254, 285

    선교사에 대한 기대 248-49

    선교사의 공적 이미지 25, 248-49

    선교사의 삶의 방식과 적응 186-88, 270-71

    선교사의 성격 유형 222

    선교사의 신체적·정신적 건강 246-47

    선교사의 역할 64-66, 118n8, 174, 229

    선교사의 중도 탈락 34, 219, 219n4

    선교사의 회심 23-24, 35

    인류학·민족지학에 대한 선교사의 공헌 296, 301-11

선교사의 게토 277

선교사의 적합한 역할 118n8

선교사의 회심 23-24, 35

선교인류학(자) 24, 28-30, 32, 41, 43, 62, 95, 159, 311

"선교적 과업에서의 동일시"(윌리엄 레이번) 116

    문화충격과 정체성 227-30, 280-81

    세계관 및 종교적 정체성 161-66

    이중 문화주의와 정체성 348-49

정체성 변화 114-15

정체성에 관한 유동성 113-16

선행 은총 77, 143-44

성격 87, 221-22, 279

성령 130, 136, 143, 163-64, 174, 191, 281, 354

성만찬 204-206

성서 해석 86, 145, 160, 170, 173, 177, 295

성서

    미국 문화에서의 성서 160-61, 332

    성서에 반영된 문화적 상황 98-99, 108-11, 174-75, 299-300, 314

    성서의 세계관과 해석 135-37, 141-43, 170-71, 174-75

성서가 말하는 고난의 가치 332

성서적 세계관 159-60, 175-76

성육신 106-11, 115-16, 299-300

성육신적 동일시

    문화적 세계관 차이에 대한 접근 113-14, 171-72, 267, 282, 299-300

    사랑에 의한 성육신적 동일시 358-61

    성육신적 동일시를 통한 적응 32-33, 54, 99, 103, 105n2, 108-109, 116-18, 120-24, 258-59, 270, 282, 284-87

    성육신적 동일시에 대한 저항 113-14

    성육신적 동일시의 신학적 근거 106-20

    성육신적 동일시의 실천 124-25

    의사소통과 성육신적 동일시 134-46

    재산에 대한 접근 325-28

    희생과 성육신적 동일시 106-16, 151, 208-209

    성찬 155-56, 163, 197, 205-206, 301

세계관

    동일시와 세계관 171-72

    성육신적 의사소통과 세계관 134-35, 139-41, 145

    세계관 변화 및 갱신 164-65, 171-72, 174-76, 230

    세계관 변화에 대한 저항 163-67

    세계관 차이 157-58

    세계관과 종교와 행위의 관계 161-66

    세계관에 대한 인식 320-24

    세계관에 의해 형성된 실재의 인식 159-61, 167-68, 177

    세계관에 의해 형성된 정체성 161-66

    세계관의 발달 165-67, 177

    세계관의 숨겨진 가정 159-61, 318, 357

    세계관의 역동적 성격 158

    세계관의 영향을 받은 성서 해석 134-46, 170-75

    세계관의 정의 158-60

    의사소통 문제와 세계관 84-87, 155-

61, 166-71

　　중국 세계관 173-74

　　타문화권 사역의 효율성과 세계관 157
　　　-58

세계화와 도시화

　　동일시의 도전 117

　　문화 변화 83-84, 74-76, 81-82,
　　　115-16, 295-96

　　문화적 다양성 83, 81-82

　　세계화와 도시화에 의해 확산되는 미
　　　국적 주제 160

　　타문화 사역에 미치는 세계화와 도시
　　　화의 영향 294-96

세례 94, 149, 204

셀레스트 헤들리 307

셔우드 링겐펠터 107n3, 277

소냐 만츠 268

소셜미디어 224, 285

소외 117, 204, 255, 283-84, 339

소유 319, 325-28

솔로몬제도에서의 저자 사역

　　누라하게 마을 도착 59-60, 143, 246,
　　　336

　　문화 학습 232

　　성육신적 동일시 122-23

　　신뢰 구축 274-75

　　연구 조사 155-56, 190-91, 273, 301
　　　-302, 309, 314, 335

유대감 349

　　일상생활 적응 60-61, 235

수용 279-80

수인성 전염병 104-105

스탠 누스바움 306n5, 318

스토리텔러 118n8, 346

스트레스 222, 233, 241-44, 246-47,
　　276-81

스티븐 그룬란 30

시바 아자디푸어 223

신념/믿음 231-33, 321-23

신뢰 구축 269, 274-76

신앙의 문화적 형성 136-39, 322-23,
　　356-57

신체적 질병 246-47, 271

신학

　　명시적 신학과 암묵적 신학 300

　　문화와의 대화와 신학 92-95

　　신학에 미친 문화의 영향 84-87, 115-
　　　16, 137-41, 323, 357

실재/현실

　　현실 인식 86, 167-69

　　현실의 사회적 구성 167-68

"실패하지 않을 계획"(데이비드 헤셀그레
　　이브) 88

심리적·영적 우울증 247-50, 263-64,
　　289

심판 96, 194

아베롱의 야생 소년 52
아서 니호프 329
아프리카 문화 325-26
안식년 88-89, 262
알프레드 크로버 50-51, 297
암묵적인 일상 신학 300
애그너스 와트 313
앤드류 윌스 174
앨런 티페트 29, 29n5, 30n8, 95, 311, 347
앨런 허쉬 107
앨버트 메라비언 180n1
야생의 아이들 51-52
양심과 문화 350
양자택일적(이분법적) 사고 84-85, 329-30
어거스트 헤르만 프랑케 128
언어
    문화적 형식과 언어 201-202
    사역 현장에서 언어가 갖는 중요성 109-10, 192-93
    언어 학습의 중요성을 간과한 복음전도 127-31
    언어를 통한 개인적 반응 231
    언어를 통해 개발되는 세계관 165-67
    언어와 공간의 사용 206-207
    언어의 영향력 165-67
    이원론적 틀 대 연속적 틀 84-86

언어적 의사소통 138, 181, 189
언어 학습
    몰입을 통한 언어 학습 272-73
    문화충격과 언어 학습 231, 272
    사역으로서의 언어 학습 192
    언어 학습 대 문화 학습 271-74
    언어 학습으로 인한 스트레스 247
    우정과 언어 학습 352-53
    유대감과 언어 학습 342-43
    평생 노력해야 하는 언어 학습 337
에드워드 기번 75
에드워드 사피어 166
에드워드 타일러 43, 88
에드워드 홀 206-207
에리마족 148-49
엘리야 170
역문화충격 260-63
연속성 틀 82-87
영속적 활력의 연속 55
영혼 168-71, 198, 314
예수
    귀신에 대한 언급 170
    성만찬과 예수 206
    예수를 위한 가치 있는 고난 332
    예수의 가르침에 나타난 기능적 통합 72-73
    예수의 문화적 상황과 상호 반응 99, 106-11, 119-20, 175, 299-300

예수의 족보 172

예수의 태도와 자세 94, 112,

참여 관찰 모델로서의 예수 299-300

타문화 사역의 모델로서의 예수 112-15, 119-20

'하나님의 어린양'에 대한 번역 197-99

"외국어 학습자의 성격 유형과 타문화 역량"(시바 아자디푸어) 223

우발적 상황 대비 106

우불완 메주돈 140

우울증 218, 221, 240-41, 247-48, 263-64, 270, 289

워드 굿이너프 58

원시 문화 87

웨인 다이 50, 276, 280, 350

위클리프성경번역선교회 149, 172

윌리엄 레이번 116, 355

윌리엄 스몰리 12, 148n11, 233

윌리엄 캐리 127

윌리엄 토머스 84

유니스 파이크 201

유대감 336-44, 355, 357

유대인 13, 32, 88, 108-109, 120-21, 166

유동 영역 79-81, 97

유럽 문화 129

유머 217, 240, 257

유진 나이다 28, 189, 203, 309

음식 232, 324-25

의미

성서 해석과 의미 135-37, 141-42, 170-74

성스러움의 의미 204

세계관 차이와 의미 155-58

의미에 미치는 문화의 영향 197-206, 330-31

의미의 창조 146

의사소통 과정과 의미 134-43

일과 의미 228

의사소통

구두적 의사소통 138, 180-81, 189

복음 전달을 위한 문화적 상황 111

의사소통과 공간 활용 206-10

의사소통과 관계 186-88, 356-57

의사소통과 문화적 짐 138-39, 318-23, 333

의사소통과 문화적 형식 197-206

의사소통과 문화충격 228-36, 279-81

의사소통과 성육신적 접근 147-49

의사소통과 세계관 차이 84-86, 155-57, 166-70

의사소통과 유대감 335-44

의사소통과 이중문화주의 345-55, 357

의사소통에서의 불가피한 문제 157, 271-72
의사소통에서의 성령의 역할 129-30, 143
의사소통을 위한 문화 차이의 이해 195, 268-69, 294-96, 315
의사소통을 위한 상황 132-34, 142-43
의사소통의 대화 기술 306-308
의사소통의 복잡성 모델 134-46
파라메시지를 통한 의사소통 180-95

의사전달의 구성 모델 146

의사전달의 송신 모델 146

이그보족의 신념 144-45

이념 71-74, 95, 296

이민자 88, 218, 345

이분법적 사고 대 총체적(연속적) 사고 84-85, 278

이상적 문화 75

이중 문화인, 이중 문화인 되기 337-38, 344-47, 349-52, 357

인간
  인간 창조 52-53
  인간 창조에 대한 하나님의 상호작용 99, 201-202, 314
  인간 창조의 필요성 55-56

인간 본성 87, 97-98, 352

인류학

문화 상대주의 279, 295, 312-15
선교인류학 24, 28-30, 43
자기 이해 323
지적인 수용 279
참여 관찰 296-300

인종차별 184, 312

인터뷰 297n1, 306

일본 문화 46, 353

일상 228, 234-36

일의 의미 230, 235-36

자급 322

자녀 259-60, 274-75, 326-27, 342

자립정신 317, 322-23, 333, 360

자민족중심주의
  문화적 영향과 자민족중심주의 87-92
  자민족중심주의 대처 전략 및 반영 282
  자민족중심주의와 인식론적 겸손 191-94
  자민족중심주의로부터의 회심 24, 125, 184
  자민족중심주의에 대한 해독제인 문화상대주의 295, 312
  자민족중심주의와 타문화 효율성 268
  파라메시지를 통해 전달되는 자민족중심주의 189-91

자아 개념 165, 167, 182, 280

장 마르크 가스파르 이타르 52

재키 풀린저 218

절대적 진리 328-29

정서적 안정감 276, 280-81

정신적 지도 58

제넬 패리스 30, 43-44, 297, 299

제럴드 아버클 32

제럴드 앤더슨 143

제이 문 175, 326

제이미 불라타오 165, 330

제임스 스프래들리 43, 244

제임스 옌 127n1

제임스 파이크 205

제자도 40, 175

젤탈족 69-70, 95

조지 바나 166

조지 워싱턴 63

조지 윌슨 337

조지 허버트 워커 부시 63

조지 헌터 204

존 던 106

존 스타크 107n3

존 월튼 99n3

존 웨슬리 143

존 음비티 97

존 테일러 44

존 트래비스 164

존 호기 108

종교

    미국 세계관과 종교 160-61, 168, 173-74

    인간의 필요로서의 종교 56

    종교와 세계관 및 행위의 관계 161-66

죄 46, 50, 52, 63, 76, 87, 92, 94, 193n2, 197-98

주관성 298

죽음 105, 112-13, 119, 135, 149, 151, 168, 197-98

중국어와 세계관 49, 84, 337

중도 탈락 34, 219

지미 매닝 146

직접적인 질문 306

질문 294-95, 300, 305-307

집단주의 40, 325

찰스 크래프트 19, 28, 30, 91, 159, 159n3, 181

찰스 태버 29n6, 277

찰스 폭스 285-86, 347, 351

참여 관찰 296-302

친밀한 영역 207

침묵 206, 210, 307

캐롤라인 맥도널드 352

캐슬린 드월트 298

케네스 게스트 297, 303, 306

케네스 네어바스 62, 81-82

케네스 맥엘하논 350n6

케네스 베일리 99n3, 110, 121-22

콘라드 아렌스버그 329

크레이그 오트 47

크레이그 키너 171, 199n3

클라이드 클럭혼 17, 98

클리포드 기어츠 43

키마 파추아우 295

타문화 사역

    문화 변화와 타문화 사역 79-80, 295-96

    문화적 구조와 초점 70-73

    문화적 이상 74-77

    사회적 역할과 타문화 사역 64-66, 118n8, 158, 228-31, 345-46

    초대교회의 타문화 사역 형태 360

    타문화 사역과 유대감 338-44, 357

    타문화 사역과 이중 문화인 337-38, 345-55, 357

    타문화 사역으로서의 언어와 문화 학습 192-93

    타문화 사역을 위한 문화 이해 56-61, 95-99

    타문화 사역을 위한 훈련 103-105, 132-34, 296

    타문화 사역의 기초인 사랑 358-61

    타문화 사역의 첫 2년 192, 219-20

타문화 우정 353-54

타문화 적응 216-20, 222, 247, 252-53, 257, 259, 305, 346, 350

    문화충격의 한 단계인 타문화 적응 250-52, 258-60, 262, 264-65

    타문화 적응과 성육신적 동일시 120-23, 270, 282, 286-87

    타문화 적응과 우울증 247-52

    타문화 적응과 자민족중심주의 184

    타문화 적응에 필요한 시간 220

    타문화 적응의 과정과 형태 217, 256, 282-87

    타문화 적응의 장기적인 목표 252-53, 286-87

    타문화 적응의 형태 284-87

타문화 효과성 227

타밀어 127-29, 128n3

태국 문화 135, 139-41

태도

    겸손의 태도 115-16, 191-93, 312, 331-32, 343

    다른 선교사에 대한 태도 181-83

    복음에 대한 태도 183-85

    우리 자신에 대한 태도 181-83

    이민자에 대한 태도 88

    파라메시지인 태도 181-84

    학습자로서의 태도 189-91, 256, 282-84, 337, 343

    현지인에 대한 태도 250, 279

텐트메이커 66

토드 빌링스 107n3, 350n6

토머스 정리 84

토머스 홉즈 241, 243-44

톰 라이트 159

톰 브루스터·베티 브루스터 227, 336, 338-43

통합 349

특수성 77-80

티테 티에누 88

파라메시지

 강력한 파라메시지 189-91

 무의식적인 파라메시지 180-86

 삶의 방식으로서의 파라메시지 186-88

 타문화 요인과 파라메시지 179-81, 186-88

 태도와 파라메시지 182-84

 파라메시지 대 언어적 의사소통 180-81

 파라메시지로 인한 문제들 179-80, 185

 파라메시지로서의 공간 사용 206-10

 파라메시지를 통한 초기 의사소통 192-93

 파라메시지의 정의 180

 파라메시지의 출처 181-85

파푸아뉴기니 57, 80, 148-49, 172, 226-27, 246, 326-27

판매자 역할 118n8, 346

평가적 혼란 232

폴 히버트

 문화충격 관리 268-71

 문화충격의 단계 250-60

 문화충격의 심각성 220-24

 문화충격의 요인 231-35

 문화충격의 증상 240

 세계관 158-65

 이중문화주의 345-49

 적응패턴 346-49

 폴 히버트의 공헌 29

폴리네시아 144

프란츠 보아스 297, 312

프랑스 문화 234

프리드리히 4세 128

플로렌스 코완 201

플린트 밀러 344

피지 문화 94-95

필리핀 문화와 신념 165, 233, 330

학습된 행동 50

학습자의 역할 118n8, 189

학습자의 태도 189, 343

할란 레인 52

할레선교회 127-29

할리 탈만 164

해럴드 콘클린 83

해리 월코트 298, 302, 306

해리어트 힐 118n8, 350, 353

핵심 문화 79-81, 97

행동/행위 50-51, 74-77, 161-66

행동주의 323

행위 대 존재 230

현장 기록(노트) 309

현장 조사 27, 302-303, 306

현지 문화 거부

    문화충격의 단계 중 적대감과 환멸 251, 254-56

    이중문화주의와 현지 문화 거부 345-46

퇴행과 현지 문화 거부 224-26

현지 문화 거부와 유대감 341

현지 문화 거부의 결과 281-82

현지인 가족 342, 344

현지인 되기 116-18

홈즈-레이 스트레스 목록 242-43

환경 228-29, 235-36

환멸 251, 254-56, 259, 264

힌두교 128-330

본문에 언급된 도서

A Public Missiology: How Local Churches Witness to a Complex World (공적 선교학: 지역 교회는 어떻게 복잡한 세계에 증언하는가, 그레그 오케슨) 300

African Friends and Money Matters (아프리카 친구들과 돈 문제, 데이비드 마란츠) 325-56

An Enquiry into the Obligation of Christians to Use Means for the Conversion of the Heathens (『이교도 선교 방법론』, 윌리엄 캐리, 야스미디어) 127

Anthropological Insights for Missionaries (『선교와 문화인류학』, 폴 히버트, 죠이북스) 18, 29, 227n7, 361n1

Anthropology for Christian Witness (『기독교 문화인류학』, 찰스 크래프트, CLC) 28

Breakthrough (돌파, 스탠 누스바움) 306n5

Christianity Confronts Culture: A Strategy for Cross-Cultural Evangelism (문화와 직면하는 기독교: 타문화권 복음전도를 위한 전략, 마빈 마이어스) 30, 274

Christianity in Culture (『기독교와 문화』, 찰스 크래프트, CLC) 18, 28, 91

Christianity Rediscovered (『선교사보다 앞서 가신다!』, 빈센트 도노반, 가톨릭출판사) 138

Communication Theory for Christian Witness(『기독교 커뮤니케이션론』, 찰스 크래프트, CLC) 181

Customs and Cultures: *Anthropology for Christian Missions*(관습과 문화: 기독교 선교를 위한 인류학, 유진 나이다) 19, 28, 189, 309

Earthing the Gospel: *An Inculturation Handbook for Pastoral Workers*(복음의 토착화: 사역자를 위한 문화 연구 핸드북, 제럴드 아버클) 32

Effective Engagement in Short-term(단기 선교의 효과적 참여, 로버트 프리스트) 304n4

Engaging Globalization: *The Poor*, *Christian Mission*, *and Our Hyper Connected World*(세계화에 관여하기: 빈곤한 자, 기독교 선교, 초연결 세계, 브라이언트 마이어스) 81

Ethnography: *A Way of Seeing*(민족지: 세상을 보는 하나의 방식, 해리 월코트) 306

God's Image and Global Cultures: *Integrating Faith and Culture in the Twenty-First Century*(하나님의 형상과 글로벌 문화: 21세기 신앙과 문화의 통합) 81

History of the Decline and Fall of the Roman Empire(『로마제국 쇠망사』, 에드워드 기번, 까치) 75

Holy Sonnet(『존 던의 거룩한 시편』, 존 던, 청동거울) 106

Incarnational Mission: *Being with the World*(성육신적 선교: 세상과 함께하기, 사무엘 웰스) 118

Intercultural Discipleship: *Learning from Global Approaches to Spiritual Formation*(타문화 제자도: 영성 형성에 대한 글로벌 접근 방식 학습, 제이 문) 175

Introducing Cultural Anthropology: *A Christian Perspective*(문화인류학 입문: 기독교적 관점, 브라이언 하웰·제넬 패리스) 30, 43, 297-99

Introducing Cultural Anthropology: *A Christian Perspective*(문화인류학 입문: 기독교적 관점, 스티븐 그룬란·마빈 마이어스) 30

Introducing Social Change: *A Manual for Americans Overseas*(사회 변화 입문: 해외 미국인을 위한 지침, 콘래드 아렌스버그·아서 니호프) 329

Lifting the Fog on Incarnational Ministry(성육신적 사역의 안개 걷어내기, 해리어트 힐) 353-54

Melanesians and Missionaries(멜라네시아인과 선교사들, 대럴 화이트먼) 29, 191,

302n

Ministering Cross-Culturally(문화적 갈등과 사역: 인간관계와 성육신, 마빈 마이어스)
107n3, 277-78

Miracles(『오늘날에도 기적이 일어날 수 있는가?』, 크레이그 키너, 새물결플러스) 171

Misreading Scripture with Western Eyes: Removing Cultural Blinders to Better Understand the Bible(『성경과 편견』, 랜돌프 리처즈·브랜든 오브라이언, 성서유니온) 86, 136, 160

Missiology(계간지 「선교학」) 24n1, 28n3, 30n8

Missionary Elenctics: Conscience and Culture(선교 변증학: 양심과 문화, 로버트 프리스트) 350

NIV Cultural Backgrounds Study Bible(NIV 문화적 배경 연구, 존 월튼·크레이그 키너) 99n3

Participant Observation(『참여관찰법』, 제임스 스프레들리, CENGAGE Learning) 297n1

Paul through Mediterranean Eyes: Cultural Studies in I Corinthians(지중해의 눈으로 본 바울: 고린도전서에 대한 문화적 연구, 케네스 베일리) 99n3, 110, 121

Poor Richard's Almanac(가난한 리처드의 연감, 벤저민 프랭클린) 160

Practical Anthropology(학회지 「실천인류학」) 30n8, 216

Primal Vision(원초적 비전, 존 테일러) 44

Sick Societies: Challenging the Myth of Primitive Harmony(병든 사회: 원시적 조화의 신화에 대한 도전, 로버트 에저튼) 76

Solomon Islands Christianity: A Study in Growth and Obstruction(솔로몬제도 기독교: 성장과 저해 요인에 대한 연구, 앨런 티페트) 29, 347

Soul, Self, and Society: A Postmodern Anthropology for Mission in a Post colonial World(영혼, 자아 그리고 사회: 후기 식민주의 세계에서의 선교를 위한 포스트모던 인류학, 마이클 린키비치) 30

Symbol and Ceremony: Making Disciples across Cultures(상징과 의식: 문화를 넘어 제자 삼기, 마티아스 자나이저) 175

The Art of Fieldwork(현지 조사라는 예술, 해리 월코트) 302-303

The Church and Cultures: *An Applied Anthropology for the Religious Worker*(교회와 문화: 기독교 사역자를 위한 응용인류학, 루이스 루즈베탁) 11, 29, 41, 42n2

The Conspiracy of God: *The Holy Spirit in Us*(하나님의 모략: 우리 안에 계신 성령, 존 호기) 108-109

The Ethnographic Interview(『문화기술적 면접법』, 제임스 스프레들리, 시그마 프레스) 297n1

The Shaping of Things to Come(『새로운 교회가 온다』, 마이클 프로스트·앨런 허쉬, IVP) 107, 107n4

The Study of Man(인간에 대한 연구, 랄프 린튼) 77

The Ways of the People: *A Reader in Missionary Anthropology*(사람들의 방식: 선교인류학 선집, 앨런 티페트) 311

Toward a Cross-Cultural Definition of Sin(죄에 대한 타문화적 정의, 웨인 다이) 350

Translating the Message: *The Missionary Impact on Culture*(번역 가능한 복음: 선교가 문화에 끼친 영향, 라민 사네) 93

Understanding Insider Movements: *Disciples of Jesus within Diverse Religious Communities*(내부자 운동의 이해: 다양한 종교 공동체 안에 있는 예수의 제자들, 할리 탈만·존 트래비스) 164

Unexpected News: *Reading the Bible with Third World Eyes*(뜻밖의 소식: 제3세계의 시선으로 읽는 성서, 로버트 맥카피 브라운) 173

지은이 | 대럴 화이트먼 Darrell L. Whiteman

선교사 훈련 및 제자훈련 사역 기관인 '글로벌 디벨로프먼트'Global Development의 창립자이자 대표이다. 그는 서던일리노이대학교에서 박사학위를 받은 뒤 파푸아뉴기니, 솔로몬제도, 중부 아프리카에서 선교사로 사역했으며 이후 미국 애즈베리신학교에서 21년간 교수로 재직했다. 또한 13년 동안 *Missiology*(선교학) 저널의 편집장을 맡았고, 미국선교학회American Society of Missiology와 국제선교학회International Association for Mission Studies의 회장을 역임했다.

옮긴이 | 최형근

서울신학대학교B.A.와 연세대학교 연합신학대학원Th.M.에서 수학하고 미국 애즈베리신학교에서 선교학으로 박사학위를 받았다. 국제로잔위원회 동아시아 총무와 제4차 로잔대회 운영위원회 부위원장을 역임하고 현재 서울신학대학교 선교학 교수로 재직 중이다. 또한 한국로잔위원회 총무와 국제로잔 신학위원, 한국선교사멤버케어네트워크KMCN 대표, 하트스트림Heartstream 한국 센터 공동대표를 맡고 있다.